주 역 이 정
周易 利貞

김영회 역해

주 역 이 정
周易 利貞

발행일   2015년 8월 27일

역 해   김 영 회
펴낸이   손 형 국
펴낸곳   (주)북랩
편집인   선일영   편집   서대종, 이소현, 이은지
디자인   이현수, 윤미리내, 임혜수, 김은해   제작   박기성, 황동현, 구성우, 이탄석
마케팅   김회란, 박진관, 이희정, 김아름
출판등록   2004. 12. 1(제2012-000051호)
주소   서울시 금천구 가산디지털 1로 168, 우림라이온스밸리 B동 B113, 114호
홈페이지   www.book.co.kr
전화번호   (02)2026-5777   팩스 (02)2026-5747

ISBN   979-11-5585-691-8 03150(종이책)   979-11-5585-692-5 05150(전자책)

이 도서의 국립중앙도서관 출판예정도서목록(CIP)은 서지정보유통지원시스템 홈페이지(http://seoji.nl.go.kr)와
국가자료공동목록시스템 (http://www.nl.go.kr/kolisnet)에서 이용하실 수 있습니다.
(CIP제어번호 : 2015022694)

사심 없이 **바른 마음**으로 주역을 읽어야 스스로에게 **이롭다**

주역 이정

김영회 역해

북랩 book Lab

머리말

　주역을 보기 위해 여러 책을 사서 보았지만 무슨 뜻인지 정말 알지를 못해 조금 읽다
가 덮어놓곤 했습니다. 그러다가 끝까지 한번 보기로 작정을 하고 읽어 보았지만 역시
무슨 뜻인지 알 수가 없었습니다.

　그러던 중에 동양학 대학원에 가게 되었고 구당서를 번역하는 과제가 있어 처음으로
한문을 번역하게 되었습니다. 사실 철학이라는 것은 어떠한 현상을 보고 그 현상을 파
악하는 것이므로 철학을 공부하는 입장에서 감을 잃어버리지 않기 위해 휴대전화로 문
자를 보내는 방법도 배우지 않았는데 컴퓨터로 작업하는 것이 큰일이었습니다. 그래도
독수리 타법으로 과제를 제출하였고 그 후에도 한문을 번역하는 과제는 계속되었습니
다. 그리고 동양학 대학원에서 역학 시간이 있었지만 한문 읽기로 쩔쩔 헤매기 일쑤였
습니다. 그래도 1학기를 마치고 2학기에는 계사전 시험이 있다고 하여 계사전을 공부
하기 시작했습니다. 그러나 이것 역시 잘 알 수가 없었습니다. 그래서 '그럼 내가 직접
한번 해석을 해 봐야겠다.'라고 마음을 잡고 달려들었습니다. 그러던 것이 주역까지 해
석을 하게 된 것입니다.

　그런데 도무지 어떻게 해석을 해도 마음에 들지 않아 고민하던 중에 우연히 금강경
을 읽게 되었습니다.

　"이와 같이 나는 들었습니다. 어느 때 부처님께서 거룩한 천이백오십 명과 함께 사위
국 기수급고독원에 계셨습니다. 그때 세존께서는 공양 때가 되어 가사를 입고 발우를
들고 걸식하고자 사위대성에 들어가셨습니다. 성 안에서 차례로 걸식하신 후에 본래의
처소로 돌아와 공양을 드신 뒤 가사와 발우를 거두고 발을 씻으신 다음 자리를 펴고 앉

으셨습니다."

그러나 금강경의 첫 구절을 읽고 이게 뭐 금강경인가, 하는 의문을 가지게 되었습니다. 그리고 주역 번역을 계속했지만 역시 마음에 들지 않았습니다. 금강경의 첫 구절이 머리에서 떠나지 않았습니다. 그러던 찰라에 부처님의 모습이 머리에서 그려지고 '아하' 하며 생각이 떠올랐습니다. 이때까지 글자에 얽매였다는 생각 말입니다.

그 후 한 장면, 한 장면을 하나의 글로 만든 것이 한문이라는 것을 알고 다시 해석을 해나가기 시작했습니다. 그리고 어려운 단어가 나오면 다시 국어사전을 보고 단어를 풀어서 작업을 하였습니다. 또한 어떠한 뜻이 한문에 있는지 쉽게 알 수 있도록 해석을 한 문장 밑에 한문의 뜻을 수록하였습니다. 서두르지 말고 읽어나가되 주역이 은나라가 망하고 주나라가 들어섰을 때 쓰였다는 것은 사회적으로 혼란한 시기에 사회적 안정과 백성들을 계몽하려는 것임을 알고 천천히 한 문장씩 읽어 나가다 보면 더욱 흥미를 느끼게 될 것입니다.

역이라는 것은 무극에서 태극으로 태극에서 음양으로 변하고, 음양은 사상(태양, 소양, 태음, 소음)으로 변하고, 사상은 팔상, 즉 팔괘로 변하는데 팔괘에는 일건천(하늘), 이태택(연못), 삼리화(불), 사진뇌(우레), 오손풍(바람), 육감수(물), 칠간산(산), 팔곤지(땅)가 있습니다. 이 팔괘를 가지고 복희씨가 여덟 방위로 그려 놓은 것을 복희 팔괘라고 하는 것이고 주나라 문왕이 그린 것을 문왕 팔괘라고 하는 것입니다. 그러므로 주역이라고 하는 것은 문왕 팔괘를 기본으로 하고 있습니다. 이 팔괘를 가지고 위아래로 짝지어서 늘어놓으면 육십사괘가 되는 것입니다. 예를 들면 일건천 둘을 위아래로 합쳐 놓으면 주역의 첫 번째 괘인 중천건괘가 되고 위에는 물이 아래에는 불이 있으면 63번째의 수화기제가 되는 것입니다.

이런 괘에 말씀을 글로 써 놓은 것이 괘사이고 중첩된 괘의 각 효에 대한 글이 효사입니다. 효는 육효로 되어 있으며 맨 아래의 효가 양이면 초구로 음이면 초육으로, 두 번째 효가 양이면 구이로 음이면 육이로, 세 번째 효가 양이면 구삼으로 음이면 육삼으로, 네 번째 효가 양이면 구사로 음이면 육사로, 다섯 번째 효가 양이면 구오로 음이면 육오로, 여섯 번째 효가 양이면 상구로 음이면 상육으로 읽으면 됩니다. 그리고 효는 각각 미치는 영향이 달라 다섯 번째 효는 가장 힘이 좋아 왕의 자리이고 여섯 번째 효는 상왕이고 네 번째는 재상이고, 회사로 말하면 다섯 번째가 대표이사고 네 번째가 이사 정도 되는 것입니다.

이 책은 비록 주역의 괘사와 효사, 그리고 계사전을 해석한 것에 불과하지만 멈추어 있지 않고 계속 변화하는 시대를 넘어 어떠한 계층, 직업, 상하관계, 나이에 관계없이 현재 처해 있는 상황을 파악하고 그에 대한 글을 알고 대처를 하다 보면 주역이 품은 속뜻과 진심을 알게 됩니다.

마음을 바르게 하고 말과 행동에 꾸밈이 없다면 모든 사람이 사랑하지 않을까요.

사람이 용서를 하고 베풀 수 있을 때 그 사람의 덕은 더욱 빛나지 않을까요.

사람을 잘되게 하는 사람과 그렇지 않은 사람에게는 분명 다른 일이 벌어지지 않을까요.

주역에서는 군자는 깨달음이 있으면 좋고 소인은 친하게 지내고 믿음성이 있으면 좋아도 마음을 바르게 하고 허물이 없어야 모든 일이 뜻과 같이 잘되어 갈 수 있다고 하였습니다. 바로 하늘의 도우심으로 말입니다.

을미년 정월 초하루
김영회

목차

周易下經 / 161

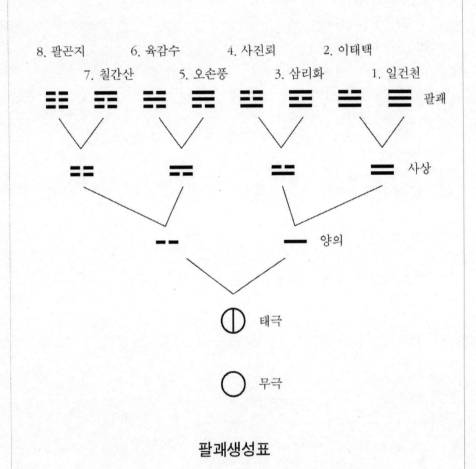

8. 팔곤지   6. 육감수   4. 사진뢰   2. 이태택
7. 칠간산   5. 오손풍   3. 삼리화   1. 일건천

팔괘

사상

양의

태극

무극

팔괘생성표

周易上經

重天乾(중천건)

건 원 형 이 정
乾元亨利貞

하늘은 텅 비어 아무것도 없는 듯해도 하늘의 도우심으로 모든 일이 뜻과
같이 잘되어 가려면 마음을 바르게 하여야 이롭구나.

- 乾 ; 하늘 건, 마를 건, 하늘, 괘 이름, 임금, 남자, 아버지, 친족 관계, 마르다, 건조하다, 말리다, 건
  성(어떤 일을 성의 없이 대충 겉으로만)으로 하다, 형식적이다, 텅 비다, 아무것도 없다, 건성, 물
  을 사용하지 않은, 말린 음식, 헛되이, 덧없이, 마를 간, 마르다, 건조하다, 말리다, 건성으로 하다,
  형식적이다, 텅 비다, 아무것도 없다, 건성, 말린 음식, 물을 사용하지 않은, 헛되이, 덧없이.
- 元 ; 으뜸 원, 으뜸(1. 많은 것 가운데 가장 뛰어난 것 또는 첫째가는 것, 2. 기본이나 근본이 되는
  뜻), 처음, 시초, 우두머리, 두목, 임금, 첫째, 기운(눈에 보이지 않으나 오관으로 느껴지는 현상),
  천지의 큰 덕, 만물을 육성하는 덕, 근본, 근원, 목, 머리, 백성, 정실, 본처, 크다, 아름답다, 착하다,
  으뜸 원의 현상은 하늘의 도우심으로 이루어진 것이므로 원을 '하늘의 도우심'으로 번역함.
- 亨 ; 형통할 형, 드릴 향, 삶을 팽, 형통하다(모든 일이 뜻과 같이 잘되어 가다), 통달하다, (제사를)
  올리다, 제사, 드리다, (음식을) 올리다, 삶다, '모든 일이 뜻과 같이 잘되어 가기를 바라며 제사를
  올리다'로 번역함.
- 利 ; 이로울 리(이), 이롭다, 이롭게 하다, 유익하다, 편리하다, 통하다, 날카롭다, 이기다, 날래다,
  탐하다, 이자, 이익, 승전.
- 貞 ; 곧을 정, 곧다, 지조가 굳다, 마음이 곧 바르다, 충정하다(충실하고 올바르다), 점치다, 정절, 정조,
  곧 바름, 성심(정성스러운 마음), 점치며 물음의 뜻, 정하다.

주역의 첫 번째 괘인 중천건의 괘사는 가장 중요합니다. 왜냐하면 주역의 주제가
바로 중천건의 괘사이기 때문입니다. 바로 이정(利貞)이지요. 그러한 정(貞)을 고민

고민 하다가 제가 찾은 글귀가 '마음을 바르게 하라'는 것이었습니다. 마음을 비우라는 것도 아니고, 마음을 내려놓으라는 것도 아니고, 마음을 가라앉히라는 것도 아닙니다. 즉 주역은 '마음을 바르게 하라.'는 것입니다. 그래서 중천건의 괘사는 '하늘은 텅 비어 아무것도 없는 듯해도 하늘의 도우심으로 모든 일이 뜻과 같이 잘되어 가려면 마음을 바르게 하여야 이롭구나.'라고 한 것입니다.

初九. 潛龍勿用.
잠 룡 물 용

비범한 사람은 마음을 가라앉히고 부지런히 힘쓰며 일하는구나.

• 潛 ; 잠길 잠, 잠기다, 가라앉다, (마음을) 가라앉히다, 자맥질하다, 감추다, 숨기다, 깊다, 소(沼), 고기 깃(물고기가 모여 들게 넣어두는 풀), 물 이름, 한수의 이칭, 몰래.
• 龍 ; 용 룡(용), 용, 임금, 천자, 비범한 사람(비범하다; 보통 수준보다 훨씬 뛰어나다), 훌륭한 사람, 명마, 별 이름, 파충류(공룡).
• 勿 ; 말 물, 말다, 말라, 말아라, 아니다, 없다, 아니하다, 근심하는 모양, 창황(당황)한 모양, 부지런히 힘쓰는 모양, 분주한 모양.
• 用 ; 쓸 용, 쓰다, 부리다, 사역하다, 베풀다, 시행하다, 일하다, 등용하다, 다스리다, 들어주다, 하다, 행하다, 작용, 능력, 용도, 쓸데, 방비, 준비, 재물, 재산, 밑천, 효용, 그릇, 도구, 연장, 써(=以).

은나라가 망하고 주나라가 들어선 상황에서 가장 필요한 사항이 무엇이겠습니까? 나라의 안정이죠. 그래서 중천건의 초구 효사는 '비범한 사람은 마음을 가라앉히고 부지런히 힘쓰며 일하는구나.'라고 한 것입니다.

九二. 見龍在田 利見大人.
현 룡 재 전 이 견 대 인

농사일을 맡아보는 관리는 밭을 보고 살피다가 비범한 사람이 밭에 나타나면 안부를 묻고 대인에게 보여야 이롭구나.

• 見 ; 볼 견, 보다, 보이다, 당하다, 견해, 뵐 현, 뵙다, 나타나다, 드러나다, 보이다, 소개하다, 만나다.

- 在 ; 있을 재, 있다, 존재하다, 보다, 살피다, 찾다, (안부를) 묻다, 제멋대로하다, 곳, 장소, 겨우, 가까스로, ~에, 처소.
- 田 ; 밭 전, 밭, 경작지, 봉토, 사냥, 농사일을 맡아보는 관리, 면적의 단위, 큰 북, 단전, 밭을 갈다, 농사를 짓다, 사냥하다, 많다.
- 大 ; 큰 대, 크다, 심하다(정도가 지나치다), 높다, 존귀하다, 훌륭하다, 뛰어나다, 자랑하다, 뽐내다, 교만하다, 많다, 수효가 많다, 중히 여기다, 중요시하다, 지나다, 일정한 정도를 넘다, 거칠다, 성기다(물건의 사이가 뜨다), 낫다, 늙다, 나이를 먹다, 대강, 대략, 크게, 성하게, 하늘, 존경하거나 찬미할 때 쓰이는 말.
- 人 ; 사람 인, 사람, 인간, 다른 사람, 타인, 남, 딴 사람, 그 사람, 남자, 어른, 성인, 백성, 인격, 낯, 체면, 명예, 사람의 품성, 사람됨, 몸, 건강, 의식, 아랫사람, 부하, 동류의 사람, 어떤 특정한 일에 종사하는 사람, 일손, 인재.

인재를 발굴하여 재능을 키우고 가르쳐서 큰 재목으로 만들고 큰 재목이 많아야 나라가 더욱 건실하겠지요. 그래서 중천건의 구이 효사는 '농사일을 맡아보는 관리는 밭을 보고 살피다가 비범한 사람이 밭에 나타나면 안부를 묻고 대인에게 보여야 이롭구나.'라고 한 것입니다.

九三. 君子終日乾乾 夕惕 若厲 无咎.
군 자 종 일 건 건   석 척   약 려   무 구

군자는 아침부터 저녁까지 임금에게는 형식적이고 아버지에게는 건성으로 하다가 날이 저물어 저녁에 뵐 때는 몸가짐이나 언행을 조심하고 사랑하는 모양으로 네가 이와 같이 힘써야 허물이 없구나.

- 君 ; 임금 군, 임금, 영주, 남편, 부모, 아내, 군자, 어진이, 현자, 조상의 겸칭, 그대, 자네, 봉작, 군.
- 子 ; 아들 자, 아들, 자식, 첫째지지, 남자, 사람, 당신, 경칭, 스승, 열매, 이자, 작위 이름, 접미사, 어조사, 번식하다, 양자로 삼다, 어리다, 사랑하다.
- 終 ; 마칠 종, 마치다, 끝내다, (사람이) 죽다, 다하다, 이루어지다, 완성하다, 채우다, 상당하다, 끝, 마지막, 사방 백 리의 땅, 열두 해, 윤달, 항상, 늘, 마침내, 결국, 비록.
- 日 ; 날 일, 날, 해, 태양, 낮, 날수, 기한, 낮의 길이, 달력, 햇볕, 햇살, 햇빛, 일광, 십이장의 하나, 나날이, 매일, 접때, 앞서, 이왕에, 뒷날에, 다른 날에.
- 夕 ; 저녁 석, 저녁, 밤, 밤일, 끝, 연말, 월말, 주기의 끝, 서쪽, 쏠리다, 기울다, 비스듬하다, (날이) 저물다, 저녁에 뵙다.

- 惕 ; 두려워할 척, 두려워하다, 근심하다, 삼가다(몸가짐이나 언행을 조심하다), 빠르다, 신속하다, 놀라다, 깜짝 놀라다, 사랑하는 모양.
- 若 ; 같을 약, 같다, 어리다, 이와 같다, 좇다, 너, 만약, 및, 이에, 바다 귀신, 어조사, 성의 하나.
- 厲 ; 갈 려, 갈다, 괴롭다, 힘쓰다, 높다, 사납다, 위태롭다, 빠르다, 맑다, 미워하다, 화, 좋지 않은 일, 귀신, 숫돌, 경계, 담장, 물가, 역병, 유행병.
- 无 ; 없을 무, 없다, 아니다, 아니하다, 말다, 금지하다, ~하지 않다, 따지지 아니하다, ~아니 하겠느냐, 무시하다, 업신여기다, ~에 관계없이, ~를 막론하고, ~하던 간에, 비록, 비록 ~하더라도, 차라리, 발어사, 허무, (주검을 덮는) 덮개, 무려, 대강.
- 咎 ; 허물 구, 허물, 저지른 잘못, 죄과, 재앙, 근심거리, 미움, 증오, 종족 이름, 꾸짖다, 미워하다, 증오하다, 책망하다, 비난하다, 벌하다.

예절은 처음에는 형식적으로 해도 헤어질 때에는 진심을 가지고 해야 합니다. 끝이 좋아야지요. 그래서 중천건의 구삼 효사는 '군자는 아침부터 저녁까지 임금에게는 형식적이고 아버지에게는 건성으로 하다가 날이 저물어 저녁에 뵐 때는 몸가짐이나 언행을 조심하고 사랑하는 모양으로 네가 이와 같이 힘써야 허물이 없구나.'라고 한 것입니다.

혹 약 재 연 무 구
九四. 或躍在淵 无咎.

혹 어떤 이나 어떤 것에 괴이쩍어하면 뛰다가 근원을 찾아도 허물이 없구나.

- 或 ; 혹 혹, 혹, 혹은, 혹시, 또, 어떤 경우에는, 어떤 이, 어떤 것, 있다, 존재하다, 괴이쩍어하다(의심스러워하다), 의심하다(확실히 알 수 없어서 믿지 못하다), 미혹하다(1. 무엇에 홀려 정신을 차리지 못하다, 2. 정신이 헷갈리어 갈팡질팡 헤매다).
- 躍 ; 뛸 약, 뛰다, 뛰게 하다, 뛰어 오르다, 빨리 달릴 적, 빨리 달리다.
- 淵 ; 못 연, 못, 소, 웅덩이, 모이는 곳, 근원(1. 물줄기가 나오기 시작하는 곳, 2. 사물이 비롯되는 근본이나 원인), 근본(1. 초목의 뿌리, 2. 사물의 본질이나 본바탕), 출처, 북소리, 깊다, 조용하다.

의심스러울 때는 어떻게 해야 할까요? 그래서 중천건의 구사 효사는 '혹 어떤 이나 어떤 것에 괴이쩍어하면 뛰다가 근원을 찾아도 허물이 없구나.'라고 한 것입니다.

九五. 飛龍在天 利見大人.
비 룡 재 천 이 현 대 인

비범한 사람이 가장 높은 지위에 올라도 대인을 만나야 이롭구나.

- 飛 ; 날 비, 날다, 지다, 떨어지다, 오르다, 빠르다, 빨리 가다, (근거 없는 말이) 떠돌다, 튀다, 튀기다, 넘다, 뛰어넘다, 날리다, 빨리 닿게 하다, 높다, 비방하다, 새, 날짐승, 빨리 달리는 말, 높이 솟아 있는 모양, 무늬, 바둑 행마의 한 가지.
- 天 ; 하늘 천, 하늘, 하느님, 임금, 제왕, 천자, 자연, 천체, 천체의 운행, 성질, 타고난 천성, 운명, 의지, 아버지, 남편, 형벌 이름.

부지런히 힘써 일한 비범한 사람이 자칫 잘못하여 지위를 잃어버리면 안 되겠지요. 그러한 상황이 되기 전에 미리미리 대비책을 세워 놓아야 되겠지요. 그래서 중천건의 구오 효사는 '비범한 사람이 가장 높은 지위에 올라도 대인을 만나야 이롭구나.' 라고 한 것입니다.

上九. 亢龍 有悔.
항 룡 유 회

비범한 사람이 지나치게 극진히 하거나 높이 오른 것을 자만하면 뉘우침이 있구나.

- 亢 ; 높을 항, 높다, 극진히 하다(극진하다; 마음과 힘을 다하여 애를 쓰는 것이 매우 지극하다), 지나치다, 가리다, 덮다, 겨루다, 필적하다, 높이 오르다, 자부하다, 자만하다(자신이나 자신과 관련 있는 것을 스스로 자랑하며 뽐내다), 목, 목 줄기, 목구멍, 용마루, 가뭄, 별이름.
- 有 ; 있을 유, 있다, 존재하다, 가지다, 소지하다, 독차지하다, 많다, 넉넉하다, 친하게 지내다, 알다, 소유, 자재, 소유물, 경역(경계 안의 지역), 어조사, 혹, 또, 어떤, 12인연의 하나.
- 悔 ; 뉘우칠 회, 뉘우치다, 스스로 꾸짖다, 한이 맺히다, 분하게 여기다, 뉘우침, 후회, 잘못, 과오, 깔봄, 얕봄, 주역의 괘효, 아깝게도, 유감스럽게도.

지나치게 극진히 한다는 것은 자신의 건강을 잃을 수 있다는 것이고 자만한다는 것은 남에 의해 잘못될 수 있다는 것입니다. 그래서 중천건의 상구 효사는 '비범한 사람이 지나치게 극진히 하거나 높이 오른 것을 자만하면 뉘우침이 있구나.'라고 한 것입니다.

견 군 룡 무 수 길
用九. 見羣龍 无首 吉.

비범한 사람이 무리에서 보이면 우두머리에 관계없이 좋구나.

- 羣 ; 무리 군, 무리, 떼, 동아리, 벗, 동료, 많은, 여럿의, 모이다, 모으다, 많다, 떼를 짓다.
- 首 ; 머리 수, 머리, 머리털, 우두머리, 주장, 임금, 군주, 첫째, 으뜸, 칼자루, 요처, 끈, 줄, 마리(짐승), 편(시), 시작하다, 비롯하다, 근거하다, 근거를 두다, 복종하다, 항복하다, 자백하다, 자수하다, 나타내다, 드러내다, 향하다, 절하다, (머리를) 숙이다, 곧다, 바르다.
- 吉 ; 길할 길, 길하다, 운이 좋다, 일이 상서롭다, 좋다, 아름답거나 착하거나 훌륭하다, 착하다, 복, 행복, 길한 일, 좋은 일, 혼인, 제사, 음력 초하루, 오례의 하나.

용구와 용육은 중천건과 중지곤 두 괘에만 있습니다. 그리고 드디어 길(吉)자가 처음으로 등장하는군요. 나라와 조직은 무리를 이루어야 되지요. 그 무리들 중에는 비범한 사람이 많아야 그 나라나 조직이 더욱 견실해 지겠지요. 그래서 중천건의 용구는 '비범한 사람이 무리에서 보이면 우두머리에 관계없이 좋구나.'라고 한 것입니다.

02 重地坤(중지곤)

곤 원 형 이 빈 마 지 정 군 자 유 유 왕 선 미 후
坤 元 亨 利 牝 馬 之 貞 君 子 有 攸 往 先 迷 後

득 주 이 서 남 득 붕 동 북 상 붕 안 정 길
得 主 利 西 南 得 朋 東 北 喪 朋 安 貞 吉 .

만물을 자라게 하는 대지에서 하늘의 도우심으로 모든 일이 뜻과 같이 잘
되어 가려면 지조가 굳은 암말과 같아야 이로우며 처음에는 능력 따위가
뒤떨어져 어떻게 주인을 만나야 할지 갈피를 잡지 못한 군자가 갈 곳을 알
려면 동북쪽으로 무리를 이루어 가면 도망가는 것이고 서남쪽으로 무리
를 이루어 가는 무리를 만나면 이로워도 안으로는 마음을 바르게 하여야
좋구나.

- 坤 ; 땅 곤, 땅, 괘 이름, 왕후, 왕비, 서남쪽, 유순함, 만물을 자라게 하는 대지의 뜻.
- 牝 ; 암컷 빈, 암컷, 골짜기, 계곡. 馬; 말 마, 말, 벼슬 이름, 산가지(수효를 셈하는 데에 쓰던 막대
  기), 큰 것의 비유, 아지랑이, 나라 이름, 마한, 크다.
- 之 ; 갈 지, 가다, (영향을) 끼치다, 쓰다, 사용하다, 이르다, 도달하다, 어조사, 가, 이(是), ~의, 에,
  ~에 있어서, 와, ~과, 이에, 이곳에, 을, 그리고, 만일, 만약.
- 攸 ; 바 유, 바(所), 곳, 장소, 처소, 이, 이에, 어조사, 재빠른 모양, 위태로운 모양, 달리다, 빠르다,
  아득하다, 위태롭다, 오래다, 장구하다.
- 往 ; 갈 왕, 가다, (물품을) 보내다, (물품을) 보내주다, 향하다, 과거, 옛날, 이미 지나간 일, 이따
  금, 일찍, 언제나, 뒤, 이후.
- 先 ; 먼저 선, 먼저, 미리, 옛날, 이전, 앞, 처음, 첫째, 돌아가신 이, 죽은 아버지, 선구, 앞선 사람,
  조상, 형수, 앞서다, 뛰어넘다, 이끌다, 나아가다, 앞으로 가다, 높이다, 중히 여기다, 뛰어나다.

- 迷 ; 미혹할 미, 미혹하다, 헷갈리다, 헤매다, 길을 잃다, 유혹하다, 어지럽게 하다, 흐릿하다, 빠지다, 심취하다, 혼미하다, 잃다, 어떻게 하여야 할지 갈피를 못 잡음.

- 後 ; 뒤 후, 임금 후, 뒤, 곁, 딸림, 아랫사람, 뒤떨어지다, 능력 따위가 뒤떨어지다, 뒤지다, 뒤서다, 늦다, 뒤로 미루다, 뒤로 돌리다, 뒤로 하다, 임금, 왕후, 왕비, 신령.

- 得 ; 얻을 득, 얻다, 손에 넣다, 만족하다, 고맙게 여기다, 깨닫다, 알다, 분명해지다, 적합하다, 이르다, 도달하다, 이루어지다, 만나다, 탐하다, 탐내다, 사로잡다, 덕, 덕행, 이득, 이익.

- 主 ; 임금 주, 주인 주, 임금, 주인, 임자, 소유주, 우두머리, 상전, 여호와, 하느님, 알라, 주체, 당사자, 관계자, 결혼 상대자, 자신, 위패, 주견, 줏대, 자신의, 주관적인, 가장 주요한, 가장 기본적인, 주관하다, 책임지다, 주되다, 주장하다, 예시하다.

- 西 ; 서녘 서, 서녘, 서쪽, 서양, 구미, (서쪽으로) 가다, 깃들이다, 옮기다.

- 南 ; 남녘 남, 남녘, 남쪽, 남쪽 나라, 풍류 이름(아악의 이름), 임금, 벼슬 이름, 시체 이름, (남쪽으로) 가다.

- 朋 ; 벗 붕, 벗, 친구, 무리, 짝, 같은 부류, 패, 마을, 두 동이, 화폐 단위, 떼 짓다, 무리를 이루다, 같다, 같게 하다, 무너지다.

- 東 ; 동녘 동, 동녘, 동쪽, 오른쪽, 주인, (동쪽으로) 가다.

- 北 ; 북녘 북, 북녘, 북쪽, (북쪽으로) 가다.

- 喪 ; 잃을 상, 잃다, 잃어버리다, 복 입다, 죽다, 사망하다, 상제 노릇하다, 망하다, 멸망하다, 도망하다, 달아나다, 잊어버리다, 허비하다, 복(상중에 입는 예복), 초상, 시체, 재해.

- 安 ; 편안 안, 편안, 편안하다, 편안하게 하다, 안존하다(아무런 탈 없이 평안히 지내다), 즐거움에 빠지다, 즐기다, 좋아하다, 어찌, 이에, 곧, 어디에, 안으로, 속으로. *문왕 팔괘에서 서남쪽은 땅을 가리키고 동북쪽은 산을 가리킴.

주인을 어떻게 만나야 할까요? 주인을 만나면 어떻게 해야 할까요? 그래서 중지곤의 괘사는 '만물을 자라게 하는 대지에서 하늘의 도우심으로 모든 일이 뜻과 같이 잘되어 가려면 지조가 굳은 암말과 같아야 이로우며 처음에는 능력 따위가 뒤떨어져 어떻게 주인을 만나야 할지 갈피를 잡지 못한 군자가 갈 곳을 알려면 동북쪽으로 무리를 이루어 가면 도망가는 것이고 서남쪽으로 무리를 이루어 가는 무리를 만나면 이로워도 안으로는 마음을 바르게 하여야 좋구나.'라고 한 것입니다.

이 상 견 빙 지
初六. 履霜 堅氷至.

서리를 밟으면 굳어지면서 얼음에 이르듯이 매우 철저하고 바르게 행하여야 변하지 아니하고 투명하게 이르는구나.

- 履 ; 밟을 리, 신 리, 밟다, (신을) 신다, 행하다, 겪다, 지위에 오르다, 자리에 나아가다, 신, 신발, 괘 이름, 복, 복록, 행실, 행하는 바, 행동, 밟는 땅, 영토, 예(禮).
- 霜 ; 서리 상, 서리, 흰 가루, 세월, 깨끗한 절개의 비유, 머리카락이 희게 셈, 날카로움의 비유, 엄한 법의 비유, 차가움의 비유, 희다, 엄하다(매우 철저하고 바르다), 멸망하다.
- 堅 ; 굳을 견, 굳다, 벼 이름, 굳어지다, 굳게 하다, 단단하게 하다, 강하다, 굳세다, 변하지 아니하다, 갑옷, 갑주(갑옷과 투구), 굳게, 튼튼하게.
- 氷 ; 얼음 빙, 얼음, 고체, 기름, 지방, 전동 뚜껑, 식히다, 서늘하게 하다, 얼다, 깨끗하다, 투명하다(1. 물 따위가 속까지 환히 비치도록 맑다, 2. 사람의 말이나 태도 펼쳐진 상황 따위가 분명하다, 3. 앞으로의 움직임이나 미래의 전망 따위가 예측할 수 있게 분명하다).
- 至 ; 이를 지, 이르다, 도달하다, (영향을) 미치다, 과분하다, 정도를 넘다, 지극하다, 힘쓰다, 다하다, 이루다, 지향하다, 주다, 내려주다, 친근하다, 표하다, 진실, 지극한 도, 실체, 본체, 동지, 절기 이름, 지극히, 성대하게, 크게, 최고로, 가장, 반드시, 마침내.

일처리를 처음부터 어떻게 해야 할까요? 그래서 중지곤의 초육 효사는 '서리를 밟으면 굳어지면서 얼음에 이르듯이 매우 철저하고 바르게 행하여야 변하지 아니하고 투명하게 이르는구나.'라고 한 것입니다.

직 방 대 불 습 무 불 리
六二. 直方大 不習 无不利.

열 개의 눈으로 숨어 있는 것을 바르게 볼 수 있는 방법이 뛰어나면 배우지 아니하여도 불리할 것이 없구나.

- 直 ; 곧을 직, 곧다, 굳세다, 바르다, 옳다, 굽지 아니하다, 기울지 아니하다, 부정이 없다, 사(私)가 없다, 펴다, 곧게 하다, 꾸미지 아니하다, 온순하다, 억울함을 씻다, 당하다, 대하다, 대적하다, 바루다, 고치다, 모시다, 시중들다, 곧, 즉시, 바로, 일부러, 다만, 겨우, 바른 도, 바른 행위, 숙직, 세로, 열 개의 눈으로 숨어 있는 것을 바르게 볼 수 있다는 뜻.
- 方 ; 모 방, 본뜰 방, 모, 네모, 방위, 방향, 나라, 국가, 곳, 장소, 도리, 의리, 방법, 수단, 술법, 방술,

처방, 약방문, 법, 규정, 쪽, 상대방, 목판, 둘레, 바야흐로, 장차, 두루, 널리, 모두, 함께, 본뜨다, 모방하다, 바르다, 견주다, 비교하다, 대등하다, 동등하다, 나란히 하다, 떳떳하다, (이삭이) 패다, 차지하다, 헐뜯다, 거스르다, 거역하다.

- 不 ; 아닐 불, 아닐 부, 아니다, 아니하다, 못하다, 없다, 없다, 말라, 아니하랴, 이르지 아니하다, 크다, 불통(과거에서 불합격), 꽃받침, 꽃자루.
- 習 ; 익힐 습, 앙감질하다(한발을 들고 한발로만 뛰는 짓을 하다), 익히다, 익숙하다, 절룩거리며 가는 모양, 배우다, 일정하지 아니한 모양, 무상한 모양, 연습하다, 머뭇거리는 모양, 복습하다, 갑자기 자라는 모양, 겹치다, 능하다, 버릇, 습관, 풍습, 항상, 늘.
- 大 ; 큰 대, 뛰어나다.

열 개의 눈을 가지고 있습니까? 그런 사람은 없겠지요. 그러니 무조건 배우라는 것입니다. 배워야 깨달음이 있지요. 그래서 중지곤의 육이 효사는 '열 개의 눈으로 숨어 있는 것을 바르게 볼 수 있는 방법이 뛰어나면 배우지 아니하여도 불리할 것이 없구나.'라고 한 것입니다.

六三. 舍章可貞 或從王事 无成有終.
함 장 가 정 혹 종 왕 사 무 성 유 종

가히 지조가 굳어 참고 견디어내는 큰 재목은 혹 왕을 섬기는 일을 하여 이룰 수 있어도 이루지 아니하는구나.

- 舍 ; 머금을 함, 머금다, 품다, 참다, 견디어내다, 싸다, 담다, 넣다, 싸서 가지다, 초목이 꽃을 피우다, 무궁주(염할 때 죽은 사람의 입속에 넣는 깨알처럼 작고 까만 구슬), '어떤 물질이 들어 있음'의 뜻으로 그 물질 이름의 앞에 붙여 쓰는 말. 章 ; 글 장, 글, 문장, 악곡의 단락, 시문의 절, 단락, 구별, 기, 표지(표시나 특징으로 다른 것과 구분함).
  모범, 본보기, 조목, 법, 법식, 문채(아름다운 광채), 무늬, 도장, 인장, 큰 재목, 형체, 허둥거리는 모양, 음력으로 열아홉 해, 문체의 이름, 크다, 성하다, 밝다, 밝히다, 나타나다, 드러나다.
- 可 ; 옳을 가, 옳다, 허락하다, 듣다, 들어주다, 쯤, 정도, 가히, 군주의 칭호, 신의 칭호.
- 從 ; 좇을 종, 좇다, 따르다, 나아가다, 다가서다, 모시다, 시중들다, 일하다, 놓다, 모이다, 근심하다, 높고 크다, 조용하다, 느릿하다, 방종하다, 제 멋대로 하다, 말미암아, 따라서 죽다, 오래다, 세로, 남북, 자취, 흔적, 시중드는 사람, 심부름꾼, 종(친족 간에 관계를 나타내는 말), 버금, 높고 큰 모양, 부터.
- 王 ; 임금 왕, 임금, 천자, 수령, 으뜸, 할아버지, 할아비, 왕 노릇하다, 통치하다, 왕업을 이루다, 왕으로 삼다, 바로 고치다, 왕성하다, 크다, (보다) 낫다, (향하여) 가다.

- 事 ; 일 사, 일, 직업, 재능, 공업, 사업, 관직, 벼슬, 국가대사, 경치, 홍치, 변고, 사고, 벌(옷을 세는 단위), 섬기다, 부리다, (일을) 시키다, 일삼다, 종사하다, (글을) 배우다, 힘쓰다, 노력하다, 다스리다, 시집가다, 출가하다, 꽂다, 역사의 기록을 일삼아 간다는 데서 '일'을 뜻함.
- 成 ; 이룰 성, 이루다, 이루어지다, 갖추어지다, 정리되다, 구비되다, 살찌다, 비대해지다, 우거지다, 무성해지다, 익다, 성숙하다, 일어나다, 흥기하다(세력이 왕성해지다), 다스리다, 평정하다, 나아가다, 진보하다, 가지런하다, 고르게 하다, 균형하게 하다, 끝나다, 정하여지다, 기대하다, 완성하다, 어른이 되다, 성인이 되다, 크다, 층계지다, 화해하다, 정성, 재판, 심판, 권형, 균형, 총계, 셈한 계산, 북두칠성이 술의 방위를 가리키는 날, 길제(죽은 지 27개월 만에 지내는 제사), 사방 10리의 땅, 층, 참으로, 큰.
- 貞 ; 곧을 정, 지조가 굳다.
- 終 ; 마칠 종, 이루어지다, 완성하다.

소인이 높은 자리에 있으면 술수가 뛰어나겠지요. 그런데 그런 소인을 그런 자리에 앉힌 사람 역시 소인이지 누구겠어요. 그런 곳은 조금의 시간이 지나면 말이 많겠지요. 그러나 큰 재목은 어떠한 로비가 들어와도 참고 견디어 내겠죠. 그래서 중지곤의 육삼 효사는 '가히 지조가 굳어 참고 견디어내는 큰 재목은 왕을 섬기는 일을 하여 이룰 수 있어도 이루지 아니하는구나.'라고 한 것입니다.

六四. 括囊 无咎 无譽.
괄 낭 무 구 무 예

주머니를 졸라매면 허물도 없고 명예도 없구나.

- 括 ; 묶을 괄, 묶다, 동여매다(두르거나 감거나 하여 묶다), 담다, 담아서 싸다, 찾다, 찾아내다, 궁구하다(파고들어 깊게 연구하다), 모이다, 모여들다, 이르다, 다다르다, 받아들이다, 수용하다, 감독하다, 단속하다, 일어나다, 시작되다, 오늬, 묶음, 법도, 법규, '졸라매다'의 뜻.
- 囊 ; 주머니 낭, 주머니, 자루(헝겊 따위로 길고 크게 만든 주머니), 불알, 고환, (주머니에) 넣다, (싸서) 동여매다.
- 譽 ; 기릴 예, 명예 예, 기리다, 즐기다, 찬양하다, 칭찬하다, 바로잡다, 명예, 영예, 좋은 평판, 칭찬, 찬양.

주머니를 졸라맨다는 말은 돈을 쓰지 않는다는 말입니다. 돈은 벌 줄도 알아야 하고 쓸 줄도 알아야 하는데 돈을 벌 줄만 알고 쓸 줄을 몰라도 잘못이고 벌 줄은 모르고 쓸 줄만 알아도 잘못입니다. 네 번째 자리면 재상 정도의 자리인데 그런 자리에 있는 사람이 돈을 쓰지 않는다면 어떻겠습니까? 그래서 중지곤의 육사 효사는 '주머니를 졸라매면 허물도 없고 명예도 없구나.'라고 한 것입니다.

六五. 黃裳 元吉.
황 상 원 길

치마가 누런빛이면 아름답고 좋구나.

- 黃 ; 누를 황, 누렇다, 노래지다, 앓다, 누런빛, 황금, 늙은이, 어린아이, 유아, 황제, 열병, 병들고 지친 모양, 공골 말(털빛이 누런 말), 곡식, 곡류, 나라 이름, 황마.
- 裳 ; 치마 상, 치마, 아랫도리 옷, 바지 따위, 산뜻한 모양, 보통.

역의 다섯 번째는 지위도 높고 가장 힘이 좋은 자리입니다. 왕의 자리입니다. 누런 빛의 색깔은 아무나 입는 옷이 아니라는 것입니다. 중국이나 한국의 왕이나 왕족이 아니면 누런빛의 옷을 입지 못했습니다. 그래서 중지곤의 육오 효사는 '치마가 누런 빛이면 아름답고 좋구나.'라고 한 것입니다.

上六. 龍戰于野 其血玄黃.
용 전 우 야 기 혈 현 황

비범한 사람이 들에서 싸우면 그 피가 하늘과 땅을 물들이는구나.

- 戰 ; 싸움 전, 싸움, 전쟁, 전투, 경기, 시합, 경쟁, 싸우다, 전쟁하다, 떨다, 두려워서 떨다, 동요하다, 흔들리다, 두려워하다.
- 于 ; 어조사 우, 어조사, ~에서, ~부터, ~까지, ~에게, ~보다, 향하여 가다, 동작을 하다, 행하다, 구하다, 가지다, 굽다, 굽히다, 크다, 광대하다, 오나라, 광대한 모양, 이, 이것, 아!(감탄사).
- 野 ; 들 야, 들, 들판, 민간(일반 백성들 사이), 문밖, 마을, 시골, 성 밖, 교외, 구역, 범위, 별자리, 야생의, 질박하다(꾸민 데가 없이 수수하다), 촌스럽다, 꾸밈새가 없다, 길들지 않다, 서투르다, 익숙하지 못하다, 거칠다, 등한하다(무엇에 관심이 없거나 소홀하다), (사리에) 어둡다, 비천하다, 미개하다, 방종하다, 자유분방하다.
- 其 ; 그 기, 그, 그것, 만약, 만일, 아마도, 혹은, 어찌, 어째서, 장차, 바야흐로, 이미, 마땅히, 이에, 그래서, 기약하다, 어조사.

- 血 ; 피 혈, 피, 근친, (슬픔의) 눈물, 빨간색, 월경, (피를) 칠하다, 물들이다.
- 玄 ; 검을 현, 검다, 검붉다, 오묘하다, 심오하다, 신묘하다, 깊다, 고요하다, 멀다, 아득하다, 아찔하다, 얼떨떨하다, 짙다, 크다, 통달하다, 매달리다, 걸리다, 빛나다, 하늘, 북쪽, 태고의 혼돈한 때, 현손, 손자, 음력 9월, 검은 빛, 부처의 가르침, 도교.
- 玄黃 ; 1. 검은 하늘빛과 누런 땅 빛, 2. 하늘과 땅을 아울러 이르는 말, 3. 검은빛과 누런빛의 폐백.

비범한 사람이 많으면 좋은데 만약에 비범한 사람들의 마음이 바르지 못하면 어떻게 되겠습니까? 죽기 살기로 싸우겠지요. 그래서 중지곤의 상육 효사는 '비범한 사람이 들에서 싸우면 그 피가 하늘과 땅을 물들이는구나.'라고 한 것입니다.

用六. 利永貞.
이 영 정

영원히 마음을 바르게 하여야 이롭구나.

- 永 ; 길 영, 읊을 영, 길다, (시간이) 오래다, 길게 하다, 길게 늘이다, (시간을) 오래 끌다, 깊다, 멀다, 요원하다, 읊다, 깊이, 길이, 오래도록, 영원히.

비범한 사람들이 많으면 좋지만 그 사람들 사이에는 온갖 권모술수가 넘쳐 날 것이 아닙니까? 어떻게 하면 좋을까요? 그래서 중지곤의 용육은 '영원히 마음을 바르게 하여야 이롭구나.'라고 한 것입니다.

水雷屯(수뢰준)

屯 元亨利貞 勿用有攸往 利建候.

어렵게 무리를 이루어도 하늘의 도우심으로 모든 일이 뜻과 같이 잘되어 가려면 마음을 바르게 하여야 이롭고 갈 곳이 있어도 가지 말고 오직 제후를 세워야 이롭구나.

- **屯** ; 어려울 준, 어렵다, 많다, 무리를 이루다, 견고하다, 험난하다, 태초, 괘 이름, 다수의 사람이 떼를 이루어 모이거나 모인 곳.
- **屯** ; 진칠 둔, 진 치다, 수비하다, 진, 병영, 언덕, 구릉.
- **建** ; 세울 건, 세우다, 일으키다, 아뢰다, 개진하다, 끼우다, 사이에 두다, 엎지르다, 열쇠, 월건 (달의 간지).
- **侯** ; 제후 후, 제후, 임금, 후작, 과녁, 오직, 어찌, 아름답다.

어디든지 다수의 사람들이 모이면 그 모임을 이끌어 갈 사람을 뽑습니다. 꼬맹이 초등학교 1학년도 반장을 뽑지 않습니까? 제후를 세워야 한다는 말은 초기적인 나라나 마을을 이루게 된다는 것이고 그 무리들의 미래가 달린 일이니 아주 중요한 일입니다. 그래서 수뢰준의 괘사는 '어렵게 무리를 이루어도 하늘의 도우심으로 모든 일이 뜻과 같이 잘되어 가려면 마음을 바르게 하여야 이롭고 갈 곳이 있어도 가지 말고 오직 제후를 세워야 이롭구나.'라고 한 것입니다.

初九. <ruby>磐<rt>반</rt></ruby><ruby>桓<rt>환</rt></ruby> <ruby>利<rt>이</rt></ruby><ruby>居<rt>거</rt></ruby><ruby>貞<rt>정</rt></ruby> <ruby>利<rt>이</rt></ruby><ruby>建<rt>건</rt></ruby><ruby>候<rt>후</rt></ruby>.

너럭바위와 무환자나무가 있는 곳에 자리를 잡고 앉으면 마음을 바르게
하여야 이롭고 오직 제후를 세워야 이롭구나.

- 磐 ; 너럭바위 반, 너럭바위(넓고 평평한 큰 돌), 반석(너럭바위), 넓다, 광대하다, 웅장하다, 머뭇
  거리다, 이어지다.
- 桓 ; 굳셀 환, 군세다, 크다, 머뭇거리다, 푯말, 하관할 때 쓰는 나무틀, 무환자 나무(무환자나무과
  의 낙엽 활엽 교목), 위풍당당한 모양, 크게.
- 居 ; 살 거, 살다, 거주하다, 있다, 차지하다, (처지에) 놓여 있다, (벼슬을) 하지 않다, 자리 잡다,
  앉다, 쌓다, 저축하다, 곳, 자리, 거처하는 곳, 집, 무덤, 법, 법도, 저축, 까닭, 이유, 평상시, 보통
  때, 살아 있는 사람, 앉아서 거기에 있음.
- 利 ; 이로울 리, 편리하다, 유익하다(이롭거나 도움이 될 만한 것이 있다).

주역의 괘사나 효사가 나오면 한 장면, 한 장면을 머릿속으로 그려보세요. 이 효사
는 괘사의 내용을 한 번 더 강조하고 장소를 이야기합니다. 마음을 바르게 하라는
것은 사심을 버리고 제후로서 능력 있는 사람을 뽑아야 한다는 것입니다. 그래서
수뢰준의 초구 효사는 '너럭바위와 무환자나무가 있는 곳에 자리를 잡고 앉으면 마
음을 바르게 하여야 이롭고 오직 제후를 세워야 이롭구나.'라고 한 것입니다.

六二. <ruby>屯<rt>준</rt></ruby><ruby>如<rt>여</rt></ruby> <ruby>邅<rt>전</rt></ruby><ruby>如<rt>여</rt></ruby> <ruby>乘<rt>승</rt></ruby><ruby>馬<rt>마</rt></ruby> <ruby>班<rt>반</rt></ruby><ruby>如<rt>여</rt></ruby> <ruby>匪<rt>비</rt></ruby><ruby>寇<rt>구</rt></ruby> <ruby>婚<rt>혼</rt></ruby><ruby>媾<rt>구</rt></ruby>

<ruby>女<rt>여</rt></ruby><ruby>子<rt>자</rt></ruby><ruby>貞<rt>정</rt></ruby> <ruby>不<rt>불</rt></ruby><ruby>字<rt>자</rt></ruby> <ruby>十<rt>십</rt></ruby><ruby>年<rt>녕</rt></ruby><ruby>乃<rt>내</rt></ruby><ruby>字<rt>자</rt></ruby>.

무리를 이루어 가다가 떠돌아다니는지 머뭇거리며 따르는 것 같아 말을
타고 나누어 쫓아가니 맞서고 대항하지만 도둑은 아니어서 말을 타고 같
이 돌아와 서성거리며 헤아리니 아름답고 기운이 왕성하여 서로 의좋게
지내다 혼인을 하려고 했지만 여자의 지조가 굳어 정혼하지 못하다가 열
번을 아첨하니 비로소 네가 정혼하는구나.

- 如 ; 같을 여, 같다, 같게 하다, 어떠하다, 미치다, 닿다, 좇다, 따르다, 가다, 이르다, 당연히~하여

야 한다, 맞서다, 대항하다, 비슷하다, 어찌, 가령, 만일, 마땅히, 곧, 이것이, ~과, 와 함께, 보다, ~보다 더, 이에, 그래서, 말 이을 이, 말을 잇다.

- 邅 ; 머뭇거릴 전, 머뭇거리다, 떠돌아다니다.
- 乘 ; 탈 승, 타다, 오르다, 헤아리다, 이기다, 업신여기다, 꾀하다, 다스리다, 곱하다, 불법(佛法), 수레, 넷, 양수사(수를 세는 단위), 사기(책 이름).
- 班 ; 나눌 반, 나누다, 이별하다, 돌아가다, 돌아오다, 주다, 벌려서다, 서성거리다, 같다, 차례, 자리, 줄(길이로 죽 벌이거나 늘여 있는 것). 匪 ; 비적 비, 비적(떼 지어 다니는 도적), 대나무 상자, 문채(아름다운 광채), 채색, 아니다, 문채 나다, 담다, 넣다, 나눌 분, 나누다.
- 寇 ; 도적 구, 도적(도둑), 떼도둑, 외적, 원수, 난리, 병기, 성의 하나, 약탈하다, 침범하다, 노략질하다, 해치다, 쳐들어오다, 베다, 성하다(기운이나 세력이 한창 왕성하다).
- 婚 ; 혼인할 혼, 혼인하다, 결혼하다, 처가, 사돈, 처가 살붙이.
- 媾 ; 화친할 구, 화친(1. 서로 의좋게 지내는 정분, 2. 나라와 나라 사이에 다툼 없이 가까이 지냄)하다, 겹혼인, 성교하다, 총애하다.
- 女 ; 여자 녀, 여자, 딸, 처녀, 너, 작고 연약한 것의 비유, 별 이름, 시집보내다, 짝짓다, 짝지어 주다, 섬기다.
- 字 ; 글자, 문자, 자(이름에 준하는 것), 암컷, 기르다, 양육하다, 낳다, 사랑하다, 정혼하다(혼인을 정하다).
- 十 ; 열 십, 열, 열 번, 열 배, 전부, 일체, 완전, 열배하다.
- 年 ; 해 년, 해, 나이, 때, 시대, 새해, 신년, 연령, 잘 익은 오곡, 콧마루, 사격의 하나, 익다, 오곡이 잘 익다, 아첨할 녕, 아첨하다.
- 乃 ; 이에 내, 이에, 곧, 그래서, 더구나, 도리어, 비로소, 의외로, 뜻밖에, 또, 다만, 만일, 겨우, 어찌, 이전에, 너, 당신, 그대, 이와 같다, 노 젓는 소리 애, 노 젓는 소리, 노 저으며 내는 소리.

이 효사는 여(如)를 어떻게 쓰느냐에 따라 뜻이 많이 달라집니다. 서른 번째 중화리 괘의 네 번째 효사에서도 여(如)자가 많이 나옵니다. 어떤 여자를 만나야 할까요? 만약 좋은 여자를 만나면 어떻게 해야 할까요? 그래서 수뢰준의 육이 효사는 '무리를 이루어 가다가 떠돌아다니는지 머뭇거리며 따르는 것 같아 말을 타고 나누어 쫓아가니 맞서고 대항하지만 도둑은 아니어서 말을 타고 같이 돌아와 서성거리며 헤아리니 아름답고 기운이 왕성하여 서로 의좋게 지내다 혼인을 하려고 했지만 여자의 지조가 굳어 정혼하지 못하다가 열 번을 아첨하니 비로소 네가 정혼하는구나.'라고 한 것입니다.

즉 록 무 우 유 입 우 림 중 군 자 기 불 여 사 왕 린
六三. 卽鹿无虞 惟入于林中 君子幾不如舍往吝.

헤아리지 않고 사슴에 가까이하면 사슴 홀로 수풀 가운데를 향하여 들어
가 미치지 못한데도 군자의 낌새는 내버려둔 것만도 못하게 베풀었다면
서 가기를 주저하는구나.

- 卽 ; 곧 즉, 곧, 이제, 만약, 만일, 혹은, 가깝다, 가까이하다, 나아가다, 끝나다, 죽다, 불똥, (다른
  게 아니라) 곧, 바로 그것이 더 말할 나위 없이, 그러할 때는, 그렇게 될 때는.
- 鹿 ; 사슴 록, 사슴, 제위(帝位)의 비유, 목적물, 곳집(곳간으로 지은 집), 산기슭, 거칠다, 조잡하다.
- 虞 염려할 우, 나라이름 우, 염려하다(앞일에 대하여 여러 가지로 마음을 써서 걱정하다), 근심하
  다, 생각하다, 편안하다, 즐기다, 속이다, 헤아리다, 돕다, 나라 이름, 순 임금의 성, 경계, 잘못, 벼
  슬 이름.
- 惟 ; 생각할 유, 생각하다, 사려하다, 늘어세우다, 마땅하다, 들어맞다, ~이 되다, 오직, 오로지, 홀
  로, 생각건대, 이, ~와, ~으로써, 때문에, 예, 대답.
- 入 ; 들 입, 들다, 들이다, 간여하다, 빠지다, 지나치게 정신이 쏠려 헤어나지 못하다, 시집보내다,
  받아들이다, 떨어지다, 떨어뜨리다, 투신하다, 섬기다, 벼슬하다, 공략하다, 죽다, 수입, 입성(사성
  의 하나).
- 林 ; 수풀 림, 수풀, 숲, 모임, 집단, 사물이 많이 모이는 곳, 야외, 들, 시골, 한적한 곳, 임금, 군왕,
  많은 모양, 많다.
- 中 ; 가운데 중, 가운데, 안, 속, 사이, 진행, 마음, 심중, 몸, 신체, 내장, 중도, 절반, 장정, 관아의
  장부, 안건, 가운데 등급, 중매, 중개, 중국, 버금, 둘째, 다음, 가운데에 있다, 부합하다, 일치하다,
  맞다, 맞히다, 적중시키다, 급제하다, 합격하다, 해당하다, 응하다, 뚫다, 바르다, 곧다, 가득 차다,
  이루다, 이루어지다, 고르다, 고르게 하다, 간격을 두다, 해치다, 때에 맞춰 시기적절하게.
- 幾 ; 몇 기, 몇, 얼마, 어느 정도, 그, 거의, 어찌, 자주, 종종, 조용히, 조용하고 공손하게, 바라건
  대, 원하건대, 가, 언저리, 기미, 낌새(1. 어떤 일을 알아차릴 수 있는 눈치, 2. 일이 되어가는 야릇
  한 분위기), 조짐, 징조, 고동(기계 장치), 기틀, 요령, 때, 기회, 위태하다, 위태롭다, 가깝다, 가까
  워지다, 살피다, 자세히 살펴보다, 헌걸차다(매우 풍채가 좋고 의기가 당당한 듯하다).
- 不如: ~만 못함.
- 舍 ; 집 사, 버릴 사, 집, 가옥, 여관, 버리다, 포기하다, 폐하다, 내버려두다, 개의하지 않다, 기부
  하다, 희사하다, 바치다, 베풀다, 놓다, 쉬다, 휴식하다, (화살을) 쏘다, 벌여 놓을 석, 벌여 놓다, 풀
  리다, (의심이) 사라지다.
- 吝 ; 아낄 린(인), 아끼다, 인색하다, 소중히 여기다, 주저하다(머뭇거리며 망설이다).
- 无 ; 없을 무, ~하지 않다.
- 于 ; 어조사 우, 향하여가다.

- 不 ; 아닐 불, 못하다.
- 如 ; 같을 여, 미치다. 往 ; 갈 왕.

아무리 군자라 하더라도 생각 없이 행동을 하면 안 된다는 것이고 잘못된 행동에 대해서 핑계를 대지 말라는 것입니다. 그래서 수뢰준의 육삼 효사는 '헤아리지 않고 사슴에 가까이하면 사슴 홀로 수풀 가운데를 향하여 들어가 미치지 못한데도 군자의 낌새는 내버려둔 것만도 못하게 베풀었다면서 가기를 주저하는구나.'라고 한 것입니다.

六四. 乘馬班如 求婚媾 往吉 无不利.
승 마 반 여 구 혼 구 왕 길 무 불 리

같이 말을 타고 좇고 따르면서 서로 의좋게 지내다 혼인을 청하면 언제나 좋고 불리할 것이 없구나.

- 求 ; 구할 구, 구하다, 빌다, 청하다, 탐하다, (욕심을) 부리다, 취하다, 모으다, 모이다, 나무라다, 책망하다, 가리다, 선택하다, 묻다, 부르다, 불러들이다, 힘쓰다, 갖옷(짐승의 털가죽으로 안을 댄 옷), 끝, 종말.

남자와 여자가 서로를 잘 알 수 있는 방법이 서로 의좋게 지내는 것이고 그런 후에 혼인을 하면 좋겠지요. 그래서 수뢰준의 육사 효사는 '같이 말을 타고 좇고 따르면서 서로 의좋게 지내다 혼인을 청하면 좋고 불리할 것이 없구나.'라고 한 것입니다.

九五. 屯其膏 小貞吉 大貞凶.
준 기 고 소 정 길 대 정 흉

만일 기름진 땅에 다수의 사람이 떼를 이루어 모이면 작게 정해야 좋고 크게 정하면 좋지 않구나.

- 膏 ; 기름 고, 기름, 지방, 살진 고기, 염통 밑, 은혜, 고약(헐거나 곪은 데에 붙이는 끈끈한 약), 기름진 땅, 기름지다, 기름지게 하다.
- 小 ; 작을 소, 작다, 적다, 협소하다, 좁다, 적다고 여기다, 가볍게 여기다, 삼가다(몸가짐이나 언

행을 조심하다), 주의하다, 어리다, 젊다, (시간상으로) 짧다, (지위가)낮다, 소인, 첩, 작은달, 음력에서 그 달이 날 수가 30일이 못 되는 날, 겸양의 뜻을 나타내는 접두어, 조금, 적게, 작은, 조그마한, 물건을 작게 나누다.

- 凶 ; 흉할 흉, 흉하다, 흉악하다, 해치다, 사람을 죽이다, 두려워하다, 근심하다, 부정하다, 사악하다, 앞일이 언짢다, 운수가 나쁘다, 다투다, 시비를 벌이다, 흉년, 기근, 요절(나이가 젊을 때 죽음), 재앙, 재난.
- 貞 ; 곧을 정, 정하다.

기름진 땅이어서 시시비비가 많을 수 있는데 크게 정해서 낭패를 보는 것보다 작게 정해서 남는 것이 좋지 않겠어요. 그렇게 하여 남게 된다면 여러 가지 방법이 있겠지요. 그래서 수뢰준의 구오 효사는 '만일 기름진 땅에 다수의 사람이 떼를 이루어 모이면 작게 정해야 좋고 크게 정하면 좋지 않구나.'라고 한 것입니다.

上六. 乘馬班如 泣血漣如.
<small>승 마 반 여 읍 혈 연 여</small>

같이 말을 타다가 헤어지면서 근친임을 근심하며 같이 눈물을 흘리는구나.

- 泣 ; 울 읍, 울다, 울리다, 울게 하다, 근심하다(속을 태우거나 우울해하다), 걱정하다, 울음, 눈물, 별자리 이름, 바람 빠를 립(입), 바람이 빠르다, 바람이 빠른 모양, 바람이 거세게 부는 모양, 원활하지 않을 삽, 원활하지 않다, (피가) 통하지 아니하다.
- 漣 ; 잔물결 연(련), 잔물결, 물놀이(수면에 잔물결이 이는 현상), 물놀이 치다, 눈물 흘리다.
- 血 ; 피 혈, 근친.

남자와 여자가 만나 서로가 마음이 통해 같이 말을 타다가 근친임을 알게 된 것입니다. 이 때에도 근친간의 혼인은 엄격하게 금지되었던 모양입니다. 그래서 수뢰준의 상육 효사는 '같이 말을 타다가 헤어지면서 근친임을 근심하며 같이 눈물을 흘리는구나.'라고 한 것입니다.

몽 형 비 아 구 동 몽 동 몽 구 아 초 점 고 재 삼 독
蒙 亨 匪我求童蒙 童蒙求我 初筮告 再三瀆

독 즉 불 고 이 정
瀆則不告 利貞.

사리에 어두워서 모든 일이 뜻과 같이 잘되어 가기를 바라며 점을 칠 때에
는 내가 어린아이를 부르는 것이 아니고 어린아이가 나를 부르듯이 조용
하게 점을 친다고 고하면 가르쳐 주지만 재삼 여러 번 버릇없이 굴면
곧 더럽히는 것이므로 가르쳐 주지 아니하니 마음을 바르게 하여야 이롭
구나.

- 蒙 ; 어두울 몽, (사리에) 어둡다, 어리석다, 어리다, 무릅쓰다, 덮다, 받다, 속이다, 입다, 괘 이름,
  몽골.
- 匪 ; 비적 비, 나눌 분, 아니다.
- 我 ; 나 아, 나, 우리, 외고집, 나의, 아집을 부리다, 굶주리다.
- 求 ; 구할 구, 부르다.
- 童 ; 아이 동, 아이, 어린 양이나 소, 종, 노복, 눈동자, 대머리, 성한 모양, 어리석다, 민둥민둥하다,
  벗겨지다, 족보에서 아직 결혼하지 아니한 남자를 이르는 말, 동네 어귀에서 서서 노는 아이들. 初
  ; 처음 초, 처음, 시초, 시종(처음과 끝), 초승, 초순, 근본, 근원, 본래, 옛일, 이전, 종전, 옛날, 첫,
  첫째, 처음으로, 비로소, 느릿하다, 조용하다.
- 筮 ; 점 서, 점(앞날의 운수, 길흉 따위를 미리 판단하는 일), 점대(점을 치는 데 쓰는 댓가지), 점치다.
- 告 ; 고할 고, 고하다, 아뢰다, 발표하다, 여쭈다, (안부를) 묻다, 가르치다, 깨우쳐 주다, 하소연하
  다, 고발하다, 하소연, 뵙고 청할 곡, 뵙고 청하다, 말미, 겨를, 외양간, 마구간, 국문할 국, 국문하

다, 조사하다, 소를 제물로 바쳐놓고 신에게 소원을 말한다는 뜻, 吿는 '큰소리로 아뢰다'의 뜻의 號와도 관계가 깊음.

- 再 ; 두 재, 두, 두 번, 재차, 거듭, 다시 한 번, 두 번하다, 거듭하다.
- 三 ; 석 삼, 석, 셋, 자주, 거듭, 세 번, 재삼, 여러 번, 몇 번이고.
- 再三 ; 두세 번 또는 몇 번씩 '거듭', '여러 번'으로 순화.
- 瀆 ; 도랑 독, 도랑(매우 좁고 작은 개울), 더럽힐 독, 더럽히다, 업신여기다, 깔보다, 버릇없이 굴다, 구멍 두, 구멍, 땅 이름, 고랑.
- 則 ; 법칙 칙, 법칙, 준칙, 이치, 대부의 봉지, 본보기로 삼다, 본받다, 모범으로 삼다, 곧 즉, 곧, 만일 ~이라면, ~하면, ~할 때에는.
- 貞 ; 곧을 정, 마음이 곧 바르다, 점치고 묻다.

가야 할지. 해야 할지. 어찌해야 할 바를 사리에 어두워서 갈피를 잡지 못한다면 어떻게 해야 좋을까요? 점이라도 한번 쳐 보고 싶으시죠? 그래서 산수몽의 괘사는 '사리에 어두워서 모든 일이 뜻과 같이 잘되어 가기를 바라며 점을 칠 때에는 내가 어린아이를 부르는 것이 아니고 어린아이가 나를 부르듯이 조용하게 점을 친다고 고하면 가르쳐 주지만 재삼 여러 번 버릇없이 굴면 곧 더럽히는 것이므로 가르쳐 주지 아니하니 마음을 바르게 하여야 이롭구나.'라고 한 것입니다.

발 몽 이 용 형 인 용 설 질 곡 이 왕 린
初六. 發蒙 利用刑人 用說桎梏以 往吝.

속이다 드러나면 사람을 형벌로 다스리는 것이 이로워도 이유를 진술하면 들어주고 차꼬와 수갑 채우는 것을 언제나 소중히 여기는구나.

- 發 ; 필 발, 피다, 쏘다, 일어나다, 떠나다, 드러나다, 나타나다, 밝히다, 들추다, 계발하다, 베풀다, 빠른 발 모양.
- 刑 ; 형벌 형, 형벌, 법, 꼴, 모양, 국그릇, 형벌하다, 벌하다, 제어하다, 모범이 되다, 준거하여 따르다, 본받다, 다스리다, 되다, 이루어지다, 죽이다, 살해하다, 체형을 가하여 규칙에 복종 시킨다는 뜻.
- 說 ; 말씀 설, 말씀, 문체 이름, 제사 이름, 말하다, 이야기하다, 서술하다, 진술하다, 달랠 세, 달래다, 유세하다, 기뻐할 열, 기뻐하다, 기쁘다, 즐거워하다, 즐기다, 공경하다, 따르다, 복종하다, 아첨하다, 쉽다, 용이하다, 헤아리다, 기쁨, 희열, 수(數), 벗을 탈, 벗다, 놓아주다, 빼앗기다, 제거하다(없애 버리다), 용서하다.
- 桎 ; 차꼬 질, 차꼬(죄수를 가둘 때 쓰던 형구), 쐐기, 막히다, 차꼬를 채우다.

- 梏 ; 수갑 곡, 수갑, 쇠고랑, 쇠고랑을 채우다, 묶다, 붙잡다, 꿰다, 어지럽히다, 클 각, 크다.
- 以 ; 써 이, ~써, ~로, ~를 가지고, ~를 근거로, ~에 따라, ~에 의해서, ~대로, ~ 때문에, ~에 의해서, ~대로, ~ 때문에, ~까닭에, ~로 인하여, ~부터, ~하여, ~함으로써, ~하기 위하여, ~을 ~로 하다, ~에게 ~을 주다, ~라 여기다, 말다, 거느리다, 닮다, 이유, 까닭, (시간, 장소, 방향, 수량의) 한계를 나타냄.
- 用 ; 쓸 용, 다스리다, 들어주다.
- 往 ; 갈 왕, 언제나.
- 吝 ; 아낄 린, 소중히 여기다.

사리에 어둡다고 사람을 함부로 대하면 되겠습니까? 사람을 형벌로 다스리는 사람은 마음을 바르게 하고 있습니까? 조금이라도 한이 맺히지 않게 신중에 신중을 기하라는 것이지요. 그래서 산수몽의 초육 효사는 '속이다 드러나면 사람을 형벌로 다스리는 것이 이로워도 이유를 진술하면 들어주고 차꼬와 수갑 채우는 것을 언제나 소중히 여기는구나.'라고 한 것입니다.

포 몽 길 납 부 길 자 극 가
九二. 包蒙 吉 納婦 吉 子克家.

어리면 감싸야 좋고 며느리는 받아들이면 좋고 아들은 집을 장만하여 살 능력이 있으면 좋구나.

- 包 ; 쌀 포, 싸다, 감싸다, 용납하다, 너그럽게 받아들이다, 아우르다, 함께 넣다, 아이를 배다, 더부룩하게 나다, 초목이 무성하다, 꾸러미 포, 꾸러미, 보따리, 푸줏간, 포(꾸러미를 세는 단위), 주머니, 봉지, 뱃속의 아이의 뜻으로 모든 것을 싸는 뜻.
- 納 ; 들일 납, (거두어)들이다, 수확하다, 받다, 받아들이다, 수장하다, 바치다, 헌납하다, 보내다, 되돌리다, 반납하다, (헤진 곳을) 깁다, 떠들다, 고함치다, 접수하다, 납부하다, 누리다, 즐기다, 향수하다, 낮추다, (머리를) 숙이다, (신을) 신다, 끌어들이다, 채용하다, 장가들다, 씨 뿌리다, 파종하다, 젖다, 곁마, 부마(예비로 함께 끌고 다니는 말), 눅눅한 모양.
- 婦 ; 며느리 부, 며느리, 지어미, 아내, 여자, 암컷, 예쁘다, 정숙하다.
- 克 ; 이길 극, 이기다, 해내다, 참고 견디다, 능하다, 능력이 있다, 이루어내다, 메다, 다스리다, 정돈하다, 승벽(지기 싫어하는 성질), 그램.
- 家 ; 집 가, 집, 자기 집, 가족, 집안, 문벌, 지체, 조정, 도성, 전문가, 정통한 사람, 용한 이, 학자, 학파, 남편, 아내, 마나님(나이가 많은 부인을 높여 이르는 말), 살림살이, 집을 장만하여 살다, 여자 고, 여자.

사리에 어두운 사람일지라도 이렇게 하면 좋지 않겠어요? 그래서 산수몽의 구이 효사는 '어리면 감싸야 좋고 며느리는 받아들이면 좋고 아들은 집을 장만하여 살 능력이 있으면 좋구나.'라고 한 것입니다.

물 용 취 녀 견 금 부 불 유 궁 무 유 리
六三. 勿用取女 見金夫 不有躬 无攸利.

장가들고 시집보낼 때에 베풀지 말아야지 대체로 보아서 많은 사내들은 돈을 보면 있다고 몸소 행하지 아니하니 이로울 바가 없구나.

- 取 ; 가질 취, 가지다, 손에 들다, 취하다, 의지하다, 돕다, 채용하다, 골라 뽑다, 받다, 받아들이다, 이기다, 다스리다, 멸망시키다, 장가들다, 어조사, 인연의 하나, 춘추의 필법.
- 金 ; 쇠 금, 쇠, 금, 돈, 화폐, 금나라, 누른빛, 귀하다, 성씨 김.
- 夫 ; 지아비 부, 지아비, 남편, 사내, 장정, 일군, 노동일을 하는 남자, 군인, 병정, 선생, 사부, 부역, 100묘의 밭, 저, 3인칭 대명사, 대저(대체로 보아서), 발어사, ~로다, ~구나(감탄사), 다스리다, 많다.
- 躬 ; 몸 궁, 몸, 신체, 자기, 자신, 활, 과녁의 아래위의 폭, 몸소, 스스로, 직접, 몸소 행하다, 스스로 하다, (몸에) 지니다, 굽히다, 곤궁하다.
- 攸 ; 바 유, 바, 곳, 장소, 처소, 이, 이에, 어조사, 재빠른 모양, 위태로울 모양, 빠르다, 위태롭다.
- 用 ; 쓸 용, 베풀다.
- 女 ; 여자 녀, 시집보내다.

사리에 어두워도 꼭 명심을 해야 할 효사입니다. 쓸데없이 많은 것을 알고 복잡하게 사느니 사리에 어두워도 똘똘하게 몇 가지만 알고 사는 것이 더 나을 수도 있습니다. 그중의 하나가 바로 이 효사입니다. 좌우지간에 남자들은 돈을 보면 게을러지나 봅니다. 그래서 산수몽의 육삼 효사는 '장가들고 시집보낼 때에 베풀지 말아야지 대체로 보아서 많은 사내들은 돈을 보면 있다고 몸소 행하지 아니하니 이로울 바가 없구나.'라고 한 것입니다.

곤 몽 린
六四. 困蒙 吝.

어리석어 통하지 아니하니 주저하는구나.

- 困 ; 곤할 곤, 곤하다, 졸리다, 지치다, 괴로움을 겪다, 시달리다, 위태롭다, 위험하다, 막다르다, 난
  처하다(이럴 수도 없고 저럴 수도 없어 처신하기 곤란하다), 괴롭다, 통하지 아니하다, 가난하다,
  살기 어렵다, 흐트러지다, 어지러워지다, 부족하다, 모자라다, 겪기 어려운 일, 난처한 일, 괴로움,
  메마른 땅, 척박한 땅, 괘 이름, 안에 갇혀서 자라지 못하고 난처하게 된 모양.
- 吝 ; 아낄 린, 주저하다(머뭇거리며 망설이다).

사리에 어두우면 판단력이 떨어지겠지요. 그래서 산수몽의 육사 효사는 '어리석어
통하지 아니하니 주저하는구나.'라고 한 것입니다.

동 몽 길
六五. 童蒙 吉.

아이는 사리에 어두워야 좋구나.

정말로 아이가 사리에 밝으면 좋겠습니까? 너무 똑똑하면 명을 재촉할 수도 있습니
다. 어릴 때 총명하다고 영원한 것은 아닙니다. 모든 것은 다 때가 있습니다. 그래
서 산수몽의 육오 효사는 '아이는 사리에 어두워야 좋구나.'라고 한 것입니다.

격 몽 불 리 위 구 이 어 구
上九. 擊蒙 不利爲寇 利禦寇.

어리석어서 손으로 친 것이 도둑이 되면 이롭지 않아도 도둑을 막으면 이
롭구나.

- 擊 ; 칠 격, 치다, 부딪치다, 공격하다, 마주치다, 보다, 두드리다, 지탱하다, 죽이다, 손으로 치다.
- 爲 ; 하 위, 할 위, 하다, 위하다, 다스리다, 되다, 생각하다, 삼다, 배우다, 가장하다(태도를 거짓으
  로 꾸미다), 속하다, 있다, 행위.
- 禦 ; 막을 어, 막다, 방어하다, 금하다, 금지하다, 멈추다, 항거하다, 저항하다, 제사 지내다, 올리
  다, 바치다, 필적하다, 사납다, 포획하다, 방어, 방해, 방비, 대신(大臣).

사리에 어두운 사람을 사리에 어둡다고 때려서 가르쳐도 사람에 따라 다릅니다. 그래서 산수몽의 상구 효사는 '어리석어서 손으로 친 것이 도둑이 되면 이롭지 않아도 도둑을 막으면 이롭구나.'라고 한 것입니다.

水天需(수천수)

수 유 부 광 형 정 길 이 섭 대 천
需 有孚光亨 貞吉 利涉大川.

쓰이길 기다릴 때에는 친하게 지내고 믿음성이 있고 크게 통달하여도
마음을 바르게 하여야 좋고 계속해서 대인과 관계하는 것이 이롭구나.

- 需 ; 쓰일 수, 쓸 수, 쓰이다, 쓰다, 구하다, 공급하다, 기다리다, 머뭇거리다, 기르다, 비가 긋다, 요구, 필요로 하는 물건, 괘 이름, 성의 하나, 반드시, 비가 그치길 기다리다, 연할 연, 연하다(재질이 무르고 부드럽다), 부드럽다, 덜 차다.
- 孚 ; 미쁠 부, 미쁘다(믿음성이 있다), 붙다, 붙이다, 달리다, (알이) 깨다, 기르다, 자라다, 빛나다, 껍질, 겉겨, 알, 씨, 옥이 빛나는 모양.
- 光 ; 빛 광, 빛, 어둠을 물리치는 빛, 세월, 기세, 세력, 기운, 경치, 풍경, 명예, 영예, 문화, 문물, 문물의 아름다움, 빛깔, 번쩍 거리는 빛, 어른어른하게 비치는 윤기, 영화롭다, 빛나다, 비치다, 비추다, 크다, 넓다, 멀다.
- 涉 ; 건널 섭, 건너다, 지나다, 거치다, 겪다, 거닐다, (걸어서) 돌아다니다, (길을) 떠나다, 이르다, 미치다, 간섭하다, 관계하다, 섭렵하다, 넓다, 나루, 흐르는 모양 첩, 흐르는 모양.
- 大 ; 큰 대, 훌륭한 사람.
- 川 ; 내 천, 내, 물귀신, 굴, 깊숙하게 패인 곳, 들판, 평원, 느릿한 모양, 사천성의 약칭, 계속해서, 끊임없이.
- 有 ; 있을 유, 친하게 지내다.
- 亨 ; 형통할 형, 통달하다.

유부(有孚)란 단어가 주역에서 많이 나옵니다. 이 단어를 해결하지 못하면 가다가 막히고 해석을 해놓아도 찜찜할 수밖에 없습니다. '미쁘다.'라는 것은 '믿음성이 있다.'

라는 뜻이 있으니 됐고 있을 유(有)자에 대해서는 또 고민하지 않을 수가 없었습니다. 그러던 중에 '친하게 지내다.'라는 글이 눈에 들어왔습니다. 그 기분은 어떻게 표현을 해야 할지 모르겠습니다. 또 주역에는 이섭대천(利涉大川)도 역시 많이 나옵니다. '큰 내를 건너는 것이 이롭구나.'로 많이 쓰이는데 이것 역시 깊은 생각 속으로 빠지게 만들었습니다. 도대체 문장 구성이 되지 않아서요. '계속해서 대인과 관계하는 것이 이롭구나.'를 알게 될 때까지 오랜 세월을 보냈습니다. 그래서 수천수의 괘사는 '쓰이길 기다릴 때에는 친하게 지내고 믿음성이 있고 크게 통달하여도 마음을 바르게 하여야 좋고 계속해서 대인과 관계하는 것이 이롭구나.'라고 한 것입니다.

初九. 需于郊 利用恒 无咎.
수 우 교 이 용 항 무 구

교통의 요충지에서 기다려야 항상 쓰이기에 이롭고 허물도 없구나.

- 于 ; 어조사 우, ~에서, 동작을 하다, 행하다.
- 郊 ; 들 교, 들, 야외, 성 밖, 근교, 시골, 교통의 요충지, 천지의 제사, 교사(천지의 제사), 천지의 제사를 지내다, (땅이) 메마르다, 교활하다.
- 恒 ; 항상 항, 항상, 육십사괘의 하나, 변하지 않고 늘 그렇게 하다, 항구히, 반달 긍, 반달, 두루 미치다, 뻗치다, 걸치다.
- 用 ; 쓸 용, 능력, 행하다.

교(郊)자를 보면 여러 가지 뜻 중에서 '교통의 요충지'란 뜻이 있습니다. 사람들이 많이 오가는 곳, 즉 교통의 요충지에서 기다려야 일자리를 쉽게 얻겠지요. 그래서 수천수의 초구 효사는 '교통의 요충지에서 기다려야 항상 쓰이기에 이롭고 허물도 없구나.'라고 한 것입니다.

九二. 需于沙 小有言 終吉.
수 우 사 소 유 언 종 길

물가에서 비가 그치길 기다리면 조금의 말이 있으니 끝내는 좋구나.

- 沙 ; 모래 사, 봉황 사, 목쉴 사, 모래, 사막, 모래알, 모래땅, 단사(수은으로 이루어진 황화 광물), 사공, 물가, (얇은) 비단, 짐승의 암컷, 베짱이(여칫과의 하나), 봉황, 거칠다, 조잡하다, (목이) 쉬다, (물에) 일다, 선별하다, 쓰다듬다, 문지르다.
- 言 ; 말씀 언, 말씀, 말, 견해, 의견, 글, 언론, 맹세의 말, 호령, 하소연, 건의, 계책, 허물, 잘못, 험극 (서로 꺼리고 싫어하여 생긴 틈), 이에, 요컨대, 다시 말하면, 여쭈다, 묻다, 기재하다, 적어 넣다, 소송하다, 이간하다, 알리다, 예측하다, 말하다, 조문하다, 위문하다, 화기애애할 은, 화기애애하다, 화기애애하면서 삼가는 모양, 위엄이 있는 모양.

수천수는 일자리를 얻는 것입니다. 비가 내리면 물을 건너지 않겠지요. 그러면 사람들이 물가에서 기다리겠죠. 기다리는 사람들이 구직 정보를 흘리지 않겠어요? 그래서 수천수의 구이 효사는 '물가에서 비가 그치길 기다리면 조금의 말이 있으니 끝내는 좋구나.'라고 한 것입니다.

九三. 需于泥 致寇至.
수 우 니 치 구 지

진창이라 머뭇거리면 반드시 도적들이 이르는구나.

- 泥 ; 진흙 니(이), 진흙, 오니(더러운 흙), 진창(땅이 질어서 질퍽질퍽하게 된 곳), 수렁, 벌레 이름, 야드르르한 모양(반들반들 윤기가 돌고 보드랍다), 윤기 도는 모양, 이슬에 젖은 모양, 약하다, 칠하다, 바르다, (풀칠하여) 붙이다, 흐리다, 막히다, 정체하다, 거리끼다, 구애되다, 더러워지다, 오염되다, 물들일 열, (검게) 물들이다.
- 致 ; 이를 치, 빽빽할 치, 이르다, 도달하다, 이루다, 부르다, 보내다, 그만두다, 주다, 내주다, 갚다, 꿰매다, 빽빽하다, 면밀하다, 촘촘하다, 찬찬하다, 곱다, 베다, 풍치, 흥미, 경치, 정취, 취미, 헌옷.
- 至 ; 이를 지, 이르다, 도달하다, (영향을) 미치다, 과분하다, 정도를 넘다, 지극하다, 힘쓰다, 다하다, 이루다, 지향하다, 주다, 내려주다, 친근하다, 표하다, 진실, 지극한 도, 실체, 본체, 동지, 절기 이름, 지극히, 성대하게, 크게, 최고로, 가장, 반드시, 마침내, 덜렁대는 모양 질.

진흙땅에 비가 와서 땅이 질어서 질퍽질퍽하게 되면 빨리 갈 수도 없고 어느 곳으로 가야 할지 머뭇거리다 보면 그 틈을 노려 도적들이 와서 털어가는 상황이네요. 그래서 수천수의 구삼 효사는 '진창이라 머뭇거리면 반드시 도적들이 이르는구나.'라고 한 것입니다.

<ruby>六四<rt>수 우 혈 출 자 혈</rt></ruby>. 需于血 出自穴.

월경까지 기르면 자기 움막을 떠나서 시집을 가는구나.

- 血 ; 피 혈, 월경.
- 出 ; 날 출, 나다, 나가다, 떠나다, 헤어지다, 드러내다, 나타내다, 내놓다, 내쫓다, 추방하다, 돌려보내다, 내어주다, (샘을) 치르다, 버리다, 게우다, 샘솟다, 뛰어나다, 이루다, 시집가다, 자손, 처남, 꽃잎, 단락 척, (희곡의 한) 단락, 연극의 한 장면.
- 自 ; 스스로 자, 스스로, 몸소, 자기, 저절로, 자연히, ~서부터, 써, 진실로, 본연, 처음, 시초, 출처, 코의 고자, 말미암다, ~부터 하다, 좇다, 따르다, 인하다(어떤 사실로 말미암다), 사용하다, 쓰다.
- 穴 ; 구멍 혈, 구멍, 굴, 동굴, 움집, 움막, 무덤, 묘혈, 광맥, 혈(용맥의 정기가 모인 자리), 구덩이, 곁, 옆, (구멍을) 뚫다, 혈거하다, 그릇되다, 굽다, 연구하다, 굴 휼, 굴, 동굴.

그때 그 시절의 풍습이 딸을 키워서 월경을 하면 시집을 보냈던 모양입니다. 그래서 수천수의 육사 효사는 '월경까지 기르면 자기 움막을 떠나서 시집을 가는구나.'라고 한 것입니다.

<ruby>九五<rt>수 우 주 식 정 길</rt></ruby>. 需于酒食 貞吉.

술을 마시고 밥을 먹을 때에는 반드시 마음을 바르게 하여야 좋구나.

- 酒 ; 술 주, 술, 잔치, 주연, 술자리, 무술(제사 때 술 대신에 쓰는 맑은 찬물), 술을 마시다.
- 食 ; 밥 식, 먹을 식, 밥, 음식, 제사, 벌이, 생활, 생계, 먹다, 먹이다, 현혹케 하다, 지우다, 먹이 사, 먹이, 밥, 기르다, 먹이다, 양육하다, 사람 이름 이.

술을 마시고 밥 먹는 것을 아무나 하고 합니까? 술을 마시고 밥 먹는 것을 보면 그 사람의 환경을 알 수 있습니다. 공부만 잘하면 됩니까? 돈만 잘 벌면 됩니까? 출세만 잘하면 됩니까? 술을 마시고 밥을 먹는 것은 아주 중요한 일이지요. 얼마나 중요하면 구오, 즉 왕의 자리에 이 글귀가 있습니다. 그래서 수천수의 구오 효사는 '술을 마시고 밥을 먹을 때에는 반드시 마음을 바르게 하여야 좋구나.'라고 한 것입니다.

上六. 人于穴有 不速之客三人來 敬之 終吉.

움막에 들어가 있을 때 부르지 않은 세 사람의 손님이 오면 지극히 정중하여야 끝내 좋구나.

- 有 ; 있을 유.
- 速 ; 빠를 속, 빠르다, 빨리하다, 이루다, 되다, 부르다, 삼가다(몸가짐이나 언행을 조심하다), 에워싸다, 빨리, 자주.
- 之 ; 갈 지, 만일, 이곳에, (영향을) 끼치다.
- 客 ; 손 객, 손, 손님, 나그네, 사람, 과거, 지나간 때, 외계, 여행, 객지, 의식이나 행동의 대상, 상대, 주장이 아닌, 객쩍은, 붙이다, 의탁하다, 쓸데없다, 객쩍다.
- 來 ; 올 래, 오다, 돌아오다, 부르다, 위로하다, 이래, 그 이후로, 앞으로, 미래, 후세, 보리.
- 敬 ; 공경 경, 공경, 예, 감사하는 예, 공경하다(공손히 받들어 모시다), 삼가다(몸가짐이나 언행을 조심하다), (마음을) 절제하다, 정중하다(태도나 분위기가 점잖고 엄숙하다), (예의가) 바르다, 훈계하다, 잡도리하다(1. 단단히 준비하거나 대책을 세우다, 2. 잘못되지 않도록 엄하게 단속하다, 3. 아주 요란스럽게 닦달하거나 족치다).

상대방과 좋은 일이 있으면 혼자 가도 좋겠지요. 두 사람도 아니고 세 사람이란 말은 상황이 녹록지 않다는 것이지요. 이럴 때 잘잘못을 따지려 든다면 상황이 더욱 어려워지겠죠. 어떻게 해야 되나요? 그래서 수천수의 상육 효사는 '움막에 들어가 있을 때 부르지 않은 세 사람의 손님이 오면 지극히 정중하여야 끝내 좋구나.'라고 한 것입니다.

06 天水訟(천수송)

訟 有孚窒惕 中吉終凶 利見大人 不利涉大川.

말로 옳고 그름을 다툴 때에 친하게 지내고 믿음성이 있어도 막혀서 걱정
한다면 시기적절하게 마쳐야 좋고 끝까지 가면 좋지 않으니 대인을 만나
야 이롭고 계속해서 잘난 체하며 뽐내고 건방진 사람과 관계를 하면 이롭
지 않구나.

- 訟 ; 송사할 송, 송사하다, 고소하다, 다투다, 쟁론하다, 신원하다(가슴에 맺힌 원한을 풀어 버리
  다), 꾸짖다, 자책하다, 드러내다, 버젓하다(남의 시선을 의식하여 조심하거나 굽히는 데가 없다),
  기리다, 송사, 괘 이름, 말로 옳고 그름을 다툰다는 뜻, 용납할 용, 용납하다, 받아들이다.
- 窒 ; 막힐 질, 막다, 막히다, 멈추다, 그치다, (가득) 차다, 메이다, 통하지 않다, 7월의 딴 이름, 종
  묘 문, 무덤의 문, 질소.
- 惕 ; 두려워할 척, 근심하다, 걱정하다.
- 中 ; 가운데 중, 때에 맞춰 시기적절하게.
- 終 ; 마칠 종, 마치다, 끝내다.
- 見 ; 볼 견, 뵈올 현, 뵙다, 보이다, 소개하다, 만나다.
- 大 ; 큰 대, 자랑하다, 뽐내다, 교만하다(잘난 체하며 뽐내고 건방지다).

사람이 살다보면 송사가 있을 수 있지요. 그런데 그 송사라는 것이 아주 모르는 사
람하고 이루어집니까? 보통 아는 사람과 많이 이루어지죠. 그럴 때 옆에서 조언을
해주는 좋은 분이 계시면 얼마나 좋겠습니까? 그래서 천수송의 괘사는 '말로 옳고
그름을 다툴 때에 친하게 지내고 믿음성이 있어도 막혀서 걱정한다면 시기적절하

게 마쳐야 좋고 끝까지 가면 좋지 않으니 대인을 만나야 이롭고 계속해서 잘난 체하며 뽐내고 건방진 사람과 관계를 하면 이롭지 않구나.'라고 한 것입니다.

初六. 不永所事 小有言 終吉.
불 영 소 사 소 유 언 종 길

시간을 오래 끌지 않기 위해 일정한 곳이나 지역의 관아에서 다스리면 조금의 말은 있어도 끝내는 좋구나.

- 永 ; 길 영, (시간을)오래 끌다.
- 所 ; 바 소, 바, 것, 곳, 일정한 곳이나 지역, 처소, 관아, 어떤 일을 처리하는 곳, 지위, 자리, 위치, 장소를 세는 단위, 기초, 도리, 사리, 경우, 얼마, 쯤, 정도, 만일, 있다, 거처하다, ~을 당하다.
- 事 ; 일 사, 다스리다.

송사를 하는 데 시간을 오래 끌면 감정의 골은 깊어져 가고 상황이 더욱 좋지 않아질 수 있습니다. 힘이 있는 삼자가 필요할 때이죠. 그래서 천수송의 초육 효사는 '시간을 오래 끌지 않기 위해 일정한 곳이나 지역의 관아에서 다스리면 조금의 말은 있어도 끝내는 좋구나.'라고 한 것입니다.

九二. 不克訟 歸而逋 其邑人三百戶 无眚.
불 극 송 귀 이 포 기 읍 인 삼 백 호 무 생

지기 싫어하는 성질과 능력이 있어 말로 옳고 그름을 다투다가 참고 견디지 못해 돌아가다 잡혀도 만일 영유하는 읍의 읍인 삼백의 사람들이 출입구를 막고 지키니 재앙이 없구나.

- 克 ; 이길 극, 참고 견디다, 능력이 있다, 승벽(지기 싫어하는 성질).
- 歸 ; 돌아갈 귀, 돌아가다, 돌아오다, 돌려보내다, 따르다, 붙좇다(존경하거나 섬겨 따르다), (몸을) 의탁하다, 맡기다, 위임하다, 마치다, 끝내다, 시집가다, 편들다, 맞다, 적합하다, 모이다, 합치다, 선물하다, (음식을) 보내다, 자수하다, 죽다, 부끄러워하다, 몸을 의탁할 곳.
- 而 ; 말 이을 이, 말을 잇다, 같다, 너, 자네, 그대, 구레 나룻, 만약, 만일, 뿐, 따름, 그리고, ~로서, ~에, ~하면서, 그러나, 그런데도, 능히, 재능, 능력.

- 逋 ; 도망갈 포, 도망가다, 달아나다, 포탈하다, 체납하다, 잡다, 체포하다, 체납한 조세.
- 邑 ; 고을 읍, 고을, 마을, 도읍, 도성, 나라, 봉지, 영지, 읍, 우울한 모양, (도읍을) 닦다, 영유하다 (자기의 것으로 차지하여 가지다), 근심하다, 아첨할 압, 아첨하다, 영합하다.
- 戶 ; 집 호, 지게 호, 집, 지게, 구멍, 출입구, 주량, 방, 사람, 막다, 지키다, 주관하다, 입구를 수호 하는 것.
- 眚 ; 흐릴 생, 흐리다, 눈에 백태가 끼다, 덜다, 잘못, 재앙.

송사를 하더라도 나를 지켜줄 배경이 있어야 합니다. 그래서 천수송의 구이 효사는 '지기 싫어하는 성질과 능력이 있어 말로 옳고 그름을 다투다가 참고 견디지 못해 돌아가다 잡혀도 만일 영유하는 읍의 읍인 삼백의 사람들이 출입구를 막고 지키니 재앙이 없구나.'라고 한 것입니다.

六三. 食舊德 貞厲 終吉 或從王事 无成.
<small>식 구 덕 정 려 종 길 혹 종 왕 사 무 성</small>

평소 밥을 먹고 생활하는 것이 오랜 친구의 덕이어도 혹 왕을 섬기는 일을 하여 성공을 하던 간에 마음을 바르게 하는데 힘써야 끝내는 좋구나.

- 食 ; 밥 식, 밥, 생활, 먹다.
- 舊 ; 예 구, 옛 구, 예, 옛, 오래, 늙은이, 친구, 구의(예전에 가까이 지내던 정분), 묵은 사례, 오랜 집안, 평소, 일상, 부엉이, 올빼미, 오래다, 오래되다, 묵다.
- 德 ; 큰 덕, 덕 덕, 크다, (덕으로) 여기다, (덕을) 베풀다, 고맙게 생각하다, 오르다, 타다, 덕, 도덕, 은덕, 복, 행복, 은혜, 선행, 행위, 절조(절개와 지조를 아울러 이르는 말), 능력, 작용, 가르침, 어진 이, 현자, 정의, 목성.
- 厲 ; 갈 려(여), 힘쓰다.
- 從 ; 좇을 종, 따르다, 모시다, 시중들다, 일하다.
- 事 ; 일 사, 국가대사.
- 无 ; 없을 무, ~하던 간에.

보살펴 주던 오랜 친구가 마음을 바르게 갖고 있어야 하는데 그렇지 않다면 사이가 힘들어지겠지요. 마음이 바른 친구라야 좋겠지요. 힘이 있어도 나를 도와 준 사람 이라고 해서 도움을 주면 되겠어요? 그래서 천수송의 육삼 효사는 '평소 밥을 먹고

생활하는 것이 오랜 친구의 덕이어도 혹 왕을 섬기는 일을 하여 성공을 하던 간에 마음을 바르게 하는데 힘써야 끝내는 좋구나.'라고 한 것입니다.

九四. 不克訟 復卽命渝. 安貞吉.
불 극 송 복 즉 명 투 안 정 길

지기 싫어하는 성질과 능력이 있어 말로 옳고 그름을 다투다가 참고 견디지 못해도 기운이나 세력이 한창 왕성해서 뒤집을 수 있었지만 흙을 쌓아지은 집으로 돌아와서 되풀이를 해 보니 돌아가겠다고 말씀드린 바로 그것이 더 말할 나위 없이 명이 바뀌게 된 것이니 즐겁고 기쁘지 아니한가. 이에 아무 탈 없이 평안히 지내려면 마음을 바르게 하여야 좋구나.

- 不 ; 아닐 불, 못하다, 아니하다.
- 復 ; 회복할 복, 회복하다, 돌아가다, 돌아오다, 돌려보내다, 되돌리다, 고하다, 초혼하다, (은혜나 원한을) 갚다, 겹치다, 중복하다, 되풀이하다, 채우다, 보충하다, 머무르다, 가라앉다, 여유를 가지게 되다, 뒤집다, 대답하다, 실천하다, 이행하다, 덜다, 제거하다, 면제하다, 성하다(기운이나 세력이 한창 왕성하다), 사뢰다, 말씀드리다, 복, 복 괘, 복명, 주청, 흙을 쌓아 지은 집, 다시 부, 다시, 거듭 거듭하여, 거듭하다, 다시 또 하다.
- 卽 ; 곧 즉, 바로 그것이 더 말할 나위 없이.
- 命 ; 목숨 명, 목숨, 생명, 수명, 운수, 운, 표적, 목표물, 명령, 분부, 성질, 천성, 말, 언약, 규정, 규칙, 가르침, 작위, 작위의 사령서나 신표, 하늘의 뜻, 신명, 도, 자연의 이법, 호적, 명령하다, 가르치다, 알리다, 이름 짓다, 이름을 붙이다.
- 渝 ; 변할 투, 변하다, 바뀌다, 변경하다, 넘치다, (원한을) 풀다, 풀리다, 벗기다, 즐겁다, 기쁘다, 구차하다, 땅 이름, 변할 유, 변하다, 바뀌다, 변경하다, 넘치다, (원한을) 풀다, 풀리다, 벗기다, 즐겁다, 기쁘다, 구차하다, 땅 이름.
- 安 ; 편안할 안, 이에, 곧, 안존하다(아무 탈 없이 평안히 지내다).

회복할 복(復)자를 많이 풀어서 문장을 만들었습니다. 곧 즉(卽)자의 '바로 그것이 더 말할 나위 없이'란 뜻이 결정타이고요. 사실 명(命)에 대해서 한 번은 언급을 해야 하는데 저 역시 아는 것이 많지 않네요. 이 구절에서는 성질 죽이고 마음을 바르게 하라고 합니다. 그래서 천수송의 구사 효사는 '지기 싫어하는 성질과 능력이 있어 말로 옳고 그름을 다투다가 참고 견디지 못해도 기운이나 세력이 한창 왕성해서 뒤집을 수 있었지만 흙을 쌓아 지은 집으로 돌아와서 되풀이를 해 보니 돌아가겠다고 말씀드린 바로 그것이 더 말할 나위 없이 명이 바뀌게 된 것이니 즐겁고 기쁘지 아니한가. 이에 아무 탈 없이 평안히 지내려면 마음을 바르게 하여야 좋구나.'라고 한 것입니다.

九五. 訟 元吉.
<small>송 원 길</small>

말로 옳고 그름을 다투니 착하고 좋구나.

- 元 ; 으뜸 원, 착하다.

뜻이 맞지 않는다고 폭력을 쓰면 되겠습니까? 그래서 천수송의 구오 효사는 '말로 옳고 그름을 다투니 착하고 좋구나.'라고 한 것입니다.

上九. 或錫之鞶帶 終朝三褫之.
<small>혹 석 지 반 대 종 조 삼 치 지</small>

혹 주석을 사용한 큰 띠를 하사받아 띠를 두르면 사방 백 리 땅의 왕조를 여러 번 빼앗을 수 있는 영향을 끼치는구나.

- 錫 ; 주석 석, 주석, 구리, 석장(승려가 짚고 다니는 지팡이), 가는 베, 고운 삼베, 성의 하나, 주다, 하사하다, 줄 사, 주다, 하사받다, 다리 체, 다리(여자들의 머리숱이 많아 보이려고 덧넣었던 딴 머리), 가발.
- 之 ; 갈 지, 사용하다, (영향을) 끼치다.
- 鞶 ; 큰 띠 반, 큰 띠, 말의 뱃대끈(마소의 배에 걸쳐 조르는 끈), 작은 가죽 주머니.
- 帶 ; 띠 대, 띠, 뱀, 근처, 지구 표면을 구분한 이름, 띠를 두르다, 장식하다, 꾸미다, 두르다, 차다, 데리고 있다, 데리고 다니다, 붙어 다니다.
- 終 ; 마칠 종, 사방 백 리의 땅.
- 朝 ; 아침 조, 아침, 조정, 왕조, 임금의 재위 기간, 정사, 하루, (임금을) 뵈다, 배알하다, 문안하다, 만나보다, 부르다, 소견하다(윗사람이 아랫사람을 불러서 만나보다), 모이다, 회동하다, 조하(朝賀)를 받다, (정사를) 펴다, 집행하다, 흘러들다, 고을 이름 주, 고을 이름.
- 三 ; 석 삼, 자주, 거듭, 여러 번, 몇 번이고.
- 褫 ; 빼앗을 치, 빼앗다, 옷 벗기다, 벗다, 풀다.

천수송은 송사에 관한 괘인데 왜 이런 글을 썼을까요? 읍과 읍 사이에 다툼이 일어나면 강력한 힘으로 다툼을 방지해야 했겠지요. 그 방지책으로 왕을 대신하여 어떤 곳을 다스리라는 특권을 주었겠지요. 그래서 천수송의 상구 효사는 '혹 주석을 사용한 큰 띠를 하사받아 띠를 두르면 사방 백 리 땅의 왕조를 여러 번 빼앗을 수 있는 영향을 끼치는구나.'라고 한 것입니다.

07 地水師(지수사)

^{사 정 장 인 길 무 구}
師 貞丈人吉 无咎.

스승으로 삼으려면 마음이 바른 어른이 사람의 품성도 좋고 허물도
없구나.

- 師 ; 스승 사, 스승, 군사, 군대, 벼슬아치, 벼슬, 뭇 사람, 신령, 신의 칭호, 전문적인 기예를 닦은
  사람, 악관, 악공, 육십사괘의 하나, 사자, 스승으로 삼다, 모범으로 삼다, 기준으로 삼고 따르다,
  법으로 삼게 하다, (수효가) 많다.
- 丈 ; 어른 장, 어른, 장자, 남자 노인에 대한 존칭, 남편, 남자의 귀, 장인, 장모, 장(길이의 단위, 열
  자), 길이, (토지를) 측량하다.
- 人 ; 사람 인, 사람의 품성, 사람 됨.

참스승이 그리운 시절입니다. 그런 스승을 옆에 두셨습니까? 그러면 어떤 사람이
좋은 스승일까요? 그래서 지수사의 괘사는 '스승으로 삼으려면 마음이 바른 어른이
사람의 품성도 좋고 허물도 없구나.'라고 한 것입니다.

^{사 출 이 율 부 장 흉}
初六. 師出以律 否臧 凶.

스승이 법률에 따라 생겨나면 착한 것이 숨겨져 착한 것을 부정하고 스승
감이 아니라고 불가하며 좋은 것이 없다면서 행동이나 성질이 너절하고

더럽게 악한 것을 감추고 좋은 것이 좋은 것이 아니냐하며 뇌물을 내노라 하니 좋지 않구나.

- 出 ; 날 출, 나다, 태어나다, 낳다, 드러내다, 나타내다, 내놓다.
- 以 ; 써 이, ~에 따라, ~에 의하여.
- 律 ; 법칙 율, (학문상의) 법칙, 법, 규칙, 법령, 계율, 자리, 지위, 등급, 한도, 정도, 비율, 한시의 한 체, 가락, 음률, 율시, (음계를 정하는) 피리, 본뜨다, (기준을 삼고) 따르다, (법에 맞게) 행동하다, 말하다, 뜻을 펴다, 빗질하다, (빗으로) 머리를 빗다.
- 否 ; 아닐 부, 아니다, 부정하다, 불가하다, 없다, ~느냐, ~이 아니다, 막힐 비, 막히다, 곤하다(기운 없이 나른하다), 비루하다(행동이나 성질이 너절하고 더럽다), 악하다, 괘 이름.
- 臧 ; 착할 장, 착하다, 좋다, 감추다, 숨다, 종, 노복, 곳집(곳간으로 지은 집), 오장, 회뢰(뇌물을 주 거나 받는 행위), 뇌물.

세상의 모든 문제는 소인이 높은 자리에 앉아 있을 때입니다. 눈치 하나는 기가 막 히지요. 그런 것을 좋은데 써야 하는데 그렇지 않지요. 참 그러면 대인이지요. 그래 서 지수사의 초육 효사는 '스승이 법률에 따라 생겨나면 착한 것이 숨겨져 착한 것 을 부정하고 스승감이 아니라고 불가하며 좋은 것이 없다면서 행동이나 성질이 너 절하고 더럽게 악한 것을 감추고 좋은 것이 좋은 것이 아니냐 하며 뇌물을 내로라 하니 좋지 않구나.'라고 한 것입니다.

九二. 在師中 吉 无咎 王三錫命.
재 사 중 길 무 구 왕 삼 석 명

때에 맞춰 스승으로 삼을 스승이 있어 좋은데 허물까지 없으니 왕이 몇 번 이고 고운 삼베를 하사하라고 명하는구나.

- 在 ; 있을 재, 있다, 존재하다.
- 錫 ; 주석 석, 고운 삼베, 하사하다.

꼭 필요할 때 적합한 스승이 나타나면 어떤 마음이 들겠어요. 그래서 지수사의 구 이 효사는 '때에 맞춰 스승으로 삼을 스승이 있어 좋은데 허물까지 없으니 왕이 몇 번이고 고운 삼베를 하사하라고 명하는구나.'라고 한 것입니다.

六三. 師或輿尸 凶.
사 혹 예 시 흉

스승이 혹시 명예를 올리기 위해 주장 하는 것은 좋지 않구나.

- 輿 ; 수레 여, 수레, 가마, 차상(타거나 물건을 싣는 수레 윗부분), (수레를 모는) 하인, 노비, 땅, 대지, 수레를 만드는 사람, 기본, 정기, 싣다, 실어 나르다, 지다, 들어 올리다, 마주 들다, 많다, 명예 예, 명예, 영예.
- 尸 ; 주검 시, 주검(죽은 사람의 몸을 이르는 말), 시체, 신주(죽은 사람의 위폐), 시동(제사 때 신을 대신하는 아이), 시체를 매달다, 진을 치다, 주장하다, 주관하다, 사람이 반드시 누워 있는 모양.

스승이란 가르쳐주기만 하면 되지 잘난 체하지 말아야 합니다. 왜 그럴까요? 권력에 욕심이 나서 그렇지 않을까요. 그렇게 되면 주검 시(尸)자가 가르쳐 주고 있네요. 스승은 죽었다고. 그래서 지수사의 육삼 효사는 '스승이 혹시 명예를 올리기 위해 주장하는 것은 좋지 않구나.'라고 한 것입니다.

六四. 師左次 无咎.
사 좌 차 무 구

스승은 낮추어 자리하여야 허물이 없구나.

- 左 ; 왼 좌, 왼, 왼쪽, 증거, 증명, 낮은 자리, 아랫자리, 곁, 근처, 부근, 진보적이고 혁명적인 경향, 왼쪽으로 하다, 낮추다, 옳지 못하다, 그르다, 어긋나다, 멀리하다, 불편하다, 증거를 대다, 돕다, 내치다.
- 次 ; 버금 차, 머뭇거릴 차, 버금, 다음, 둘째, 다음에, 이어서, 안, 속, 차례, 순서, 부차적인 것, 거처, 곳, 장소, 장막, 임시 거처, 자리, 위계, 진영, 병영, 성좌, 성수, 여관, 빈소, 여막, 때, 기회, 번, 횟수, 행렬, 가, 근처, 재료, 감, 매기다, 차례를 정하다, 늘어놓다, 줄지어 세우다, (뒤를) 잇다, 엮다, 편찬하다, 이르다, 도달하다, 머무르다, 묵다, 머뭇거리다.

스승은 양지보다 음지에 있을 때 더욱 빛나지 않을까요? 어떤 자리로 나아간다는 것 자체가 좋은 일은 아니지요. 스승이 자리를 지키고 있으면 가르침을 받으러 오지 않을까요. 그래도 만약에 왕과 신하들이 있는 곳에 자리를 한다면 어떻게 해야할까요? 그래서 지수사의 육사 효사는 '스승은 낮추어 자리하여야 허물이 없구나.'라고 한 것입니다.

전유금 이집언무구 장자솔사 제자 예시 정흉
六五. 田有禽 利執言 无咎 長子帥師 弟子 輿尸 貞凶.

밭에 새가 있으면 잡는 것이 이롭다고 말을 해도 허물은 없지만 맏아들이
우두머리로 앞장서서 거느리는 것을 기준으로 삼고 따라야 하는데 아우
나 아들이 명예를 올리기 위해 주장하면 마음이 바를지라도 좋지 않구나.

- 禽 ; 새 금, 새, 날짐승, 짐승 금수의 총칭, 포로, 사로잡다, 사로잡히다.
- 執 ; 잡을 집, 잡다, 가지다, 맡아 다스리다, 처리하다, 두려워하다, 사귀다, 벗, 동지, 벗하여 사귀
  는 사람. 言 ; 말씀 언, 말하다.
- 長 ; 길 장, 어른 장, 길다, 낫다, 나아가다, 자라다, 맏, 어른, 길이, 우두머리, 처음, 늘, 항상.
- 帥 ; 장수 수, 장수, 우두머리, 인솔자, 거느리다, 인도하다, 쫓다, 따르다, 앞장서다, 모이다, 모여
  들다, 바루다, 바르게 하다, 본보기.
- 師 ; 스승 사, 기준으로 삼고 따르다.
- 弟 ; 아우 제, 아우, 나이 어린 사람, 자기의 겸칭, 제자, 순서, 차례, 다만, 단지, 발어사, 공경하다,
  공순하다, 편안하다, 즐기다, 순하다, 기울어질 퇴, 기울어지다, 순종하다.
- 尸 ; 주검 시, 주장하다, 주관하다.

몇 대를 이어져 온 집안은 위계질서가 철저하지요. 아우나 다른 아들들이 현명해야
합니다. 힘이 없다고 져 주는 것이 아니지요. 위치가 있잖아요. 그렇다고 맏아들이
마음대로 일처리를 하면 안 되겠지요. 그런 여러 가지 사항들이 어울려졌을 때 가
문은 더욱 빛을 발하지 않겠어요? 그래서 지수사의 육오 효사는 '밭에 새가 있으면
잡는 것이 이롭다고 말을 해도 허물은 없지만 맏아들이 우두머리로 앞장서서 거느
리는 것을 기준으로 삼고 따라야 하는데 아우나 아들이 명예를 올리기 위해 주장하
면 마음이 바를지라도 좋지 않구나.'라고 한 것입니다.

대 군 유 명 개 국 승 가 소 인 물 용
上六. 大君有命 開國承家 小人勿用.

대군의 명이 있어 나라를 세우고 집안을 계승할 때는 소인은 쓰지 말라.

- 開 ; 열 개, 열다, 열리다, (꽃이) 피다, 펴다, 늘어놓다, 개척하다, 시작하다, 깨우치다, 타이르다,
  헤어지다, 떨어지다, 사라지다, 소멸하다, 놓아주다, 사면하다, 끓다, 비등하다(액체가 끓어오르
  다), 말하다, 개진하다, 출발하다, 평평할 견, 평평하다, 오랑캐 이름, 산 이름.

- 國 ; 나라 국, 나라, 국가, 서울, 도읍, 고향, 고장, 지방, 세상, 세계, (나라를) 세우다.
- 承 ; 이을 승, 잇다, 계승하다, 받들다, 받다, 받아들이다, 장가들다, 돕다, 도움, 후계, 후사, 절구에 서 둘째구의 이름, 차례, 순서, 구원할 증, 구원하다, 건지다, 빠진 것을 구출하다, (물품을) 보내다.
- 家 ; 집 가, 집안.

소인은 작은 것만 생각하지요. 즉 자기 자신만을 위해서 사는 것이지요. 그런 소인 을 쓰면 나라나 집안 꼴이 어떻게 되겠어요? 그래서 지수사의 상육 효사는 '대군의 명이 있어 나라를 세우고 집안을 계승할 때는 소인은 쓰지 말라.'라고 한 것입니다.

水地比(수지비)

비 길 원 서 원 영 정 무 구 불 녕 방 래 후 부 흉
比 吉. 原筮元永貞 无咎 不寧 方來 後夫凶.

친하게 따르다가 본뜨고 모방을 하여 견주고 비교하면 대등하게 되어 나
란히 하다가 앞서도 즐거워하며 친하게 지내니 좋구나. 원래 점을 칠 때에
는 처음부터 몸가짐이나 언행을 조심하고 근본을 추구하면서 오래도록
마음을 바르게 하여야 허물이 없지만 미래에는 편안하게 대하지도 않으
면서 도리를 거스르고 상대방을 헐뜯기도 하고 방법이나 술법과 처방을
모방하여 견주어도 동등하다고 떳떳해 하며 능력 따위가 뒤떨어져도 저
를 선생이라 하니 좋지 않구나.

- 比 ; 견줄 비, 견주다, 비교하다, 본뜨다, 모방하다, 나란히 하다, 고르다, 가려 뽑다, 갖추다, 같다,
  대등하다, 친하다, 친숙하다, 따르다, 쫓다, 겨루다, 엮다, 편집하다, 돕다, 아첨하다, 편들다, 미치
  다, 이르다, (줄을) 서다, 접하다, 잇닿다, 앞서다, 즐거워하다, 친하게 지내다, 맞다, 합당하다, 섞
  다, 뒤섞이다, 조사하다, 비율, 비례, 순서, 차례, 이웃, 무늬, 동아리, 패거리, 오늬(화살의 머리를
  활시위에 끼도록 에어 낸 부분), 선례, 전례, 괘 이름, 언제나, 자주, 빈번히, 위하여, 때문에.
- 原 ; 언덕 원, 근원 원, 언덕, 근원, 근본, 저승, 들, 들판, 문체의 한 가지, 원래, 거듭, 재차, 근본을
  추구하다, 캐묻다, 찾다, 의거하다, 기초를 두다, 기인하다, 용서하다, 놓아주다, 삼가다(몸가짐이
  나 언행을 조심하다), 정성스럽다, 거듭하다.
- 筮 ; 점 서, 점(앞날의 운수 길흉 따위를 미리 판단하는 일), 점대(점을 치는 데 쓰는 댓가지), 점치다.
- 元 ; 으뜸 원, 처음부터.
- 永 ; 길 영, 오래도록.
- 寧 ; 편안할 녕(영), 편안하다, 편안히 하다, 문안하다, 친정가다, 편안, 차라리, 어찌.

- 方 ; 모 방, 본뜰 방, 괴물 망, 사방, 도리, 거스르다, 상대방, 헐뜯다, 방법, 술법, 처방, 모방하다, 견주다, 동등하다, 떳떳하다.
- 來 ; 올 래, 오다, 미래, 그 이후로.
- 後 ; 뒤 후, 임금 후, 능력 따위가 뒤떨어지다.
- 夫 ; 지아비 부, 사내, 선생, 저, 3인칭 대명사.

이 괘사를 해석할 때에도 한자의 뜻을 많이 사용하였습니다. 견줄 비(比)를 예로 든 다면 바둑을 못하는 친구에게 바둑을 가르치고 같이 두다보면 수가 더 높아져도 즐 거워하는 것입니다. 또 이 괘사의 다른 내용은 미래에는 점치는 사람들이 '이렇게 되겠구나.'라고 한 것입니다. 기가 막히지요. 어쩜 귀신이 곡할 노릇이지요. 세상은 속이려는 사람 천지죠. 속지 않고 산다면 행복한 삶이지요. 이제 아셨죠. 점치는 사 람이 어떻게 하면 어떻다는 것을요. 그래서 수지비의 괘사는 '친하게 따르다가 본뜨 고 모방을 하여 견주고 비교하면 대등하게 되어 나란히 하다가 앞서도 즐거워하며 친하게 지내니 좋구나. 원래 점을 칠 때에는 처음부터 몸가짐이나 언행을 조심하고 근본을 추구하면서 오래도록 마음을 바르게 하여야 허물이 없지만 미래에는 편안 하게 대하지도 않으면서 도리를 거스르고 상대방을 헐뜯기도 하고 방법이나 술법 과 처방을 모방하여 견주어도 동등하다고 떳떳해 하며 능력 따위가 뒤떨어져도 저 를 선생이라 하니 좋지 않구나.'라고 한 것입니다.

유 부 비 지 무 구 유 부 영 부 종 래 유 타 길
初六. 有孚比之 无咎 有孚盈缶 終來 有它吉.

친하게 지내고 믿음성이 있어도 친하게 따르다가 본뜨고 모방을 하여 견 주고 비교하면 대등하게 되어 나란히 하다가 앞서도 즐거워하며 친하게 지내야 허물이 없고, 친하게 지내고 믿음성이 있는 것이 배가 불룩하고 목 좁은 아가리가 있는 질그릇처럼 가득하다면 마침내 앞으로는 딴 사람과 도 친하게 지낼 수 있으니 좋구나.

- 有 ; 있을 유, 친하게 지내다.
- 之 ; 갈 지, 이르다.
- 盈 ; 찰 영, 차다, 가득하다, 충만하다, 피둥피둥하다, 남다, 여유가 있다, 불어나다, 증가하다, 채우 다, 미치다, 교만하다, 이루다, 예쁜 모양.

- 缶 ; 장군 부, 장군(배가 불룩하고 목 좁은 아가리가 있는 질그릇), 질 장구(우리나라 타악기의 하나), 양병(배가 부르고 목이 좁고 짧은 오지병), 용량, 두레박 부, 두레박, 물동이, 질 장구, 양철통.
- 終 ; 마칠 종, 마침내.
- 來 ; 올 래, 앞으로.
- 它 ; 다를 타, 다르다, 어지럽다, 남, 딴 사람, 낙타, 그것, 뱀 사, 뱀.

유부(有孚)가 두 번씩이나 나옵니다. 그만큼 주역에서는 친하게 지내고 믿음성이 있다는 것을 아주 많이 언급하고 있습니다. 친하게 지내고 믿음성이 있는 것을 어떻게 해야 될까요? 그래서 수지비의 초육 효사는 '친하게 지내고 믿음성이 있어도 친하게 따르다가 본뜨고 모방을 하여 견주고 비교하면 대등하게 되어 나란히 하다가 앞서도 즐거워하며 친하게 지내야 허물이 없고, 친하게 지내고 믿음성이 있는 것이 배가 불룩하고 목 좁은 아가리가 있는 질그릇처럼 가득하다면 마침내 앞으로는 딴 사람과도 친하게 지낼 수 있으니 좋구나.'라고 한 것입니다.

비 지 자 내 정 길
六二. 比之自內 貞吉.

친하게 따르다가 본뜨고 모방을 하여 견주고 비교하면 대등하게 되어 나란히 하다가 앞서도 즐거워하며 친하게 지내려면 처음부터 자기 스스로 친하게 지내는 것을 중히 여기고 마음을 바르게 하여야 좋구나.

- 自 ; 스스로 자, 자기, ~부터, 처음.
- 內 ; 안 내, 안, 속, 나라의 안, 국내, 대궐, 조정, 궁중, 뱃속, 부녀자, 아내, 몰래, 비밀히, 중히 여기다, 친하게 지내다, 들일 납, 들이다, 받아들이다.

사람과 친하게 지내려면 어떻게 해야 할까요? 그래서 수지비의 육이 효사는 '친하게 따르다가 본뜨고 모방을 하여 견주고 비교하면 대등하게 되어 나란히 하다가 앞서도 즐거워하며 친하게 지내려면 처음부터 자기 스스로 친하게 지내는 것을 중히 여기고 마음을 바르게 하여야 좋구나.'라고 한 것입니다.

六三. 比之匪人.
비 지 비 인

친하게 따르다가 본뜨고 모방을 하여 견주고 비교하면 대등하게 되어 나란히 하다가 앞서도 즐거워하며 친하게 지내는 사람은 떼 지어 다니는 도적은 아니구나.

• 匪 ; 비적 비, 나눌 분, 비적(떼 지어 다니는 도적), 아니다.

친하게 지내는 것이 무엇인지 폭력을 쓰고 다니는 도적이 알기나 하겠어요? 그래서 수지비의 육삼 효사는 '친하게 따르다가 본뜨고 모방을 하여 견주고 비교하면 대등하게 되어 나란히 하다가 앞서도 즐거워하며 친하게 지내는 사람은 떼 지어 다니는 도적은 아니구나.'라고 한 것입니다.

六四. 外比之 貞吉.
외 비 지 정 길

밖의 타인이 친하게 따르다가 본뜨고 모방을 하여 견주고 비교하면 대등하게 되어 나란히 하다가 앞서도 즐거워하며 친하게 지내려면 마음을 바르게 하여야 좋구나.

• 外 ; 바깥 외, 바깥, 밖, 겉, 표면, 남, 타인, 외국, 외가, 어머니나 아내의 친척, 사랑, 바깥채, 타향, 남의 집, 언행, 용모, 앞, 이전, 민간, 조정에 대한 재야, 안 일에 대한 바깥 일, 사적인 일에 대한 공적인 일, 멀리하다, 벗어나다, 빗나가다, 떠나다, 잊다, 망각하다.

만약에 다른 사람이 다른 생각을 가지고 친하게 지내려고 한다면 아니 되겠지요? 그래서 수지비의 육사 효사는 '밖의 타인이 친하게 따르다가 본뜨고 모방을 하여 견주고 비교하면 대등하게 되어 나란히 하다가 앞서도 즐거워하며 친하게 지내려면 마음을 바르게 하여야 좋구나.'라고 한 것입니다.

九五. 顯比 王用三驅 失前禽 邑人不誡 吉.

친하게 따르다가 본뜨고 모방을 하여 견주고 비교하면 대등하게 되어 나란히 하다가 앞서도 즐거워하며 친하게 지내는데 명성이 있어 왕이 쓰려고 거듭하여 말을 몰고 빨리 달려와도 사로잡히기 전에 달아난다면 읍인들에게 명령을 하지 않아야 좋구나.

- 顯 ; 나타날 현, 나타나다, 드러나다, 뚜렷하다, 명확하다, 분명하다, 명백하다, 높다, 귀하다, 명성이 있다, 지위가 높다, 밝다, 돌아가신 부모.
- 王 ; 임금 왕, 왕으로 삼다.
- 驅 ; 몰 구, (말을 타고) 몰다, 빨리 달리다, 내쫓다, 내보내다, 몰아내다, 축출하다, 내침, 대열(줄을 지어 늘어선 행렬), 앞잡이.
- 失 ; 잃을 실, 잃다, 잃어버리다, 달아나다, 도망치다, 남기다, 빠뜨리다, 잘못보다, 오인하다, 들어지다, 가다, 떠나다, 잘못하다, 그르치다, 어긋나다, (마음을) 상하다, 바꾸다, 잘못, 허물, 지나침, 놓을 일, 놓다, 놓아주다, 풀어 주다, 달아나다, 벗어나다, 즐기다, 좋아하다.
- 前 ; 앞 전, 자를 전, 앞, 먼저, 미래, 앞날, 미리, 앞서서, 사전에, 거무스름한 빛깔, 가위, 앞서다, 인도하다, 뵙다, 찾아뵙다, 소멸하다, 자르다.
- 禽 ; 새 금, 사로잡다, 사로잡히다.
- 誡 ; 경계할 계, 경계하다, 고하다, 분부하다, 명령하다, 훈계하다, 경고, 경계, 교령(임금의 명령), 계율(불자가 지켜야 할 규범).

친하게 지내는데 명성이 있다는 말은 대인이라는 것인데 그런 사람을 왕이 등용하려고 쫓아다니는 상황이네요. 그런데 그런 대인을 도망 다닌다고 읍인에게 잡아놓고 있으라고 읍인에게 명령을 한다면 그 대인의 입장은 어떻게 되고 또한 읍인들의 입장은 어떻게 되겠습니까? 그래서 수지비의 구오 효사는 '친하게 따르다가 본뜨고 모방을 하여 견주고 비교하면 대등하게 되어 나란히 하다가 앞서도 즐거워하며 친하게 지내는데 명성이 있어 왕이 쓰려고 거듭하여 말을 몰고 빨리 달려와도 사로잡히기 전에 달아난다면 읍인들에게 명령을 하지 않아야 좋구나.'라고 한 것입니다.

上六. 比之无首 凶.

비 지 무 수 흉

친하게 따르다가 본뜨고 모방을 하여 견주고 비교하면 대등하게 되어 나
란히 하다가 앞서도 즐거워하며 친하게 지낼 수 없었던 것은 머리를 숙이
지 않고 업신여기고 무시를 하였기에 좋지 않구나.

- 首 ; 머리 수, (머리를) 숙이다.
- 无 ; 없을 무, ~하지 않다, 업신여기다, 무시하다.

능력도 없는 사람이 술수로 높은 자리에 앉으면 어떻게 되겠습니까? 꼴이 사납겠
죠. 그 모습이 바로 이렇겠죠. 그래서 수지비의 상육 효사는 '친하게 따르다가 본뜨
고 모방을 하여 견주고 비교하면 대등하게 되어 나란히 하다가 앞서도 즐거워하며
친하게 지낼 수 없었던 것은 머리를 숙이지 않고 업신여기고 무시를 하였기에 좋지
않구나.'라고 한 것입니다.

소 축 형 밀 운 불 우 자 아 서 교
小畜 亨 密雲不雨 自我西郊.

젊을 때 조금씩 쌓아서 통달하려면 가까이하고 뭉치는 벗들에게 숨기고 벗들이 이르지 아니하는 근교로 옮겨서 스스로 자기의 생각을 굽히지 아 니해야 하는구나.

- 小 ; 작을 소, 작다, 적다, 협소하다, 좁다, 적다고 여기다, 삼가다(몸가짐이나 언행을 조심하다), 주의하다, 어리다, 젊다, (시간상으로) 짧다, (지위가) 낮다, 소인, 첩, 작은달, 음력에서 그 달이 날 수가 30일이 못되는 날, 겸양의 뜻을 나타내는 접두어, 조금, 적게, 작은, 조그마한.
- 畜 ; 짐승 축, 쌓을 축, 짐승, 가축, 개간한 밭, 쌓다, 모으다, 쌓이다, 모이다, 간직하다, 소장하다, 제지하다, 말리다, 기를 휵, 기르다, 양육하다, 먹이다, 치다, 아끼다, 사랑하다, 효도하다, 부지런 히 힘쓰는 모양.
- 亨 ; 형통할 형, 통달하다.
- 密 ; 빽빽할 밀, 빽빽하다, 촘촘하다, 빈틈없다, 착 붙다, 자세하다, 꼼꼼하다, 가깝다, 가까이하다, 친하게 하다, 조용하다, 깊숙하다, 비밀로 하다, 숨기다, 누설하지 아니하다, 은밀하다, 삼가다(몸 가짐이나 언행을 조심하다), 평안하다, 비밀, 숨겨 놓은 일, 사삿일, 몰래, 편안히, 자상하게 널리 미치다.
- 雲 ; 구름 운, 구름, 습기, 높음의 비유, 많음의 비유, 넓의 비유, 덩이짐(덩어리지다, 뭉치다)의 비 유, 성함의 비유.
- 雨 ; 비 우, 비, 많은 모양의 비유, 흩어짐의 비유, 가르침의 비유, 벗의 비유, 비가 오다, (하늘에서) 떨어지다, (물을)대다, 윤택하게 하다.
- 不 ; 아닐 부, 이르지 아니하다.
- 自 ; 스스로 자.

- 我 ; 나아, 나, 우리, 외고집(자기의 생각을 굽히지 아니하는 일), 나의, 아집을 부리다, 굶주리다.
- 西 ; 서녘 서, 옮기다.
- 郊 ; 들 교, 근교.

도를 닦는다고 하면 벗들이 뭐라고 할까요? 말들이 많겠지요. 도를 닦는 것의 승패는 어디에 있을까요? 그래서 풍천소축의 괘사는 '젊을 때 조금씩 쌓아서 통달하려면 가까이하고 뭉치는 벗들에게 숨기고 벗들이 이르지 아니하는 근교로 옮겨서 스스로 자기의 생각을 굽히지 아니해야 하는구나.'라고 한 것입니다.

初九. 復自道 何其咎 吉.
복 자 도 하 기 구 길

되풀이를 하여 스스로 이치를 깨닫는 것이 어찌 허물인가. 좋구나.

- 復 ; 회복할 복, 다시 부, 되풀이하다, 여유를 가지게 되다.
- 自 ; 스스로 자.
- 道 ; 길 도, 길, 도리, 이치, 재주, 방법, 술책, 근원, 바탕, 기능, 작용, 주의, 사상, 제도, 기에, 불교, 승려, 도교, 도사, 교설, 행정 구역 단위, 완벽한 글, 통하다, 다니다, 가다, 행하다, 따르다, 말하다, 가르치다, 다스리다, 깨닫다, 정통하다, 이끌다, 인도하다, 의존하다, ~에서, ~부터.
- 何 ; 어찌 하, 꾸짖을 하, 멜 하, 어찌, 어느, 어떤, 어떠한, 언제, 얼마, 약간, 무엇, 왜냐하면, 잠시, 꾸짖다, 나무라다, 메다, 받다, 맡다, 당하다, 해당하다, 걸다, 내어걸다.
- 其 ; 그 기, 그 것.
- 咎 ; 허물 구, 큰북 구, 허물(잘못 저지른 실수).

공부를 하다가 문제가 생기면 문제를 풀고 난 다음 그 문제에 대해 확실히 알기 위해선 되풀이를 해야 합니다. 그래서 풍천소축의 초구 효사는 '되풀이를 하여 스스로 이치를 깨닫는 것이 어찌 허물인가. 좋구나.'라고 한 것입니다.

九二. 牽復 吉.
견 복 길

연계되게 되풀이를 하여야 좋구나.

- 牽 ; 이끌 견, 끌 견, 이끌다, 끌다, 강제하다, 거리끼다, 구애되다, 매이다, 관련되다, 연계되다(1. 잇따라 매어지다, 2. 어떤 일이나 사람과 관련되어 관계가 맺어지다, 3. 예전에 다른 사람의 죄에 관련되어 옥에 매이다), 거느리다, 통솔하다, 끌려가는 동물, 희생, 줄, 별 이름, 끌어 앞으로 나아가게 함을 뜻함.

공부를 하다 보면 어떤 분야든지 연관이 되어 있습니다. 그래서 풍천소축의 구이 효사는 '연계되게 되풀이를 하여야 좋구나.'라고 한 것입니다.

九三. 興說輻 夫妻反目.
여 설 부 부 처 반 목

몰려들으면 많은 말들을 실어 나르니 남편과 아내는 돌이켜 보고 더욱 더 몸가짐이나 언행을 조심해야 하는구나.

- 興 ; 수레 여, 기본(基本), 많다, 실어 나르다. 說 ; 말씀 설, 말하다, 이야기하다, 기뻐할 열, 쉽다.
- 輻 ; 바퀴살 복, 바퀴살, 바퀴살 폭, 바퀴살, 몰려들 부, 몰려들다, 다투어 모이다.
- 妻 ; 아내 처, 아내, 시집보내다, 아내로 삼다, 간음하다. 反 ; 돌이킬 반, 돌아올 반, 돌이키다(1. 원래 향하고 있던 방향에서 반대쪽으로 돌리다, 2. 지난 일을 다시 생각하다, 3. 자기가 한 말이나 행동에 대하여 잘못이 없는지 생각하다), 돌아오다, 되돌아가다, 되풀이하다, 반복하다, 뒤집다, 뒤엎다, 배반하다, 어기다, 어긋나다, 반대하다, 물러나다, 후퇴하다, 보복하다, 앙갚음하다, 되돌아보다, 반성하다, 꾸짖다, 나무라다, 보답하다, 되갚음 하다, 바꾸다, 고치다, (죄를)가벼이 하다, 휘다, 구르다, 뒤척이다, 기울다, 튀기다, 생각하다, 유추하다, 대답하다, 기인하다, 모반, 반역, 번(횟수를 세는 단위), 반대로, 도리어, 더한층, 더욱 더, 어려울 번, 어렵다, 곤란하다, 삼갈 판, 삼가다(몸가짐이나 언행을 조심하다), 팔다.
- 目 ; 눈 목, 눈, 눈빛, 시력, 견해, 안목, 요점, 옹이, 그루터기, 제목, 표제, 목록, 조목, 중요항목, 이름, 명칭, 그물의 구멍, 눈, 우두머리, 두목, 품평, 평정, 보다, 주시하다(1. 어떤 목표물에 주의를 집중하여 보다, 2. 어떤 일에 온 정신을 모아 자세히 살피다), 일컫다, 지칭하다.

집안을 구성하는 가장 기본이 부부지간입니다. 그 기본이 튼튼하지 않으면 집안이 잘될 리가 없습니다. 아는 것이 많으면 무엇 합니까? 돈이 많으면 무엇합니까? 사람들은 남을 가지고 수다 떠는 것을 좋아하니 서로 사이좋게 지내야 합니다. 그래서 풍천소축의 구삼 효사는 '몰려들으면 많은 말들을 실어 나르니 남편과 아내는 돌이켜 보고 더욱 더 몸가짐이나 언행을 조심해야 하는구나.'라고 한 것입니다.

六四. 有孚<ruby>血<rt>혈</rt></ruby>去 <ruby>惕<rt>척</rt></ruby>出 无咎.

유 부 혈 거 척 출 무 구

六四. 有孚血去 惕出 无咎.

친하게 지내고 믿음성이 있는 근친이 갈 때에는 사랑하는 모양으로 헤어져야 허물이 없구나.

- 血 ; 피 혈, 근친.
- 去 ; 갈 거, 가다, 버리다, 돌보지 아니하다, 내몰다, 내쫓다, 물리치다, 덜다, 덜어버리다, 덜 없애다, 거두어들이다, (매었던 것을) 풀다, 피하다, 죽이다, 지나간 세월, 과거, 거성의 하나.
- 惕 ; 두려할 척, 사랑하는 모양.
- 出 ; 날 출, 나가다, 떠나다, 헤어지다, 시집가다.

근친이 집에 놀러 왔다가 갈 때는 어떻게 해야 할까요? 그래서 풍천소축의 육사 효사는 '친하게 지내고 믿음성이 있는 근친이 갈 때에는 사랑하는 모양으로 헤어져야 허물이 없구나.'라고 한 것입니다.

유 부 련 여 부 이 기 린

九五. 有孚攣如 富以其隣.

친하게 지내고 믿음성이 있어도 그 이웃과 재산이 비슷하여야 이어지는 구나.

- 攣 ; 걸릴 련(연), 경련할 련(연), 걸리다, 매이다, 연관되다, 이어지다, 경련하다, 쥐가 나다, 오그라지다, 사모하다, 그리워하다.
- 如 ; 같을 여, 비슷하다.
- 富 ; 부유할 부, 부유하다, 가멸다(재산이 넉넉하고 많다), 성하다(기운이나 세력이 한창 왕성하다), 풍성풍성하다, 어리다, 세차다, 부자, 행복.
- 以 ; 써 이, 이유, 까닭.
- 隣 ; 이웃 린(인), 이웃, 이웃한 사람, 보필, 수레 소리, 주대의 행정 구역 이름, 이웃하다, 보필하다 (윗사람의 일을 돕다), 근접한, 이웃한, 인접한.

구오 자리이네요. 만고불변의 법칙입니다. 유유상종입니다. 그래서 풍천소축의 구오 효사는 '친하게 지내고 믿음성이 있어도 그 이웃과 재산이 비슷하여야 이어지는구나.'라고 한 것입니다.

기 우 기 처　상 덕 대　부 정 려　월 기 망 군 자 정 흉
上九. 旣雨旣處 尙德載 婦貞厲 月幾望君子征凶.

비가 와 물을 대는 것도 끝나고 그러는 동안에 휴식할 시간이 다 없어져도
선행을 높이는 풍습이 있어 부인은 마음을 바르게 하려고 힘쓰지만 종종
둥근 달을 바라보며 그리워하고 원망을 하여도 군자는 나돌아 다니기만
하니 좋지 않구나.

- 旣 ; 이미 기, 이미, 벌써, 이전에, 원래, 처음부터, 그러는 동안에, 이윽고, 다하다, 다 없어지다, 다
  없애다, 끝나다, 끝내다, 쌀 희, 쌀, 녹미(녹봉으로 받는 쌀).
- 雨 ; 비 우, 비가 오다, (물을) 대다.
- 處 ; 곳 처, 곳, 처소, 때, 시간, 지위, 신분, 부분, 일정한 표준, 살다, 거주하다, 휴식하다, 정착하
  다, 머무르다, (어떤 지위에) 있다, 은거하다, 누리다, 향유하다, 다스리다, 맡다, 담당하다, 대비하
  다, (미혼으로) 친정에 있다, 돌아가다, 사귀다, 보살피다, 처리하다, 대처하다, 분별하다, 차지하
  다, 두다, 보지하다(온전하게 잘 지켜 지탱해 나가다), 모이다, 자처하다, 결단하다, 멈추다, 병을
  앓다, 나누다. 尙 ; 오히려 상, 오히려, 더욱 이, 또한, 아직, 풍습, 풍조, 숭상하다, 높다, 높이다, 자
  랑하다, 주관하다, 장가들다, 꾸미다, 더하다.
- 載 ; 실을 재, 싣다, (머리에) 이다(물건을 머리 위에 얹다), 오르다, 올라타다, 행하다, 시행하다,
  비롯하다, 개시하다, 맡다, 진설하다(음식을 법식에 따라 상위에 차려놓다), 갈무리하다(물건 따위
  를 잘 정리하거나 간수하다), 이루다, 완성하다, 처하다, 있다, 알다, 가득하다, 지니다, 휴대하다,
  기록하다, 등재하다, 쌓다, 더하다, 세우다, 일구다, 경작하다, 꾸미다, 일, 사업, 해, 년, 화물, 탈것,
  담틀(흙 담을 쌓을 때 흙을 다져 넣어 쌓도록 공간을 두고 양쪽에 세운 널로 된 틀), 재앙, 거듭, 비
  로소, 떠받들 대, 떠받들다.
- 厲 ; 갈 려(여), 갈다, 괴롭다, 힘쓰다.
- 月 ; 달 월, 달, 별 이름, 세월, 나달, 광음(시간이나 세월을 이르는 말), 달빛, 달을 세는 단위, 한 달
  1개월, 월경, 경수, 다달이, 달마다.
- 幾 ; 몇 기, 자주, 종종.
- 望 ; 바랄 망, 보름 망, 바라다, 기다리다, 기대하다, 희망하다, 그리워하다, 바라보다, 망보다, 엿보
  다, 원망하다, 책망하다, 보름, 음력 매월 15일, 전망, 풍경, 풍채, 명성, 명예, 희망, 소원, 부끄러워
  하는 모양, 제사 이름, 천망(벼슬아치를 윗자리에 천거하던 일). 征 ; 칠 정, 치다, 때리다, 정벌하
  다, 토벌하다, 탈취하다, 취하다, (먼 길을) 가다, 순시하다, 순행하다(1. 여행이나 공부를 위하여
  여러 곳으로 돌아다니다, 2. 감독하거나 단속하기 위해 돌아다니다), 두려워하다, 구실 받다, 구실
  (온갖 세납을 통틀어 이르던 말), 부를 징, 부르다, 징집하다, 소집하다.

부인이 부지런히 일을 한 후에 보름달을 보며 낭군님을 그리워하고 있습니다. 어떻게 해야 할까요? 군자가 부인의 마음을 헤아려야 합니다. 그래서 풍천소축의 상구 효사는 '비가 와 물을 대는 것도 끝나고 그러는 동안에 휴식할 시간이 다 없어져도 선행을 높이는 풍습이 있어 부인은 마음을 바르게 하려고 힘쓰지만 종종 둥근 달을 바라보며 그리워하고 원망을 하여도 군자는 나돌아 다니기만 하니 좋지 않구나.'라고 한 것입니다.

리 호 미 부 질 인 형
履虎尾 不咥人 亨.

지위에 오르고 자리에 나아가려면 행하는 바가 호랑이의 뒤를 밟을 때 사람이 물리지 않듯이 행하고 지위에 오르고 자리에 나아간 사람이라면 크게 허허 웃지 아니해야 모든 일이 뜻과 같이 잘되어 가는구나.

- 履 ; 밟을 리, 신 리, 밟다, (신을) 신다, 행하다, 겪다, 지위에 오르다, 자리에 나아가다, 신, 신발, 행실(실지로 드러나는 행동), 행하는 바, 행동, 밟는 땅, 영토, 예(禮).
- 虎 ; 범 호, 범, 호랑이, 용맹스럽다.
- 尾 ; 꼬리 미, 꼬리, 끝, 뒤, 뒤쪽, 마리(물고기를 세는 단위), 별자리 이름, 아름다운 모양, 흘레하다, 교미하다, 곱고 예쁘다, 뒤따르다, 뒤를 밟다.
- 咥 ; 깨물 질, 깨물다, 물다, 씹다, 웃을 희, 웃다, 크게 허허 웃다, 웃음소리.
- 亨 ; 형통할 형, 드릴 향, 삶을 팽, 형통하다(모든 일이 뜻과 같이 잘되어 가다), (제사를) 올리다.

지위에 오르고 자리에 나아갈 때는 어떻게 해야 할까요? 지위에 오르고 자리에 나아간 사람은 어떻게 해야 할까요? 그래서 천택리의 괘사는 '지위에 오르고 자리에 나아가려면 행하는 바가 호랑이의 뒤를 밟을 때 사람이 물리지 않듯이 행하고 지위에 오르고 자리에 나아간 사람이라면 크게 허허 웃지 아니해야 모든 일이 뜻과 같이 잘되어 가는구나.'라고 한 것입니다.

初九 . **素履 往 无咎** .
_{소 리 왕 무 구}

본디 평소에도 행실이 꾸민 데가 없이 수수하게 다녀야 허물이 없구나.

• 素 ; 본디 소, 흴 소, 본디, 바탕, 성질, 정성, 평소, 처음, 흰 깁, 희다, 질박하다(꾸민 데가 없이 수
  수하다), 넓다, 부질없다, 옳다.

지위에 오르고 자리에 나아가려면 어떻게 하고 다녀야 할까요? 그래서 천택리의
초구 효사는 '본디 평소에도 행실이 꾸민 데가 없이 수수하게 다녀야 허물이 없구
나.'라고 한 것입니다.

九二 . **履道坦坦 幽人 貞吉** .
_{리 도 탄 탄 유 인 정 길}

밟는 길이 탄탄하려면 사람의 품성이 그윽하고 마음을 바르게 하여야
좋구나.

• 坦 ; 평탄할 탄, 너그러울 탄, 평탄하다, 평평하다, 편하다, 마음의 평정을 얻다, 너그럽다, 자질구
  레한 데에서 벗어나다, 밝다, 뚜렷하다, 꾸밈이 없다, 드러내다, 노출하다, 크다, 큼직하다, 탄탄하
  다(1, 길이 험하거나 가파른 곳이 없이 평평하고 넓다. 2, 장래가 아무 어려움 없이 순탄하다.).
• 幽 ; 그윽할 유, 검을 유, 그윽하다(1. 깊숙하고 아늑하고 고요하다, 2. 뜻이나 생각 따위가 깊거나
  간절하다, 3. 느낌이 은근하다), 멀다, 아득하다, 깊다, 조용하다, 고요하다, 어둡다, 밝지 아니하
  다, 가두다, 갇히다, 피하여 숨다, 검다, 귀신, 초현실적인 것, 저승, 어두운 곳, 구석, 구석진 곳, 검
  은 빛, 마음.
• 人 ; 사람 인, 사람의 품성, 사람 됨.

지위에 오르고 자리에 나아가려면 어떤 생각과 마음을 가져야 할까요? 그래서 천택
리의 구이 효사는 '밟는 길이 탄탄하려면 사람의 품성이 그윽하고 마음을 바르게 하
여야 좋구나.'라고 한 것입니다.

묘능시 파능리 리호미 질인 흉무인 위우대군
六三. 眇能視 跛能履 履虎尾 咥人 凶 武人 爲于大君.

애꾸눈도 볼 수 있고, 절름발이도 걸을 수 있고, 호랑이는 뒤를 밟는 사람을 물어 해칠 수 있고, 무인은 대군에게 태도를 거짓으로 꾸밀 수 있구나.

- 眇 ; 애꾸눈 묘, 애꾸눈, 한쪽이 움푹 들어가 작은 눈, (눈이) 희미하다, 이루어지다, 외눈질하다, 작다, 멀다, 다하다.
- 能 ; 능할 능, 능하다, 능히 할 수 있다, 기량을 보이다, 재능이 있다, 화목하게 지내다, ~할 수 있다, 응당 ~해야 한다, 능력, 재능, 인재, 에너지, 곰, 견딜 내, 견디다.
- 跛 ; 절름발이 파, 절름발이, 절룩거리다, 비스듬히 설 피, 비스듬히 서다.
- 凶 ; 흉할 흉, 해치다, 사람을 죽이다, 두려워하다.
- 武 ; 호반 무, 호반(무관의 반열), 무인, 무사, 병사, 군대의 위용, 무위, 병법, 전술, 무예, 무술, 병장기, 무기, 발자취, 발자국, 반보, 석자, 무왕의 준말, 굳세다, 용맹스럽다, 맹렬하다, 군사를 부리다, 군사를 지휘하다, 잇다, 계승하다.
- 爲 ; 하 위, 할 위, 하다, 위하다, 가장하다(태도를 거짓으로 꾸미다), 생각하다, 다스리다.
- 于 ; 어조사 우, 이지러질 휴, ~에게, 동작을 하다, 행하다, 굽다, 굽히다.

지위에 오르고 자리에 나아가면 사람을 무시하지 말아야 합니다. 그리고 어떠한 상황 속에서도 조심을 해야 합니다. 그래서 천택리의 육삼 효사는 '애꾸눈도 볼 수 있고, 절름발이도 걸을 수 있고, 호랑이는 뒤를 밟는 사람을 물어 해칠 수 있고, 무인은 대군에게 태도를 거짓으로 꾸밀 수 있구나.'라고 한 것입니다.

리 호 미 소 색 종 길
九四. 履虎尾 愬愬 終吉.

지위에 오르고 자리에 나아가면 호랑이의 뒤를 밟을 때처럼 헐뜯는 것을 두려워해야 늘 좋구나.

- 愬 ; 하소연할 소, 하소연하다, 참소하다(남을 헐뜯어서 죄가 있는 것처럼 꾸며 윗사람에게 고하여 바침), 비방하다(흉보다, 비웃다), 헐뜯다(남을 해치려고 헐거나 해쳐서 말하다), 일러바치다, 헐뜯어 말하다, 향하다, 거슬러 맞서다, 두려워할 색, 두려워하다(1. 꺼려하거나 무서워하는 마음을 갖다, 2. 상대를 공경하고 어려워하다), 두렵다.
- 終 ; 마칠 종, 항상, 늘.

지위에 오르고 자리에 나아가면 제일 조심해야 할 것이 무엇일까요? 그렇습니다. 바로 말과 상대방에 대한 배려입니다. 그래서 천택리의 구사 효사는 '지위에 오르고 자리에 나아가면 호랑이의 뒤를 밟을 때처럼 헐뜯는 것을 두려워해야 늘 좋구나.'라고 한 것입니다.

九五. 夬履 貞厲.
<small>쾌 리 정 려</small>

지위에 오르고 자리에 나아가는 것이 정해지더라도 마음을 바르게 하는 데 힘써야 하는구나.

- 夬 ; 터놓을 쾌, 쾌쾌 쾌, 터놓다, 정하다, 결정하다, 나누다, 가르다, 깍지 결, 깍지(활을 쏠 때 엄지손가락에 끼우는 기구).
- 厲 ; 갈 려, 힘쓰다.

구오의 자리입니다. 많은 사람들이 갈망하는 자리입니다. 우군도 있고 우군이 아닌 사람도 분명히 있습니다. 위와 아래, 좌우를 둘러볼 줄 알아야 합니다. 그래서 천택리의 구오 효사는 '지위에 오르고 자리에 나아가는 것이 정해지더라도 마음을 바르게 하는 데 힘써야 하는구나.'라고 한 것입니다.

上九. 視履 考祥其旋 元吉.
<small>시 리 고 상 기 선 원 길</small>

지위에 오르고 자리에 나아갈 때의 행실을 보면 복되고 좋은 일이 일어나도록 깊이 헤아리고 행동거지를 물이 돌며 흐르듯이 하니 하늘의 도우심으로 크게 좋구나.

- 視 ; 볼 시(見은 저쪽에서 보여 오는 것이고 視는 이 쪽에서 가만히 보는 것), 보다, 엿보다, 보이다, 간주하다, 맡아보다, 본받다, 성의 하나.
- 考 ; 생각할 고, 살필 고, 생각하다, 깊이 헤아리다, 살펴보다, 관찰하다, 시험하다, 오래 살다, 장수하다, 치다, 두드리다, 이루다, 성취하다, 맞다, 맞추다, 어울리다, 합치하다, 솜씨가 좋다, 재주가 좋다, 마치다, 오르다, 시험, 고사, 제기, 흠, 옥의 티, 벼슬아치의 성적, 벼슬아치의 임기, 죽은 아

버지, 시체의 한 가지.

- 祥 ; 상서 상, 가르치다, 상서(복되고 길할 일이 일어날 조짐), 조짐, 타이르다, 이끌다, 제사, 복, 인도하다, 새기다, 재앙, 상서롭다, 주내다, 가르침, 자세하다(1. 사소한 부분까지 아주 구체적이고 분명하다, 2. 성질 따위가 꼼꼼하고 세심하다), 훈계, 모범, 표준, 준칙, 신이 내려 주는 좋은 일.

- 旋 ; 돌 선, 돌다, 물이 돌며 흐르다, 회전하다, 원을 그리다, 굴곡을 이루다, 굽다, 돌아오다, 둥글다, 두르다, 빠르다, 구술, 옥, 행동거지, 오줌, 소변, 도리어, 오히려, 빨리, 갑자기, 조금, 지휘관이 지시하면 군대가 이에 따라 모든 행동을 하는 일.

지위에 오르고 자리에 나아간 사람이라도 하늘이 돕는 사람은 따로 있습니다. 그래서 천택리의 상구 효사는 '지위에 오르고 자리에 나아갈 때의 행실을 보면 복되고 좋은 일이 일어나도록 깊이 헤아리고 행동거지를 물이 돌며 흐르듯이 하니 하늘의 도우심으로 크게 좋구나.'라고 한 것입니다.

11 地天泰(지천태)

^{태 소 왕 대 래 길 형}
泰 小往大來 吉 亨.

크게 태평하면 교만하던 소인들이 가고 너그러운 대인들이 돌아와 좋고
모든 일이 뜻과 같이 잘되어 가는구나.

• 泰 ; 클 태, 크다, 심하다, 편안하다, 교만하다, 너그럽다, 통하다, 산 이름, 육십사괘의 하나, 술동
  이, 심히, 泰平(태평)하다(1. 나라가 안정되어 아무 걱정 없고 평안하다, 2. 마음에 아무 근심 걱정
  이 없다), 편안하다(편하고 걱정 없이 좋다), 평안하다(걱정이나 탈이 없다. 또는 무사히 잘 있다).

소인들이 득세를 하면 세상이 어떻게 돌아가겠어요? 시끄럽겠죠. 그 시끄러운 세상
을 큰 인물이 나타나 잠재우고 나라가 안정되면 숨어 지내던 대인들이 돌아옵니다.
그래서 지천태의 괘사는 '크게 태평하면 교만하던 소인들이 가고 너그러운 대인들
이 돌아와 좋고 모든 일이 뜻과 같이 잘되어 가는구나.'라고 한 것입니다.

^{발 모 여 이 기 휘 정 길}
初九. 拔茅茹以其彙 征吉.

띠 풀의 가지와 잎이 무성하면 고슴도치가 뽑아 먹기 때문에 그 고슴도치
를 잡아야 좋구나.

• 拔 ; 뽑을 발, 뽑다, 빼다, 쳐서 빼앗다, 공략하다, 빼어나다, 특출하다, 뛰어나다, 덜어버리다, 기울
  다, 기울어지다, 흩어지다, 빠르다, 가리다, 분간하다, 머무르다, 살다, 쥐다, 손으로 잡다, 그리다,

묘사하다, 빠지다, 빠져 떨어지다, 빨리, 갑자기, 급히, 오늬, 활을 당겨 구부정한 모양, 무성할 패, 무성하다, 성하다, 우거지다, 성한 모양, 가지와 잎이 무성한 모양.

- 茅 ; 띠 모, 띠(포아풀과의 여러 살이풀), 띳집(띠로 지붕을 이은 집), 누추한 거처, 기, 깃발, 두름 (한 줄에 열 마리씩 두 줄로 엮은 것), (제사 지낼 때) 모사 그릇에 꽂는 띠의 묶음.
- 茹 ; 먹을 여, 먹다, 썩다, 받다, 데치다, 꼭두서니, 말라죽다, 부드럽다, 연하다(재질이 무르고 부드럽다), 채소, 헤아리다.
- 彙 ; 무리 휘, 고슴도치 휘, 무리, 동류, 고슴도치, 모으다, 번무하다, 성하다(기운이나 세력이 한창 왕성하다), 짐승은 무리를 이루어 산다고 함.
- 以 ; 써 이, ~때문에.

띠 풀이 그 시대에서는 쓰임새가 많았던 모양입니다. 그래서 지천태의 초구 효사는 '띠 풀의 가지와 잎이 무성하면 고슴도치가 뽑아 먹기 때문에 그 고슴도치를 잡아야 좋구나.'라고 한 것입니다.

포 황 용 빙 하 불 하 유 붕 망 득 상 우 중 행
九二. 包荒用 馮河 不遐遺 朋亡 得尙于中行.

아이를 가져야 묵은 농경지에서 일을 시키고, 업신여기고, 뽐내고, 의지도 하며 걸어서 물을 건널 때는 짊어지도록 할 수도 있는데 어찌 멀리하여 아이를 남기려 하지 않는다면 무리를 이루는 마을도 없어질 수 있으니 아이를 얻으려면 때에 맞춰 장가들고 시집가야 하는구나.

- 包 ; 쌀 포, 꾸러미 포, 아이를 배다.
- 荒 ; 거칠 황, 거칠다, 흉년들다, 덮다, 버리다, 폐기하다, 멸망시키다, 차지하다, 넓히다, 허황하다, 황당무계하다, (주색에) 빠지다, 모자라다, 어둡다, 어리석다, 흐릿하다, 모호하다, 흉년, 묵은 농경지, 변방, 풀이 땅을 덮고 황폐해지다, 공허할 강, 공허하다, 삭막하다.
- 用 ; 쓸 용, 일을 하다.
- 馮 ; 업신여길 빙, 업신여기다, 기대다, 성내다, 도섭하다(걸어서 물을 건넘), 뽐내다, 서운하다, 힘입다, 의지하다, 성씨 풍, 성의 하나.
- 河 ; 물 하, 물, 내, 강, 운하, 섬, 은하, 강 이름, 황하, 메다, 짊어지다. 遐 ; 멀 하, 멀다, 멀리, 멀어지다, 멀리하다, 어찌.
- 遺 ; 남길 유, 남기다, 남다, 끼치다, 전하다, 잃다, 버리다, 유기하다, 잊다, 두다, 놓다, 떨어지다, 떨어뜨리다, 빠지다, 빠뜨리다, 쇠퇴하다, 빠르다, 더하다, 더해지다, (음식을) 보내다, (음식을) 대

접하다, 오줌, 따를 수, 따르다, 좇다.

- 朋 ; 벗 붕, 벗, 친구, 무리, 짝, 같은 부류 패, 마을, 두 동이, 화폐의 단위, 떼짓다, 무리를 이루다, 같다, 같게 하다, 무너지다.
- 亡 ; 망할 망, 망하다, 멸망하다, 멸망시키다, 도망하다, 달아나다, 잃다, 없어지다, 없애다, 죽다, 잊다, 업신여기다, 경멸하다, 죽은, 고인이 된, 없을 무, 없다, 가난하다.
- 得 ; 얻을 득.
- 尙 ; 오히려 상, 장가들다.
- 于 ; 어조사 우, 동작을 하다, 행하다, 구하다, 가지다.
- 中 ; 가운데 중, 때에 맞춰.
- 行 ; 갈 행, 시집가다, 행하다, 하다.

백성이 많으면 나라가 힘이 있듯이 자식이 많으면 집안도 힘이 있겠죠. 그래서 지천태의 구이 효사는 '아이를 가져야 묵은 농경지에서 일을 시키고, 업신여기고, 뽐내고, 의지도 하며 걸어서 물을 건널 때는 짊어지도록 할 수도 있는데 어찌 멀리하여 아이를 남기려 하지 않는다면 무리를 이루는 마을도 없어질 수 있으니 아이를 얻으려면 때에 맞춰 장가들고 시집가야 하는구나.'라고 한 것입니다.

무 평 불 피 무 왕 불 복 간 정 무 구 물 휼 기 부 휴 식 유 복
九三. 无平不陂 无往不復 艱貞无咎 勿恤 其孚于食有福.

없어도 화목하고 간사하지 아니하며 없어도 물품을 보내주면 회복되지는 않지만 어려워도 마음을 바르게 하여야 허물없이 근심하지 아니하고 사랑하며 돌볼 수 있다는 그 믿음성이 있는 것이 복을 받아 부족하던 생활이 넉넉하게 되는구나.

- 無 ; 없을 무, 없다, 따지지 아니하다.
- 平 ; 평평할 평, 평평하다, (바닥이 고르고) 판판하다, 고르다, 고르게 하다, 정리되다, 가지런하게 되다, 평안하다, 무사하다, 평정하다, 정하다, 제정하다, 이루어지다, 바르다, 갖추어지다, 사사로움이 없다, 화목하다, 화친하다, 쉽다, 손쉽다, 표준, 들판, 평원, 산제(산에서 지내는 제사), 보통 때, 평상시, 보통, 보통의 수준, 평성, 사성의 하나, 다스릴 편, 다스리다, 관리하다, 나누다, 골고루 다스려지다.
- 陂 ; 방죽 피, 방죽(물이 밀려들어 오는 것을 막기 위하여 쌓은 둑), 못, 연못, 곁, 옆, 간사하다, 기울어지다, 비탈 파, 비탈, 비탈지다, 치우치다.

- 復 ; 회복할 복, 다시 부, (은혜나 원수를)갚다.
- 艱 ; 어려울 간, 어렵다, 괴롭다, 가난하다, 험악하다, 당고(부모의 상을 당함), 고생.
- 貞 ; 곧을 정, 성심(정성스러운 마음).
- 恤 ; 불쌍할 휼, 불쌍하다, 근심하다, 사랑하다, 친애하다, 구휼하다(사회적 또는 국가적 차원에서 재난을 당한 사람이나 빈민에게 금품을 주어 구제하다), 돌보다, 동정하다, 편안하게 하다, 삼가다, 상(喪).
- 孚 ; 미쁠 부, 미쁘다(믿음성이 있다), 자라다, 빛나다.
- 于 ; 이지러질 휴, 부족하다, 모자라다.
- 食 ; 밥 식, 먹을 식, 먹이 사, 사람이름 이, 음식, 생활, 생계, 먹이다.
- 有 ; 있을 유, 많다, 넉넉하다.
- 福 ; 복 복, 복, 행복, 제육과 술, 폭, 포백의 너비, (복을) 내리다, 돕다, 상서롭다, 음복하다, 같다, 간직할 부, 간직하다, 모으다, 저장하다, 음식과 술을 잘 차리고 제사를 지내 하늘로부터 복을 받는다는 뜻.

세상이 좋아지면 사람도 좋아지고 세상이 나빠지면 사람도 나빠지지만 어떤 세상이라도 적선을 하면 적선을 받는 사람도 좋지만 적선을 하는 사람이 더 좋지 않을까요? 그래서 지천태의 구삼 효사는 '없어도 화목하고 간사하지 아니하며 없어도 물품을 보내주면 회복되지는 않지만 어려워도 마음을 바르게 하여야 허물없이 근심하지 아니하고 사랑하며 돌볼 수 있다는 그 믿음성이 있는 것이 복을 받아 부족하던 생활이 넉넉하게 되는구나.'라고 한 것입니다.

六四. 翩翩 不富以其隣 不戒以孚.
(편 편 불 부 이 기 린 불 계 이 부)

거만스럽게 잘난 체하며 자꾸 버릇없이 굴며 오락가락하는 그 이웃 때문에 행복하지 못한데도 믿음성이 있기 때문에 타이르지를 못하는구나.

- 翩 ; 나부낄 편, 나부끼다, 훌쩍 날다, 오락가락하다(1. 계속해서 왔다 갔다 하다, 2. 생각이나 정신이 있다 없다 하다, 3. 비나 눈이 내렸다 그쳤다 하다), 편편(1. 가볍게 나부끼거나 훨훨 나는 모양, 2. 풍채가 풍류스럽고 좋은 모양, 3. (건축물이)번듯하고 웅장하고 화려한 모양, 4. 거들거리는 기색이 있는 모양.) 거들거리다, 거드럭거리다(거만스럽게 잘난 체하며 자꾸 버릇없이 굴다).
- 以 ; 써 이, ~ 때문에.
- 戒 ; 경계할 계, 경계하다, 막아 지키다, 경비하다, 조심하고 주의하다, 삼가다(몸가짐이나 언행을 조심하다), 타이르다, 알리다, 이르다, 분부하다, 재계하다, 이르다, 도달하다, 지경(땅의 가장자리

경계), 경계(境界), 경계(警戒), 훈계, 재계, 중들이 지켜야 할 행동 규범, 문체의 이름.

- 富 ; 부유할 부, 행복.

- 不 ; 아닐 불, 못하다, 아니하다.

이웃을 잘 만나야 하는데 이웃이 좋지 않다면 정말로 난처하겠지요. 여기서 말하는 이웃은 이웃사람, 이웃집, 이웃나라뿐만 아니라 직장동료, 직장상사 등등 나와 이웃하는 모든 것이어요. 이 구절에서 부(孚)는 깊이 생각해 볼 필요가 있습니다. '믿음성이 있다.'는 것은 무슨 말일까요? 사람이 바보라서 말을 못하는 것일까요? 아닙니다. '좋아지겠지'라는 생각을 하지만. 하늘은, 하늘은. 그래서 지천태의 육사 효사는 '거만스럽게 잘난 체하며 자꾸 버릇없이 굴며 오락가락하는 그 이웃 때문에 행복하지 못한데도 믿음성이 있기 때문에 타이르지를 못하는구나.'라고 한 것입니다.

六五. 帝乙歸妹以祉 元吉.
제 을 귀 매 이 지 원 길

임금의 둘째 부인으로 소녀가 시집가도 하늘에서 내리는 행복이라 여기니 착하고 좋구나.

- 帝 ; 임금 제, 임금, 천자, 하느님, 오제의 약칭, 크다.
- 乙 ; 새 을, 새, 제비, 둘째, 둘째 천간, 생선 창자, 을골(범의 뼈), 아무, 굽다, 표하다.
- 歸 ; 돌아갈 귀, 시집가다.
- 妹 ; 누이 매, (손아래) 누이, 소녀, 여자, (사리에) 어둡다.
- 以 ; 써 이, ~라 여기다.
- 祉 ; 복 지, 복, 하늘에서 내리는 행복.

태평성대로 이끄는 왕은 민심이 좋겠지요. 그런 왕에게 둘째 부인으로 시집을 가는 소녀의 마음을 나타낸 것입니다. 각 효의 다섯 번째 자리는 가장 중요한 자리입니다. 그리고 양의 자리이고요. 그런데 이곳의 자리는 육오입니다. 구오라면 왕의 본부인이 됐을 것인데 육오라 둘째 부인입니다. 그래도 어찌합니까? 하늘에서 내리는 행복이라 여겨야 하지 않겠어요? 그래서 지천태의 육오 효사는 '임금의 둘째 부인으로 소녀가 시집을 가도 하늘에서 내리는 행복이라 여기니 착하고 좋구나.'라고 한 것입니다.

성 복 우 황 물 용 사 자 읍 고 명 정 린
上六. 城復于隍 勿用師 自邑 告命 貞吝.

성이나 해자를 복구할 때 많은 사람을 쓰지 말라고 몸소 고을에 명을 내리면 명을 정성스러운 마음으로 소중히 여기는구나.

- 城 ; 재 성, 재(높은 산의 고개), 성, 도읍, 나라, 도시, 무덤, 묘지, 구축하다, 성을 쌓다, 지키다, 흙을 높이 쌓아 방벽을 지어 백성을 지키다.
- 復 ; 회복할 복, 회복하다(원래의 상태로 돌이키거나 원래의 상태를 되찾다), 복구(손실 이전의 상태로 회복함).
- 于 ; 어조사 우.
- 隍 ; 해자 황, 해자(성 밖을 둘러 싼 못), 산골짜기, 비다, 공허하다.
- 自 ; 스스로 자, 몸소.
- 邑 ; 고을 읍.
- 貞 ; 곧을 정, 성심(정성스런 마음).
- 吝 ; 아낄 린, 소중히 여기다.
- 師 ; 스승 사, 뭇 사람(많은 사람).

왕은 백성의 마음을 잘 알고 있어야지요. 태평성대는 그냥 되는 것이 아닙니다. 백성들의 마음을 헤아릴 줄 알아야 하지요. 그래서 지천태의 상육 효사는 '성이나 해자를 복구할 때 많은 사람을 쓰지 말라고 몸소 고을에 명을 내리면 명을 정성스러운 마음으로 소중히 여기는구나.'라고 한 것입니다.

12 天地否(천지비)

비 지 비 인　불 리 군 자 정　대 왕 소 래
否之匪人 不利君子貞 大往小來.

막힐 때는 떼를 지어 다니는 도적처럼 사람됨이 행동이나 성질이 너절하
고 더럽고 악하니 군자처럼 마음을 바르게 하면 이롭지 아니하므로 대인
들은 가고 소인들이 돌아오는구나.

- 否 ; 막힐 비, 막히다, 곤하다(기운 없이 나른하다), 비루하다(행동이나 성질이 너절하고 더럽다),
   악하다, 괘 이름, 아닐 부, 아니다, 부정하다, 불가하다, 없다, ~느냐.
- 匪 ; 비적 비, 비적(떼 지어 다니는 도적), 문채(아름다운 광채)나다.

세상이 좋은 시절은 가고 좋지 않은 시절이 오면 벌어지는 상황입니다. 그래서 천
지비의 괘사는 '막힐 때는 떼를 지어 다니는 도적처럼 사람됨이 행동이나 성질이 너
절하고 더럽고 악하니 군자처럼 마음을 바르게 하면 이롭지 아니하므로 대인들은
가고 소인들이 돌아오는구나.'라고 한 것입니다.

발 모 여 이 기 휘　정 길 형
初六. 拔茅茹以其彙 貞吉亨.

무리에게 떳집에서 살도록 하고 먹을 것을 주어도 마음을 바르게 하여야
좋아 모든 일이 뜻대로 잘되어 가는구나.

- 拔 ; 뽑을 발, 살다.

- 茅 ; 띠 모, 띳집(띠로 지붕을 이은 집).
- 茹 ; 먹을 여, 먹다.
- 以 ; 써 이, ~에게~을 주다.
- 彙 ; 무리 휘, 무리.

세상이 어려워져도 베풀 수 있다면 베풀어야 좋지요. 그래서 천지비의 초육 효사는 '무리에게 띳집에서 살도록 하고 먹을 것을 주어도 마음을 바르게 하여야 좋아 모든 일이 뜻대로 잘되어 가는구나.'라고 한 것입니다.

六二. 包承 小人吉 大人否亨.
포 승 소 인 길 대 인 비 형

후계를 잇기 위해 아이를 가져야 하는데 소인이 운이 좋아 혼인을 하면 좋은 일이지만 대인이 막히니 제사를 올리는구나.

- 包 ; 쌀 포, 아이를 배다, 뱃속의 아이.
- 承 ; 이을 승, 잇다, 후계, 장가들다.
- 吉 ; 길할 길, 운이 좋다, 혼인, 좋은 일.
- 亨 ; 형통할 형, 제사를 올리다.

아이를 가지려면 혼인을 해야겠지요. 그래서 천지비의 육이 효사는 '후계를 잇기 위해 아이를 가져야 하는데 소인이 운이 좋아 혼인을 하면 좋은 일이지만 대인이 막히니 제사를 올리는구나.'라고 한 것입니다.

六三. 包羞.
포 수

아이를 가져 부끄러운데 손에 음식을 들고 권하니 수줍어하는구나.

- 羞 ; 부끄러울 수, 부끄러워하다, 수줍어하다, 두려워하다, 겁내다, 미워하다, 싫어하다, (음식을) 올리다, 드리다, 나가다, 추천하다, 천거하다, 부끄럼, 수치, 치욕, 모욕, 음식, 손에 음식을 들고 권함의 뜻.

아이를 가지면 잘 먹어야 되지요. 그것을 알고 음식을 권하는 것인데 왜 부끄러워
할까요? 그래서 천지비의 육삼 효사는 '아이를 가져 부끄러운데 손에 음식을 들고
권하니 수줍어하는구나.'라고 한 것입니다.

유 명 무 구 주 리 지
九四. 有命无咎 疇離祉.

종족 이름이 없으면 이름을 짓고 붙여서 가져야 짝을 만날 수 있고 누구나
밭을 분할하여 세습할 수 있고 무리와 떨어져도 이전과 같이 만날 수 있으
니 하늘에서 내리는 행복이구나.

- 有 ; 있을 유, 가지다, 소지하다, 알다, 친하게 지내다.
- 命 ; 목숨 명, 이름 짓다, 이름 붙이다.
- 咎 ; 허물 구, 종족 이름.
- 疇 ; 이랑 주, 누구 주, 이랑(갈아 놓은 밭의 한 두둑과 한 고랑을 아울러 이르는 말), 밭, 무리, 떼,
  짝, 세습, 누구, 이전, 접때, 같다, 북(식물의 뿌리를 싸고 있는 흙)을 돋우다.
- 離 ; 떠날 리(이), 떠나다, 떼어놓다, 떨어지다, 갈라지다, 흩어지다, 분산하다, 가르다, 분할하다,
  늘어놓다, 만나다, 맞부딪다, 잃다, 버리다, 지나다, 겪다, 근심, 성(姓)의 하나, 괘 이름, 붙을 여,
  붙다, 달라붙다, 교룡 치, 교룡(상상 속 동물), 맹수.
- 祉 ; 복 지, 복, 하늘에서 내리는 행복.

어느 종족인지, 어느 누구인지 이름이 있어야지요. 그래서 천지비의 구사 효사는
'종족 이름이 없으면 이름을 짓고 붙여서 가져야 짝을 만날 수 있고 누구나 밭을 분
할하여 세습할 수 있고 무리와 떨어져도 이전과 같이 만날 수 있으니 하늘에서 내
리는 행복이구나.'라고 한 것입니다.

휴 비 대 인 길 기 망 기 망 계 우 포 상
九五. 休否 大人吉 其亡其亡 繫于苞桑.

막히면 그만두고 쉬고 찬미하지 않아도 대인이 좋은 것은 잃고 없어지는
것을 무성한 뽕나무에 이어 맸구나.

- 休 ; 쉴 휴, 따뜻하게 할 휴, 쉬다, 휴식하다, 사직하다, 그만두다, 그치다, 멈추다, 중지하다, 말라, 금지하다, 아름답다, 훌륭하다, 기리다, 찬미하다(아름답고 훌륭한 것이나 위대한 것 따위를 기리어 칭송하다), 평안하다, 용서하다, 달래다, 너그럽다, 관대하다, 이별하다, 검소하다, 겨를, 휴가, 행복, 기쁨, (나무) 그늘, 어조사, 따뜻하게 하다, 탄식하다.
- 繫 ; 맬 계, 매다, 이어 매다, 묶다, 잇다, 얽다, 매달다, 매달리다, 끈, 혈통, 핏줄, 죄수, 실마리, 계사(주역의 괘의 설명).
- 苞 ; 쌀 포, 싸다, 더부룩이 나다, 우거지다, 무성하다, 꽃망울, 꽃 봉우리, 덤불(어수선하게 엉클어진 수풀), 풀 이름, 밑, 근본.
- 桑 ; 뽕나무 상, 뽕나무, 뽕잎을 따다.
- 亡 ; 망할 망, 잃다, 없어지다.

사리사욕이 많은 자칭 대인들이 많을 때 세상은 가장 시끄러워집니다. 마음을 바르게 하고 주위를 둘러보세요. 눈을 비비고 보세요. 잘 보아야 합니다. 대인은 사리사욕이 없답니다. 그래서 천지비의 구오 효사는 '막히면 그만두고 쉬고 찬미하지 않아도 대인이 좋은 것은 잃고 없어지는 것을 무성한 뽕나무에 이어 맸구나.'라고 한 것입니다.

上九. 傾否 先否後喜.
경 비 선 비 후 희

바르지 않아 다투고 막혀도 마음을 기울이면 처음엔 막힐지라도 나중에는 기뻐하는구나.

- 傾 ; 기울 경, 기울다, 기울어지다, (마음을) 기울이다, 비스듬하다, 바르지 않다, 다투다, 다치다, 잠깐.
- 先 ; 먼저 선, 먼저, 미리, 옛날, 이전, 앞, 처음, 첫째, 돌아가신 이, 죽은 아버지, 선구, 앞선 사람, 조상, 형수, 앞서다, 뛰어넘다, 이끌다, 나아가다, 앞으로 가다, 높이다, 중히 여기다, 뛰어나다.
- 後 ; 뒤 후, 나중.
- 喜 ; 기쁠 희, 기쁘다, 기뻐하다, 즐겁다, 즐거워하다, 좋다, 좋아하다, 즐기다, 사랑하다, 기쁨, 즐거움, 행복.

막힐 때는 돌아가야 합니다. 그런데 알고 있어도 잘되지 않습니다. 개인의 생각과 행동이 다르고 사람과 사람은 생각의 차이가 있어요. 그럴 땐 어떻게 해야 좋겠어요? 그래서 천지비의 상구 효사는 '바르지 않아 다투고 막히어도 마음을 기울이면 처음엔 막힐지라도 나중에는 기뻐하는구나.'라고 한 것입니다.

天火同人(천화동인)

동 인 우 야 형 이 섭 대 천 이 군 자 정
同人于野 亨 利涉大川 利君子貞.

들에서 사람들과 같이 모든 일이 뜻과 같이 잘되어 가려고 제사를 올리더라도 계속해서 대인과 관계하는 것이 이롭고, 군자는 마음을 바르게 하여야 이롭구나.

- 同 ; 한 가지 동, 한 가지, 무리, 함께, 그, 전한 바와 같은, 같다, 같이하다, 합치다, 균일하게 하다, 화합하다, 모이다, 회동하다(일정한 목적으로 여러 사람이 한데 모이다).
- 野 ; 들 야, 변두리 여, 농막 서, 들, 들판, 마을, 성 밖, 농막(농사를 짓는데 편리하도록 논밭 근처에 간단하게 지은 집).

어렵고, 시끄럽고, 막히던 시절을 보내고 이제는 화합을 해야 합니다. 어떻게 해야 될까요? 그래서 천화동인의 괘사는 '들에서 사람들과 같이 모든 일이 뜻과 같이 잘되어 가려고 제사를 올리더라도 계속해서 대인과 관계하는 것이 이롭고, 군자는 마음을 바르게 하여야 이롭구나.'라고 한 것입니다.

동 인 우 문 무 구
初九. 同人于門 无咎.

문에서는 사람들에게 균일하게 해야 허물이 없구나.

- 門 ; 문 문, 문, 집안, 문벌(대대로 내려오는 그 집안의 사회적 신분이나 지위), 동문(같은 문중이나

종파), 전문(가문의 전체), 방법, 방도, 가지, 과목, 부문, 종류, 분류, 비결, 요령.

평범하기 그지없는 이 내용이 많은 생각이 들게 하네요. 화합하기 위한 기본 중의 기본인 내용입니다. 조금 다른 쪽으로 보면 돈은 사람이 유통하는 것인데 어떻게 생각하십니까? 장사하시는 분들은요? 어떤 일을 하더라도 민심을 얻어야 합니다. 그래서 천화동인의 초구 효사는 '문에서는 사람들에게 균일하게 해야 허물이 없구나.'라고 한 것입니다.

六二. 同人于宗 吝.
동 인 우 종 린

일의 근원은 사람과 함께 같이하는 것이므로 사람들과 회동하는 것을 소중하게 여기는구나.

- 宗 ; 마루 종, 마루, 일의 근원, 근본, 으뜸, 제사, 존숭하는 사람, 일족, 동성, 선조중의 덕망이 있는 조상, 시조의 적장자, 우두머리, 가장 뛰어난 것, 사당, 가묘, 종묘, 제사하는 대상, 갈래, 파, 교파, 높이다, 마루로서 높이다, 조회보다, 조회하다, 제사하다, 제사를 지내다, 향하다, 조상의 영혼을 모신 곳, 제사를 지내는 일족의 장.
- 吝 ; 아낄 린, 소중하게 여기다.

어떤 일을 시작하는 것도 사람이고 마치는 것도 사람입니다. 사람 밑에 사람 없고 사람 위에 사람 없습니다. 사람을 소중히 여겨야 합니다. 그래서 천화동인의 육이 효사는 '일의 근원은 사람과 함께 같이하는 것이므로 사람들과 회동하는 것을 소중하게 여기는구나.'라고 한 것입니다.

九三. 伏戎于莽 升其高陵 三歲不興.
복 융 우 망 승 기 고 릉 삼 세 불 흥

풀숲이 우거진 곳에는 병사들을 잠복시키고 높은 언덕으로 옮겨 살면 여러 해 다툴 기미가 없구나.

- 伏 ; 엎드릴 복, 엎드리다, 머리를 숙이다, 굴복하다, 항복하다, 인정하다, 숨다, 감추다, 잠복하다,

살피다, 엿보다, 내려가다, 낮아지다, 기다, 절후, 음력 6월의 절기, 삼복의 통칭, 편지중의 존경어, 안을 부, (알을) 안다, (알을) 품다.

- 戎 ; 병장기 융, 오랑캐 융, 병장기, 병기의 총칭, 병기, 싸움 수레, 군사, 병사, 오랑캐, 되(북방 오랑캐), 싸움, 전쟁, 전투, 너, 그대, 돕다, 크다, 난잡하다.

- 莽 ; 우거질 망, (풀숲이) 우거지다, 거칠다, 넓다, 광활하다, 크다, 아득하다, 멀다, (개가 토끼를) 쫓아내다, 숲, 풀, 들의 경치, 시골의 경치, 우거질 무, (풀숲이) 우거지다, 거칠다, 넓다, 광활하다, 크다, 아득하다, 멀다, (개가 토끼를) 쫓아내다, 숲, 풀.

- 升 ; 되 승, 오를 승, 되(용량의 단위), 새(직물의 날실 80올), 육십사괘의 하나, 오르다, 떠오르다, (벼슬을) 올리다, 나아가다, 천거하다(살던 곳을 떠나 다른 곳으로 옮겨 살다), 태평하다, 융성하다, 성하다, 이루다, (곡식이) 익다, 바치다, 헌납하다.

- 高 ; 높을 고, 높다, 뛰어나다, 크다, 고상하다, 존경하다, 멀다, 깊다, 비싸다, 뽐내다, 높이, 고도, 위, 높은 곳, 높은 자리, 위엄.

- 陵 ; 언덕 릉, 큰 언덕, 능, 무덤, 가벼이 여기다, 업신여기다, 범하다, 넘다, 오르다, 불리다, 물에 담그다, 능이하다(차차 쇠하다), 짓밟다, 험하다.

- 三 ; 석 삼, 여러 번.

- 歲 ; 해 세, 해, 나이, 세월, 새해, 일생, 한평생, 결실, 수확, 목성, 제사 이름.

- 興 ; 일 홍, 일다, 일으키다, 시작하다, 창성하다, 흥겹다, 기뻐하다, 성공하다, 등용하다, 다스리다, 징발하다(1. 남에게 물품을 강제적으로 모아 거두다, 2. 국가에서 특별한 일에 필요한 사람이나 물자를 강제로 모으거나 거두다), 느끼다, 유행하다, 홍, 홍취, 홍미, 취미, 시의 한 체, 혹시, 어조사, 피 바를 흔, (희생의) 피를 바르다, 다툴 기미, 실마리.

함께하는 무리는 안전해야 합니다. 그래서 천화동인의 구삼 효사는 '풀숲이 우거진 곳에는 병사들을 잠복시키고 높은 언덕으로 옮겨 살면 여러 해 다툴 기미가 없구나.'라고 한 것입니다.

승 기 용 불 극 공 길
九四. 乘其墉 弗克攻 吉.

담장을 타고 오르는 것이 근심걱정 되면 담장의 나무 위에 사람을 올려놓은 모양으로 적의 정세를 보고 있음을 나타내면 공격을 다스리는 능력이 있으니 좋구나.

- 乘 ; 탈 승, 타다, 오르다, 나무 위에 사람을 올려놓은 모양, 적의 정세를 보고 있음을 나타냄.

- 墉 ; 담 용, 담, 담장, 보루, 벽.
- 弗 ; 아닐 불, 말 불, 아니다, 말다, 근심하다, 걱정하다, 다스리다, 어긋나다, 떨다, 떨어버리다, 빠른 모양, 세차고 성한 모양.
- 克 ; 이길 극, 능력이 있다, 다스리다.
- 攻 ; 칠 공, 치다, 때리다, 책망하다, 닦다, 거세하다, 공격하다, 굳다, 다스리다, 불까다, 짓다, 무기를 들고 치다.

함께하는 무리들이 살고 있는 성을 방어할 때 필요한 것입니다. 그래서 천화동인의 구사 효사는 '담장을 타고 오르는 것이 근심걱정 되면 담장의 나무 위에 사람을 올려놓은 모양으로 적의 정세를 보고 있음을 나타내면 공격을 다스리는 능력이 있으니 좋구나.'라고 한 것입니다.

九五. 同人先號咷而後笑 大師克相遇.
동 인 선 호 도 이 후 소 대 사 극 상 우

앞에는 울부짖는 사람이 그리고 뒤에는 웃는 사람이 같이 있어도 대사는 서로의 뜻이 맞게 다스릴 능력이 있어야 하는구나.

- 號 ; 이름 호, 부르짖을 호, 이름, 부호, 명령, 차례, 번호, 부르짖다, 일컫다, 고하다, 울다.
- 咷 ; 울 도, 울다, 웃음소리, 웃는 모양, 노래할 조, 노래하다.
- 而 ; 말이을이, 능히 능, 그리고.
- 笑 ; 웃음 소, 웃음, 웃다, 비웃다, 조소하다, 꽃이 되다.
- 大師 ; 훌륭한 사람 즉, 스승이나 벼슬아치 등을 뜻하는 바, 이후의 번역은 대사로 함.
- 相 ; 서로 상, 서로, 바탕, 도움, 보조자, 시중드는 사람, 접대원, 담당자, 정승, 모양, 향상, 악기 이름, 자세히 보다, 돕다, 다스리다, 가리다, 고르다, 따르다, 이끌다, 점치다, 생각하다, 빌 양, 빌다, 기원하다, 푸닥거리하다.
- 遇 ; 만날 우, (우연히) 만나다, 조우하다, 상봉하다, 대접하다, 예우하다, (뜻을) 얻다, 합치다, (뜻이) 맞다, 짝하다, 맞서다, 성교하다, 막다, 저지하다, 우연히, 뜻하지 않게, 때마침, 예우, 대우, 알현, 때, 기회, 시기.

사람들이 모이면 일들이 많아집니다. 사람은 모였을 때 힘이 있습니다. 그러니 모이려고 합니다. 그런데 그 사이에서 사람들은 자기의 이익을 추구합니다. 그러다보니 일이 납니다. 그런 일들을 처리할 수 있는 사람이 필요합니다. 그래서 천화동인의 구오 효사는 '앞에는 울부짖는 사람이 그리고 뒤에는 웃는 사람이 같이 있어도 대사는 서로의 뜻이 맞게 다스릴 능력이 있어야 하는구나.'라고 한 것입니다.

上九. 同人于郊 无悔.
동 인 우 교 무 회

들에서 사람들과 같이 천지의 제사를 지내도 잘못은 없구나.

* 郊 ; 들 교, 들, 야외, 천지의 제사를 지내다.
* 悔 ; 뉘우칠 회, 후회, 잘못.

같은 일을 하는 사람끼리 모여서 일이 잘되게 제사를 지내도 될까요? 그래서 천화 동인의 상구 효사는 '들에서 사람들과 같이 제사를 지내도 잘못은 없구나.'라고 한 것입니다.

14 火天大有(화천대유)

^{대 유 원 형}
大有 元亨.

크게 많이 가지는 것도 하늘의 도우심이니 모든 일이 뜻과 같이 잘되어 가기를 바라며 제사를 올리는구나.

- 大 ; 큰 대, 크다, 많다.
- 有 ; 있을 유, 있다, 많다, 가지다.

마음을 바르게 하고 부지런히 힘써 일해서 크게 많이 가지는 것이 잘못은 아닌데도 하늘의 도우심이라 생각하고 제사를 올립니다. 그래서 화천대유의 괘사는 '크게 많이 가지는 것도 하늘의 도우심이니 모든 일이 뜻과 같이 잘되어 가기를 바라며 제사를 올리는구나.'라고 한 것입니다.

^{무 교 해 비 구 간 칙 무 구}
初九. 无交害 匪咎 艱則无咎.

사귀어도 해하지 않고 떼를 지어 다니는 도적을 미워한다고 하여 허물이 없다고 본보기로 삼기에는 어렵구나.

- 交 ; 사귈 교, 사귀다, 교제하다, 오고 가다, 주고받다, 바꾸다, 인접하다, 서로 맞대다, 엇갈리다, 맡기다, 넘기다, 건네다, 내다, 제출하다, 섞이다, 교차하다, 성교하다, 교배하다, 되다, (임무를 마치고) 보고하다, 교제, 우정, 벗, 친구, 동무, 무역, 거래, 흥정, 서로, 상호, 곤두박질, 공중제비, 옷

깃, 일제히, 동시에, 함께, 사람의 종아리가 교차해 있는 모양.

- 害 ; 해할 해, 해하다, 거리끼다(1. 일이나 행동 따위를 하는 데에 걸려서 방해가 되다, 2. 일이 마음에 걸려서 꺼림칙하게 생각되다), 해롭다, 시기하다, 훼방하다, 방해하다, 해, 재앙, 요새, 손해, 어느 할, 어느, 어찌.
- 匪 ; 비적 비, 비적(떼를 지어 다니는 도적).
- 咎 ; 허물 구, 허물, 저지른 잘못, 미워하다, 증오하다.
- 艱 ; 어려울 간, 어렵다.
- 則 ; 법칙 칙, 본보기로 삼다, 본받다.

사람이 사귀어도 해하지 않고 도적을 미워한다고 허물이 없다고 생각하십니까? 그것은 그저 그렇다는 것입니다. 그래서 화천대유의 초구 효사는 '사귀어도 해하지 않고 떼를 지어 다니는 도적을 미워한다고 하여 허물이 없다고 본보기로 삼기에는 어렵구나.'라고 한 것입니다.

　　　　　대 거 이 재 유 유 왕 무 구
九二. 大車以載 有攸往 无咎.

큰 수레로 가득하게 싣고 물품을 보내줄 곳이 있어도 허물은 없구나.

- 車 ; 수레 거, 수레, 수레바퀴, 수레를 모는 사람, 이틀(이가 박혀 있는 위턱 아래턱의 구멍이 뚫린 뼈), 치은(잇몸), 수레 차, 수레, 수레바퀴, 수레를 모는 사람, 이틀, 치은, 장기의 말.
- 以 ; 써 이, ~로.
- 載 ; 실을 재, 떠받을 대, 싣다, 가득하다.
- 攸 ; 바 유, 바, 곳, 장소, 처소, 재빠른 모양, 위태로운 모양, 빠르다, 위태롭다.
- 往 ; 갈 왕, 가다, (물품을) 보내다, 보내주다.

물품을 보내 도와줄 곳이 있다면 좋겠지요. 그래서 화천대유의 구이 효사는 '큰 수레로 가득하게 싣고 물품을 보내줄 곳이 있어도 허물은 없구나.'라고 한 것입니다.

_{공 용 형 우 천 자 소 인 불 극}
九三. 公用亨于天子 小人弗克.

공평하게 베풀어 주시기를 하느님의 아들에게 제사를 올리니 소인들이
근심하는 것을 떨어버리고 이겨내는구나.

- 公用 ; 공공의 목적.
- 公 ; 공평할 공, 공평하다, 공변되다(한쪽으로 치우치지 않고 공평하다), 공평무사하다, 숨김없이
  드러내 놓다, 함께하다, 공적인 것, 상대를 높이는 말, 벼슬, 존칭, 귀인, 제후, 관청, 관아, 널리, 여
  럿, 높은 사람.
- 于 ; 어조사 우, ~에게, 굽다, 굽히다.
- 天子 ; 1. 하늘의 뜻을 받아 하늘을 대신하여 천하를 다스리는 사람, 군주, 국가의 최고 통치자, 2.
  하느님의 아들.
- 弗 ; 아닐 불, 말 불, 아니다, 말다, 근심하다, 어긋나다, 걱정하다, 떨다, 떨어버리다.
- 克 ; 이길 극, 이기다, 해내다, 참고 견디다.

사람들이 많이 모이면 일이 많아집니다. 그러다 보면 일이 꼬일 수가 있습니다.
가장 잘못되는 일이 공평하지 못한 것이지요. 그래서 화천대유의 구삼 효사는 '공
평하게 베풀어 주시기를 하느님의 아들에게 제사를 올리니 소인들이 근심하는 것
을 떨어버리고 이겨내는구나.'라고 한 것입니다.

_{비 기 방 무 구}
九四. 匪其彭 无咎.

몸에 병이나 탈이 없고 학식과 인격이 훌륭한 사람이라야 허물이 없구나.

- 匪 ; 비적 비, 나눌 분, 아니다, 문채나다(학식과 인격이 훌륭한 사람을 이르는 말).
- 彭 ; 곁 방, 곁, 옆, 방패, 사물의 모양, 성한 모양(1. 물건이 본디 모습대로 멀쩡하다, 2. 몸에 병이
  나 탈이 없다), 교만을 부르는 모양, 많다, 매질하다, 성씨 팽, 성의 하나, 땅이름, 나라이름, 부풀어
  오르다, 불룩해지다, 떵떵하다(살이 몹시 찌거나 붓거나 하여 아주 팽팽하다), 북치는 소리.

사람이 허물이 없으려면 이 정도는 돼야 허물이 없다고 하네요. 그래서 화천대유의
구사 효사는 '몸에 병이나 탈이 없고 학식과 인격이 훌륭한 사람이라야 허물이 없구
나.'라고 한 것입니다.

궐 부 교 여 위 여 길
六五. 厥孚交如 威如 吉.

부여 받은 수명이 끝나거나 일생을 마칠 때까지 앞으로 숙이고 믿음성이
있게 사귀어야 위엄이 따르니 좋구나.

- 厥 ; 그 궐, 그, 그것, 오랑캐이름, 상기(피가 머리로 몰리는 병), 병명, 냉증, 꼬리 짧은 개, 흔들리
  는 모양, 짧다, 숙이다, 앞으로 숙이다, 발굴하다, 다하다(부여 받은 수명 따위가 끝나거나 또는 일
  생을 마치다), 진하다(다하여 없어지다), 있는 대로 다들이다, 굽다.
- 孚 ; 미쁠 부, 미쁘다(믿음성이 있다).
- 如 ; 같을 여, 같다, 같게 하다, 당연히 ~하여야 한다, 따르다.
- 威 ; 위엄 위, 위엄, 권위, 세력, 힘, 권세, 두려움, 거동, 공덕, 법칙, 형벌, 시어머니, 쥐며느리(쥐며
  느릿과의 절지동물), 존엄하다, 진동하다, 떨치다, 두려워하다, 구박하다, 해치다, 으르다, 협박하
  다, 험하다, 가파르다.

사람이 개인적으로 허물이 없다고 다 되는 것은 아닙니다. 바로 다음이 대인 관계
입니다. 그래서 화천대유의 육오 효사는 '부여 받은 수명이 끝나거나 일생을 마칠
때까지 앞으로 숙이고 믿음성이 있게 사귀어야 위엄이 따르니 좋구나.'라고 한 것입
니다.

자 천 우 지 길 무 불 리
上九. 自天祐之 吉 无不利.

스스로 도우면 하늘이 도우니 좋고 이롭지 아니한 것이 없구나.

- 祐 ; 복 우, 도울 우, 복, 도움, 돕다, 도와주다.
- 之 ; 갈 지, (영향을) 끼치다.

어떤 일을 하더라도 스스로 하지 않으면 안 됩니다. 그래서 화천대유의 상구 효사는
'스스로 도우면 하늘이 도우니 좋고 이롭지 아니한 것이 없구나.'라고 한 것입니다.

地山謙(지산겸)

겸　형　군자유종
謙 亨 君子有終.

자기를 미흡한 자라고 말하는 것에 통달한 군자도 생을 마칠 때까지 수준
이나 실력을 꽤 높게 가지고 있어야 하는구나.

- 謙 ; 겸손할 겸, 겸손하다, 겸허하다, 사양하다, 공경하다, 자기를 미흡한 자라고 말하는 뜻, 혐의
  혐, 혐의, 의심하다, 꺼리다.
- 有 ; 있을 유, 있다, 가지다, 알다.
- 終 ; 마칠 종, 마치다, 끝내다, (사람이) 죽다, 이루어지다, 채우다, 상당하다(1. 어느 정도에 가깝거
  나 알맞다, 2. 일정한 액수나 수치 따위에 알맞다, 3. 수준이나 실력이 꽤 높다), 다하다, 끝, 마
  지막.

말로만 겸손하지 말라는 것이지요. 또한 내공도 높아야 하겠지요. 그래서 지산겸의
괘사는 '자기를 미흡한 자라고 말하는 것에 통달한 군자도 생을 마칠 때까지 수준이
나 실력을 꽤 높게 가지고 있어야 하는구나.'라고 한 것입니다.

겸 겸 군 자 용 섭 대 천 길
初六. 謙謙 君子用涉大川 吉.

자기를 미흡한 자라고 겸손해하는 군자가 등용되어도 계속해서 대인과
관계하여야 좋구나.

- 用 ; 쓸 용, 등용하다, 하다, 행하다.
- 涉 ; 건널 섭, 피 흐르는 모양 첩, 건너다, 지나다, 겪다, 거닐다, 간섭하다, 관계하다.
- 川 ; 내 천, 계속해서, 끊임없이.

군자는 상당한 실력을 가지고 있어도 더욱 더 실력을 쌓아야 합니다. 그래서 지산겸의 초육 효사는 '자기를 미흡한 자라고 겸손해하는 군자가 등용되어도 계속해서 대인과 관계하여야 좋구나.'라고 한 것입니다.

명 겸 정 길
六二. 鳴謙 貞吉.

겸손하다고 이름을 날려도 마음을 바르게 하여야 좋구나.

- 鳴 ; 울 명, (새가) 울다, 울리다, (소리를) 내다, 부르다, 말하다, 이야기하다, (이름을) 날리다, 놀라다.

겸손하다고 이름이 날리면 행동거지를 조심해야 합니다. 그래서 지산겸의 육이 효사는 '겸손하다고 이름을 날려도 마음을 바르게 하여야 좋구나.'라고 한 것입니다.

노 겸 군 자 유 종 길
九三. 勞謙 君子有終 吉.

힘들이고 애쓰며 일하니 지치고 고달프지만 겸손해하는 군자라고 하더라도 생을 마칠 때까지 수준이나 실력을 꽤 높게 가지고 있어야 좋구나.

- 勞 ; 일할 노(로), 일하다, 힘들이다, 애쓰다, 지치다, 고달프다(몸이나 처지가 몹시 고단하다), 고단하다(1. 몸이 지쳐서 느른하다, 2. 일이 몹시 피곤할 정도로 힘들다, 3. 처지가 좋지 못해 몹시 힘들다), 괴로워하다, 근심하다, 수고롭다(일을 처리하기가 괴롭고 고되다), 위로하다, 치사하다, 수고, 노고, 공로, 공적.

어떠한 일이 있어도 군자는 감내하여야 합니다. 그래서 지산겸의 구삼 효사는 '힘들이고 애쓰며 일하니 지치고 고달프지만 겸손해하는 군자라고 하더라도 생을 마칠 때까지 수준이나 실력을 꽤 높게 가지고 있어야 좋구나.'라고 한 것입니다.

무 불 리 휘 겸
六四. 无不利 撝謙.

불리할 것이 없어도 자기를 낮추며 자기를 미흡한 자라고 하는구나.

- 撝 ; 찢을 휘, 찢다, 끌어당겨 찢다, 가리키다, (높이 올려서) 휘두르다, 겸손하다, 자기를 낮추다, 손짓하다, 손짓하여 부르다, 도울 위, 돕다.

어떠한 경우라도 군자는 자기를 낮출 수 있어야 합니다. 그래서 지산겸의 육사 효사는 '불리할 것이 없어도 자기를 낮추며 자기를 미흡한 자라고 하는구나.'라고 한 것입니다.

불 부 이 기 린 이 용 침 벌 무 불 리
六五. 不富以其隣 利用侵伐 无不利.

만일 이웃 때문에 행복하지 못하면 이롭게 하려고 조금씩 비평하여도 불리할 것이 없구나.

- 侵 ; 침노할 침, 침노하다(1. 남의 나라를 불법으로 쳐들어가거나 쳐들어오다, 2. 성가시게 달라붙어 손해를 끼치거나 해치다.), 범하다, 어기다, 엄습하다, 흉년들다, 버리다, 초라하다, (용모가) 추하다, 차츰, 조금씩, 흉년.
- 伐 ; 칠 벌, 치다, 정벌하다, 베다, (북을) 치다, 찌르다, 찔러 죽이다, 비평하다(1. 사물의 옳고 그름, 아름다움과 추함 따위를 분석하여 가치를 논하다, 2. 남의 잘못을 드러내어 이러쿵저러쿵 좋지 아니하게 말하여 퍼뜨리다), 모순되다, 저촉하다, 무너지다, 자랑하다, 치료하다, 방패, 공로, 훈공, 간 흙.
- 用 ; 쓸 용, 하다, 행하다.
- 富 ; 부유할 부, 행복.

아무리 군자라 하더라도 할 말은 하고 살아야 하겠지요. 그래서 지산겸의 육오 효사는 '만일 이웃 때문에 행복하지 못하면 이롭게 하려고 조금씩 비평하여도 불리할 것이 없구나.'라고 한 것입니다.

上六. 鳴謙 利用行師 征邑國.

겸손하다고 이름을 날리는 자를 읍국을 순시할 때에 이용하면 많은 사람
들이 길거리에 늘어서는구나.

- 行 ; 다닐 행, 다니다, 가다, 행하다, 하다, 행하여지다, 쓰이다, 보다, 관찰하다, 유행하다, 돌다, 순
  시하다, 늘다, 뺀다, 장사지내다, 시집가다, 길, 도로, 통로, 도로를 맡은 신, 고행, 계행, 행실, 행위,
  여행, 여장(여행할 때의 차림), 행직(품계는 높으나 직위는 낮은 벼슬을 통틀어 이르는 말), 일, 행
  서, 서체의 하나, 시체(詩體)의 이름, 장차, 바야흐로, 먼저, 무엇보다도, 항렬 항, 항렬, 줄, 대열,
  열위, 제위, 항오, 군대의 대열, 순서, 차례, 같은 또래, 직업, 점포, 가게, 깃촉, 의지가 굳센 모양,
  늘어서다(길게 줄지어 서다), 조잡하다.
- 師 ; 스승 사, 뭇사람(많은 사람 또는 여러 사람).
- 征 ; 칠 정, 부를 징, 순시하다.

옛날에도 지금처럼 이름이 난 사람을 가만히 놓아주지를 않았나 봅니다. 그래서 지
산겸의 상육 효사는 '겸손하다고 이름을 날리는 자를 읍국을 순시할 때에 이용하면
많은 사람들이 길거리에 늘어서는구나.'라고 한 것입니다.

예 이 건 후 행 사
豫 利建候行師.

제후는 미리 많은 사람들에게 행하여지는 법을 정하여 나라를 다스리는
것이 이롭구나.

- 豫 ; 미리 예, 미리, 먼저, 기뻐하다, 즐기다, 놀다, 편안하다, 머뭇거리다, 싫어하다, 참여하다, 괘
  이름, 땅 이름, 펼 서, 펴다.
- 建 ; 세울 건, 엎지를 건, 세우다, 일으키다, 법을 정하여 나라를 다스리다.
- 行 ; 다닐 행, 항렬 항, 하다, 행하다, 행하여지다.

무리가 모여서 제후를 세웠습니다. 세워진 제후는 먼저 어떤 일을 해야 할까요? 그
래서 뇌지예의 괘사는 '제후는 미리 많은 사람들에게 행하여지는 법을 정하여 나라
를 다스리는 것이 이롭구나.'라고 한 것입니다.

명 예 흉
初六. 鳴豫 凶.

이름이 날린다고 기뻐하는 것은 좋지 않구나.

이름을 날리게 되면 언행을 더욱 더 조심해야 합니다. 사람들의 입방아에 많이 오
르내리기 때문입니다. 그래서 뇌지예의 초육 효사는 '이름이 날린다고 기뻐하는 것

은 좋지 않구나.'라고 한 것입니다.

六二. 介于石 不終日 貞吉.
개 우 석 불 종 일 정 길

사람이 사이에 끼어들어 일을 처리하는 것은 쓸모없으니 영원히 마음을
바르게 하여야 좋구나.

- 介 ; 낄 개, 낱 개, (사이에) 끼다, 사이에 들다, 소개하다, 깔끔하다, 얌전하다, 의지하다, 믿다, 크
  다, 크게 하다, 작다, 적다, 묵다, 머무르다, 모시다, 강직하다, 굳게 지키다, 착하다, 돕다, 마음에
  두다, 신경을 쓰다, 갑옷, 딱딱한 껍질, 경계선, 한계, 본분, 정조, 절의(절개와 의리를 아울러 이르
  는 말), 미세한 것, 사소한 것, 몸짓, 배우의 동작, 다음 가는 차례, 돕는 사람, 시중, 도움, 근처, 부
  근, 곁, 둘째 벼슬, 낱(물건을 세는 단위), 홀로, 외로이, 사람이 사이에 끼어들어 일을 처리한다고
  하여 '끼다'를 뜻함.
- 石 ; 돌 석, 돌, 섬(10말, 용량 단위), 돌 바늘, 돌비석, 돌팔매, 숫돌, 무게의 단위, 돌로 만든 악기,
  저울, 녹봉(벼슬아치에게 주던 급료), 쓸모없음을 나타내는 말, 굳다, (돌을) 내던지다.

사람 사이에 끼어들어 일처리를 하게 되면 여러 가지로 어려운 일들이 생겨나게 됩
니다. 그러다가 잘못하여 원한을 사게 되면 큰일이지요. 그래서 뇌지예의 육이 효
사는 '사람이 사이에 끼어들어 일을 처리하는 것은 쓸모없으니 영원히 마음을 바르
게 하여야 좋구나.'라고 한 것입니다.

六三. 盱豫 悔遲 有悔.
우 예 회 지 유 회

눈을 부릅뜨고 바라보니 뉘우침이 늦어 기다리는데 뉘우치고 있으니 기
뻐하는구나.

- 盱 ; 쳐다볼 우, 쳐다보다, (눈을) 부릅뜨다, 확대하다, 넓히다, 크다, 바라보다, 기다리다, 근심하
  다, 기뻐하는 모양.
- 悔 ; 뉘우칠 회, 뉘우치다, 뉘우침, 후회.
- 遲 ; 더딜지, 늦을지, 더디다, 늦다, 느리다, 지체하다, 천천히 하다, 굼뜨다, 둔하다, 오래다, 기다
  리다, 무렵, 이에, 이리하여, 천천히 가다, 늦어지다.

잘못한 것을 알고 어떻게 하는지 보고 있는데 잘못한 것에 대해 알지 못하다가 잘 못을 알고 뉘우칩니다. 그래서 뇌지예의 육삼 효사는 '눈을 부릅뜨고 바라보니 뉘우침이 늦어 기다리는데 뉘우치고 있으니 기뻐하는구나.'라고 한 것입니다.

九四. <ruby>由<rt>유</rt></ruby> <ruby>豫<rt>예</rt></ruby> <ruby>大<rt>대</rt></ruby> <ruby>有<rt>유</rt></ruby> <ruby>得<rt>득</rt></ruby> <ruby>勿<rt>몰</rt></ruby> <ruby>疑<rt>의</rt></ruby> <ruby>朋<rt>붕</rt></ruby> <ruby>盍<rt>합</rt></ruby> <ruby>簪<rt>잠</rt></ruby>.

큰 소유욕으로 말미암아 미리 먼지를 털듯이 의심하여 헤아렸지만 비녀는 붕을 모아서 손에 넣어진 것이구나.

- 由 ; 말미암을 유, 말미암다(어떤 현상이나 사물 따위가 원인이나 이유가 되다), 쓰다, 쫓다, 따르다, 행하다, 등용하다, 보좌하다, 꾀하다, 같다, 길, 도리, 까닭, 말미, 휴가, 움, ~부터, 오히려, 여자의 웃는 모양 요, 여자의 웃는 모양.
- 得 ; 얻을 득, 얻다, 손에 넣다.
- 勿 ; 말 물, 털 몰, (먼지를) 털다.
- 疑 ; 의심할 의, 의심하다, 헷갈리다, 믿지 아니하다, 미혹하다, 미혹시키다, 두려워하다, 머뭇거리다, 주저하다, 괴이하게 여기다, 비기다, 같다, 비슷하다, 견주다, 시샘하다, 헤아리다, 짐작하다, 의문, 아마도, 안정할 응, 안정하다, 한데 뭉치다, 집결하다, 멈추다.
- 朋 ; 벗 붕, 화폐의 단위.
- 盍 ; 덮을 합, 덮다, 합하다, 모이다, 어찌 아니하다, 할단새 갈, 할단새(꿩과에 속하는 새의 하나).
- 簪 ; 비녀 잠, 빠를 잠, 비녀, 잠, 섶(물고기 잡는 기구), 꽂다, 빠르다, 신속하다.

사람이 살면서 미리 짐작하고 의심하지 말라는 것입니다. 그래서 뇌지예의 구사 효사는 '큰 소유욕으로 말미암아 미리 먼지를 털듯이 의심하여 헤아렸지만 비녀는 붕을 모아서 손에 넣어진 것이구나.'라고 한 것입니다.

六五. <ruby>貞<rt>정</rt></ruby> <ruby>疾<rt>질</rt></ruby> <ruby>恒<rt>항</rt></ruby> <ruby>不<rt>불</rt></ruby> <ruby>死<rt>사</rt></ruby>.

마음을 바르게 하는 질병은 변하지 않고 늘 그렇게 하더라도 죽는 것은 아니구나.

- 疾 ; 병 질, 병, 질병, 괴로움, 아픔, 흠, 결점, 불구자, 높은 소리, 해독을 끼치는 것, 빨리, 급히, 신속하게, (병을) 앓다, 걸리다, 괴롭다, 괴로워하다, 해치다, 해롭게 하다, 근심하다, 우려하다, 나쁘다, 불길하다, 미워하다, 증오하다, 꺼리다, 시기하다, 시샘하다, 빠르다, 신속하다, 진력하다(있는 힘을 다하다), 민첩하다.
- 恒 ; 항상 항, 항상, 변하지 않고 늘 그렇게 하다.
- 死 ; 죽을 사, 죽다, 생기 없다, 활동력이 없다, 죽이다, 다하다, 목숨 걸다.

세상을 살면서 속지 않고 살아야 합니다. 왜 속고 사는지 아십니까? 당연히 잘 모르니 속고 산다고 하겠지요. 하지만 알고도 속으면서 살고 있지 않습니까? 욕심 때문입니다. 욕심은 평정심을 가지지 못하게 하는 제일 큰 질병이지요. 그러니 모르고 속고 알고 속더라도 깨달음이 있어야 합니다. 그러나 백날 깨달음이 있으면 뭐합니까? 생각을 잘 정리해서 마음의 평정을 찾아야 합니다. 그리고 이런 질병에 걸려보세요. 그래서 뇌지예의 육오 효사는 '마음을 바르게 하는 질병은 변하지 않고 늘 그렇게 하더라도 죽는 것은 아니구나.'라고 한 것입니다.

上六. 冥豫 成有渝 无咎.
명 예 성 유 투 무 구

날은 어두워지고 생각에 잠기어 어려서 어리석었던 때는 바뀌고 어른이 되어 화해를 하여 친하게 지내게 된 것을 기뻐하더라도 허물은 없구나.

- 冥 ; 어두울 명, (날이) 어둡다, 어리석다, 어리다, 그윽하다, 아득하다, (생각에) 잠기다, 깊숙하다, 어둠, 밤, 저승, 하늘, 바다, 신의 이름, 명귀(저승에 산다는 귀신), 어두울 면, (눈이) 어둡다, 미혹되다.
- 成 ; 이룰 성, 어른이 되다, 화해하다.
- 有 ; 있을 유, 친하게 지내다.
- 渝 ; 변할 투, 변할 유, 변하다, 바뀌다, (원한을) 풀다.

왜 모든 일들은 세월이 지난 뒤에 알게 되는지 모르겠습니다. 그래서 뇌지예의 상육 효사는 '날은 어두워지고 생각에 잠기어 어리석었던 때는 바뀌고 어른이 되어 화해를 하여 친하게 지내게 된 것을 기뻐하더라도 허물은 없구나.'라고 한 것입니다.

澤雷隨(택뢰수)

^{수 원형이정 무구}
隨 元亨利貞 无咎.

뒤에서 따라가더라도 하늘의 도우심으로 모든 일이 뜻과 같이 잘되어
가려면 마음을 바르게 하여야 이롭고 허물도 없구나.

• 隨 ; 따를 수, 따르다, 추종하다, 부화하다(주견이 없어 경솔하게 남의 의견에 따르다), 좇다, 추구
하다(追求, 목적을 이룰 때까지 뒤쫓아 구하다), 발, 발꿈치, 괘 이름, 따라서, 즉시, 곧바로, 뒤에서
따라간다는 뜻, 게으를 타, 게으르다, 타원형.

뒤에서 따라간다는 것은 앞에서 이끌어 주는 사람이 있다는 것입니다. 그럴 땐 어
떻게 해야 할까요? 그래서 택뢰수의 괘사는 '뒤에서 따라가더라도 하늘의 도우심으
로 모든 일이 뜻과 같이 잘되어 가려면 마음을 바르게 하여야 이롭고 허물도 없구
나.'라고 한 것입니다.

^{관 유 투 정 길 출 문 교 유 공}
初九. 官有渝 貞吉 出門交有功.

벼슬을 가져 변하더라도 마음을 바르게 하여야 좋아 문밖으로 나가 공적
을 공치사하며 친하게 지낼 수 있구나.

• 官 ; 벼슬 관, 벼슬, 벼슬자리, 벼슬아치, 마을, 관청, 공무를 집행하는 곳, 기관, 일, 직무, 임금, 아
버지, 시아버지, 관능, 이목구비 등 사람의 기관, 본받다, 기준으로 삼아 따르다, 직무로서 담당하

다, 관리하다, 벼슬을 주다, 임관하다, 섬기다, 벼슬살이를 하다.

- **爻** ; 사귈 교.
- **功** ; 공공, 공, 공로, 공적, 일, 사업, 보람, 업적, 성적, 상복, 경대부의 옷, 공부, 공, 공의, 공치사하다(1. 남을 위하여 수고한 것을 생색내며 스스로 자랑하다, 2. 남의 공을 칭찬하다), 튼튼하다, 정교하다.
- **渝** ; 변할 투.
- **出門** ; 문밖으로 나감.
- **有** ; 있을 유, 가지다, 친하게 지내다.

벼슬을 가지면 사람이 변합니다. 변하더라도 이런 마음을 가져야 합니다. 그래서 택뢰수의 초구 효사는 '벼슬을 가져 변하다라도 마음을 바르게 하여야 좋아 문밖으로 나가 공적을 공치사하며 친하게 지낼 수 있구나.'라고 한 것입니다.

六二. 係小子 失丈夫.
계 소 자 일 장 부

소자에게 매달리면 장부가 틀어지는구나.

- **係** ; 맬 계, 매다, 이어 매다, 묶다, 잇다, 얽다, 매달다, 매달리다, 끈, 혈통, 핏줄, 실마리, 죄수, 계사(주역의 괘의 설명), 사무 구분에서 가장 하위 단위.
- **失** ; 잃을 실, 잃다, 잃어버리다, 달아나다, 도망치다, 남기다, 빠트리다, 잘못보다, 오인하다, 틀어지다, 가다, 떠나다, 잘못하다, 그릇 치다, 어긋나다, (마음을) 상하다, 바꾸다, 잘못, 허물, 지나침, 놓을 일, 놓아주다, 풀어놓다, 놓다, 달아나다, 벗어나다, 즐기다, 좋아하다.
- **丈夫** ; 장성한 남자, 사나이.

사람이 살아가면서 힘이 드는 것이 중심을 잡는 것입니다. 그런데 그 중심을 잡기가 쉽지 않습니다. 그러나 중심을 잡아야 합니다. 중심을 잡지 못하면 풍선효과가 나옵니다. 그래서 택뢰수의 육이 효사는 '소자에게 매달리면 장부가 틀어지는구나.'라고 한 것입니다.

계 장 부 실 소 자 수 유 구 득 이 거 정
六三. 係丈夫 失小子 隨有求得 利居貞.

장부에게 매달리면 소자가 틀어지니 따르면 구하여 얻을 수 있도록 평상시에도 마음을 바르게 하여야 이롭구나.

- 係 ; 맬 계, 매달리다.
- 失 ; 잃을 실, 틀어지다.
- 求 ; 구할 구, 구하다(1. 필요한 것을 찾다 또는 그렇게 하여 얻다, 2. 상대편이 어떻게 하여 주기를 청하다).
- 得 ; 얻을 득.
- 居 ; 살 거, 평상시.
- 隨 ; 따를 수, 따르다.

좋고 나쁜 사람이 어디 있습니까? 좋아서 뒤를 따른다면 얻을 수 있게 해야지요. 그래서 택뢰수의 육삼 효사는 '장부에게 매달리면 소자가 틀어지니 따르면 구하여 얻을 수 있도록 평상시에도 마음을 바르게 하여야 이롭구나.'라고 한 것입니다.

수 유 획 정 흉 유 부 재 도 이 명 하 구
九四. 隨有獲 貞凶 有孚在道以明 何咎.

뒤에서 따라가다가 얻어지는 것을 자기의 것으로 소유하면 마음을 바르게 하여도 좋지 않다고 도리를 말하는 것은 친하게 지내고 믿음성이 있다 보니 존중하기 위한 것인데 어찌 허물인가.

- 獲 ; 얻을 획, 얻다, 얻어지다, (과녁에) 맞히다, 잡다, 붙잡다, 당하다, 그르치다, 잘못하다, 사냥하여 잡은 짐승, 포로, 여자종, 산가지(수효를 셈하는 데에 쓰던 막대기), 개를 풀어 새나 짐승을 잡다 또는 잡은 것, 실심할 확, 실심하다(근심걱정으로 맥이 빠지고 마음이 산란하다), 상심하다(슬픔이나 걱정 따위로 속을 썩이다), 실심한 모양.
- 有 ; 있을 유, 소유, 가지다, 소지하다, 친하게 지내다.
- 孚 ; 미쁠 부, 미쁘다(믿음성이 있다).
- 在 ; 있을 재, 보다, 살피다.
- 道 ; 길 도, 도리, 이치, 말하다.

- 明 ; 밝을 명, 밝다, 밝히다, 날 새다, 나타나다, 명료하게 드러나다, 똑똑하다, 깨끗하다, 결백하다, 희다, 하얗다, 질서가 서다, 갖추어지다, 높이다, 숭상하다, 존중하다(높여 귀중하게 대하다), 맹세하다, 밝게, 환하게, 확실하게, 이승, 현세, 나라 이름, 왕조 이름, 낮, 주간, 빛, 광채, 밝은 곳, 양지, 밝고 환한 모양, 성한 모양, 밝음, 새벽, 해, 달, 별, 신령, 시력, 밖, 겉.
- 以 ; 써 이, ~하기 위하여.
- 何 ; 어찌 하.

뒤를 따라다니다 얻어지면 당연히 자기의 것이 아닌데 자기 것이라고 하면 좋지 않겠지요. 그래서 택뢰수의 구사 효사는 '뒤에서 따라가다가 얻어지는 것을 자기의 것으로 소유하면 마음을 바르게 하여도 좋지 않다고 도리를 말하는 것은 친하게 지내고 믿음성이 있다 보니 존중하기 위한 것인데 어찌 허물인가.'라고 한 것입니다.

九五. 孚于嘉吉.
부 우 가 길

믿음성이 있도록 크게 공적을 기려 신전에서 음식을 베풀어 칭찬하면 좋구나.

- 孚 ; 미쁠 부, 미쁘다(믿음성이 있다).
- 于 ; 어조사 우, 크다, 광대하다.
- 嘉 ; 아름다울 가, 아름답다, 기리다, 경사스럽다, 칭찬하다, 기뻐하다, 즐기다, 맛좋다, 공적을 기릴 때에 신전에서 음식을 베풀어 주었으므로 음식을 내려주어 칭찬하다.

벼슬을 가져도 변하지 않고 마음을 바르게 하여 일처리를 하는 사람에게는 믿음을 주어야 합니다. 그래서 택뢰수의 구오 효사는 '믿음성이 있도록 크게 공적을 기려 신전에서 음식을 베풀어 칭찬하면 좋구나.'라고 한 것입니다.

上六. 拘係之 乃從維之 王用亨于西山.
구 계 지 내 종 유 지 왕 용 형 우 서 산

손을 잡고 매달려도 가고 또 밧줄을 사용하여 따라서 다가서니 왕이 서산에서 모든 일이 잘되어 가기를 바라며 제사를 올리는구나.

- 拘 ; 잡을 구, 잡다, 잡히다, 체포하다, 체포되다, 굽히다, 구부리다, 굽다, 굽히다, (두 팔을 벌려) 껴안다, 가지다, 쥐다, 취하다, 바로잡다, 단속하다, 한정하다, 경계 짓다, 마음이 좁다, 융통성이 없다, 망설이다, 주저하다, 거리끼다, 구애받다, 내 이름, 손으로 멎게 하다의 뜻.
- 乃 ; 이에 내, 이에, 곧, 또.
- 從 ; 좇을 종, 좇다, 따르다, 나아가다, 다가서다.
- 維 ; 벼리 유, 벼리(그물코를 꿴 굵은 줄, 일이나 글의 뼈대가 되는 줄거리), 바(밧줄), 구석, 오직, 발어사, 조사, 생각하다, 유지하다, 매다.
- 之 ; 갈 지, 가다, 사용하다.
- 用 ; 쓸 용, 시행하다, 하다, 행하다.
- 于 ; 어조사 우, ~에서.

왕은 항상 백성과 나라를 생각해야 합니다. 백성들이 잠자고 있는 시간에도 생각해야 합니다. 왕이 백성을 사랑할 때 민심은 왕에게 쏠립니다. 그래서 택뢰수의 상육 효사는 '손을 잡고 매달려도 가고 또 밧줄을 사용하여 따라서 다가서니 왕이 서산에서 모든 일이 잘되어 가기를 바라며 제사를 올리는구나.'라고 한 것입니다.

18 山風蠱(산풍고)

고 원형 이섭대천 선갑삼일 후갑삼일
蠱 元亨 利涉大川 先甲三日 後甲三日.

무엇에 홀려 정신을 차리지 못해도 하늘의 도우심으로 모든 일이 뜻과 같이 잘되어 가려면 계속해서 대인과 관계하는 것이 이롭고 첫째가 하루에도 여러 번 돌아가신 조상을 높이고 중히 여기듯이 뒤의 첫째도 하루에도 여러 번 돌아가신 조상을 높이고 중히 여겨야 하는구나.

- 蠱 ; 뱃속벌레 고, 뱃속벌레, 기생충, 곡식벌레, 악기, 독기, 굿, 정신병, 일, 괘 이름, 미혹케 하다, 미혹하다(1. 무엇에 홀려 정신을 차리지 못하다, 2. 정신이 헷갈리어 갈팡질팡 헤매다), 주문을 외다, 의심하다, 경계하다, 요염할 야, 요염하다, 아름답다.
- 先 ; 먼저 선, 옛날, 돌아가신 이, 죽은 아버지, 조상, 높이다, 중히 여기다.
- 甲 ; 갑옷 갑, 갑옷, 딱지(몸을 싸고 있는 단단한 껍데기), 껍질, 첫째, 아무개(이름 대용), 손톱, 첫째 천간, 첫째가다, 싹트다, 친압할 압, 친압하다(버릇없이 너무 지나치게 친하다).
- 三 ; 석 삼, 자주, 거듭, 여러 번, 몇 번이고.
- 後 ; 뒤 후, 아랫사람.

어떤 일을 해서 성공을 하려면 본인의 마음가짐과 하늘의 도우심, 그리고 대인을 잘 만나야 하고 조상의 덕이 있어야 합니다. 그래서 산풍고의 괘사는 '무엇에 홀려 정신을 차리지 못해도 하늘의 도우심으로 모든 일이 뜻과 같이 잘되어 가려면 계속해서 대인과 관계하는 것이 이롭고 첫째가 하루에도 여러 번 돌아가신 조상을 높이고 중히 여기듯이 뒤의 첫째도 하루에도 여러 번 돌아가신 조상을 높이고 중히 여겨야 하는구나.'라고 한 것입니다.

간 부 지 고 유 자 고 무 구 려 종 길

初六. 幹父之蠱 有子 考无咎 厲 終吉.

어떤 일에 종사하는 아비가 무엇에 홀려 정신을 차리지 못해도 자식이 있으면 돌아가신 부친에게 허물이 없으니 힘쓰다가 마쳐도 좋구나.

- 幹 ; 줄기 간, 줄기, 몸, 중요한 부분, 체구, 근본, 본체, 천간, 십간, 재능, 용무, 등뼈, 담당하다, 종사하다(1. 어떤 일에 마음과 힘을 다하다, 2. 어떤 일을 일삼아서 하다, 3. 어떤 사람을 좇아 섬기다), 맡다, 유능하다, 하다, 저지르다, 일으키다, 건디다, 주관할 관, 주관하다, 우물난간 한, 우물난간.
- 父 ; 아버지 부, 아비 부, 아버지, 아비, 아빠, 친족의 어른, 늙으신네, 관장, 만물을 화육하는 근본, 창시자, 자 보, 자(남자에 대한 미칭), 나이 많은 남자에 대한 경칭, 직업에 종사하는 사람의 총칭, 시작, 개시.
- 之 ; 갈 지, (영향을) 끼치다.
- 考 ; 생각할 고, 살필 고, 생각하다, 깊이 헤아리다, 살펴보다, 관찰하다, 시험하다, 오래 살다, 장수하다, 치다, 두드리다, 이루다, 성취하다, 맞다, 맞추다, 어울리다, 합치하다, 솜씨가 좋다, 재주가 좋다, 마치다, 오르다, 시험, 고사, 제기, 흠, 옥의 티, 벼슬아치의 성적, 벼슬아치의 임기, 죽은 아버지, 사체의 한 가지.
- 厲 ; 갈 려(여) 힘쓰다.

어떤 일을 할 때에 가장 필요한 것이 집중력입니다. 집중을 하게 되면 다른 일들을 지나쳐 버릴 수 있습니다. 그렇지만 대는 이어 놓아야지요. 그래서 산풍고의 초육 효사는 '어떤 일에 종사하는 아비가 무엇에 홀려 정신을 차리지 못해도 자식이 있으면 돌아가신 부친에게 허물이 없으니 힘쓰다가 마쳐도 좋구나.'라고 한 것입니다.

간 모 지 고 불 가 정

九二. 幹母之蠱 不可貞.

어떤 일에 종사하는 어미가 무엇에 홀려 정신을 차리지 못하면 마음을 올바르게 하지를 못하는구나.

- 母 ; 어머니 모, 어머니, 어머니뻘의 여자, 할머니, 나이 많은 여자, 모체, 암컷, 유모, 근본, 근원, 본전, 원금, 표준, 엄지손가락, 기르다, 양육하다, 모방하다, 본뜨다.

여자는 어떤 일을 할 때 신중합니다. 신중을 기하다 보니 더욱 빠져드는가 봅니다. 좋은 일이면 좋겠지만요. 그래서 산풍고의 구이 효사는 '어떤 일에 종사하는 어미가 무엇에 홀려 정신을 차리지 못하면 마음을 올바르게 하지를 못하는구나.'라고 한 것입니다.

九三. 幹父之蠱 小有悔 无大咎.
간 부 지 고 소 유 회 무 대 구

어떤 일에 종사하는 아비가 무엇에 홀려 정신을 차리지 못하다가 조금이라도 뉘우치고 있다면 큰 허물은 아니구나.

• 悔 ; 뉘우칠 회, 뉘우치다, 스스로 꾸짖다, 분하게 여기다, 뉘우침, 후회, 잘못, 과오.

어떤 일에 빠져 있으면 그 일 이외의 것에는 소홀하게 됩니다. 소홀하지 않으려면 정신을 차리고 두루 헤아릴 줄 알아야 합니다. 그래서 산풍고의 구삼 효사는 '어떤 일에 종사는 아비가 무엇에 홀려 정신을 차리지 못하다가 조금이라도 뉘우치고 있다면 큰 허물은 아니구나.'라고 한 것입니다.

六四. 裕父之蠱 往見吝.
유 부 지 고 왕 견 린

아비가 무엇에 홀려 정신을 차리지 못하는 것을 받아들여도 가서 보는 것은 주저하는구나.

• 裕 ; 넉넉할 유, 넉넉하다, 넉넉하게 하다, 너그럽다, 관대하다, 느긋하다, 받아들이다, 용납하다, 늘어지다, (옷이) 헐렁하다, 열다, 여유.
• 吝 ; 아낄 린, 주저하다(머뭇거리며 망설이다).

아비가 어떤 일을 하는 것에 대해 이해를 하지만 확신을 못하고 있습니다. 그래서 산풍고의 육사 효사는 '아비가 무엇에 홀려 정신을 차리지 못하는 것을 받아들여도 가서 보는 것은 주저하는구나.'라고 한 것입니다.

六五. 幹父之蠱 用譽.
　　간 부 지 고 용 예

어떤 일에 종사하는 아비가 무엇에 홀려 정신을 차리지 못하게 한 능력을
기리는구나.

- 用 ; 쓸 용, 등용하다, 베풀다, 시행하다, 일하다, 다스리다, 들어주다, 행하다, 작용, 능력.
- 譽 ; 기릴 예, 명예 예, 기리다(뛰어난 업적이나 바람직한 정신, 위대한 사람 따위를 추어올려 말하다), 찬양하다, 칭찬하다.

정신을 차리지 못할 정도로 일을 한 것에 대해 인정을 받는 것입니다. 그래서 산풍
고의 육오 효사는 '어떤 일에 종사하는 아비가 무엇에 홀려 정신을 차리지 못하게
한 능력을 기리는구나.'라고 한 것입니다.

上九. 不事王侯 高尙其事.
　　불 사 왕 후 고 상 기 사

왕이나 제후의 일을 주어도 나서서 하지 않으니 오히려 높이 존경하며
그를 섬기는구나.

- 不事 ; 일을 주어도 나서서 하지 않음.
- 高 ; 높을 고, 존경하다.
- 事 ; 일 사, 섬기다.

어떤 일을 잘하여 불리할 것이 없어도 자기를 낮추며 스스로를 미흡한 자라고 하며
거절을 할 때 사람들은 그를 좋아합니다. 그래서 산풍고의 상구 효사는 '왕이나 제
후의 일을 주어도 나서서 하지 않으니 오히려 높이 존경하며 그를 섬기는구나.'라고
한 것입니다.

림　원형이정　지우팔월유흉
臨 元亨利貞 至于八月有凶.

어떤 사태나 일에 직면하여 하늘의 도우심으로 모든 일이 뜻과 같이 잘되어 가려면 마음을 바르게 하여야 이롭고 정성스러운 마음으로 점치고 물을 때에는 보름에서 초승달에 이를 때는 좋지 않구나.

- 臨 ; 임할 임(림), 임하다(어떤 사태나 일에 직면하다), 내려다보다, 다스리다, 통치하다, 대하다, 뵙다, 비추다, 비추어 밝히다, 본떠 그리다, 접근하다, 지키다, 치다, 공격하다, 곡하다, 장차, 임시, 병거(전쟁할 때에 쓰는 수레), 군의 편제, 괘 이름.
- 至 ; 이를 지, 이르다, 도달하다, (영향을) 미치다, 과분하다, 지극하다, 힘쓰다. 于 ; 어조사 우, ~에서.
- 八 ; 여덟 팔, 여덟, 여덟 번, 팔자 형, 나누다.
- 月 ; 달 월, 한 달.
- 八月 ; 달을 나눈 보름.
- 有 ; 있을 유, 초승달.
- 貞 ; 곧을 정, 성심(誠心 ; 정성스런 마음), 점치며 물음.

어떤 일에 직면한다면 어떻게 해야 할까요? 그리고 어떤 일에 사리가 어두워 점을 치고자 할 때는 언제 해야 할까요? 그래서 지택림의 괘사는 '어떤 사태나 일에 직면하여 하늘의 도우심으로 모든 일이 뜻과 같이 잘되어 가려면 마음을 바르게 하여야 이롭고 정성스러운 마음으로 점치고 물을 때에는 보름에서 초승달에 이를 때는 좋지 않구나.'라고 한 것입니다.

초구
함 림 정 길
初九. 咸臨 貞吉.

모두가 어떤 사태나 일에 직면할 때에는 마음을 바르게 하여야 좋구나.

- 咸 ; 다 함, 짤 함, 다, 모두, 소금기, 함 쾌, 짜다, 소금기가 있다, 두루 미치다, 널리 미치다, 부드러워지다, 물다, 씹다, 차다, 충만하다, 같다, 덜 감, 덜다, 줄이다.

어떤 사태나 일에 직면할 때에는 한 마음을 가지고 있어야 하겠지요. 그래서 지택림의 초구 효사는 '모두가 어떤 사태나 일에 직면할 때에는 마음을 바르게 하여야 좋구나.'라고 한 것입니다.

함 림 길 무 불 리
九二. 咸臨 吉 无不利.

모두가 어떤 사태나 일에 직면할 수 있다면 좋고 불리할 것이 없구나.

어떤 사태나 일에 직면할 때는 모두가 힘을 합쳐야 좋겠지요. 그래서 지택림의 구이 효사는 '모두가 어떤 사태나 일에 직면할 수 있다면 좋고 불리할 것이 없구나.'라고 한 것입니다.

감 림 무 유 리 기 우 지 무 구
六三. 甘臨 无攸利 旣憂之 无咎.

느슨하게 어떤 사태나 일에 직면하면 이로울 바가 없으니 처음부터 근심걱정을 하여야 허물이 없구나.

- 甘 ; 달 감, 달다, 달게 여기다(1. 마음속으로 그러하다고 인정하거나 생각하다, 2. 주의 깊게 생각하다), 맛좋다, 익다, 만족하다, 들어서 기분 좋다, 느리다, 느슨하다(1. 잡아맨 끈이나 줄 따위가 늘어져 헐겁다, 2. 나사 따위가 헐겁게 죄어져 있다, 3. 마음이 풀어져 긴장됨이 없다), 간사하다, 감귤, 맛있는 음식.
- 旣 ; 이미 기, 이미, 원래, 처음부터, 그러는 동안, 다하다, 다 없어지다, 다 없애다, 끝나다, 끝내다.
- 憂 ; 근심 우, 근심걱정, 병, 질병, 고통, 괴로움, 환난, 친상, 상중, 근심하다, 걱정하다, 애태우다,

고생하다, 괴로워하다, 두려워하다, (병을) 앓다, 가엾게 여기다, 상제가 되다.

• 攸 ; 바 유.

어떤 일이 발생하면 그 일에 대해 헤아릴 줄 알아야 합니다. 그런데 일을 헤아리지 못하고 느슨하게 대처를 하면 되지 않겠지요. 그래서 지택림의 육삼 효사는 '느슨하게 어떤 사태나 일에 직면하면 이로울 바가 없으니 처음부터 근심걱정을 하여야 허물이 없구나.'라고 한 것입니다.

六四. 至臨 无咎.
지 림 무 구

지극하게 어떤 사태나 일에 직면을 하여야 허물이 없구나.

일을 헤아리고 지극정성으로 일을 해야 좋다는 것입니다. 그래서 지택림의 육사 효사는 '지극하게 어떤 사태나 일에 직면을 하여야 허물이 없구나.'라고 한 것입니다.

六五. 知臨 大君之宜 吉.
지 림 대 군 지 의 길

어떤 사태나 일에 직면하여 주재할 때에 대군은 알맞게 영향을 끼쳐야 좋구나.

• 知 ; 알 지, 알다, 알리다, 알게 하다, 나타내다, 드러내다, 맡다, 주재하다(어떤 일을 중심이 되어 맡아 처리하다), 주관하다(어떤 일을 책임지고 맡아 관리하다), 대접하다, 사귀다, (병이) 낫다, 사귐, 친한 친구, (나를) 알아주는 사람, 대접, 대우, 짝, 배우자, 슬기, 지혜, 지식, 앎, 지사, 어조사.
• 宜 ; 마땅 의, 마땅하다, 알맞다, 마땅히 ~하여야 한다, 화목하다, 화순하다, 형편이 좋다, 사정이 좋다, 아름답다, 선미하다, 마땅히, 과연, 정말, 거의, 제사 이름, 사(社)의 제사, 안주, 술안주.
• 之 ; 갈 지, (영향을) 끼치다.

대군은 막강한 힘을 가지고 있습니다. 그런다고 힘을 함부로 쓰면 안 됩니다. 민심이 떠나갈 수 있습니다. 그래서 지택림의 육오 효사는 '어떤 사태나 일에 직면하여 주재할 때에 대군은 알맞게 영향을 끼쳐야 좋구나.'라고 한 것입니다.

上六. 敦臨 吉 无咎.
돈 림 길 무 구

어떤 사태나 일에 직면하여도 서로의 관계에 사랑이나 인정이 많고 깊게
힘써야 좋고 허물도 없구나.

- 敦 ; 도타울 돈, 도탑다(서로의 관계에 사랑이나 인정이 많고 깊다), 힘쓰다, 노력하다, 진치다, 다
  스릴 퇴, 다스리다, 던지다, 제기 대, 쟁반, 제기, 모일 단, 모이다, 외가 주령주령, 아로새길 조, 아
  로새기다, 덮을 도, 덮다.

어떤 일을 직면하여 일을 처리할 때도 처리하고 난 뒤를 생각해야 합니다. 그래서
지택림의 상육 효사는 '어떤 사태나 일에 직면해도 서로의 관계에 사랑이나 인정이
많고 깊게 힘써야 좋고 허물도 없구나.'라고 한 것입니다.

風地觀 (풍지관)

관 관 이 불 천 유 부 옹 약
觀 盥而不薦 有孚顒若.

자랑스럽게 남에게 보이려면 양치질하고 깨끗하게 씻어야 하고 만일 너를 천거하지 아니해도 친하게 지내고 믿음성이 있으려면 너는 엄숙해야 하는구나.

- 觀 ; 볼 관, 보다, 보이게 하다, 보게 하다, 나타내다, 점치다, 모양, 용모, 생각, 누각, 황새, 괘 이름, 자랑스럽게 남에게 보이다.
- 盥 ; 대야 관, 깨끗할 관, 대야(둥글넓적한 그릇), 강신제(내림굿), 깨끗하다, 씻다, 양치질하다.
- 而 ; 말이을이, 만일, 뿐, 따름, 너, 그대, 자네.
- 不 ; 아닐 불(부), 이르지 아니하다.
- 薦 ; 천거할 천, 천거하다(어떤 일을 맡아 할 수 있는 사람을 그 자리에 쓰도록 소개하거나 추천하다), 드리다, 올리다, 늘어놓다, 진술하다, 깔다, 우거지다, 견뎌내다, 이겨내다, 줄곧, 계속, 거듭, 자리, 깔개, 거적, 꼴(말이나 소에게 먹이는 풀), 풀 이름, 펫목에서 사는 일, 제사 이름, 사람을 어떤 자리에 추천하는 일, 꽃을 진, 꽂다, 끼우다.
- 顒 ; 엄숙할 옹, 엄숙하다(1. 분위기나 의식 따위가 장엄하고 정숙하다. 2. 말이나 태도 따위가 위엄이 있고 정중하다.), 크다, 힘세다, 우러르다, 엄정한 모양, 큰 머리통, 성의 하나.
- 若 ; 같을 약, 너.

어떤 일을 맡아 할 수 있는 사람을 그 자리에 쓰도록 소개하거나 추천할 때 모습입니다. 그래서 풍지관의 괘사는 '자랑스럽게 남에게 보이려면 양치질하고 깨끗하게 씻어야 하고 만일 너를 천거하지 아니해도 친하게 지내고 믿음성이 있으려면 너는 엄숙해야 하는구나.'라고 한 것입니다.

初六. 童觀 小人无咎 君子吝.
<small>동 관 소 인 무 구 군 자 린</small>

아이 같이 보여도 소인은 허물이 없으나 군자는 주저하는구나.

- 童 ; 아이 동.
- 吝 ; 아낄 린, 아끼다, 인색하다, 소중히 여기다, 주저하다.

소인은 소인이고 군자는 군자입니다. 그래서 풍지관의 초육 효사는 '아이 같이 보여도 소인은 허물이 없으나 군자는 주저하는구나.'라고 한 것입니다.

六二. 窺觀 利女貞.
<small>규 관 이 녀 정</small>

용모를 살펴볼 때에는 손을 앞으로 모으고 무릎을 꿇고 바르게 앉아 있어야 이롭구나.

- 窺 ; 엿볼 규, 엿보다, 훔쳐보다, 살펴보다, 꾀하다, 반걸음 내디디다, 반걸음.
- 貞 ; 곧을 정, 곧다, 바르다, 정하다.
- 女 ; 계집 녀, 여자가 손을 앞으로 모으고 무릎을 꿇고 앉아 있는 모양.

누구를 추천할 것인지 살펴보고 있습니다. 자세가 좋아야지요. 그래서 풍지관의 육이 효사는 '용모를 살펴볼 때에는 손을 앞으로 모으고 무릎을 꿇고 바르게 앉아 있어야 이롭구나.'라고 한 것입니다.

六三. 觀我生 進退.
<small>관 아 생 진 퇴</small>

자랑스럽게 남에게 보여주는 자기의 삶은 직위나 자리에서 머물러 있을 때와 물러날 때이구나.

- 我 ; 나 아, 나, 우리, 나의, 자기.
- 生 ; 날 생, 나다, 낳다, 살다, 기르다, 서투르다, 싱싱하다, 만든다, 백성, 선비, 자기의 겸칭, 사람,

날(익지 않음), 삶.

- 進 ; 나아갈 진, 나아가다, 오르다, 다가오다, 힘쓰다, 더하다, 선사 신, 선사, 선물.
- 退 ; 물러날 퇴, 물러나다, 물리치다, 바래다, 변하다, 겸양하다(겸손한 태도로 남에게 양보하거나 사양하다), 사양하다, 떨어뜨리다, 쇠하다, 움츠리다, 줄어들다, 닦다.
- 進退 ; 1. 앞으로 나아가고 뒤로 물러남, 2. 직위나 자리에서 머물러 있음과 물러남.

지위나 자리에 있을 때와 물러날 때 잘해야 합니다. 그래서 풍지관의 육삼 효사는 '자랑스럽게 남에게 보여주는 자기의 삶은 직위나 자리에서 머물러 있을 때와 물러날 때이구나.'라고 한 것입니다.

관 국 지 광 이 용 빈 우 왕
六四. 觀國之光 利用賓于王.

자랑스럽게 남에게 보여주는 나라가 번영하려면 손을 모으고 왕에게 복종하듯이 손님에게 왕 노릇을 하게 하는 것이 이롭구나.

- 國 ; 나라 국.
- 光 ; 빛 광, 번영하다.
- 賓 ; 손 빈, 손, 손님, 사위, 물가, (손으로) 대접하다, 객지살이하다, 복종하다, 따르다, 인도하다, 따르게 하다, 굴복시키다, 물리치다, 버리다, 존경하다, 어울리다, 화친하다, (손을) 모으다.
- 于 ; 어조사 우, ~에게.
- 王 ; 임금 왕, 왕 노릇 하다.

어떻게 하면 나라가 잘살아갈 수 있을까요? 그래서 풍지관의 육사 효사는 '자랑스럽게 남에게 보여주는 나라가 번영하려면 손을 모으고 왕에게 복종하듯이 손님에게 왕 노릇을 하게 하는 것이 이롭구나.'라고 한 것입니다.

九五. 觀我生 君子无咎.
관 아 생 군 자 무 구

자랑스럽게 남에게 보여주는 자기의 삶이 군자라면 허물이 없어야 하는구나.

군자가 허물이 보이면 좋지 않겠지요. 그래서 풍지관의 구오 효사는 '자랑스럽게 남에게 보여주는 자기의 삶이 군자라면 허물이 없어야 하는구나.'라고 한 것입니다.

上九. 觀其生 君子无咎.
관 기 생 군 자 무 구

자랑스럽게 남에게 보여주는 그 삶이 군자라야 허물이 없구나.

군자로 살아가야 허물이 없다는 것입니다. 그래서 풍지관의 상구 효사는 '자랑스럽게 남에게 보여주는 그 삶이 군자라야 허물이 없구나.'라고 한 것입니다.

서 합 형 이 용 옥
噬嗑 亨 利用獄.

입을 다물고 다른 사람이 한 말의 뜻을 곰곰이 여러 번 생각하는 것에
통달하면 판결을 하는데 이롭구나.

- 噬 ; 씹을 서, 씹다(1. 사람이나 동물이 음식 따위를 입에 넣고 윗니와 아랫니를 움직여 잘게 자르
거나 부드럽게 갈다. 2. (속되게) 다른 사람의 행동이나 말을 의도적으로 꼬집거나 공개적으로 비
난하다. 3. 다른 사람이 한 말의 뜻을 곰곰이 여러 번 생각하다.), 먹다, 깨물다, 삼키다, 빼앗다, 미
치다, 다다르다.
- 嗑 ; 입 다물 합, 입 다물다, 웃음소리, 어찌, 말이 많을 갑, 말이 많다.
- 亨 ; 형통할 형, 형통하다, 통달하다(1. 말이나 문서로써 기별하여 알리다. 2. 사물의 이치나 지식,
기술 따위를 훤히 알거나 아주 능란하게 하다.)
- 獄 ; 옥 옥, 옥, 송사, 판결, 죄.

잘잘못을 따지는 것입니다. 신중에 신중을 기하여야 합니다. 그래서 화뢰서합의 괘
사는 '입을 다물고 다른 사람이 한 말의 뜻을 곰곰이 여러 번 생각하는 것에 통달하
면 판결을 하는 데 이롭구나.'라고 한 것입니다.

初九. 履校滅趾 无咎.

구 교 멸 지 무 구

차꼬를 신으면 발이 없어질 수 있으니 여러 번 헤아리고 차꼬를 신겨야 허물이 없구나.

- 履 ; 신 구, 신, 짚신, 가죽신, 신다, 자주, 여러 번.
- 校 ; 학교 교, 학교, 장교, 부대, 군영, 울타리, 바자울(바자로 만든 울타리), 차꼬(죄수를 가두어 둘 때 쓰던 형구이며 두 개의 나무토막을 맞대어 그 사이에 구멍을 파서 죄인의 두 발목을 넣고 자물쇠로 채우게 되어 있다), 형구의 총칭, 다리, 헤아리다, 따져보다, (수를) 세다, 가르치다, 교습하다, 본받다, 모방하다, 비교하다, 견주어 보다, 조사하다, 심사하다, 교정하다, 바로잡다, 갚다, 보복하다, 빠르다, 신속하다, 생각하다.
- 滅 ; 꺼질 멸, 멸할 멸, (불이) 꺼지다, 끄다, 떨하다, 멸망하다, 없어지다, 다하다, 빠지다, 빠뜨리다, 숨기다, 죽다, 잠기다, 열반.
- 趾 ; 발 지, 발, 발가락, 터, 발 자락.

한이 맺히게 해서는 절대로 안 됩니다. 생각하고 생각해야 합니다. 그래서 화뢰서합의 초구 효사는 '차꼬를 신으면 발이 없어질 수 있으니 여러 번 헤아리고 차꼬를 신겨야 허물이 없구나.'라고 한 것입니다.

六二. 噬膚滅鼻 无咎.

서 부 멸 비 무 구

아는 것이 얕다면 코가 빠지듯이 다른 사람이 한 말의 뜻을 곰곰이 여러 번 생각해야 허물이 없구나.

- 膚 ; 살갗 부, 살갗, 피부, 겉껍질, 표피, 제육(돼지고기), 저민 고기, 깔개, 길이(네 손가락을 나란히 한 쪽), 이끼, (아는 것이) 얕다, 천박하다, 떨어지다, 벗기다, 크다, 넓다, 붙다, 아름답다.
- 鼻 ; 코 비, 코, 구멍, 맞트이게 뚫은 자국, 시초, 처음, 손잡이, 종, 노복(사내종), (코를) 꿰다.

아는 것이 얕은 사람이라면 꼭 해야 합니다. 그래서 화뢰서합의 육이 효사는 '아는 것이 얕다면 코가 빠지듯이 다른 사람이 한 말의 뜻을 곰곰이 여러 번 생각해야 허물이 없구나.'라고 한 것입니다.

六三. 噬腊肉遇毒 小吝 无咎.
서 석 육 우 독　소 린 무 구

포육을 씹어 먹다가 미워하는 혈연을 우연히 만나면 조금은 주저해야 허
물이 없구나.

- 腊 ; 포 석, 포, 포육(얇게 저미어서 양념을 하여 말린 고기), 주름, 주름살, 매우, 몹시, 햇볕에 쬐
  어 말리다, 심하다(정도가 지나치다), 오래다, 섣달 랍, 납 향 랍, 섣달, 납 향(납일에 지내는 제사),
  쌍날로 된 칼, (승려가 득도한 이후의) 햇수, 소금에 절어서 말린 것.
- 肉 ; 고기 육, 고기, 살, 몸, 혈연, 둘레 유, 둘레, 저울추.
- 遇 ; 만날 우, (우연히) 만나다, 대접하다, 때마침.
- 毒 ; 독 독, 독, 해독, 해악, 비참하고 참혹한 방법, 해치다, 죽이다, 유독하게 하다, 근심하다, 괴로
  워하다, 괴롭히다, 미워하다, 원망하다, 한탄하다, 개탄하다, 거칠다, 난폭하다, 다스리다, 부리다,
  (병을) 고치다, 기르다, 키우다, 거북 대, 거북.
- 吝 ; 아낄 린, 주저하다.

혈연은 미워도 어떻게 할 수 없습니다. 방관을 할 수도 없습니다. 그래서 화뢰서합
의 육삼 효사는 '포육을 씹어 먹다가 미워하는 혈연을 우연히 만나면 조금은 주저해
야 허물이 없구나.'라고 한 것입니다.

九四. 噬乾肺得金矢 利艱貞 吉.
서 건 자 득 금 시　이 간 정　길

말라서 뼈가 붙은 마른 고기를 깨물다가 금화살을 얻으면 정직한 것을
훼손하려는 것임을 깨달아 어렵고 가난해도 마음을 바르게 하여야 이롭
고 좋구나.

- 乾 ; 하늘 건, 마를 건, 마를 간.
- 肺 ; 밥찌꺼기 자, 밥찌꺼기, 먹다 남은 밥, 뼈가 붙은 마른 고기, 마른 고기, 포.
- 得 ; 얻을 득, 얻다, 깨닫다, 고맙게 여기다.
- 金 ; 쇠 금.
- 矢 ; 화살 시, 화살, 산가지, 똥, 대변, 곧다, 똑바르다, 정직하다, 베풀다, 늘어놓다, 시행하다, 맹세
  하다, 서약하다, 무너뜨리다, 훼손하다, 어그러지다.
- 艱 ; 어려울 간, 어렵다, 괴롭다, 가난하다, 고생.

다른 사람의 말만 생각하지 말고 다른 사람의 행동이나 어떤 이상한 일들에 대해서도 헤아려려 합니다. 그래서 화뢰서합의 구사 효사는 '말라서 뼈가 붙은 마른 고기를 깨물다가 금화살을 얻으면 정직한 것을 훼손하려는 것임을 깨달아 어렵고 가난해도 마음을 바르게 하여야 이롭고 좋구나.'라고 한 것입니다.

六五. 噬乾肉得黃金 貞厲 无咎.
<small>서 건 육 득 황 금 정 려 무 구</small>

마른 고기를 깨물다가 황금을 얻으면 마음을 바르게 하는 데 힘써야 허물이 없구나.

• 厲 ; 갈 려, 힘쓰다.

구오 자리입니다. 뇌물이 들어오면 어떻게 해야 하나요? 그래서 화뢰서합의 구오 효사는 '마른 고기를 깨물다가 황금을 얻으면 마음을 바르게 하는 데 힘써야 허물이 없구나.'라고 한 것입니다.

上九. 何校滅耳 凶.
<small>하 교 멸 이 흉</small>

어떤 생각하는 것이 없어진 것은 귀에 듣는 것이 없어진 것이니 좋지 않구나.

• 何 ; 어찌 하, 어떤, 어떠한.
• 耳 ; 귀 이, 귀, 오관의 하나, 성한 모양, 뿐, (귀에) 익다, (귀에) 듣다, (곡식이) 싹 나다, 팔 대째 손자 잉, 팔 대째 손자.
• 滅 ; 꺼질 멸, 없어지다.

대인과 관계하면서 대인의 가르침을 듣다 보면 생각하는 것이 많아져 이롭지요. 그런데 그 누구도 말을 하지 않는다면 어떻게 되겠습니까? 그래서 화뢰서합의 상구 효사는 '어떤 생각하는 것이 없어진 것은 귀에 듣는 것이 없어진 것이니 좋지 않구나.'라고 한 것입니다.

山火賁(산화비)

비 형 소 이 유 유 왕
賁 亨 小 利有攸往.

꾸미는 데 통달한 소인은 갈 곳이 있어야 이롭구나.

- 賁 ; 꾸밀 비, 꾸미다, 장식하다, 섞이다, 순수하지 않다, 노하다, 성내다, 결내다(결기를 내다), 끓다, 끓어오르다, 패배하다, 괘 이름, 클 분, 크다, 거대하다, 달리다, 날래다, 아름답다, 큰 북, 땅이름 육, 땅이름.
- 小 ; 작을 소, 어리다, 젊다, 소인.

꾸며 주려면 갈 곳이 있어야 되겠지요. 그래서 산화비의 괘사는 '꾸미는 데 통달한 소인은 갈 곳이 있어야 이롭구나.'라고 한 것입니다.

비 기 지 사 거 이 도
初九. 賁其趾 舍車而徒.

발을 꾸미면 수레를 집에 놓고 걸어 다니는구나.

- 其 ; 그 기, 이미, 바야흐로.
- 趾 ; 발 지, 터.
- 舍 ; 집 사, 버릴 사, 벌여 놓을 석, 집, 가옥, 버리다, 포기하다, 내버려두다, 놓다.
- 車 ; 수레 거.
- 徒 ; 무리 도, 무리, 동아리, 동류, 제자, 문하생, 종, 하인, 일꾼, 인부, 보졸, 보병, 맨손, 맨발, 죄수,

갇힌 사람, 형벌, 징역, 고된 노동을 시키는 형벌, 헛되이, 보람 없이, 홀로, 다만, 단지, 곁, 옆, 걸어 다니다, 보행하다, 헛되다, 보람 없다, 따르는 이가 없다, 수레 따위를 타지 않고 걸어가다.

사람의 심리가 자랑하고 싶은 모양입니다. 그래서 산화비의 초구 효사는 '발을 꾸미면 수레를 집에 놓고 걸어 다니는구나.'라고 한 것입니다.

六二. 賁其須.
비 기 수

수염은 반드시 꾸며야 하는구나.

• 須 ; 모름지기 수, 수염 수, 모름지기, 틀림없이, 결국, 마침내, 드디어, 반드시, 잠깐, 본래, 원래, 수염, 마땅히 ~해야 한다, 반드시 ~해야 한다, 필요하다, 기다리다.

수염이 지저분하면 보기에 좋지 않겠지요. 그래서 산화비의 육이 효사는 '수염은 반드시 꾸며야 하는구나.'라고 한 것입니다.

九三. 賁如濡如 永貞吉.
비 여 유 여 영 정 길

당연히 윤이 나고 온화하게 꾸며야 하고 영원히 마음을 바르게 하여야 좋구나.

• 如 ; 같을 여, 말 이을 이, 당연히~하여야 한다, 좋다, 따르다.
• 濡 ; 적실 유, (물에) 적시다, (물에) 젖다, 베풀다, 윤이 나다, 윤기가 있다, 부드럽다, 온화하다, 더디다, 지체하다, 견디다, 습기, 은혜, 은택, 윤, 윤기, 오줌, 소변, 물 이름, 편안할 여, 편안하다, 유약할 연, 유약하다, 연약하다, 삶을 이, 삶다, 익다, 끓이다, 머리감을 난, 머리감다, 목욕물, 목욕하고 남은 더운 물, 강 이름.

사람은 겉과 속을 잘 꾸며야 합니다. 그래서 산화비의 구삼 효사는 '당연히 윤이 나고 온화하게 꾸며야 하고 영원히 마음을 바르게 하여야 좋구나.'라고 한 것입니다.

六四. 賁如皤如 白馬翰如 匪寇婚媾.
<small>비 여 파 여 백 마 한 여 비 구 혼 구</small>

백마를 백마와 같이 희게 꾸미고 말이 옆 걸음 치듯이 똑바로 가지 않고 따르는 것은 해를 가하려는 것이 아니고 서로 의좋게 지내다 혼인을 하려는 것이구나.

- 皤 ; 흴 파, 희다, 블록하다, 머리 센 모양 파, 머리 센 모양, 희다, 배가 블록하고 살찐 모양, 벌레 물고기 따위의 아랫배의 흰 부분, 풍족한 모양, 말 옆 걸음 칠 반, 말이 옆 걸음 치다, 말이 똑바로 가지 않는 모양.
- 白 ; 흰 백, 희다, 깨끗하다, 분명하다, 명백하다, 진솔하다, 밝다, 밝아지다, 빛나다, 비다, (가진 것이) 없다, 아뢰다, 탄핵하다, 홀 겨보다, 경멸하다, 흰빛, 백발, 대사, 술잔, 비단, 견직물, 볶은 쌀, 소대(군대 편성 단위의 하나),거저, 대가없이, 부질없이, 쓸데없이.
- 翰 ; 편지 한, 편지, 문서, 글, 문장, 날개, 깃, 깃털, 붓, 모필, 흰말, 백마, 털이 긴 말, 기둥, 뼈대, 높이, 금계(꿩과의 새), 널장식, 줄기, (높이) 날다, 돕다, 희다, 깨끗하다, 빠르다.
- 匪 ; 비적 비, 나눌 분, 비적(떼 지어 다니는 도적), 아니다.
- 寇 ; 도적 구, 해를 가하다.
- 婚 ; 혼인할 혼.
- 媾 ; 화친할 구.
- 如 ; 같을 여, 같다, 같게 하다, 가령, 만일, 좇다, 따르다.

역은 어떤 상황을 대처하고 사람의 심리를 묘사한 장면이 많습니다. 역이 비록 어렵지만 어렵다고 생각하지 말고 천천히 한 장면, 한 장면을 머릿속에 그려보세요. 그러다 보면 어떤 말이나 행동이 무슨 뜻을 내포하고 있는 것인지를 알게 됩니다. 육사 자리는 재상자리입니다. 백마를 탄 왕자는 아니더라도 상당한 힘이 있는 사람이지요. 그런 사람이 말을 희게 꾸미고 옆 걸음으로 따르는 것은 어떤 마음으로 그렇게 하는 것일까요? 그래서 산화비의 육사 효사는 '백마를 백마와 같이 희게 꾸미고 말이 옆 걸음 치듯이 똑바로 가지 않고 따르는 것은 해를 가하려는 것이 아니고 서로 의좋게 지내다 혼인을 하려는 것이구나.'라고 한 것입니다.

비 우 구 원 속 백 잔 찬 린 종 길
六五. 賁于丘園 束帛 戔戔 吝 終吉

하인에게 다섯 필의 비단으로 언덕의 사원을 꾸미라고 하니 깎고 깎아도
적다고 주저하다가 결국에는 마치게 되니 좋구나.

- 丘 ; 언덕 구, 언덕, 구릉, 무덤, 분묘, 마을, 촌락, 맏이, 뫼, 산, 종, 하인, 폐허, 지적단위, 비다, 공
  허하다, 크다.
- 園 ; 동산 원, 동산, 뜰, 밭, 구역, 능, 원소(동산과 못), 사원, 별장, 담, 울.
- 戔 ; 나머지 잔, 나머지, 얼마 되지 않은 모양, 싸우다, 해치다, 적을 전, 적다, 작다, 쌓일 전, 쌓다,
  돈 전, 화폐단위, 깎을 찬, 깎다. 束 ; 묶을 속, 약속할 속, 묶다, 동여매다, 결박하다, (잡아)매다,
  (띠를) 매다, 합치다, 단속하다, 단속하다, 삼가다, 잡도리하다, 약속하다, 언약하다, 단, 묶음, 다섯
  필, 쉰 개.
- 帛 ; 비단 백, 비단, 견직물, 명주, 폐백, 백서(비단에 쓴 글).
- 束帛 ; 비단 다섯 필을 각각 양 끝을 마주 말아서 한데 묶은 것.
- 終 ; 마칠 종, 마치다, 마침내, 결국.

이 효사의 장면을 그려 보세요. 하인이 투덜대고 하인을 부리는 사람은 그런 하인
의 심리를 잘 알고 있는 사람이겠지요. 또 이 자리는 왕의 자리입니다. 하인이 너무
세게 나가면 좋지 않습니다. 눈치가 빨라야 하지요. 그래서 산화비의 육오 효사는
'하인에게 다섯 필의 비단으로 언덕의 사원을 꾸미라고 하니 깎고 깎아도 적다고 주
저하다가 결국에는 마치게 되니 좋구나.'라고 한 것입니다.

백 비 무 구
上九. 白賁 无咎.

깨끗하고 밝게 꾸며져야 허물이 없구나.

이 효사의 내용이 맨 윗자리에 있습니다. 왜 그럴까요? 이렇게 꾸미라는 말입니다.
사람은 환경이 좋아야 합니다. 집안이 잘되어 가지 않는다면 이 효사처럼 꾸며 보
세요. 집안이 칙칙하면 좋지 않아요. 그래서 산화비의 상구 효사는 '깨끗하고 밝게
꾸며져야 허물이 없구나.'라고 한 것입니다.

박 불 리 유 유 왕

剝 不利有攸往.

벗기고 깎을 때 갈 곳이 있으면 이롭지 않구나.

• 剝 ; 벗길 박, 벗기다, 벗겨지다, 깎다, 다치다, 상하다, 두드리다, 떨어뜨리다, 찢다, 64괘의 하나.

사람이 미울 때가 언제일까요? 어떤 일을 하게 되면 핑계를 대든지 아니면 몰래 빠져나갈 때입니다. 그러면 어떻게 해야 할까요? 역에서는 어떤 일을 할 때는 마치고 다른 일을 하라는 것입니다. 그래서 산지박의 괘사는 '벗기고 깎을 때 갈 곳이 있으면 이롭지 않구나.'라고 한 것입니다.

박 상 이 족 멸 정 흉

初六. 剝牀以足 蔑貞 凶.

발을 가지고 평상을 깎으면 정성스러운 마음이 없는 것이니 좋지 않구나.

• 牀 ; 평상 상, 평상, 상, 마루, 우물 난간, 기물을 세는 단위, (상 위에서) 졸다.
• 以 ; 써 이, ~을 가지고.
• 足 ; 발 족, 발, 뿌리, 근본, 산기슭, 그치다, 머무르다, 가다, 달리다, 넉넉하다, 충족하다, 족하다, (분수를) 지키다, 물리다, 싫증나다, 채우다, 충분하게 하다, 만족하게 여기다, 이루다, 되게 하다, 밟다, 디디다, 지나칠 주, 지나치게, 과도하다, 더하다, 보태다, 북(식물의 뿌리를 싸고 있는 흙)을 돋우다, 배양하다.

- 蔑 ; 업신여길 멸, 업신여기다, 욕되게 하다, 모독하다, 더럽히다, 멸하다, 코피를 흘리다, 깎다, 버리다, 없다, 잘다, 속이다, (사리에) 어둡다, 더러운 피.
- 貞 ; 곧을 정, 성심(정성스러운 마음).

어떤 일을 하게 되면 정성을 다해야 합니다. 그런데 발을 가지고 평상을 깎고 있습니다. 그래서 산지박의 초육 효사는 '발을 가지고 평상을 깎으면 정성스러운 마음이 없는 것이니 좋지 않구나.'라고 한 것입니다.

박 상 이 변 멸 정 흉
六二. 剝牀以辨 蔑貞 凶.

구시렁거리며 평상을 깎으면 정성스러운 마음이 없는 것이니 좋지 않구나.

- 辨 ; 분별할 변, 분별하다, 구분하다, 나누다, 밝히다, 명백하다, 따지다, 쟁론하다, 변론하다, 총명하다, 지혜롭다, 다스리다, 바로잡다, 쓰다, 부리다, 근심하다, 걱정하다, 준비하다, 변하다, 바꾸다, 고깔, 구별, 분별, 변화, 갖출 판, 갖추다, 구비하다, 두루 편, 두루, 널리, 깎아내릴 폄, 깎아내리다, 폄하하다, 여기에서는 '구시렁거리다'로 번역함. 구시렁거리다(1. 못마땅하여 군소리를 듣기 싫도록 자꾸 하다, 2. 혼자서 중얼중얼거리는 것을 이르는 경상도 사투리, 3. '궁시렁거리다'는 강원도 사투리).

구시렁거리며 평상을 깎으면 평상이 제대로 깎아 지겠습니까? 그래서 산지박의 육이 효사는 '구시렁거리며 평상을 깎으면 정성스러운 마음이 없는 것이니 좋지 않구나.'라고 한 것입니다.

박 지 무 구
六三. 剝之 无咎.

깎아났으니 허물은 없구나.

- 之 ; 갈 지, 이르다, 도달하다.

평상을 이렇게 깎던 저렇게 깎던 깎아 놓은 것입니다. 그래서 산지박의 육삼 효사는 '깎아났으니 허물은 없구나.'라고 한 것입니다.

박 상 이 부 흉
六四. 剝牀以膚 凶.

평상 때문에 살갗이 벗겨지면 좋지 않구나.

- 膚 ; 살갗 부, 살갗, 피부, 겉껍질, 표피.
- 以 ; 써 이, ~때문에.

역은 항상 생각하라는 것입니다. 평상을 깎아 놓아도 정성스럽게 일을 했다면 평상의 면이 좋겠지요. 그래서 산지박의 육사 효사는 '평상 때문에 살갗이 벗겨지면 좋지 않구나.'라고 한 것입니다.

관 어 이 궁 인 총 무 불 리
六五. 貫魚 以宮人寵 无不利.

어대를 꿰차도 마음으로 사람을 사랑하면 이롭지 아니한 것이 없구나.

- 貫 ; 꿸 관, 꿰다, 뚫다, 이루다, 달성하다, 섬기다, 통과하다, 익숙하다, 이름을 열기한 문서, 조리, 돈꿰미, 명적(이름 문서), 당길 만, 당기다.
- 魚 ; 물고기 어, 물고기, 물속에 사는 동물의 총칭, 어대(관리가 차는 물고기 모양의 패물), 말 이름, 별 이름, 나(인칭 대명사), 고기잡이하다, 물에 빠져 죽다.
- 宮 ; 집 궁, 집, 가옥, 대궐, 종묘, 사당, 절, 불사, 학교, 담, 장원, 마음, 임금의 아내나 첩, 소리 이름(오음의 하나), 궁형(생식기를 없애는 형벌, 오형 중의 하나), 널, 두르다, 위요하다(어떤 지역이나 현상을 둘러싸다).
- 寵 ; 사랑할 총, 사랑하다, 괴다, 교만하다, 높이다, 굄, 영화, 영예, 은혜, 첩, 성의 하나, 현 이름 용.

어대는 관리가 차는 물고기 모양의 패물입니다. 관리라는 말이지요. 관리는 이런 마음을 가지고 있어야 한다는 말입니다. 최고의 자리에는 아무나 올라갈 수 있는 것이 아닙니다. 그래서 산지박의 육오 효사는 '어대를 꿰차도 마음으로 사람을 사랑하면 이롭지 아니한 것이 없구나.'라고 한 것입니다.

석 과 불 식 군 자 득 예 소 인 박 려
上九. 碩果不食 君子得輿 小人剝廬.

큰 열매를 먹지 않아 군자는 명예를 얻지만 소인은 오두막집에서 벗겨서 먹는구나.

- 碩 ; 클 석, 크다, 머리가 크다, 차다, 충실하다, 단단하다.
- 果 ; 실과 과, 열매 과. 실과, 과실, 열매, 결과, 시녀, 과연, 정말로, 끝내, 마침내, 과단성이 있다, 과감하다, 이루다, 실현하다, (속에 넣어) 싸다, 시중들다, 강신제 관, 강신제(내림굿).
- 食 ; 밥 식, 먹을 식.
- 輿 ; 수레 여, 명예 예.
- 廬 ; 농막 집 여, 오두막집 여, 농막 집(논밭 가운데 간단히 지은 집), 주막, 여인숙, 숙직실, 오두막 집, 창 자루 노, 창 자루.

군자는 나라를 생각하고 집안을 생각하지만 소인은 자기 자신만을 생각할 따름입니다. 그래서 산지박의 상구 효사는 '큰 열매를 먹지 않아 군자는 명예를 얻지만 소인은 오두막집에서 벗겨서 먹는구나.'라고 한 것입니다.

地雷復(지뢰복)

복 형 출입무질 봉래무구 반복기도 칠일래복 이유유왕
復 亨 出入无疾 朋來无咎 反復其道 七日來復 利有攸往.

되풀이에 통달하니 나고 드는 데 아무런 흠이 없어도 벗이 와서 허물없이 반복해서 그 이치를 가르쳐 달라면 칠일 동안 왔다가 돌아가더라도 물러날 때까지 가서 있을 곳이 있어야 이롭구나.

- 復 ; 회복할 복, 회복하다(원래의 상태로 돌이키거나 원래의 상태를 되찾다), 돌아가다, 돌아오다, 돌려보내다, 되돌리다, 고하다, 초혼하다, (은혜나 원한을) 갚다, 겹치다, 중복하다, 되풀이하다, 채우다, 보충하다, 머무르다, 가라앉다, 여유를 가지게 되다, 뒤집다, 대답하다, 실천하다, 이행하다, 덜다, 제거하다, 면제하다, 성하다(기운이나 세력이 한창 왕성하다), 사뢰다, 말씀드리다, 복, 복괘, 복명, 주청, 흙을 쌓아 지은 집, 다시 부, 다시, 거듭거듭 하여, 거듭하다, 다시 또 하다.
- 疾 ; 병 질, 병, 질병, 괴로움, 흠, 결점.
- 道 ; 길 도, 이치, 가르치다.
- 七 ; 일곱 칠, 일곱, 일곱 칠, 칠재(죽은 지 49일 되는 날에 지내는 재), 문체 이름.
- 反 ; 돌이킬 반, 물러나다.

되풀이에 통달을 하여도 가르쳐 줄 수 있는 사람이 있고 가르쳐 줄 수 없는 사람이 있습니다. 벗은 가르치기가 가장 어렵지요. 그렇다고 가르쳐 줄 수 없다고 말을 할 수도 없습니다. 그래서 지뢰복의 괘사는 '되풀이에 통달하니 나고 드는 데 아무런 흠이 없어도 벗이 와서 가르쳐 달라면 칠일 동안 왔다가 돌아가더라도 물러날 때까지 가서 있을 곳이 있어야 이롭구나.'라고 한 것입니다.

初九. <ruby>不<rt>불</rt></ruby><ruby>遠<rt>원</rt></ruby><ruby>復<rt>복</rt></ruby> <ruby>无<rt>무</rt></ruby><ruby>祗<rt>기</rt></ruby><ruby>悔<rt>회</rt></ruby> <ruby>元<rt>원</rt></ruby><ruby>吉<rt>길</rt></ruby>.

크고 심오하게 되풀이하면 땅 귀신이 깔보지 아니하니 크게 좋구나.

- 不 ; 아닐 불, 아닐 부, 크다.
- 遠 ; 멀 원, 멀다, 심오하다, 깊다, 많다, (세월이) 오래되다, 멀리하다, 멀어지다, 소원하다, 내쫓다,
  추방하다, 싫어하다, 어긋나다, 먼데, 선조.
- 祗 ; 땅 귀신 기, 땅 귀신, 편안하다, 크다, 다만 지, 마침, 다만.
- 悔 ; 뉘우칠 회, 뉘우치다, 깔봄, 얕봄, 단념하지 못하고 마음에 걸리다.

지금 공부를 하고 계시거나 공부를 시작하려면 정성스러운 마음으로 고사를 한 번
드려 보세요. 그리고 심지가 굳게 공부를 해 보세요. 그래서 지뢰복의 초구 효사는
'크고 심오하게 되풀이하면 땅 귀신이 깔보지 아니하니 크게 좋구나.'라고 한 것입
니다.

六二. <ruby>休<rt>휴</rt></ruby><ruby>復<rt>복</rt></ruby> <ruby>吉<rt>길</rt></ruby>.

쉬면서도 되풀이하면 좋구나.

- 休 ; 쉴 휴.

되풀이하는 것을 가지고 놀아야 합니다. 가지고 놀아야 힘이 들지 않습니다. 가지
고 노는 데 장소 불문이지요. 그래서 지뢰복의 육이 효사는 '쉬면서도 되풀이하면
좋구나.'라고 한 것입니다.

六三. 頻復 厲 无咎.
<small>빈 복 려 무 구</small>

얼굴을 찡그리며 되풀이하는 것은 좋지 않은 일이지만 허물은 없구나.

- 頻 ; 자주 빈, 자주, 빈번히, 급하다, 절박하다, 찡그리다, 찌푸리다, 나란하다, 나란히 하다, 어지러 워하다, 친하다, 가까이하다, 물가, 콧날, 얼굴을 찡그리다.
- 厲 ; 갈려, 좋지 않은 일.

얼굴을 찡그리며 되풀이한다는 것은 잘 풀리지 않는다는 것이지만 계속해서 되풀이하다 보면 풀리겠지요. 그래서 지뢰복의 육삼 효사는 '얼굴을 찡그리며 되풀이하는 것은 좋지 않은 일이지만 허물은 없구나.'라고 한 것입니다.

六四. 中行獨復.
<small>중 행 독 복</small>

어느 한쪽으로 치우치지 않고 바른길로 행했는지 홀로 되풀이를 하는 구나.

- 中 ; 가운데 중, 가운데, 안, 속, 사이, 진행, 마음, 심중, 몸, 신체, 내장, 중도(어느 한쪽으로 치우치 지 아니하는 바른길), 절반, 장정, 관아의 장부(帳簿), 안건, 가운데 등급, 중매, 중개, 중국, 버금, 둘째, 다음, 가운데 있다, 부합하다, 일치하다, 맞다, 맞히다, 적중시키다, 급제하다, 합격하다, 해당하다, 응하다, 뚫다, 바르다, 곧다, 가득 차다, 이루다, 이루어지다, 고르다, 고르게 하다, 간격 을 두다, 해치다, 때에 맞춰 시기적절하게.
- 獨 ; 홀로 독, 홀로, 혼자, 어찌, 다만, 오직, 장차, 어느, 그, 홀몸, 홀어미, 외로운 사람, 외발 사람, 월형(발꿈치를 베는 형벌)을 받은 사람, 외롭다, 전단하다(혼자 마음대로 결정하고 단행하다), 독 재하다, (개가) 싸우다.

어떤 일에 대해 바꿔서도 생각하고 다른 사람은 어떻게 생각하는지 여러 가지로 생 각을 하고 행했던 것을 다시 되풀이를 해야 합니다. 그래서 지뢰복의 육사 효사는 '어느 한쪽으로 치우치지 않고 바른 길로 행했는지 홀로 되풀이를 하는구나.'라고 한 것입니다.

六五. 敦復 无悔.
조 복 무 회

되풀이하여 아로새겨야 후회가 없구나.

- 敦 ; 아로새길 조, 아로새기다(1. 무늬나 글자 따위를 또렷하고 정교하게 파서 새기다, 2. 마음속에 또렷이 기억하여 두다).
- 悔 ; 뉘우칠 회, 잘못, 후회.

내공은 그냥 생기는 것이 아닙니다. 되풀이를 하여 아로새겨 놓은 것이 많아야 합니다. 그래서 지뢰복의 육오 효사는 '되풀이하여 아로새겨야 후회가 없구나.'라고 한 것입니다.

上六. 迷復 凶 有災眚 用行師 終有大敗 以其國 君 凶
미 복 흉 유 재 생 용 행 사 종 유 대 패 이 기 국 군 흉

至于十年 不克征.
지 우 십 년 불 극 정

미혹된 되풀이를 하면 앞일이 언짢아 눈에 백태가 끼는 재앙이 많고 군사를 쓰면 항상 크게 패할 수 있기 때문에 그 나라를 거느리는 군주의 운수가 나쁘면 십 년까지 영향을 미쳐서 정벌에 나서도 이기지를 못하는구나.

- 迷 ; 미혹할 미, 헤매다, 어떻게 하여야 좋을지 갈피를 못 잡음.
- 凶 ; 흉할 흉, 앞일이 언짢다, 운수가 나쁘다.
- 災 ; 재앙 재, 재앙, 화재, 죄악, 불태우다, 재앙을 내리다, 응징하다.
- 眚 ; 흐릴 생, 흐리다, 눈에 백태가 끼다, 덜다, 잘못, 재앙.
- 師 ; 스승 사, 스승, 군사, 벼슬아치.
- 敗 ; 패할 패, 패하다, 지다, 무너지다, 부수다, 깨뜨리다, 헐어지다, 깨어지다, 썩다, 떨어지다, 해치다, 기근, 재앙, 재화, 흉년, 사물을 못 쓰게 만들다.
- 至 ; 이를 지, (영향을) 미치다.
- 終 ; 마칠 종, 항상.
- 以 ; 써 이, ~ 때문에, 거느리다.
- 有 ; 있을 유, 많다.

되풀이를 하더라도 제대로 해야 합니다. 제대로 된 되풀이를 하지 못하면 잘못될 수 있다는 말입니다. 이 효사는 군주로 예를 들었지만 작게는 집안을 잘 생각해 보세요. 잘못된 판단력으로 집안이 잘못될 수 있습니다. 군주의 운수가 나쁘면 십 년까지 영향을 미친다고 합니다. 그래서 지뢰복의 상육 효사는 '미혹된 되풀이를 하면 앞일이 언짢아 눈에 백태가 끼는 재앙이 많고 군사를 쓰면 항상 크게 패할 수 있기 때문에 그 나라를 거느리는 군주의 운수가 나쁘면 십 년까지 영향을 미쳐서 정벌에 나서도 이기지를 못하는구나.'라고 한 것입니다.

天雷无妄(천뢰무망)

무 망 원 형 이 정　기 비 정 유 생　불 리 유 유 왕
无妄 元亨 利貞 其匪正有眚 不利有攸往.

도리나 예법에 어둡거나 이치에 거슬리는 것이 없이 크게 통달하여도 마음을 바르게 하여야 이로우며 만약에 잘못이 있어 올바르지 아니하면 갈 곳이 있어도 이롭지 아니하구나.

- 无 ; 없을 무, 없다, 아니다, 아니하다, 말다, 금지하다, ~하지 않다, 따지지 아니하다, ~아니 하겠느냐, 무시하다, 업신여기다, ~에 관계없이, ~를 막론하고, ~하든 간에, 비록, 비록 ~하더라도, 차라리, 발어사, 허무, (주검을 덮는) 덮개, 무려, 대강.
- 妄 ; 망령될 망, 망령되다, 어그러지다, 허망하다, 헛되다, 속이다, 잊다, 잊어버리다, 거짓, 제멋대로, 함부로, 대개(대부분), 모두, 널리, 도리나 예법에 어둡고 이치에 거슬리다.
- 正 ; 바를 정, 정월 정, 바르다, 정당하다, 바람직하다, 올바르다, 정직하다, 바로잡다, 서로 같다, 다스리다, 결정하다, 순일하다, 순수하다, (자리에) 오르다, 말리다, 제지하다, 정벌하다, 관장(시골 백성이 고을 원을 높여 이르는 말), 정실, 본처, 맏아들, 적장자, 본, 정, 주가 되는 것, 정사, 정치, 증거, 증빙, 상례, 준칙, 표준, 처음, 정월, 과녁, 정곡(과녁의 한가운데가 되는 점), 세금, 노역, 부역, 네모, 군대 편제 단위, 바로, 막, 때마침, 가운데, 가령, 설혹, ~하더라도.
- 其 ; 그 기, 만약, 만일.
- 匪 ; 비적 비, 아니다.
- 眚 ; 흐릴 생, 잘못.

도리나 예법, 이치에 크게 통달했어도 항상 겸손을 생각하고 잘난 체를 하면 좋지 않으니 마음을 바르게 하라는 것입니다. 그리고 크게 통달한 사람이 잘못을 해 보세요. 복구하기가 쉽지 않습니다. 그래서 천뢰무망의 괘사는 '도리나 예법에 어둡

거나 이치에 거슬리는 것이 없이 크게 통달하여도 마음을 바르게 하여야 이로우며
만약에 잘못이 있어 올바르지 아니하면 갈 곳이 있어도 이롭지 아니하구나.'라고 한
것입니다.

初九. 无妄 往 吉.
무 망 왕 길

도리나 예법에 어둡거나 이치에 거슬리는 것이 없어야 언제나 좋구나.

• 往 ; 갈 왕, 언제나.

사람이 살아가는 데 사리에 어두우면 좋지 않겠지요. 그래서 천뢰무망의 초구 효사
는 '도리나 예법에 어둡거나 이치에 거슬리는 것이 없어야 언제나 좋구나.'라고 한
것입니다.

六二. 不耕穫 不菑畬則 利有攸往.
불 경 확 불 치 여 즉 이 유 유 왕

밭을 갈지 아니하면 수확이 없고 개간하지 아니하면 새 밭이 없으니 개간
할 때에는 갈 곳이 있어도 밭을 일구고 가야 이롭구나.

• 耕 ; 밭 갈 경, 밭을 갈다, (농사에) 힘쓰다, 농사짓다, 노력하다, 생계를 꾸리다, 경적(임금이 신하
  를 거느리고 적전을 갈던 일), 농사.
• 穫 ; 거둘 확, (벼를) 거두다, 벼 베다, 수확하다, 땅 이름 호.
• 菑 ; 묵정밭 치, 묵정밭(묵어서 잡초가 우거진 밭), 경작한 지 한 해 된 밭, 성의 하나, 선 채로 있는
  고목, 수레바퀴살이 바퀴 동에 박히는 곳, 일구다, 우거진 풀, 일구다, 개간하다, 쪼개다, 가르다,
  꽂아 넣다, 검어지다, 재앙 재, 재앙, 해치다.
• 畬 ; 새밭 여, 새밭(개간한 지 세 해 또는 이태 지난 밭), 잡초를 불살라 일군 밭, 개간하다, 밭을 일
  구다.
• 則 ; 곧 즉, ~할 때에는, 끝나다.

옛날에는 농사를 지어야 부를 이루던 시대입니다. 농사를 지으려면 밭이 있어야 되

겠지요. 그래서 천뢰무망의 육이 효사는 '밭을 갈지 아니하면 수확이 없고 개간하지 아니하면 새 밭이 없으니 개간할 때에는 갈 곳이 있어도 밭을 일구고 가야 이롭구나.'라고 한 것입니다.

六三. 无妄之災 或繫之牛 行人之得 邑人之災.
무 망 지 재　혹 계 지 우　행 인 지 득　읍 인 지 재

도리나 예법에 어둡거나 이치에 거슬리는 것이 없어도 재앙에 이르게 되는 것은 혹 이어 맨 소를 행인이 얻어 가면 고을 사람은 재앙에 이르게 되는 것이구나.

• 之 ; 갈 지, 이르다, ~을, 가다.
• 繫 ; 맬 계, 매다, 이어 매다, 묶다.
• 得 ; 얻을 득, 얻다, 손에 넣다, 탐내다, 탐하다.
• 災 ; 재앙 재.

도리나 예법에 어둡거나 이치에 거슬리는 것이 없다고 사람이 살 수 있겠습니까? 먹어야지요. 소는 고기도 주지만 농사일을 할 때 꼭 필요한 동물입니다. 그래서 천뢰무망의 육삼 효사는 '도리나 예법에 어둡거나 이치에 거슬리는 것이 없어도 재앙에 이르게 되는 것은 혹 이어 맨 소를 행인이 얻어 가면 고을 사람은 재앙에 이르게 되는 것이구나.'라고 한 것입니다.

九四. 可貞 无咎.
가 정　무 구

가히 마음을 바르게 하여야 허물이 없구나.

• 可 ; 옳을 가, 가히(마땅히).

도리나 예법에 어둡거나 이치에 거슬리는 것이 없다고 마음가짐을 함부로 해서는 안 됩니다. 그래서 천뢰무망의 구사 효사는 '가히 마음을 바르게 하여야 허물이 없구나.'라고 한 것입니다.

九五. 无妄之疾 勿藥有喜.
무 망 지 질 물 약 유 희

도리나 예법에 어둡거나 이치에 거슬리는 것이 없는 질병에 이르면 약
없는 기쁨만 있구나.

- 藥 ; 약 약, 약, 약초, 구릿대(산형과의 여러 살이 해 풀), 구릿대의 잎, 작약, 사약, 독, 아편, 화약,
  담, 금원, 고치다, 치료하다, 약을 쓰다, 독살하다, 뜨거울 삭, 뜨겁다, 더운 모양, 뜨거운 모양, 간
  맞출 약, 간을 맞추다, 조미하다, 양념한 젓갈.
- 勿 ; 말 물, 없다.
- 喜 ; 기쁠 희.

도리나 예법에 어둡거나 이치에 거슬리는 것이 없으면 얼마나 좋겠어요. 그래서 천
뢰무망의 구오 효사는 '도리나 예법에 어둡거나 이치에 거슬리는 것이 없는 질병에
이르면 약 없는 기쁨만 있구나.'라고 한 것입니다.

上九. 无妄行 有眚 无攸利.
무 망 행 유 생 무 유 리

도리나 예법에 어둡거나 이치에 거슬리는 것이 없이 다니다 잘못이 있으
면 이로울 바가 없구나.

도리나 예법에 어둡거나 이치에 거슬리는 것이 없다고 소문이 났는데 잘못을 하면
몰려들어서 사람을 헐뜯기 시작합니다. 그러니 이름이 났다고 기뻐하지 말아야지
요. 그만큼 행동에 제약이 많아집니다. 그래서 천뢰무망의 상구 효사는 '도리나 예
법에 어둡거나 이치에 거슬리는 것이 없이 다니다 잘못이 있으면 이로울 바가 없구
나.'라고 한 것입니다.

26 山天大畜(산천대축)

대축 이정 불가식길 이섭대천
大畜 利貞 不家食 吉 利涉大川.

크고 높게 쌓여서 뛰어나더라도 마음을 바르게 하여야 이롭고 집에서 밥을 먹지 아니해도 좋으니 계속해서 대인과 관계하는 것이 이롭구나.

- 大 ; 큰 대, 클 대, 크다, 심하다, 높다, 존귀하다, 훌륭하다, 뛰어나다, 자랑하다, 뽐내다, 교만하다, 많다, 수효가 많다, 중히 여기다, 중요시하다, 지나다, 일정한 정도를 넘다, 거칠다, 성기다(물건의 사이가 뜨다), 낫다, 늙다, 나이를 먹다, 대강, 대략, 크게, 성하게, 하늘, 존경하거나 찬미할 때 쓰는 말, 훌륭한 사람, 클 태, 크다, 심하다(정도가 지나치다), 지나치게, 클 다, 크다, 심하다, 극치, 극도, 지나치게.

- 畜 ; 짐승 축, 쌓을 축, 짐승, 가축, 개간한 밭, 비축, 쌓다, 모으다, 간직하다, 소장하다, 쌓이다, 모이다, 제지하다, 말리다, 기를 휵, 기르다, 양육하다, 먹이다, 치다, 아끼다, 사랑하다, 효도하다, 부지런히 힘쓰는 모양.

배움이 더욱 커지고 높아질수록 마음가짐을 잘해야 합니다. 공든 탑이 무너질 수 있습니다. 배움이라는 것은 어느 정도는 독학으로 이룰 수 있습니다. 그러나 그 단계에서 더 높은 배움이 필요하다면 대인의 가르침이 필요합니다. 그래서 산천대축의 괘사는 '크고 높게 쌓여서 뛰어나더라도 마음을 바르게 하여야 이롭고 집에서 밥을 먹지 아니해도 좋으니 계속해서 대인과 관계하는 것이 이롭구나.'라고 한 것입니다.

初九. 有厲 利巳.
<small>유 려 이 이</small>

친하게 지내다 미워하고 화를 내면 좋지 않은 일이니 그만두고 친하게
지내는 것에 힘써야 매우 이롭구나.

- 厲 ; 갈 려, 미워하다, 화, 좋지 않은 일, 힘쓰다.
- 巳 ; 이미 이, 이미, 벌써, 너무, 뿐, 따름, 매우, 대단히, 너무, 반드시, 써, 써서, 이, 이것, 조금 있다
  가, 그 후 얼마 되지 아니하여, (병이) 낫다, 말다, 그치다, 그만두다, 끝나다, 용서하지 아니하다,
  불허하다, 버리다, 버려두다.

크고 높게 쌓여도 결국 중요한 것은 마음가짐입니다. 잘못하면 아무리 뛰어나더라
도 주위에서 떠나갑니다. 그래서 산천대축의 초구 효사는 '친하게 지내다 미워하고
화를 내면 좋지 않은 일이니 그만두고 친하게 지내는 것에 힘써야 매우 이롭구나.'
라고 한 것입니다.

九二. 輿說輹.
<small>여 설 부</small>

기본을 쉽게 이야기하여야 많이 몰려드는구나.

- 輿 ; 수레 여, 기본, 많다.
- 說 ; 말씀 설, 말하다, 이야기하다, 기뻐할 열, 쉽다.
- 輹 ; 바퀴살 복, 바퀴살, 바퀴살 폭, 바퀴살, 몰려들 부, 몰려들다, 다투어 모이다.

어렵게 말을 한다는 것은 말하는 어떤 단어들에 대한 소화가 부족해서입니다. 잘
소화가 된 말은 쉬워질 수밖에 없습니다. 그래서 산천대축의 구이 효사는 '기본을
쉽게 이야기하여야 많이 몰려드는구나.'라고 한 것입니다.

양 마 축 이 간 정 왈 한 예 위 이 유 유 왕

九三. 良馬逐 利艱貞 曰閑輿衛 利有攸往.

어질게 마의 벼슬을 따르려면 어렵고 가난해도 마음을 바르게 하여야 이롭고 이에 품위가 있게 명예를 지켜야 갈 곳이 있어도 이롭구나.

- 良 ; 어질 양, 어질다(마음이 너그럽고 착하며 슬기롭고 덕행이 높다), 좋다, 훌륭하다, 곧다, 착하다, 아름답다, 길하다, 남편, 잠깐, 잠시, 진실로, 참으로.
- 馬 ; 말 마, 말, 벼슬 이름, 산가지(수효를 셈하는 데 쓰던 막대기), 큰 것의 비유, 아지랑이, 나라 이름, 마한, 크다.
- 逐 ; 쫓을 축, 쫓다, 쫓아내다, 뒤쫓다, 뒤따라가다, 도망가다, 달리다, 구하다, 찾다, 추구하다, 다투다, 따르다(1. 다른 사람이나 동물의 뒤에서 그가 가는 대로 같이 가다, 2. 앞선 것을 쫓아 같은 수준에 이르다, 3. 좋아하거나 존경하여 가까이 쫓다), 방탕하다, 하나하나, 차례대로, 돼지 돈, 돼지, 급급한 모양 적, (이익을 쫓아) 급급한 모양.
- 艱 ; 어려울 간.
- 曰 ; 가로 왈, 가로되, 말하기를, 이에, 일컫다, 부르다, 이르다, 말하다, ~라 하다.
- 閑 ; 한가할 한, 한가하다, 등한하다(무엇에 관심이 없거나 소홀하다), 막다, 부위하다(보호하고 방위하다), 닫다, 아름답다, 품위가 있다, 조용하다, 틈, 법, 법도, 마구간, 목책.
- 輿 ; 명예 예.
- 衛 ; 지킬 위, 지키다, 보위하다, 호위하다, 막다, 아름답다, 좋다, 의심하다, 경영하다, 덮다, 지킴, 경영, 나라 이름, 성의 하나.

벼슬을 하는 사람의 마음가짐을 이야기합니다. 그래서 산천대축의 구삼 효사는 '어질게 마의 벼슬을 따르려면 어렵고 가난해도 마음을 바르게 하여야 이롭고 이에 품위가 있게 명예를 지켜야 갈 곳이 있어도 이롭구나.'라고 한 것입니다.

동 우 지 곡 원 길

六四. 童牛之牿 元吉.

아이의 눈동자로 이곳에 우수가 이르는 것으로 사람이 다치는 것을 막으니 착하고 좋구나.

- 童 ; 아이 동, 아이, 눈동자.
- 牛 ; 소 우, 소, 별 이름, 견우성, 우수(28수의 하나), 희생, 고집스럽다, 수종하지 않다, 무릅쓰다.

- 之 ; 갈 지, 이곳에, 이르다.
- 牿 ; 우리 곡, 우리(말과 소를 기르는 곳), 쇠뿔에 가로 댄 나무, (우마를 우리에 넣어) 기르다, (사람이 다침을) 막다.

크고 높게 쌓고 수양을 많이 했습니다. 아이의 눈동자라는 것은 도가 높아 아무런 티끌이 없는 순수한 눈입니다. 그런 눈으로 하늘의 별자리를 보고 사람이 다치는 것을 막는 것입니다. 그래서 산천대축의 육사 효사는 '아이의 눈동자로 이곳에 우수가 이르는 것으로 사람이 다치는 것을 막으니 착하고 좋구나.'라고 한 것입니다.

六五. 豶豕之牙 吉.
분 시 지 아 길

돼지의 어금니를 제거하여 도와서 지켜주는 물건으로 사용하면 좋구나.

- 豶 ; 불깐 돼지 분, 불깐 돼지, 제거하다, 돼지의 어금니를 제거하다.
- 豕 ; 돼지 시.
- 牙 ; 어금니 아, 어금니, 대장기, 관아, 말뚝, 도와서 지켜주는 물건, 이처럼 생긴 물건, 본진, 바퀴의 테, 깨물다, (이를) 갈다, 싹트다, 곧지 아니하다.
- 之 ; 갈 지, ~의, 을, 사용하다. *목걸이

도가 높아 아이의 눈동자로 다른 사람들이 보지 못하는 것을 보는 것입니다. 그래서 산천대축의 육오 효사는 '돼지의 어금니를 제거하여 도와서 지켜주는 물건으로 사용하면 좋구나.'라고 한 것입니다.

上九. 何天之衢 亨.
하 천 지 구 형

어느 하늘을 가니 통달했구나.

- 何 ; 어찌 하, 어찌, 어느, 어떤, 어떠한, 언제, 얼마, 약간, 무엇, 왜냐하면, 잠시, 꾸짖다, 나무라다, 메다, 받다, 맡다, 당하다, 해당하다, 걸다, 내어 걸다.
- 天 ; 하늘 천, 하늘, 하느님, 임금, 제왕, 천자, 자연, 천체, 천체의 운행, 성질, 타고난 천성, 운명,

의지, 아버지, 남편, 형벌 이름.
* 衢 ; 네거리 구, 갈 구, 네거리, 갈림길, 기로, 서로 엉킨 나뭇가지, 가다.
* 之 ; 갈 지, 가다, (영향을) 끼치다, 쓰다, 사용하다, 이르다, 도달하다, 어조사, 가, 이(是), ~의, 에, ~에 있어서, 와, ~과, 이에, 이곳에, 을, 그리고, 만일, 만약.
* 亨 ; 형통할 형, 형통하다, 통달하다, (제사를) 올리다, 제사, 드릴 향, (음식을) 올리다, 삶을 팽, 삶다.

도가 높아져서 아이의 눈동자로 하늘의 현상을 보고 판단을 하게 된 것입니다. 그래서 산천대축의 상구 효사는 '어느 하늘을 가니 통달했구나.'라고 한 것입니다.

이 정 길 관 이 자 구 구 실
頤 貞吉 觀頤自求口實.

사람을 가르쳐 키울 때에는 마음을 바르게 하여야 좋고 보게 하여 생각을
기르도록 하면 스스로 구하다 본질을 말하는구나.

- 頤 ; 턱 이, 턱(위턱과 아래턱의 총칭), 기르다(사람을 가르쳐 키우다), 보양하다(잘 보호하여 기르
  다), 부리다(재주나 꾀 따위를 피우다), 이사하다(턱으로 부리다, 사람을 마음대로 부리다).
- 觀 ; 볼 관, 보게 하다, 생각.
- 自 ; 스스로 자.
- 求 ; 구할 구.
- 口 ; 입 구, 입, 어귀, 사람이 드나들게 만든 곳, 인구, 주둥이, 부리, 아가리, 입구, 항구, 관문 따위,
  구멍, 구멍이 난 곳, 자루, 칼 등을 세는 단위, 말하다, 입 밖에 내다.
- 實 ; 열매 실, 열매, 씨, 종자, 공물, 재물, 재화, 내용, 바탕, 본질, 녹봉, 작록(관작과 봉록), 자취,
  행적, 참됨, 정성스러움, 곡식이 익다, 굳다, 자라다, 튼튼하다, 실제로 행하다, 책임을 다하다,
  밝히다, 적용하다, 그릇에 넣다, 참으로, 진실로, 드디어, 마침내, 이를 지, 이르다, 다다르다, 도
  달하다.

사람을 가르칠 때는 생각을 기르도록 만들어 주면 되겠지요. 그래서 산뢰이의 괘사
는 '사람을 가르쳐 키울 때에는 마음을 바르게 하여야 좋고 보게 하여 생각을 기르
도록 하면 스스로 구하다 본질을 말하는구나.'라고 한 것입니다.

初九. <ruby>舍<rt>사</rt></ruby> <ruby>爾<rt>이</rt></ruby> <ruby>靈<rt>영</rt></ruby> <ruby>龜<rt>귀</rt></ruby> <ruby>觀<rt>관</rt></ruby> <ruby>我<rt>아</rt></ruby> <ruby>朶<rt>타</rt></ruby> <ruby>頤<rt>이</rt></ruby> <ruby>凶<rt>흉</rt></ruby>.

너는 영험한 거북 껍데기를 내버려두고 아집을 부려 나뭇가지가 휘휘 늘어진 것을 부려서 점치면 좋지 않구나.

- 舍 ; 집 사, 내버려두다.
- 爾 ; 너 이, 너, 성의 하나, 어조사, 같이, 그, 뿐, 이, 그러하다, 가깝다.
- 靈 ; 신령 영(령), 신령, 혼령, 혼백, 영혼, 귀신, 유령, 도깨비, 정기, 영기, 정신, 감정, 존엄, 하늘, 천제, 영적인 존재, 죽은 사람에 대한 높임 말, 복, 도움, 위세, 법령, 신령하다, 기이하다, 영검하다, 영험하다, 성명하다(덕이 거룩하고 슬기롭다), 총명하다, 통달하다, 아름답다, 훌륭하다.
- 龜 ; 거북 귀, 거북, 거북 껍데기, 등골뼈, 본뜨다, 패물, 땅 이름 구, 땅 이름, 나라 이름, 터질 균, 터지다, 갈라지다.
- 我 ; 나 아, 아집을 부리다.
- 朶 ; 늘어질 타, 늘어지다, 나뭇가지가 휘휘 늘어지다, 움직이다, 흔들다, 가지에서 휘늘어진 꽃송이, 귓불.
- 觀 ; 볼 관, 점치다.

거북 껍데기가 영험한지도 모르고 다른 어떤 것에 대하여 알지를 못하니 역의 해석에만 중점을 두었습니다. 거북 껍데기가 영험하기는 한가 봅니다. 그래서 산뢰이의 초구 효사는 '너는 영험한 거북 껍데기를 내버려두고 아집을 부려 나뭇가지가 휘휘 늘어진 것을 부려서 점치면 좋지 않구나.'라고 한 것입니다.

六二. <ruby>顚<rt>전</rt></ruby> <ruby>頤<rt>이</rt></ruby> <ruby>拂<rt>불</rt></ruby> <ruby>經<rt>경</rt></ruby> <ruby>于<rt>우</rt></ruby> <ruby>丘<rt>구</rt></ruby> <ruby>頤<rt>이</rt></ruby> <ruby>征<rt>정</rt></ruby> <ruby>凶<rt>흉</rt></ruby>.

머리를 기를 때는 글로 닦고 언덕에서 취하여 기르면 좋지 않구나.

- 顚 ; 엎드러질 전, 이마 전, 엎드러지다, 뒤집히다, 거꾸로 하다, 미혹하다, 넘어지다, 미치다, 닿다, 차다, 채우다, 머리, 이마, 정수리, 꼭대기, 근본, 근심하는 모양.
- 拂 ; 떨칠 불, 떨치다, 사악함을 털다, 먼지 털다, 거스르다, 어기다, 어긋나다, 위배하다, 닦다, 씻다, 비틀다, 베다, 자르다, 멸시하다, 반대하다, 덮다, 덮어버리다, 걷어 올리다, 치켜 올리다, 지나다, 다다르다, 스치다, 스쳐 지나가다, 치르다, 값을 건네주다, 도리깨(곡식의 낟알을 터는 데 쓰는 농기구), 먼지털이, 바람이 부는 모양, 도울 필, 돕다, 보필하다, 보좌하는 사람, 바로잡다.

- 經 ; 지날 경, 글 경, 지나다, 목매다, 다스리다, 글, 경서, 날, 날실, 불경, 길, 법, 도리, 지경(땅의 경계), 경계.
- 丘 ; 언덕 구, 뫼, 산.
- 征 ; 칠 정, 취하다(1. 일정한 조건에 맞는 것을 골라 가지다, 2. 자기 것으로 만들어 가지다, 3. 어떤 일에 대한 방책으로 어떤 행동을 하거나 일정한 태도를 가지다.).

공부를 하려면 먹고 사는 것이 해결돼야 합니다. 그것이 해결되지 못하면 대부분이 잘되지 않습니다. 필히 먹고 사는 것이 해결돼야 합니다. 그리고 마음을 급하게 먹으면 안 됩니다. 하루아침에 완성되는 것이 아니기 때문입니다. 심지가 굳게 천천히 확실하게 아는 것이 중요합니다. 잘못하면 쓸데없이 시간과 돈을 너무 많이 버리게 됩니다. 또한 책 선택이 중요한데 이것저것 많이 보는 것도 중요하지만 처음에는 좋은 책 한두 권으로 시작해서 잘 이해가 되면 그때는 다독이 좋겠지요. 그 후에 언덕에서 취해야지요. 그래서 산뢰이의 육이 효사는 '머리를 기를 때는 글로 닦고 언덕에서 취하여 기르면 좋지 않구나.'라고 한 것입니다.

六三. 拂頤 貞凶 十年勿用 无攸利.
불 이 정 흉 십 년 물 용 무 유 리

닦고 기르는 것에 지조가 굳어도 좋지 않다는 것은 십 년을 일하지 아니하면 이로울 바가 없기 때문이구나.

- 用 ; 쓸 용, 일하다.

공부에만 치중하여 십 년 동안 공부만 한다면 다른 일을 하기가 쉽지 않고 세상이 어떻게 돌아가는지 감을 잡을 수가 없다는 말입니다. 그래서 산뢰이의 육삼 효사는 '닦고 기르는 것에 지조가 굳어도 좋지 않다는 것은 십 년을 일하지 아니하면 이로울 바가 없기 때문이구나.'라고 한 것입니다.

六四. <ruby>顚<rt>전</rt></ruby><ruby>頤<rt>이</rt></ruby> <ruby>吉<rt>길</rt></ruby> <ruby>虎<rt>호</rt></ruby><ruby>視<rt>시</rt></ruby><ruby>眈<rt>탐</rt></ruby><ruby>眈<rt>탐</rt></ruby> <ruby>其<rt>기</rt></ruby><ruby>欲<rt>욕</rt></ruby><ruby>逐<rt>축</rt></ruby><ruby>逐<rt>축</rt></ruby> <ruby>无<rt>무</rt></ruby><ruby>咎<rt>구</rt></ruby>.

머리를 기르면 좋으니 호시탐탐 바라고 하고자 하는 것을 구하고 구해도
허물이 없구나.

- 虎視眈眈 ; 주역 스물일곱 번째 산뢰이 괘의 육사 효사에서 유래됨. 호랑이가 눈을 부릅뜨고 먹이
  를 노린다는 뜻임.
- 欲 ; 하고자 할 욕, 하고자 하다, 바라다, 장차 ~하려 하다, 하기 시작하다, 순하다, 온순하다, 정숙
  하다, 좋아하다, 사랑하다, 편안하다, 욕심, 욕망, 애욕, 색욕, 희구(바라고 구함), 마땅히, ~해야
  한다.
- 眈 ; 노려볼 탐, 노려보다, 천천히 보다, 으늑하다(편안하고 조용한 느낌이 있다), (뜻을) 두다, (범
  이) 내려다 보는 모양, 범이 보는 모양, 머리를 내밀고 볼 침, 머리를 내밀고 보다.
- 逐 ; 쫓을 축, 구하다.

공부의 승패는 공부하는 사람의 마음가짐입니다. 꾸준하게 원하던 것을 구하면서
공부를 하면 좋겠지요. 그래서 산뢰이의 육사 효사는 '머리를 기르면 좋으니 호시탐
탐 바라고 하고자 하는 것을 구하고 구해도 허물이 없구나.'라고 한 것입니다.

六五. <ruby>拂<rt>불</rt></ruby><ruby>經<rt>경</rt></ruby> <ruby>居<rt>거</rt></ruby><ruby>貞<rt>정</rt></ruby> <ruby>吉<rt>길</rt></ruby> <ruby>不<rt>불</rt></ruby><ruby>可<rt>가</rt></ruby><ruby>涉<rt>섭</rt></ruby><ruby>大<rt>대</rt></ruby><ruby>川<rt>천</rt></ruby>.

글로 닦을 때에는 지조가 굳게 자리를 잡고 앉는 것이 좋으며 계속해서
대인과 관계하는 것은 옳지 않구나.

- 居 ; 살 거, 자리 잡다, 앉다, 앉아서 거기에 있음을 뜻함.
- 貞 ; 곧을 정, 지조가 굳다.

글로 닦을 때 어느 부분이 막히면 빨리 얻고자 하는 욕심 때문에 갈피를 잡지 못하
고 스승을 원하게 됩니다. 그래도 지조가 굳게 자리에 앉아서 공부를 해야 합니다.
그래서 산뢰이의 육오 효사는 '글로 닦을 때에는 지조가 굳게 자리를 잡고 앉는 것
이 좋으며 계속해서 대인과 관계하는 것은 옳지 않구나.'라고 한 것입니다.

上九. 由頤 厲 吉 利涉大川.

보좌하며 기르면 좋지 않은 일이니 좋으려면 계속해서 대인과 관계하는 것이 이롭구나.

• 由 ; 말미암을 유, 따르다, 보좌하다.

공부가 상당히 되어 있으면 스승을 떠나 다른 대인을 만나 또 다른 가르침을 받는 것이 좋지 않겠어요. 그래서 산뢰이의 상구 효사는 '보좌하며 기르면 좋지 않은 일이니 좋으려면 계속해서 대인과 관계하는 것이 이롭구나.'라고 한 것입니다.

28 澤風大過(택풍대과)

대 과 동 요 이 유 유 왕 형
大過 棟橈 利有攸往 亨.

마릇대가 지나치게 크면 용마루가 꺾어지듯이 지나치게 뛰어나면 꺾어질
수 있으니 왕래를 하거나 교제를 할 때에는 굽혀야 지나는 길에 들러서 갈
곳이 있으니 이롭고 모든 일이 뜻과 같이 잘되어 갈 수 있구나.

- 大 ; 큰 대, 클 대, 크다, 심하다, 높다, 존귀하다, 훌륭하다, 뛰어나다, 자랑하다, 뽐내다, 교만하다,
  많다, 수효가 많다, 중히 여기다, 중요시하다, 지나다, 일정한 정도를 넘다, 거칠다, 성기다(물건의
  사이가 뜨다), 낫다, 늙다, 나이를 먹다, 대강, 대략, 크게, 성하게, 하늘, 존경하거나 찬미할 때 쓰
  는 말, 클 태, 크다, 심하다, 지나치게, 클 다, 극치, 극도, 지나치게.
- 過 ; 지날 과, 지나다, (지나는 길에) 들르다, 경과하다, 왕래하다, 교제하다, 초과하다, 지나치다,
  (분수에) 넘치다, 넘다, 나무라다, 보다, 돌이켜보다, 옮기다, 허물, 잘못, 괘 이름, 예전, 재앙 화,
  재앙.
- 棟 ; 마릇대 동, 마릇대(용마루 밑에 서까래가 걸리게 된 도리), 용마루(지붕 가운데 부분에 있는
  가장 높은 수평 마루).
- 橈 ; 굽을 뇨(요), 굽다, 굽히다, 구부리다, (세력을) 약화시키다, 꺾어지다, 굴복하여 따르다, 휘다,
  부드럽다, 흐트러지다, 어지럽히다, 억울하게 만들다, 노 요, 노, 배, (노를) 젓다, 번영하다.

세상 사람들은 다 똑똑합니다. 천택리의 육삼 효사는 '애꾸눈도 볼 수 있고, 절름발
이도 걸을 수 있고, 호랑이는 뒤를 밟는 사람을 물어 해칠 수 있고, 무인은 대군에게
태도를 거짓으로 꾸밀 수 있구나.'라고 하듯이 세상의 모든 사람을 조심해야 합니
다. 또한 세상은 나 이외의 사람들이 나를 떠받들어 주기를 바라므로 밑으로 임하
는 것이 상책입니다. 그래서 택풍대과의 괘사는 '마릇대가 지나치게 크면 용마루가

꺾어지듯이 지나치게 뛰어나면 꺾어질 수 있으니 왕래를 하거나 교제를 할 때에는 굽혀야 지나는 길에 들러서 갈 곳이 있으니 이롭고 모든 일이 뜻과 같이 잘되어 갈 수 있구나.'라고 한 것입니다.

初六. 藉用白茅 无咎.
자 용 백 모 무 구

자리를 까는 데 백모를 써도 허물은 없구나.

- 藉 ; 깔 자, 깔다, 깔개, 자리, 가령, 설사, 짓밟을 적, 짓밟다, 밟다, 범하다, 업신여기다, 와자하다, 친경하다, 적전(임금이 몸소 농사짓던 논밭), 빌 차, 빌릴 차, 기대다, 빌리다, 의지하다, 기대다, 구실삼다, 핑계 삼다, 가탁하다(거짓 핑계를 대다), 구실(온갖 세납을 통틀어서 이르는 말), 세금.
- 白茅 ; 양자강 강변에서 자라는 볏과의 여러해살이풀.

집의 바닥이 차가운데 백모로 돗자리를 짜서 깔면 좋겠지요. 그래서 택풍대과의 초육 효사는 '자리를 까는 데 백모를 써도 허물은 없구나.'라고 한 것입니다.

九二. 枯楊生稊 老夫得其女妻 无不利.
고 양 생 제 노 부 득 기 여 처 무 불 리

마른 버드나무에도 싹이 난다고 노부가 만약에 처녀를 아내로 얻어도 불리할 것이 없구나.

- 枯 ; 마를 고, 마르다, 시들다, 말리다, 약해지다, 쇠하다, 야위다, 텅 비다, 효시하다, 마른 나무, 해골.
- 楊 ; 버들 양, 버들, 버드나무, 갯버들, 성의 하나.
- 老 ; 늙을 노, 늙다, 익숙하다, 노련하다, 숙달하다, 대접하다, (노인을) 공경하다, 양로하다, 오래되다, (늙어) 벼슬을 그만두다, 생애를 마치다, 쇠약하다, 거느리다, 굳게 하다, 어른, 부모, 늙은이, 노자의 학설, 신의 우두머리, 항상, 늘, 접두사, 접미사.
- 稊 ; 돌피 제, 돌피(볏과의 한해살이풀), 싹, 움.

노부가 처녀를 아내로 얻으면 어떨까요? 그래서 택풍대과의 구이 효사는 '마른 버드나무에 싹이 난다고 노부가 만약에 처녀를 아내로 얻어도 불리할 것이 없구나.'라고 한 것입니다.

九三. 棟橈 凶.

용마루가 꺾어지면 좋지 않구나.

마룻대가 너무 무거우면 용마루가 꺾이듯이 뛰어난 사람이 있는데 소인들이 시기질투를 하여 뛰어난 사람을 꺾어 놓으면 좋지 않겠지요. 그래서 택풍대과의 구삼효사는 '용마루가 꺾어지면 좋지 않구나.'라고 한 것입니다.

九四. 棟隆 吉 有它吝.

용마루를 높이면 좋고 남이 다르게 그것을 가지고 있어도 소중히 여기는구나.

- 隆 ; 높을 륭(융), 높이다, 높다, 두텁다, 성하다(기운이나 세력이 한창 왕성하다), 후하다, 성대하다.
- 有 ; 있을 유, 가지다.
- 它 ; 다를 타, 다르다, 남, 딴 사람, 그것.
- 吝 ; 아낄 린, 소중히 여기다.

용마루를 높이면 좋듯이 뛰어난 사람이 있으면 높여주고 나와 다른 뜻을 가지고 있다고 하여 그 사람을 업신여기지 말고 그의 뜻을 존중해야 되겠지요. 그래서 택풍대과의 구사 효사는 '용마루를 높이면 좋고 남이 다르게 그것을 가지고 있어도 소중히 여기는구나.'라고 한 것입니다.

고 양 생 화 노 부 득 기 사 부 무 구 무 예
九五. 枯楊生華 老婦得其士夫 无咎 无譽.

마른 버드나무에 꽃이 핀다고 노부가 만약에 젊은 남자를 얻으면 비난할 것도 아니고 칭찬할 것도 아니구나.

- 華 ; 빛날 화, 빛나다, 찬란하다, 화려하다, 사치하다, 호화롭다, 번성하다, 머리 세다, 꽃, 광채, 때, 세월, 시간, 산 이름, 중국, 중국어.
- 咎 ; 허물 구, 비난하다(남의 잘못이나 결점을 책잡아서 나쁘게 말하다).
- 譽 ; 명예 예, 칭찬하다.
- 老婦 ; 늙은 여자.

이 자리는 구오 왕의 자리입니다. 왕과 같은 힘이 있는 나이가 많은 여자입니다. 어떻게 해야 되겠어요? 첫째도 둘째도 말조심입니다. 그래서 택풍대과의 구오 효사는 '마른 버드나무에 꽃이 핀다고 노부가 만약에 젊은 남자를 얻으면 비난할 것도 아니고 칭찬할 것도 아니구나.'라고 한 것입니다.

과 섭 멸 정 흉 무 구
上六. 過涉滅頂 凶 无咎.

정수리가 빠지듯이 지나치게 섭렵하면 좋지 않지만 허물은 없구나.

- 涉 ; 건널 섭, 섭렵하다(많은 책을 널리 읽거나 여기저기 찾아다니며 경험하다. 물을 건너 찾아다닌다는 뜻에서 나온 말.)
- 滅 ; 멸할 멸, 없어지다, 다하다, 빠지다.
- 頂 ; 정수리 정, 정수리(머리의 최상부), 이마, 꼭대기, 쥐독, 아주, 대단히, 상당히, 머리로 받치다, 머리에 이다, 무릅쓰다, 지탱하다, 버티다, 해내다, 감당하다, 대체하다, 마주 대하다, 대들다, 반박하다, 취득하다.

정수리가 빠지듯이 지나치게 섭렵하면 좋지 않다는 것은 건강을 생각하는 것이지요. 아무리 많은 것을 알면 뭐합니까? 건강을 잃으면 다 잃어버리는 것이잖아요. 그래서 택풍대과의 상육 효사는 '정수리가 빠지듯이 지나치게 섭렵하면 좋지 않지만 허물은 없구나.'라고 한 것입니다.

29

重水坎(중수감)

습 감 유 부 유 심 형 항 유 상
習坎 有孚維心 亨 行有尙.

배우고 익힐 때는 고생하더라도 친하게 지내고 믿음성이 있는 마음을 유지하여야 모든 일이 뜻과 같이 잘되어 가고 더욱이 같은 또래들이 친하게 지내려고 하는구나.

- 習 ; 익힐 습, 익히다, 익숙하다, 배우다, 연습하다, 복습하다, 겹치다, 능하다, 버릇, 습관, 풍습, 항상, 늘.
- 坎 ; 구덩이 감, 구덩이, 치는 소리, 64괘의 하나, 험하다, 고생하다, 험난하다, 괴로워하다, 애태우다, 묻다, 숨기다(1. 숨다(보이지 않게 몸을 감추다)의 사동사, 2. 어떤 사물을 남이 보이지 않는 곳에 두다 또는 어떤 사실이나 행동을 남이 모르게 감추다).
- 有 ; 있을 유, 친하게 지내다.
- 孚 ; 미쁠 부, 미쁘다(믿음성이 있다).
- 維 ; 벼리 유, 생각하다, 유지하다(어떤 상태나 상황을 그대로 보존하거나 변함없이 계속하여 지탱하다).
- 心 ; 마음 심, 마음, 뜻, 의지, 생각, 염통, 심장, 가슴, 근본, 본성, 가운데, 중앙, 중심, 도의 본원, 꽃술, 꽃 수염, 별자리 이름, 진수(보살이 행하는 관법 수행), 고갱이, 알맹이, 생각하다.
- 行 ; 항렬 항, 같은 또래.
- 尙 ; 오히려 상, 더욱이.

배우고 익히는 것만이 중요한 것이 아닙니다. 사람과 사람 사이의 대인관계가 굉장히 중요합니다. 그래서 중수감의 괘사는 '배우고 익힐 때는 고생하더라도 친하게 지내고 믿음성이 있는 마음을 유지하여야 모든 일이 뜻과 같이 잘되어 가고 더욱이 같은 또래들이 친하게 지내려고 하는구나.'라고 한 것입니다.

初六. <ruby>習<rt>습</rt></ruby><ruby>坎<rt>감</rt></ruby> <ruby>入<rt>입</rt></ruby><ruby>于<rt>우</rt></ruby><ruby>坎<rt>감</rt></ruby><ruby>窞<rt>담</rt></ruby> <ruby>凶<rt>흉</rt></ruby>.

배우고 익힐 때는 고생하더라도 구덩이로 들어가 몸을 숨기면 좋지
않구나.

• 窞 ; 광 바닥의 작은 구덩이 담, 광 바닥의 작은 구덩이, 옆으로 난 구멍, 구덩이.

예나 지금이나 배우고 익히는 것을 싫어했던 사람이 있었던 모양입니다. 그래서 중
수감의 초육 효사는 '배우고 익힐 때는 고생하더라도 구덩이로 들어가 몸을 숨기면
좋지 않구나.'라고 한 것입니다.

九二. <ruby>坎<rt>감</rt></ruby><ruby>有<rt>유</rt></ruby><ruby>險<rt>험</rt></ruby><ruby>求<rt>구</rt></ruby> <ruby>小<rt>소</rt></ruby><ruby>得<rt>득</rt></ruby>.

몹시 힘들고 고생스럽게 높고 험한 낭떠러지의 구덩이에서 괴로워하며
구한다 해도 얻는 것이 적구나.

• 險 ; 험할 험, 험하다, 높다, 험준하다, 음흉하다, 음험하다, 간악하다, 멀다, 위태롭다, 간난하다
(몹시 힘들고 고생스럽다), 넓다, 평평하다, 고민, 고통, 위험, 요해지, 요해처, 자칫하면(어쩌다가
조금 어긋나 잘못되다), 하마터면, 거의, 대부분, 아슬아슬하게, 괴로워할 삼, 괴로워하다, 낭떠러
지 암, 낭떠러지, 험하다.

글로 닦고 대인을 만나 가르침을 받아 배우고 익히는 것이 낭떠러지의 구덩이에서
닦는 것보다 더 좋다는 말입니다. 그래서 중수감의 구이 효사는 '몹시 힘들고 고생
스럽게 높고 험한 낭떠러지의 구덩이에서 괴로워하며 구한다 해도 얻는 것이 적구
나.'라고 한 것입니다.

래 지 감 감 험 차 침　입 우 감 담 물 용
六三. 來之坎坎 險且枕 入于坎窞 勿用.

후세에 이르면 감감하고 또 몹시 힘들고 고생스럽다고 구덩이로 들어가
몸을 숨기고 드러누워 잠자려면 하지 말라.

- 坎坎 ; *여기서의 '감감'은 국어사전에 나오는 감감을 이용하여 번역함. 감감하다(1. 멀어서 아득한 모양, 2. 어떤 사실을 전혀 모르거나 잊은 모양 '깜깜하다'보다 여린 느낌을 준다. 3. 소식이나 연락이 전혀 없다).
- 且 ; 또 차, 또, 또한, 장차, 만일, 구차하다(말이나 행동이 떳떳하거나 버젓하지 못하다), 공경스러울 저, 공경스럽다, 머뭇거리다, 어조사, 도마 조, 도마, 적대(제사 때 산적을 담는 그릇).
- 枕 ; 베개 침, 베개, 말뚝, 머리뼈, (베개를) 베다, 드러눕다, 잠자다, 가로막다, 방해하다, 임하다, 향하다.

배우고 익힐 때는 지조가 굳게 자리에 앉아 닦아야 합니다. 그래서 중수감의 육삼 효사는 '후세에 이르면 감감하고 또 몹시 힘들고 고생스럽다고 구덩이로 들어가 몸을 숨기고 드러누워 잠자려면 하지 말라.'라고 한 것입니다.

준 주 궤 이 용 부　납 약 자 유　종 무 구
六四. 樽酒簋貳用缶 納約自牖 終无咎.

술통의 술을 장군을 써서 거듭하여 궤에 담아 술을 마시더라도 자기 스스로 받아들이고 멈추는 것을 깨우치면 늘 허물은 없구나.

- 樽 ; 술통 준, 술통, 술 단지(목이 짧고 배가 부른 작은 항아리), 술잔, 술그릇.
- 酒 ; 술 주, 술, 잔치, 주연(酒宴), 술자리, 주연(酒筵), 무술(제사 때 술 대신에 쓰는 맑은 찬물), (술을) 마시다.
- 簋 ; 제기이름 궤, 제기이름, 기장(볏과의 한해살이풀)과 피를 담는 그릇.
- 貳 ; 두 이, 갖은 두 이, 둘, 버금, 두 마음, 거듭하다, 의심하다, 어기다, 변하다, 배신하다, 내통하다, 돕다.
- 缶 ; 장군 부, 장군(배가 불룩하고 목 좁은 아가리가 있는 질그릇), 질 장구(우리나라 타악기의 하나), 양병(배가 부르고 목이 좁고 짧은 오지병), 용량, 두레박 관, 두레박, 물동이, 질 장구, 양철통.
- 納 ; 들일 납, 받아들이다.
- 約 ; 맺을 약, 맺다, 약속하다, 묶다, 다발 짓다, 검소하게 하다, 줄이다, 오그라들다, 인색하다, 아

끄다, 멈추다, 말리다, 쇠하다, 갖추다, 구부리다, 따르다, 준거하다, 나눗셈하다, 유약하다, 아름답다, 약속, 조약, 어음, 증서, 검약, 검소, 고생, 빈곤, 대략, 대강, 대개(대부분), 장식, 노끈, 새끼, 부절 요, 부절(돌이나 대나무, 옥 따위로 만들어 신표로 삼던 물건), 고동, 사북(교차된 곳에 박아 돌쩌귀처럼 쓰이는 물건), 기러기발 적, 기러기발(거문고, 가야금, 아쟁 따위의 줄을 고르는 기구).

- 牖 ; 들창 유, 들창(들어서 여는 창), 성의 하나, 깨우치다.
- 自 ; 스스로 자.
- 終 ; 마칠 종, 항상, 늘.

배우고 익혀야 할 것이 한둘이 아니지만 배우고 익힌 것이 많고 대인관계를 좋게 하여도 술이 문제입니다. 그래서 중수감의 육사 효사는 '술통의 술을 장군을 써서 거듭하여 궤에 담아 술을 마시더라도 자기 스스로 받아들이고 멈추는 것을 깨우치면 늘 허물은 없구나.'라고 한 것입니다.

감 불 영 지 기 평 무 구
九五. 坎不盈 祗旣平 无咎.

험하니 고생하고 험난하니 괴로워하고 애태워도 채워지는 것이 아니므로 처음부터 오직 사사로움이 없이 하여야만 허물이 없구나.

- 盈 ; 찰 영, 차다, 가득하다, 충만하다, 피둥피둥하다, 남다, 여유가 있다, 불어나다, 증가하다, 채우다, 미치다, 교만하다, 이루다, 예쁜 모양.
- 祗 ; 다만 지, 공경할지, 다만, 단지, 뿐, 오직, 겨우, 한갓, 그러나, 오직 ~하여야만, 편안하다, 오직 ~밖에 없다, 이, 이것, 어조사, 때마침, 공경, 공경하다, 짧은 거리, 땅 귀신 기, 땅 귀신, 크다.
- 旣 ; 이미 기, 이미, 처음부터, 그러는 동안에, 다 없어지다.
- 平 ; 평평할 평, 사사로움이 없다, 이루어지다.

자기의 마음대로 되는 것은 하나도 없습니다. 욕심이 많으면 글로 닦는 것으로 일정한 정도는 잘할 수는 있겠지만 그 이상의 것은 이루기가 어렵겠지요. 그래서 중수감의 구오 효사는 '험하니 고생하고 험난하니 괴로워하고 애태워도 채워지는 것이 아니므로 처음부터 오직 사사로움이 없이 하여야만 허물이 없구나.'라고 한 것입니다.

계 용 휘 전 치 우 총 극 삼 세 불 득 흉
上六. 係用徽纏 寘于叢棘 三歲不得 凶.

기러기발을 써서 이어 매고 묶어서 아름답게 악기를 타는 데 매달리면 가
시나무 숲에 두어 멈추어도 마음을 구속하여 수행을 가로막는 번뇌에 오
랜 세월 깨닫지 못하니 좋지 않구나.

- 係 ; 맬 계, 이어 매다, 묶다, 매달리다.
- 徽 ; 아름다울 휘, 아름답다, 아름답게 하다, (악기를) 타다, 훌륭하다, 묶다, 표기(목표로 세운 기),
  묶음, 노끈, 세 겹의 노끈, 기러기발(거문고, 가야금, 아쟁 따위의 줄을 고르는 기구), 안휘성의
  약칭.
- 纏 ; 얽힐 전, 얽다, 얽히다, 구르다, 감다, 감기다, 돌다, 마음을 구속하여 수행을 가로막는 번뇌를
  달리 이르는 말.
- 寘 ; 둘 치, 두다, 다하다, 그치다, 멈추다, 들이다, 처리하다, 메울 전, 메우다, 채우다.
- 叢 ; 떨기 총, 떨기, 숲, 모이다, 모으다, 더부룩하다, 번잡하다, 번거롭다, 잘다.
- 棘 ; 가시 극, 가시, 가시나무, 창, 멧 대추나무, 공경의 자리, 야위다, 위급하다, 벌여놓다.
- 得 ; 얻을 득, 깨닫다.

아름다운 현악기의 소리가 귓가에 아른거리면 주위에서 하는 말들이 귀로 들어오
지 않습니다. 그래서 중수감의 상육 효사는 '기러기발을 써서 이어 매고 묶어서 아
름답게 악기를 타는 데 매달리면 가시나무 숲에 두어 멈추어도 마음을 구속하여 수
행을 가로막는 번뇌에 오랜 세월 깨닫지 못하니 좋지 않구나.'라고 한 것입니다.

30

重火離(중화리)

리 이 정 형 혹 빈 우 길
離 利 貞 亨 畜 牝 牛 吉.

떠날 때에는 지조가 굳어야 이로우며 통달하려면 골짜기에서 무릅쓰고 길러야 좋구나.

- 離 ; 떠날 리, 떠나다, 떼어놓다, 떨어지다, 갈라지다, 흩어지다, 분산하다, 가르다, 분할하다, 늘어 놓다, 만나다, 맞부딪다, 잃다, 버리다, 지나다, 겪다, 근심, 성의 하나, 괘 이름, 붙을 려, 붙다, 달라 붙다, 교룡 치, 맹수.
- 貞 ; 곧을 정, 지조가 굳다.
- 畜 ; 기를 휵, 기르다, 양육하다, 먹이다, 치다, 아끼다, 사랑하다, 효도하다, 부지런히 힘쓰는 모양, 짐승 축, 쌓을 축, 짐승, 가축, 개간한 밭, 비축, 쌓다, 모으다, 쌓이다, 모이다, 간직하다, 소장하다, 제지하다, 말리다.
- 牝 ; 암컷 빈, 골짜기, 계곡.
- 牛 ; 소 우, 고집스럽다, 무릅쓰다(1. 힘들고 어려운 일을 참고 견디다, 2. 뒤집어서 머리에 덮어 쓰다).

글로 닦고 대인을 만나 가르침도 받았습니다. 이제는 칩거를 해서 자기만의 사상적 이론을 정리를 해야 합니다. 그래서 중화리의 괘사는 '떠날 때에는 지조가 굳어야 이로우며 통달하려면 골짜기에서 무릅쓰고 길러야 좋구나.'라고 한 것입니다.

리 착 연 경 지 무 구
初九. 履錯然 敬之 无咎.

행하는 바가 어긋난 듯하면 한층 더 게을리 하지 않아야 허물이 없구나.

- 履 ; 밟을 리, 행하는 바.
- 錯 ; 어긋날 착, 어긋나다, 섞다, 섞이다, 꾸미다, 도금하다, (살결이) 트다, 거칠어지다, 번다하다 (번거롭게 많다), 어지럽히다, 잘못하다, 숫돌, 틀린 답안, 삼가는 모양, 번갈아, 교대로, 둘 조, 두 다, 처리하다, 시행하다, 편안하다, 급박하다, 허둥지둥하다.
- 然 ; 그럴 연, 불탈 연, 그러하다, 틀림이 없다, 그러하게 하다, 명백하다, 분명하다, 그러하다고 하 다, ~이다, 듯하다, 허락하다, 동의하다, 불타다, 불태우다, 밝다, 그런데, 드디어, 그러하면, 그리 하여, 그렇다면, 그리하여, 그리고 나서, 연후에, 그러나, 그렇지만, 그런데도, 그렇기는 하지만, 상 태를 나타내는 접미사, 원숭이의 얼굴.
- 敬 ; 공경 경, 한층 더 게을리하지 않음을 뜻함.

배우고 익힐 때나 가르침을 받을 때에는 모든 것이 잘될 것 같은데 막상 혼자서 사 상적 이론을 정리하려고 하면 잘되지를 않습니다. 그래서 중화리의 초구 효사는 '행 하는 바가 어긋난 듯하면 한층 더 게을리하지 않아야 허물이 없구나.'라고 한 것입 니다.

황 리 원 길
六二. 黃離 元吉.

열병을 앓아서 병들고 지친 누런빛의 어린아이가 늙은이를 만나서 떠나 는 것은 하늘의 도우심이니 크게 좋구나.

- 黃 ; 누를 황, 누렇다, 노래지다, 앓다(1. 병에 걸려 고통을 겪다, 2. 마음에 근심이 있어 괴로움을 느끼다), 누런빛, 황금, 늙은이, 어린아이, 유아, 황제, 열병, 병들고 지친 모양, 공골 말(털빛이 누 런 말), 곡식, 곡류, 나라 이름, 황마(黃馬).

하늘이 하시는 일을 어찌 하찮은 인간들이 알겠습니까? 누를 황(黃)자의 뜻을 엮어 서 문장을 만들었습니다. 하늘의 도우심으로요. 그래서 중화리의 육이 효사는 '열 병을 앓아서 병들고 지친 누런빛의 어린아이가 늙은이를 만나서 떠나는 것은 하늘 의 도우심이니 크게 좋구나.'라고 한 것입니다.

일 측 지 리 불 고 부 이 가 즉 대 질 지 차 흉
九三. 日昃之離 不鼓缶而歌 則大耋之嗟 凶.

해는 기울어 떠나려는데 북 치고 장구 치고 노래하는 것이 아니고 만일
나이 먹은 늙은이의 탄식이라면 좋지 않구나.

- 昃 ; 기울 측, 기울다, 하오(下午),
- 鼓 ; 북 고, 북, 악기의 하나, 북소리, 맥박, 심장의 고동, 시보, 경점(북이나 징을 쳐서 알려 주던 시간), 되(용량을 되는 그릇), 무게의 단위, 치다, 두드리다, 휘두르다, (악기를)타다, 연주하다, 격려하다, 북돋우다, 부추기다, 선동하다.
- 缶 ; 장군 부, 질 장구.
- 歌 ; 노래 가, 노래, 가곡, 가사, 시(詩)체의 이름, 악기 이름, 노래하다, 읊다, 노래를 짓다, 칭송하다.
- 則 ; 곧 즉, 만일 ~이라면.
- 大 ; 큰 대, 늙다, 나이를 먹다.
- 耋 ; 늙은이 질, 늙은이, 예순 살, 일흔 살, 여든 살.
- 嗟 ; 탄식할 차, 탄식하다(한탄을 하여 한숨을 쉬다), 감탄하다, 탄식, 감탄, 창졸간에, 갑작스럽게.

각 효에서 세 번째 효가 양효이면 자리가 올바른 것입니다. 배우고 익히고 가르침
도 받아서 이제는 사상적 이론을 정리를 해야 합니다. 거의 마지막 단계입니다. 떠
나야 합니다. 자기 자신을 자신이 제일 모를 수도 있고 자신이 제일 잘 알 수도 있
습니다. 그러나 지금은 제일 잘 알 때입니다. 그래서 중화리의 구삼 효사는 '해는 기
울어 떠나려는데 북 치고 장구 치고 노래하는 것이 아니고 만일 나이 먹은 늙은이
의 탄식이라면 좋지 않구나.'라고 한 것입니다.

돌 여 기 래 여 분 여 사 여 기 여
九四. 突如其來如 焚如 死如 棄如.

갑자기 개가 구멍에서 뛰어나오면 그 이후로 불살라 죽이고 돌보지 않는
것과 같이 갑자기 쑥 나오면 그 이후로는 불살라 태우고 목숨 걸고 물리쳐
야 하는구나.

- 突 ; 갑자기 돌, 갑자기, 갑작스럽다, 내밀다, 쑥 나오다, 부딪치다, 구멍을 파서 뚫다, 굴뚝, 대머리, 사나운 말, 개가 구멍에서 뛰어 나온다는 뜻.

- 來 ; 올 래, 그 이후로.
- 焚 ; 불사를 분, 불사르다, 타다, 태우다, 넘어지다, 넘어뜨리다.
- 死 ; 죽을 사, 죽이다, 목숨 걸다.
- 棄 ; 버릴 기, 버리다, 그만 두다, 돌보지 않다, 꺼리어 멀리하다, 물리치다, 잊다.
- 如 ; 같을 여, 같다, 같게 하다, 미치다, 닿다, 좇다, 따르다, 가다, 이르다, 맞서다, 대항하다, 어떠하다.

조용히 정좌를 하고 앉아 있습니다. 오감이 나를 유혹하고 있습니다. 꽃향기가 여인네의 향기로 코로 들어옵니다. 솔향기가 술의 향기가 되어 입맛을 다스립니다. 비가 오고 날이 흐리면 고향에 있는 부모 형제가 생각납니다. 친구들이 빨리 오라고 소리칩니다. 내가 이런다고 세상이 달라지는 것도 아니라며 그리운 사람이 있는 쪽의 길을 바라봅니다. 그래서 중화리의 구사 효사는 '갑자기 개가 구멍에서 뛰어나오면 그 이후로 불살라 죽이고 돌보지 않는 것과 같이 갑자기 쑥 나오면 그 이후로는 불살라 태우고 목숨 걸고 물리쳐야 하는구나.'라고 한 것입니다.

六五. 出涕沱若 戚嗟若 吉.
출 체 타 야 척 차 약 길

만물의 참다운 실상을 깨닫기 위해 비가 쏟아지듯이 눈물을 흘리며 울면서 떠나가네. 헤어지네. 일가친척들이 탄식하는데도 떠나가는구나. 길!

- 出 ; 날 출, 떠나다, 헤어지다.
- 涕 ; 눈물 체, 눈물, 울다, 눈물을 흘리며 울다.
- 沱 ; 물 이름 타, 물 이름, 눈물 흐르다, 비 쏟아지다, 흐르다.
- 若 ; 같을 약, 같다, 어리다(1. 눈에 눈물이 조금 괴다, 2. 어떤 현상, 기운, 추억 따위가 배어 있거나 은근히 드러나다, 3. 빛이나 그림자 모습 따위가 희미하게 비치다), 반야 야, 반야(만물의 참다운 실상을 깨닫다).
- 戚 ; 친척 척, 근심할 척, 친척, 일가, 겨레, 도끼, 두꺼비, 악기 이름, 가깝다, 가까이하다, 친하다, 친하게 지내다, 근심하다, 염려하다, 슬퍼하다, 마음 아파하다, 성내다, 분개하다, 두려워하다, 무서워하다, 괴롭히다, 재촉할 촉, 재촉하다, 조급하다, 긴박하다, 곤궁하다, 빠르다.
- 嗟 ; 탄식할 차.

굳은 결심이 섰습니다. 이제는 떠나야 합니다. 떠나서 도를 이루려면 어떻게 해야한다는 것을 잘 알고 있습니다. 부모형제 일가친척을 잊고 살아야 합니다. 어디 쉬운 일인가요. 그래서 중화리의 육오 효사는 '만물의 참다운 실상을 깨닫기 위해 비가 쏟아지듯이 눈물을 흘리며 울면서 떠나가네. 헤어지네. 일가친척들이 탄식하는데도 떠나가는구나. 길!'이라고 한 것입니다.

上九. 王用出征 有嘉 折首獲匪 其醜 无咎.
왕 용 출 정 유 가 제 수 확 분 기 추 무 구

왕이 군대를 보내 정벌하여 다스릴 때나 경사스러운 일이 있을 때에도 드러내고 불러서 천천히 머리 숙여 절하고 상심하는 것을 나누는데 그 용모가 추해도 허물은 없구나.

- 用 ; 쓸 용, 다스리다.
- 出征 ; 1. 군대에 입대하여 정벌하러 나감, 2. 군대를 보내어 정벌함.
- 出 ; 날 출, 드러내다.
- 征 ; 부를 징, 부르다.
- 嘉 ; 아름다울 가, 경사스럽다.
- 折 ; 꺾을 절, 꺾다, 값을 깎다, 할인하다, 꺾이다, 부러지다, 타협하다, 결단하다, 판단하다, 꾸짖다, 따지다, 힐난하다, 헐뜯다, 자르다, 쪼개다, 찢다, 일찍 죽다, 밝은 모양, 제단, 천천히 할 제, 천천히 하다, 편안한 모양.
- 首 ; 머리 수, 머리, 절하다, (머리를) 숙이다.
- 獲 ; 얻을 획, 실심할 확, 상심하다(슬픔이나 걱정 따위로 속을 썩이다).
- 匪 ; 비적 비, 나눌 분, 나누다.
- 醜 ; 추할 추, (용모가) 추하다, 못생기다, 밉다, 못되다, 나쁘다, 미워하다, 부끄러워하다, 견주다, 유사하다, 이름, 익살꾼.

도를 이루었습니다. 주위의 사람들이 높이 존경합니다. 대사가 되었습니다. 그래서 중화리의 상구 효사는 '왕이 군대를 보내 정벌하여 다스릴 때나 경사스러운 일이 있을 때에도 드러내고 불러서 천천히 머리 숙여 절하고 상심하는 것을 나누는데 그 용모가 추해도 허물은 없구나.'라고 한 것입니다.

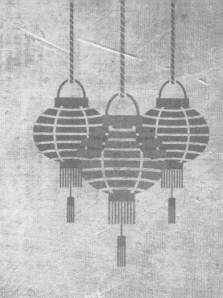

周易下經

31 澤山咸(택산함)

함 형 이 정 취 녀 길
咸 亨 利 貞 取 女 吉.

모두 다 모든 일이 뜻과 같이 잘되어 가려면 마음을 바르게 하여야 이롭고
장가들고 시집보내니 좋구나.

- 咸 ; 다 함, 짤 함, 다, 모두, 소금기, 함 괘, 짜다, 소금기가 있다, 두루 미치다, 널리 미치다, 부드러
  워지다, 물다, 썹다, 차다, 충만하다, 같다, 덜 감, 덜다, 줄이다.
- 取 ; 가질 취, 가지다, 취하다, 장가들다.
- 女 ; 여자 여, 여자, 딸, 처녀, 시집보내다.

일이 잘되어 가더라도 남녀가 만나 가정을 이루어야 하겠지요. 그래서 택산함의 괘
사는 '모두 다 모든 일이 뜻과 같이 잘되어 가려면 마음을 바르게 하여야 이롭고 장
가들고 시집보내니 좋구나.'라고 한 것입니다.

함 기 무
初六. 咸其拇.

모두 다 엄지손가락으로 기약하는구나.

- 其 ; 그 기, 기약하다(때를 정하여 약속하다), 이미.
- 拇 ; 엄지손가락 무, 엄지손가락, 엄지발가락.

남녀가 만나 서로가 엄지손가락을 맞대며 결혼을 약속하는 장면입니다. 그래서 택
산함의 초육 효사는 '모두 다 엄지손가락으로 기약하는구나.'라고 한 것입니다.

六二. 咸其腓 凶 居吉.
(함 기 비 흉 거 길)

모두 다 장딴지로 기약하면 좋지 않으니 집에 있는 것이 좋구나.

- 腓 ; 장딴지 비, 피할 비, 장딴지, 다리 베는 형벌, 피하다, 덮다, 앓다.
- 居 ; 살 거, 살다, 있다, 집, 거처하는 곳.

남녀가 만나 장난하듯이 장딴지를 툭툭 치면서 결혼을 기약하면 절대로 잘될 수가
없습니다. 그래서 택산함의 육이 효사는 '모두 다 장딴지로 기약하면 좋지 않으니
집에 있는 것이 좋구나.'라고 한 것입니다.

九三. 咸其股 執其隨 往吝.
(함 기 고 집 기 수 왕 린)

모두 다 넓적다리로 기약하면 잡혀서 뒤를 따라가게 되니 언제나 소중히
여기는구나.

- 股 ; 넓적다리 고, 넓적다리, 정강이, 고(직각 삼각형의 직각을 이룬 긴 부분), 가닥(한군데서 갈려
  나온 낱낱의 줄), 끝, 가닥이 지다.
- 執 ; 잡을 집, 잡다, 가지다, 맡아 다스리다, 처리하다, 두려워하다, 사귀다, 벗, 동지, 벗하여 사귀
  는 사람.
- 隨 ; 따를 수, 뒤에서 따라간다는 뜻.
- 往 ; 갈 왕, 가다, 옛날, 언제나, 이따금.
- 吝 ; 아낄 린, 아끼다, 인색하다, 소중히 여기다, 주저하다.

결혼 전에 성관계를 이야기하고 있습니다. 그래서 택산함의 구삼 효사는 '모두 다
넓적다리로 기약하면 잡혀서 뒤를 따라가게 되니 언제나 소중히 여기는구나.'라고
한 것입니다.

정 길 회 망 동 동 왕 래 붕 종 이 사
九四. 貞吉 悔亡 憧憧往來 朋從爾思.

마음을 바르게 하면 좋다고 한이 맺히는 것을 잊고 어리석게도 마음을
정하지 않고 왕래하다 벗이 다가서도 너는 생각뿐이구나.

- 悔 ; 뉘우칠 회, 한이 맺히다, 단념하지 못하고 마음에 걸리다, 잘못.
- 亡 ; 망할 망, 망하다, 잃다, 없애다, 잊다.
- 憧 ; 동경할 동, 어리석을 동, 동경하다(1. 어떤 것을 간절히 그리워하여 그것만을 생각하다, 2. 마음이 스스로 들떠서 안정되지 아니하다), 그리워하다, 마음이 정해지지 않다, 둔하다, 무디다, 마음이 정해지지 않는 모양, 그리움(왕래가 끊이지 않는 모양).
- 從 ; 좇을 종, 따르다, 일하다, 다가서다.
- 爾 ; 너 이, 너, 뿐, 가깝다.
- 思 ; 생각 사, 생각하다.

『시경』「소아」 습상에는 '마음속에 사랑하고 있어도 어찌하여 말 한마디 못하고
마음속에 감추고만 있으니 어느 세월 가야 잊을 수 있겠는가.'라는 시가 있습니다.
용기를 내야 합니다. 그러나 헤아리지 못하는 바보입니다. 그래서 택산함의 구사
효사는 '마음을 바르게 하면 좋다고 한이 맺히는 것을 잊고 어리석게도 마음을 정하
지 않고 왕래하다 벗이 다가서도 너는 생각뿐이구나.'라고 한 것입니다.

함 기 매 무 회
九五. 咸其脢 无悔.

모두 다 등쌀에 못 이겨 기약하여도 잘못은 없구나.

- 脢 ; 등심 매, 등심(등골뼈에 붙은 살). *여기에서는 '등쌀에 못 이겨'로 번역함.

어른들이 그 정도면 괜찮다고 결혼을 시키려는 것입니다. 그래서 택산함의 구오
효사는 '모두 다 등쌀에 못 이겨 기약하여도 잘못은 없구나.'라고 한 것입니다.

上六. 咸其輔頰舌.
함 기 보 협 설

모두 다 말로 비유하여 천천히 말하며 기분이 좋게 도우니 기약하는구나.

- 輔 ; 도울 보, 돕다, 도움, 광대뼈, 바퀴 덩방나무(수레의 양쪽 가장자리에 덧대는 나무), 재상, 아
   전, 경기.
- 頰 ; 뺨 협, 뺨, 땅 이름, 쾌적하다, 기분이 좋다, 비유하여 천천히 말하다.
- 舌 ; 혀 설, 혀, 말, 언어, 과녁의 부분.

중매쟁이의 등장입니다. 그래서 택산함의 상육 효사는 '모두 다 말로 비유하여 천천
히 말하며 기분이 좋게 도우니 기약하는구나.'라고 한 것입니다.

32 雷風恒(뇌풍항)

항　형　무구　이정　이유유왕
恒 亨 无咎 利貞 利有攸往.

항상 변하지 않고 늘 그렇게 하더라도 모든 일이 뜻과 같이 잘되어 가려면 허물이 없도록 마음을 바르게 하여야 이롭고 허물이 없어야 언제나 갈 곳이 있어 이롭구나.

• 恒 ; 항상 항, 항상, 64괘의 하나, 변하지 않고 늘 그렇게 하다, 항구히, 반달 긍, 반달, 두루 미치다, 뻗치다, 걸치다.

사람이 허물이 있으면 좋지 않으니 항상 변하지 말고 마음을 바르게 하라는 것입니다. 그래서 뇌풍항의 괘사는 '항상 변하지 않고 늘 그렇게 하더라도 모든 일이 뜻과 같이 잘되어 가려면 허물이 없도록 마음을 바르게 하여야 이롭고 허물이 없어야 언제나 갈 곳이 있어 이롭구나.'라고 한 것입니다.

준항　정흉　무유리
初六. 浚恒 貞 凶 无攸利.

항상 변하지 않고 늘 그렇게 하는 것을 깊게 하여 지조가 굳어지면 좋지 않고 이로울 바도 없구나.

• 浚 ; 깊게 할 준, 깊게 하다, 깊다, 치다, (재물을) 약탈하다, 빼앗다.

사람은 환경의 동물입니다. 그때그때마다 상황에 맞춰 변해야 합니다. 그래서 뇌풍 항의 초육 효사는 '항상 변하지 않고 늘 그렇게 하는 것에 깊게 하여 지조가 굳어지 면 좋지 않고 이로울 바도 없구나.'라고 한 것입니다.

九二. 悔亡.
회 무

항상 변하지 않고 늘 그렇게 하더라도 뉘우칠 것이 없어야 하는구나.

• 悔; 뉘우칠 회.
• 亡; 없을 무.

사람은 상황에 따라 변해야 하는데 변하지 않으면 잘못이 없어야 합니다. 그래서 뇌풍항의 구이 효사는 '항상 변하지 않고 늘 그렇게 하더라도 뉘우칠 것이 없어야 하는구나.'라고 한 것입니다.

九三. 不恒其德 或承之羞 貞吝.
불 항 기 덕 혹 승 지 수 정 린

선행을 항상 변하지 않고 늘 그렇게 하다가 어떤 이의 도움을 받아도 부 끄러운 것이 아닌데 지조가 굳어 주저하는구나.

• 德; 큰 덕, 선행(善行).
• 承; 이을 승, 잇다, 계승하다, 받들다, 받다, 받아들이다, 장가들다, 돕다, 도움, 후계.
• 羞; 부끄러울 수, 부끄러워하다, 수줍어하다, 두려워하다, 미워하다.
• 或; 혹혹, 혹, 혹은, 어떤 이.

선행을 계속해서 이어온 착한 사람입니다. 그래서 뇌풍항의 구삼 효사는 '선행을 항 상 변하지 않고 늘 그렇게 하다가 어떤 이의 도움을 받아도 부끄러운 것이 아닌데 지조가 굳어 주저하는구나.'라고 한 것입니다.

전 무 금
九四 . 田无禽.

밭에 새가 없구나.

• 禽 ; 새 금, 새, 날짐승, 짐승 금수의 총칭, 포로, 사로잡다, 사로잡히다.

항상 변하지 않고 늘 그렇게 하면 사람이 모이지 않습니다. 그래서 뇌풍항의 구사 효사는 '밭에 새가 없구나.'라고 한 것입니다.

항 기 덕 정 부 인 길 부 자 흉
六五 . 恒其德 貞 婦人吉 夫子凶.

행위가 항상 변하지 않고 늘 그렇게 하는 것에 지조가 굳으면 부인은 좋지만 남편은 좋지 않구나.

• 夫子 ; 남편의 높인 말.
• 德 ; 덕 덕, 행위(行爲). *男天女地.

집안에 있는 여자와 집 밖에 있는 남자가 같으면 아니 되겠지요. 남자는 하늘과 같이 변화를 해야 하고 여자는 땅과 같이 늘 그래야 합니다. 그래서 뇌풍항의 육오 효사는 '행위가 항상 변하지 않고 늘 그렇게 하는 것에 지조가 굳으면 부인은 좋지만 남편은 좋지 않구나.'라고 한 것입니다.

진 항 흉
上六 . 振恒 凶.

항상 변하지 않고 늘 그렇게 하는 것을 내버리면 좋지 않구나.

• 振 ; 떨칠 진, 떨치다, 떨다, 진동하다, 구원하다, 거두다, 건지다, 구휼하다, 떨쳐 일어나다, 속력을 내다, 무리를 지어 날다, 들다, 들어 올리다, 열다, 열어서 내놓다, 받아들이다, 수납하다, 정돈하다, 정제하다, 뽑다, 빼내다, 바루다, 바로잡다, 조사하다, 알아보다, 무던하다, 인후하다, 오래되다, 버리다, 내버리다, 멎다, 그만두다, 홑 겹, 한 겹, 예, 옛.

마음을 바르게 하는 것은 항상 변하지 않고 늘 그렇게 해야 하지만 늘 그렇게 하던 것을 갑자기 내버리면 좋지 않습니다. 그래서 뇌풍항의 상육 효사는 '항상 변하지 않고 늘 그렇게 하는 것을 내버리면 좋지 않구나.'라고 한 것입니다.

33 天山遯(천산둔)

둔 형 소 이 정
遯 亨 小 利貞.

달아나 숨을 때에 모든 일이 뜻과 같이 잘되어 가려면 작은 것에도 주의하고 마음을 바르게 하여야 이롭구나.

- 遯 ; 달아날 둔, 달아나다, 숨다, 피하다, 도망치다, 회피하다.
- 亨 ; 형통할 형, 형통하다, 통달하다.
- 小 ; 작을 소, 작다, 적다, 주의하다.

몰래 달아나 숨을 때에는 작은 것이 빌미가 되어 숨어 있는 곳을 찾을 수도 있습니다. 그래서 천산둔의 괘사는 '달아나 숨을 때에 모든 일이 뜻과 같이 잘되어 가려면 작은 것에도 주의하고 마음을 바르게 하여야 이롭구나.'라고 한 것입니다.

둔 미 려 물 용 유 유 왕
初六. 遯尾 厲 勿用有攸往.

달아나 숨을 때 뒤를 밟히면 좋지 않으니 이따금 갈 곳이 있어도 가지를 말아야 위태로울 때 빠르게 갈 수 있구나.

- 尾 ; 꼬리 미, 꼬리, 끝, 뒤따르다, 뒤를 밟다.
- 厲 ; 갈 려, 위태롭다, 좋지 않은 일.
- 用 ; 쓸 용, 하다, 행하다.

- 往 ; 갈 왕, 가다, 이따금.
- 攸 ; 바 유, 곳, 재빠른 모양, 빠르다, 위태로운 모양, 위태롭다.

달아나 숨을 때는 족적을 남기지 말고 빠르게 숨어야 합니다. 그래서 천산둔의 초육 효사는 '달아나 숨을 때 뒤를 밝히면 좋지 않으니 이따금 갈 곳이 있어도 가지를 말아야 위태로울 때 빠르게 갈 수 있구나.'라고 한 것입니다.

六二. 執之用黃牛之革 莫之勝說.
집 지 용 황 우 지 혁 막 지 승 탈

황소 가죽을 써서 잡으면 벗어날 수가 없구나.

- 執 ; 잡을 집, 잡다, 가지다, 맡아 다스리다.
- 革 ; 가죽 혁, 가죽, 가죽의 총칭, 가죽 장식, 갑옷, 투구, 피부, 북(팔음의 하나), 괘 이름, 날개, 늙다, (날개를) 펴다, (털을) 갈다, 고치다, 중해질 극, 중해지다, 위독해지다, 엄하다, 심하다, 지독하다, 빠르다.
- 莫 ; 없을 막, 없다, 말라, ~하지 말라, 불가하다, 꾀하다, 편안하다, 안정되다, 조용하다, 드넓다, 아득하다, 막, 장막, 저물 모, 저물다, (날이) 어둡다, 나물, 덮을 멱, 덮다, 봉하다.
- 勝 ; 이길 승, 이기다, 뛰어나다, 훌륭하다, 경치가 좋다, 낫다, 승리를 거두어 멸망하다, 넘치다, 지나치다, 견디다, 바르다, 곧다, 기회를 활용하다, 뛰어난 것, 부인의 머리 꾸미개, 훌륭한 것, 이김, 모두, 온통, 죄다.
- 說 ; 벗을 탈.

달아나 숨지 못하게 잡아 놓으려면 어떻게 해야 좋을까요? 그래서 천산둔의 육이 효사는 '황소 가죽을 써서 잡으면 벗어날 수가 없구나.'라고 한 것입니다.

九三. 係遯有疾 厲 畜臣妾 吉.
계 둔 유 질 려 혹 신 첩 길

달아나 숨는 것을 끊어지지 않게 계속하면 병이 있을 수 있어 위태로우니 하인과 첩을 아끼고 사랑해야 좋구나.

- 係 ; 맬 계, 잇다(1. 두 끝을 맞대어 붙이다, 2. 끊어지지 않게 계속하다, 3. 많은 사람이나 물체가 줄을 이루어 서다).
- 疾 ; 병 질, (병을) 앓다, 걸리다.
- 畜 ; 기를 휵, 아끼다, 사랑하다.
- 臣 ; 신하 신, 신하, 백성, 하인, 포로, 어떤 것에 종속됨, 신하의 자칭, 자기의 겸칭, 신하로 삼다, (신하로서) 직분을 다하다, 신하답다.
- 妾 ; 첩 첩, 첩(여자의 겸칭), 시비(좌우에 두고 부리는 부녀자), 여자아이.

달아나 숨을 때 가장 필요한 사람이 측근입니다. 측근에게는 특별하게 잘해 주어야 합니다. 그래서 천산둔의 구삼 효사는 '달아나 숨는 것을 끊어지지 않게 계속하면 병이 있을 수 있어 위태로우니 하인과 첩을 아끼고 사랑해야 좋구나.'라고 한 것입니다.

九四. 好遯 君子吉 小人否.
호 둔 군 자 길 소 인 부

걸핏하면 달아나 숨는 것을 좋아하더라도 군자는 좋지만 소인은 불가하구나.

- 好 ; 좋을 호, 좋다, 사이좋다, 아름답다, 좋아하다, 사랑하다, 구멍, 우의, 정분, 교분, 친선의 정, 곧잘, 자주, 걸핏하면.
- 否 ; 아닐 부, 막힐 비, 불가하다(1. 옳지 아니하다, 2. 가능하지 아니하다).

군자가 달아나 숨는 것과 소인이 달아나 숨는 것에는 차이가 있겠지요. 그래서 천산둔의 구사 효사는 '걸핏하면 달아나 숨는 것을 좋아하더라도 군자는 좋지만 소인은 불가하구나.'라고 한 것입니다.

九五. <ruby>嘉<rt>가</rt></ruby><ruby>遯<rt>둔</rt></ruby> <ruby>貞<rt>정</rt></ruby><ruby>吉<rt>길</rt></ruby>.

달아나 숨는 것을 즐기더라도 마음을 바르게 하여야 좋구나.

• 嘉 ; 아름다울 가, 즐기다.

아무리 달아나 숨더라도 헐뜯지를 말아야 합니다. 그래서 천산둔의 구오 효사는 '달아나 숨는 것을 즐기더라도 마음을 바르게 하여야 좋구나.'라고 한 것입니다.

上九. <ruby>肥<rt>비</rt></ruby><ruby>遯<rt>둔</rt></ruby> <ruby>无<rt>무</rt></ruby><ruby>不<rt>불</rt></ruby><ruby>利<rt>리</rt></ruby>.

달아나 숨어 있을 때 살찌면 헐뜯어도 불리할 것이 없구나.

• 肥 ; 살찔 비, 살찌다, 기름지다, 살찌게 하다, 비옥하게 하다, 넉넉해지다, 두텁게 하다, 투박하다, 얇게 하다, 헐뜯다, 거름, 비료, 지방, 기름기, 살찐 말, 살진 고기, 물의 갈래.

달아나 숨어 있다는 것은 편한 상황이 아니지요. 그래서 천산둔의 상구 효사는 '달아나 숨어 있을 때 살찌면 헐뜯어도 불리할 것이 없구나.'라고 한 것입니다.

34

雷天大壯(뇌천대장)

대 장 이 정
大壯 利貞.

크게 장하고 성하고 굳세더라도 마음을 바르게 하여야 이롭구나.

- 大 ; 큰 대, 크다, 심하다, 높다, 존귀하다, 훌륭하다, 뛰어나다, 자랑하다, 뽐내다, 교만하다, 많다, 수효가 많다, 중히 여기다, 중요시하다, 지나다, 성기다(물건의 사이가 뜨다), 낫다, 늙다, 나이를 먹다, 대강, 대략, 크게, 성하게, 하늘, 존경하거나 찬미할 때 쓰이는 말.
- 壯 ; 장할 장, 장하다(기상이나 인품이 훌륭하다), 성하다(기운이나 세력이 한창 왕성하다), 굳세다(힘차고 튼튼하다), 기상이 훌륭하다, 씩씩하다, 크다, 기세가 좋다, 젊다, 견고하다, 웅장하다, 단단하다, 매우 갸륵하다, 찜질, 음력 8월, 성의 하나.

아무리 잘나면 무엇합니까? 마음을 바르게 해야 되지요. 그래서 뇌천대장의 괘사는 '크게 장하고 성하고 굳세더라도 마음을 바르게 하여야 이롭구나.'라고 한 것입니다.

장 우 지 정 흉 유 부
初九. 壯于趾 征凶 有孚.

친하게 지내고 믿음성이 있다고 굳센 발로 치고 때리면 좋지 않구나.

- 于 ; 어조사 우, 동작을 하다, 행하다.
- 征 ; 칠 정, 치다, 때리다.

- 孚 ; 미쁠 부, 미쁘다(믿음성이 있다).
- 有 ; 있을 유, 친하게 지내다.

친하게 지내고 믿음성이 있는데 발로 치고 때린다고요? 그런 사람은 가식적인 사람입니다. 그래서 뇌천대장의 초구 효사는 '친하게 지내고 믿음성이 있다고 굳센 발로 치고 때리면 좋지 않구나.'라고 한 것입니다.

九二. 貞吉.
정 길

크게 장하고 성하고 굳세더라도 마음을 바르게 하여야 좋구나.

주역을 한문 한 글자로 표현하라고 한다면 저는 주저하지 않고 '정(貞)'이라고 말합니다. 어떤 상황에서도 마음을 바르게 하라는 것이지요. 그래서 뇌천대장의 구이 효사는 '크게 장하고 성하고 굳세더라도 마음을 바르게 하여야 좋구나.'라고 한 것입니다.

九三. 小人用壯 君子用罔 貞厲 羝羊觸藩贏其角.
소 인 용 장 군 자 용 망 정 려 저 양 촉 번 리 기 각

소인은 굳세게 힘을 쓰고 군자는 힘이 없는 듯이 속이고 마음을 바르게 하는 데 힘을 쓰지만 영역을 지킬 때에는 숫양이 양들을 보호하기 위해 그 뿔로 지치도록 찌르는 것처럼 힘을 쓰는구나.

- 罔 ; 그물 망, 없을 망, 그물, 포위망, 계통, 조직, 없다, 속이다, 말다, (사리에) 어둡다, 근심하다, 넘보다, 명하다, 엮다, 얽다, 그물질하다.
- 羝 ; 숫양 저.
- 羊 ; 양 양, 양, 상서롭다, 배회하다.
- 觸 ; 닿을 촉, 닿다, 찌르다, 느끼다, 받다, 범하다, 더럽히다, 물고기, 물고기 이름.
- 藩 ; 울타리 번, 울타리, 경계, 지경(땅 이름), 번진, 속국, 영역, 수레의 휘장, (울로) 에워싸다, 지키다, 덮다, 보호하다, 자라다, 번식하다.

- 羸 ; 파리할 리, 여윌 리, 파리하다(핏기가 전혀 없다), 고달프다, 지치다, 엎지르다, 괴로워하다, 약하다.
- 角 ; 뿔 각, 뿔, 짐승의 뿔, 곤충의 촉각, 모, 모진데, 구석, 모퉁이, 각도, 총각, 상투, 술잔, 짐승, 금수, 콩깍지, 뿔피리, (뿔을) 잡다, 겨루다, 경쟁하다, 다투다, 견주다, 비교하다, 시험하다, 닿다, 접촉하다, 뛰다, 사람 이름 록, 꿩 우는 소리 곡.
- 厲 ; 갈 려, 힘쓰다.

소인은 평상시에 힘자랑을 합니다. 주위를 돌아보세요. 소인과 군자를 보세요. 그래서 뇌천대장의 구삼 효사는 '소인은 굳세게 힘을 쓰고 군자는 힘이 없는 듯이 속이고 마음을 바르게 하는데 힘을 쓰지만 영역을 지킬 때에는 숫양이 양들을 보호하기 위해 그 뿔로 지치도록 찌르는 것처럼 힘을 쓰는구나.'라고 한 것입니다.

九四. 貞吉 悔亡 藩決不羸 壯于大輿之輹.
정 길 회 무 번 결 불 리 장 우 대 여 지 복

마음을 바르게 하여야 뉘우칠 것이 없어 좋고 영역을 결정할 땐 약하지 아니하고 큰 수레의 복토처럼 굳세야 하는구나.

- 決 ; 결단할 결, 결단하다, (승부를) 가리다, 결정하다, 분별하다, 판단하다, 과감하다, 틔우다, 흐르게 하다, 터지다, 열리다, 자르다, 절단하다, 끊다, 도려내다, 이별하다, 헤어지다, 끝나다, 끝내다, 붕괴하다, 무너지다, 뚫다, 결단, 결심, 틈, 벌어진 사이, 깍지, 반드시, 틀림없이, 결코, 빠를 혈, 빠르다, 신속한 모양.
- 輹 ; 복토 복, 복토(차여와 차축의 연결을 고정하는 나무), 바퀴살.
- 悔 ; 뉘우칠 회.
- 亡 ; 없을 무, 없다.
- 羸 ; 파리할 리, 약하다.

마음을 바르게 하고 영역을 결정한다는 것은 삶이 달려 있는 것입니다. 그래서 뇌천대장의 구사 효사는 '마음을 바르게 하여야 뉘우칠 것이 없어 좋고 영역을 결정할 땐 약하지 아니하고 큰 수레의 복토처럼 굳세야 하는구나.'라고 한 것입니다.

상 양 우 역 무 회
六五. 喪羊于易 无悔.

점쟁이에게 점과 바꾸기 위해 양을 허비해도 뉘우침이 없구나.

- 喪 ; 잃을 상, 잃다, 잃어버리다, 허비하다(헛되이 쓰다).
- 易 ; 바꿀 역, 바꾸다, 고치다, 교환하다, 무역하다, 전파하다, 번지어 퍼지다, 바뀌다, 새로워지다, 다르다, 어기다, 배반하다, 주역, 역학, 점, 점쟁이, 바꿈, 만상의 변화, 국경, 겨드랑이, 도마뱀, 쉬울 이, 쉽다, 편안하다, 평온하다, 경시하다, 가벼이 보다, 다스리다, 생각하다, 간략하게 하다, 기쁘다, 기뻐하다, 평평하다, 평탄하다.

크게 장하고, 성하고, 굳세다면 마음을 바르게 하여야 되는데 점을 칩니다. 그래서 뇌천대장의 육오 효사는 '점쟁이에게 점과 바꾸기 위해 양을 허비해도 뉘우침이 없구나.'라고 한 것입니다.

저 양 촉 번 불 능 퇴 불 능 수 무 유 리 간 칙 길
上六. 羝羊觸藩 不能退 不能遂 无攸利艱則吉.

숫양이 영역을 지키기 위해 양을 찌를 때에는 물러나지도 못하고 나아가지도 못하는 것이 이로울 바는 없지만 어려움의 본보기로 삼으면 좋구나.

- 能 ; 능할 능, 견딜 내, 능하다, ~할 수 있다.
- 退 ; 물러날 퇴.
- 遂 ; 드디어 수, 따를 수, 드디어, 마침내, 두루, 널리, 도랑(매우 좁고 작은 개울), 수로, 이루다, 생장하다, 끝나다, 가다, 떠나가다, 나아가다, 답습하다, 오래되다, 멀다, 아득하다, 망설이다, 따르다, 순응하다, 전횡하다, 마음대로 하다, 오로지하다, 천거하다, 기용하다, 편안하다, 떨어지다, 추락하다.
- 艱 ; 어려울 간.
- 則 ; 법칙 칙, 곧 즉, 본보기로 삼다.

살아가면서 이러지도 저러지도 못할 때가 있습니다. 그래서 뇌천대장의 상육 효사는 '숫양이 영역을 지키기 위해 양을 찌를 때에는 물러나지도 못하고 나아가지도 못하는 것이 이로울 바는 없지만 어려움의 본보기로 삼으면 좋구나.'라고 한 것입니다.

35

火地晉(화지진)

진 강 후 용 석 마 번 서 주 일 삼 접

晉 康候 用錫馬蕃庶 晝日三接.

나아갈 때에 편안한 제후는 쉴 때에도 벼슬이 없는 사람을 매일 낮에 여러
번 가까이하여 주석을 하사하고 마로 등용하는구나.

- 晉 ; 나아갈 진, 나아가다, 억누르다, 사이에 끼우다, 꽂다, 괘 이름, 진나라 진.
- 康 ; 편안 강, (몸과 마음이) 편안, 오거리, 편안하다, 편안히 하다, 온화해지다, 마음이 누그러지
  다, 정답게 지내다, 즐거워하다, 즐겁다, 탐닉하다, 열중하여 빠지다, 성하다, (풍년이) 들다, 크다,
  기리다, 칭송하다, 들다, 들어 올리다, 비다, 공허하다.
- 候 ; 제후 후.
- 用 ; 쓸 용, 등용하다.
- 錫 ; 주석 석, 주석, 주다, 하사하다.
- 馬 ; 말 마, 벼슬 이름.
- 蕃 ; 우거질 번, 우거지다, 붇다, 늘다, 번성하다, 많다, 쉬다, 휴식하다, 붉다, 울타리, 오랑캐, 상
  자, 궤짝, 수레의 가로대, 올빼미, 풀 이름, 고을 이름 피, 고을 이름, 성의 하나.
- 庶 ; 여러 서, 여러, 거의, 바라건대, 무리, 서출(첩의 자식이나 자손), 벼슬이 없는 사람, 지손, 지
  파, 가깝다, 바라다, 많다, 수효가 넉넉하다, 살찌다, 천하다, 비천하다, 제거할 자, 제거하다, 제독
  하다.
- 晝 ; 낮 주, 낮, 정오, 땅 이름.
- 日 ; 날 일, 나날이, 매일.
- 三 ; 석 삼, 재삼, 여러 번, 몇 번이고.
- 接 ; 이을 접, 잇다, 접붙이다, 접하다, 홀래하다, 접촉하다, 체험하다, 견문하다, 사귀다, 교제하다,
  대접하다, 응대하다, 모으다, 모이다, 회합하다, 가까이 하다, 가까이 가다, 받다, 받아들다, 빠르

다, 신속하다, 엇걸리다, 교차하다, 접.

제후가 되어 나라를 잘 다스려 나가려면 좋은 인재를 등용해야 합니다. 그래서 화지진의 괘사는 '나아갈 때에 편안한 제후는 쉴 때에도 벼슬이 없는 사람을 매일 낮에 여러 번 가까이하여 주석을 하사하고 마로 등용하는구나.'라고 한 것입니다.

진 여 최 여 정 길 망 부 유 무 구

初六. 晉如摧如 貞吉 罔孚 裕无咎.

나아가기 위해 맞서다 꺾이게 되면 당연히 마음을 바르게 하여야 좋고 조직에서 믿음성이 있게 받아들여질 때까지 허물이 없어야 하는구나.

- 如 ; 같을 여, 맞서다, 당연히 ~하여야 한다.
- 摧 ; 꺾을 최, 꺾다, 깨뜨리다, 꺾이다, 부러지다, 근심하다, 슬퍼하다, 누르다, 막다, 멸망시키다, 멸하다, 무너지다, 밀치다, 배척하다, 이르다, 다다르다, 물러나다, 후퇴하다, 꼴 좌, 꼴, 꼴 베다.
- 罔 ; 그물 망, 계통, 조직.
- 孚 ; 미쁠 부, 미쁘다(믿음성이 있다).
- 裕 ; 넉넉할 유, 넉넉하다, 너그럽다, 관대하다, 느긋하다, 받아들이다, 용납하다.

조직에서 일을 하다 보면 여러 가지 일들이 있겠지요. 그렇다고 헐뜯지는 마세요. 그래서 화지진의 초육 효사는 '나아가기 위해 맞서다 꺾이게 되면 당연히 마음을 바르게 하여야 좋고 조직에서 믿음성이 있게 받아들여질 때까지 허물이 없어야 하는구나.'라고 한 것입니다.

진 여 수 여 정 길 수 자 개 복 우 기 왕 모

六二. 晉如愁如 貞吉 受茲介福于其王母.

나아가기 위해 맞서다 시름겨워하더라도 당연히 마음을 바르게 하여야 좋고 이때 이 사이에 끼여 돕는 사람이 복을 내려 만일 왕모가 돕는다면 받아들여야 하는구나.

- 愁 ; 근심 수, 근심, 시름, 근심하다, 시름겹다(못 견딜 정도로 마음에 걸려 풀리지 않고 항상 남아

있는 근심과 걱정이 많다), 시름겨워하다, 얼굴빛을 바꾸다, 슬퍼하다, 원망하다, 괴롭히다, 눈살을 찌푸리고 걱정하다, 모을 추, 모으다.

- 受 ; 받을 수, 받다, 거두어들이다, 회수하다, 받아들이다, 받아들여 쓰다, 배우다, 얻다, (이익을) 누리다, 주다, 내려주다, 수여하다, 담보하다, 응하다, 들어주다, 이루다, 잇다, 이어받다, 등용하다, 12인연의 하나.
- 玆 ; 이 자, 검을 자, 이, 이에, 여기, 이때, 지금, 검다, 흐리다, 검을 현, 검다, 흐리다. 介 ; 낄 개, (사이에) 끼다, 돕는 사람.
- 福 ; 복 복, (복을) 내리다, 돕다.
- 其 ; 그 기, 만일, 만약.

누군가 돕더라도 허물이 없어야 합니다. 그래야 도와주는 사람도 좋고 나중에도 별 말이 없습니다. 그래서 화지진의 육이 효사는 '나아가기 위해 맞서다 시름겨워하더라도 당연히 마음을 바르게 하여야 좋고 이때 이 사이에 끼여 돕는 사람이 복을 내려 만일 왕모가 돕는다면 받아들여야 하는구나.'라고 한 것입니다.

六三. 衆允 悔亡.
중 윤 회 망

무리가 맏이를 진실로 믿으면 잘못이 없지만 무리가 맏이를 깔보면 망하는구나.

- 衆 ; 무리 중, 무리, 군신, 백관, 백성, 서민, 많은 물건, 많은 일, 차조(찰기가 있는 조), 땅, 토지, 장마, 성의 하나, 많다.
- 允 ; 맏 윤, 진실로 윤, 맏, 아들, 진실, 믿음, 진실로, 참으로, 미쁘다(믿음성이 있다), 마땅하다, 합당하다, 승낙하다, 허락하다, 아첨하다, 마을 이름 연, 마을 이름.
- 悔 ; 뉘우칠 회, 깔봄, 얕봄.
- 亡 ; 망할 망, 망하다(1. 개인, 가정, 단체 따위가 제 구실을 하지 못하고 끝장이 나다, 2. 못마땅한 사람이나 대상에 대하여 저주의 뜻으로 이르는 말).

조직에서 승패는 단합입니다. 단합을 헤치는 요소 중에서 가장 잘못된 것은 무리가 맏이를 어떻게 생각하느냐에 달려있습니다. 그래서 화지진의 육삼 효사는 '무리가 맏이를 진실로 믿으면 잘못이 없지만 무리가 맏이를 깔보면 망하는구나.'라고 한 것입니다.

九四. 晉如鼫鼠 貞厲.

진 여 석 서 정 려

나아갈 때에는 다람쥐 같게 하여도 마음을 바르게 하는 데 힘써야 하는
구나.

- 鼫鼠 ; 석서(다람쥐과에 속하는 동물).
- 如 ; 같을 여, 같게 하다.

나아갈 때에는 조심을 하여야 합니다. 그리고 마음을 바르게 해야 되고요. 그래서
화지진의 구사 효사는 '나아갈 때에는 다람쥐 같게 하여도 마음을 바르게 하는데 힘
써야 하는구나.'라고 한 것입니다.

六五. 悔亡 失得 勿恤 往吉 无不利.

회 무 실 득 물 휼 왕 길 무 불 리

뉘우칠 것이 없으면 잃고 얻는 것으로 근심할 것이 없으니 언제나 좋고 불
리할 것이 없구나.

- 往 ; 갈 왕, 언제나.
- 悔 ; 뉘우칠 회, 뉘우침.
- 亡 ; 없을 무, 없다.
- 失 ; 잃을 실.
- 得 ; 얻을 득.
- 恤 ; 불쌍할 휼, 근심하다.
- 勿 ; 말 물, 없다.

마음을 바르게 하면 뉘우칠 것이 없게 됩니다. 그래서 화지진의 육오 효사는 '뉘우
칠 것이 없으면 잃고 얻는 것으로 근심할 것이 없으니 언제나 좋고 불리할 것이 없
구나.'라고 한 것입니다.

上九. 晉其角 維用伐邑 厲吉 无咎 貞吝.
진 기 각 유 용 벌 압 려 길 무 구 정 린

만일 나아갈 때 모순되어 벼리를 비평하면 들어주고 서로 뜻이 맞게 힘쓰면 좋고 허물이 없도록 마음을 바르게 하는 것을 소중히 여겨야 하는구나.

- 角 ; 뿔 각, 모순되다, 저촉되다.
- 維 ; 벼리 유, 벼리(1. 그물코를 꿴 굵은 줄, 2. 일이나 글의 뼈대가 되는 줄거리), 바(밧줄), 구석, 오직, 발어사, 조사, 생각하다, 유지하다, 매다.
- 用 ; 쓸 용, 들어주다.
- 伐 ; 칠 벌, 비평하다.
- 邑 ; 아첨할 압, 영합하다(1. 사사로운 이익을 위하여 아첨하며 좇다, 2. 서로 뜻이 맞다).

상대방과 대화를 할 때 이렇게 하면 어떨까요? 그래서 화지진의 상구 효사는 '만일 나아갈 때 모순되어 벼리를 비평하면 들어주고 서로 뜻이 맞게 힘쓰면 좋고 허물이 없도록 마음을 바르게 하는 것을 소중히 여겨야 하는구나.'라고 한 것입니다.

명이 리간정
明夷 利艱貞.

명료하게 드러난 것은 항상 변하지 않으니 어려워도 마음을 바르게 하여
야 이롭구나.

- 明 ; 밝을 명, 밝다, 밝히다, 날 새다, 나타나다, 명료하게 드러나다, 똑똑하다, 깨끗하다, 결백하다, 희다, 하얗다, 질서가 서다, 갖추어지다, 높이다, 숭상하다, 존중하다, 맹세하다, 밝게, 환하게, 확실하게, 이승, 현세, 나라 이름, 왕조 이름, 낮, 주간, 빛, 광채, 밝은 곳, 양지, 밝고 환한 모양, 성한 모양, 밝음, 새벽, 해, 달, 별, 신령, 시력, 밖, 겉.
- 夷 ; 오랑캐 이, 오랑캐, 동방 종족, 잘못, 상하다, 죽이다, 멸하다, 평평하다, 평탄하다, 깎다, 온화하다, 안온하다, 기뻐하다, 크다, 평정하다(공평하고 올바르다), 항상 변하지 않다, 온화하다.
- 艱 ; 어려울 간.

해와 달이 변하지 않듯이 항상 마음을 바르게 하라는 것입니다. 그래서 지화명이의
괘사는 '명료하게 드러난 것은 항상 변하지 않으니 어려워도 마음을 바르게 하여야
이롭구나.'라고 한 것입니다.

초구 명이우비 수기익 군자우행 삼일불식
初九. 明夷于飛 垂其翼 君子于行 三日不食

유유왕 주인유언
有攸往 主人有言.

공평하고 올바르게 갖추어졌는데도 군자가 여러 날 먹지 않고 정치적인 파벌에 기울어 비방을 하고 돌아다닌다면 가는 곳마다 주인의 말이 있겠구나.

- 飛 ; 날 비, 날다, 지다, 떨어지다, 오르다, 빠르다, 빨리 가다, (근거 없는 말이) 떠돌다, 튀다, 튀기다, 넘다, 뛰어넘다, 날리다, 빨리 닿게 하다, 높다, 비방하다, 새, 날짐승, 빨리 달리는 말, 높이 솟아 있는 모양, 무늬, 바둑 행마의 한 가지.
- 垂 ; 드리울 수, 드리우다, 늘어뜨리다, 기울다, 쏟다, 베풀다, 전하다, (후세에) 물려주다, 가, 가장자리, 변두리, 변방, 국경지대, 항아리, 사람 이름, 거의.
- 翼 ; 날개 익, 날개, 지느러미, 이튿날, 솥귀, 솥의 손잡이, 도움, 처마(지붕의 도리 밖으로 내민 부분), 배, 선박, 법칙, 법도, 정치적인 파벌, 진형의 이름, 빠른 모양, 돕다, 이루다, 받들다, 호위하다, 천거하다, 아름답다, 성하다, 빼앗다, (몰아서) 잡다, 삼가다.
- 主人 ; 1. 대상이나 물건 따위를 소유한 사람, 2. 집안이나 단체 따위를 책임감을 가지고 이끌어 가는 사람, 3. 남편을 간접적으로 이르는 말.

해와 달이 변하지 않듯이 항상 마음을 바르게 해야 하는데 군자의 마음이 바르지 못합니다. 그래서 지화명이의 초구 효사는 '공평하고 올바르게 갖추어졌는데도 군자가 여러 날 먹지 않고 정치적인 파벌에 기울어 비방을 하고 돌아다닌다면 가는 곳마다 주인의 말이 있겠구나.'라고 한 것입니다.

명이 이우좌고 용증마장 길
六二. 明夷 夷于左股 用拯馬壯 吉.

잘못이 밝혀져서 넓적다리 부근을 때리는 것은 기상이나 인품이 훌륭하고 씩씩한 남자로 쓸모 있게 크도록 돕는 것이니 좋구나.

- 于 ; 어조사 우, 동작을 하다, 행하다.
- 左 ; 왼 좌, 곁, 근처, 부근.
- 股 ; 넓적다리 고.

- 拯 ; 건질 증, 건지다, 구원하다, 돕다, 들어 올리다, 취하다, 받다, 받아들이다.
- 馬 ; 말 마, 크다.
- 壯장할 장, 장하다(기상이나 인품이 훌륭하다), 씩씩한 남자.

지화명이의 괘상은 땅 밑에 불이 있는 상입니다. 땅 밑에 불이 있는 것 역시 변하지 않습니다. 그렇듯이 마음을 바르게 해야 좋은데 마음을 바르게 하지 못할 때에는 어떻게 하면 될까요? 그래서 지화명이의 육이 효사는 '잘못이 밝혀져서 넓적다리 부근을 때리는 것은 기상이나 인품이 훌륭하고 씩씩한 남자로 쓸모 있게 크도록 돕는 것이니 좋구나.'라고 한 것입니다.

명 이 우 남 수 득 기 대 수 불 가 질 정
九三. 明夷 于南狩 得其大首 不可疾 貞.

오랑캐가 나타나는 남쪽에서 사냥하다가 거친 우두머리를 사로잡아도 해치는 것은 옳지 않으니 마음을 바르게 하여야 하는구나.

- 于 ; 어조사 우, ~에서.
- 南 ; 남녘 남, 남쪽.
- 狩 ; 사냥할 수, 사냥하다, 정벌하다, 토벌하다, (제왕이) 쫓겨나다, 순시하다, 사냥, 짐승, 순행(천자의 순찰), 임지, 임소.
- 得 ; 얻을 득, 사로잡다.
- 大 ; 큰 대, 거칠다.
- 首 ; 머리 수, 우두머리.
- 可 ; 옳을 가.
- 疾 ; 병 질, 해치다.

사람을 죽이는 것이 이 세상에서 제일 나쁜 죄입니다. 육체도 죽이고 영혼까지 죽입니다. 말로, 글로 영혼을 죽이는 사람은 육체가 살아 있다고 잘못이 없는 줄로 압니다. 그런 사람이 일이 잘돼서 승승장구합니까? 마음이 바른 사람은 사람을 사랑합니다. 집안이 잘되겠죠. 그러니 마음을 바르게 하라는 것입니다. 또한 마음이 바른 사람은 살생을 하지 않습니다. 그래서 지화명이의 구삼 효사는 '오랑캐가 나타나는 남쪽에서 사냥하다가 거친 우두머리를 사로잡아도 해치는 것은 옳지 않으니 마음을 바르게 하여야 하는구나.'라고 한 것입니다.

六四. 入于左腹 獲明夷之心 于出門庭.
입 우 좌 복 확 명 이 지 심 우 출 문 정

슬픔이나 걱정 따위로 속을 썩이더라도 밝고 온화한 마음으로 배 근처를 껴안고 받아들이면 문벌과 집안을 바르게 이루는구나.

- 入 ; 들 입, 받아들이다.
- 腹 ; 배 복, 배, 오장육부의 하나, 마음, 속마음, 가운데, 중심부분, 앞, 전면, (품에) 안다, 껴안다, 두텁다, 두껍다, 받아들이다, 수용하다, (아이를) 배다, 임신하다.
- 獲 ; 실심할 확, 실심하다(근심걱정으로 맥이 빠지고 마음이 산란하다), 상심하다(슬픔이나 걱정 따위로 속을 썩이다), 실심한 모양.
- 出 ; 날 출, 나다, 태어나다, 드러내다, 나타내다, 이루다(1. 어떤 대상이 일정한 상태나 결과를 생기게 하거나 일으키거나 만들다, 2. 뜻 한대로 되게 하다, 3. 몇 가지 부분이나 요소들을 모아 일정한 성질이나 모양을 가진 존재가 되게 하다).
- 門 ; 문 문, 문벌(대대로 내려오는 그 집안의 사회적 신분이나 지위, 지체, 집안).
- 庭 ; 뜰 정, 뜰, 집안에 있는 마당, 집안, 조정, 궁중, 궁궐의 안, 관청, 군이나 현의 정청, 곳, 장소, 사냥하는 곳, 동떨어진 모양, 사이가 멀다, 곧다, 바르다, 내공하다(겉으로 나타나지 않고 속으로만 퍼지다), 동떨어지다.

사람이 살아가다 보면 화도 나고 여러 가지 일들이 많겠지요. 그러나 앞날이 보이니 함부로 할 수가 없습니다. 그러니 혼자서 마음을 다스릴 수밖에 없습니다. 마음을 바르게 하는 것이 이로운 것이지요. 그래서 지화명이의 육사 효사는 '슬픔이나 걱정 따위로 속을 썩이더라도 밝고 온화한 마음으로 배 근처를 껴안고 받아들이면 문벌과 집안을 바르게 이루는구나.'라고 한 것입니다.

六五. 箕子之明夷 利貞.
기 자 지 명 이 리 정

바람귀신 스승이라도 해와 달은 항상 변하지 않듯이 마음을 바르게 하여야 이롭구나.

- 箕 ; 키 기, 키(곡식을 까부는 데 쓰는 기구), 삼태기(흙을 담아 나르는 그릇), 쓰레받기, 별 이름, 바람귀신, 다리 뻗고 앉다, 대로 깁다(떨어지거나 해어진 곳을 꿰매다) 체.
- 子 ; 아들 자, 남자, 사람, 스승.
- 箕子 ; 중국 은나라 주 왕의 친척.
- 之 ; 갈 지, 이르다, 도달하다, 을.

바람은 세월을 바꾸고 세월은 바람 따라 흘러갑니다. 그 누구도 잡을 수가 없습니다. 그런 바람귀신의 스승입니다. 그도 마음을 바르게 하라는 것입니다. 그래서 지화명이의 육오 효사는 '바람귀신 스승이라도 해와 달은 항상 변하지 않듯이 마음을 바르게 하여야 이롭구나.'라고 한 것입니다.

上六. 不明晦 初登于天 後入于地.
불 명 회 초 등 우 천 후 입 우 지

초승에는 하늘로 오르다 밝지 아니한 그믐에 뒤로 돌려 땅에서 본래의 성질대로 살다가 지옥으로 떨어지는구나.

- 不 ; 아닐 불, 아니하다.
- 晦 ; 그믐 회, 그믐, 밤, 어둠, 얼마 안 됨, 조금, (날이) 어둡다, 희미하다, 분명하지 않다, 어둡다, 캄캄하다, 어리석다, 감추다, 숨기다, 시들다.
- 初 ; 처음 초, 초승, 초순.
- 登 ; 오를 등, 오르다, 나가다, 기재하다, 익다.
- 後 ; 뒤 후, 뒤로 돌리다.
- 入 ; 들 입, 떨어지다.
- 地 ; 땅 지, 땅, 대지, 곳, 장소, 노정(목적지까지의 거리), 논밭, 뭍, 육지, 영토, 국토, 토지의 신, 처지, 처해 있는 형편, 바탕, 본래의 성질, 신분, 자리, 문벌, 지위, 분별, 구별, 다만, 뿐, 살다, 거주하다.

마음을 바르게 하고 살다가 하늘로 올라야 좋은데 마음을 바르게 하지 않고 살다가 죽으면요. 그래서 지화명이의 상육 효사는 '초승에는 하늘로 오르다 밝지 아니한 그믐에 뒤로 돌려 땅에서 본래의 성질대로 살다가 지옥으로 떨어지는구나.'라고 한 것입니다.

37 風火家人(풍화가인)

가 인 리 녀 정
家人 利女貞.

집안 사람인 여자도 마음을 바르게 하여야 이롭구나.

- 家 ; 집 가, 집, 자기 집, 가족, 집안, 문벌, 지체, 조정, 도성, 전문가, 정통한 사람, 용한 이, 학자, 학파, 남편, 마나님, 아내, 살림살이, 집을 장만하여 살다, 여자 고, 여자.
- 人 ; 사람 인, 사람, 인간, 다른 사람, 타인, 남, 다른 사람, 그 사람, 남자, 어른, 성인, 백성, 인격, 낯, 체면, 명예, 사람의 품성, 사람의 됨됨이, 몸, 건강, 의식, 아랫사람, 부하, 동류의 사람, 어떤 특정한 일에 종사하는 사람, 일손, 인재.

마음을 바르게 하는 데 남녀노소의 구분이 없습니다. 그래서 풍화가인의 괘사는 '집안 사람인 여자도 마음을 바르게 하여야 이롭구나.'라고 한 것입니다.

한 유 가 회 망
初九. 閑有家 悔亡.

집에서 한가하게 있으면 깔보고 업신여기는구나.

- 閑 ; 한가할 한, 한가하다, 막다.
- 悔 ; 뉘우칠 회, 깔봄, 얕봄.
- 亡 ; 망할 망, 업신여기다(교만한 마음에서 남을 낮추어 보거나 하찮게 여기다).

남자는 열심히 일해서 부를 이루어야 합니다. 다른 생각은 하지 마세요. 중천건의 초구 효사에도 나와 있잖아요. '비범한 사람은 마음을 가라앉히고 부지런히 힘쓰며 일을 하는구나.'라고 했잖아요. 일하지 않으면 안 됩니다. 집에 한가하게 있어 보세요. 그래서 풍화가인의 초구 효사는 '집에서 한가하게 있으면 깔보고 업신여기는구나.'라고 한 것입니다.

六二. 无攸遂 在中饋 貞吉.
무 유 수 재 중 궤 정 길

갈 곳이 없어 처소에 있어도 때에 맞춰 음식을 권하고 권할 때에는 마음을 바르게 하여야 좋구나.

- 遂 ; 따를 수, 드디어 수, 가다.
- 在 ; 있을 재, 있다, 존재하다, 보다, 살피다, ~에, 처소.
- 饋 ; 보낼 궤, (음식을) 보내다, (음식을) 권하다, 먹이다, 식사, 선사(보내준 음식이나 물품), (뭇말이) 어지러이 달리다.

남자가 갈 곳이 없다는 말은 일거리가 없다는 말입니다. 일거리가 없어 속을 썩이고 있는데 때에 맞춰 밥도 주지 않고 밥을 먹으라고 할 때 기분 나쁘게 해 보세요. 여자가 바보가 아니듯이 남자도 바보는 아니랍니다. 그래서 풍화가인의 육이 효사는 '갈 곳이 없어 처소에 있어도 때에 맞춰 음식을 권하고 권할 때에는 마음을 바르게 하여야 좋구나.'라고 한 것입니다.

九三. 家人嗃嗃 悔厲 吉 婦子嘻嘻 終吝.
가 인 학 효 회 려 길 부 자 희 희 종 린

집안 어른은 잘못하고 위태로우면 엄하게 큰소리로 외치는 것을 좋아하지만 며느리와 자식이 화평하게 즐기면 단단히 타일러서 경계하는 것을 끝내 주저하는구나.

- 嗃 ; 엄할 학, 엄하다, 냉엄하다, 엄한 모양, 큰소리로 외칠 효, 큰소리로 외치다, 크게 울부짖는 소리, 부르짖는 소리, 피리소리.
- 悔 ; 뉘우칠 회, 잘못.
- 厲 갈 려, 위태롭다.
- 嘻 ; 화락할 희, 화락하다(화평하게 즐기다), 웃다, 억지로 웃다, 자득하다, 신칙하다(단단히 타일

러서 경계하다), 아 의, 아(감동하여 내는 소리).

• 吝 ; 아낄 린, 주저하다(머뭇거리며 망설이다).

자식 부부가 화평하게 지내는 것은 먹고살 만하니 그렇겠지요. '넘치면 모자란 것만 못한데' 라고 생각은 하고 계시겠지만요. 그래서 풍화가인의 구삼 효사는 '집안 어른은 잘못하고 위태로우면 엄하게 큰소리로 외치는 것을 좋아하지만 며느리와 자식이 화평하게 즐기면 단단히 타일러서 경계하는 것을 끝내 주저하는구나.'라고 한 것입니다.

부 가 대 길
六四. 富家 大吉.

집안에 재산이 넉넉하고 많으면 크게 좋구나.

• 富 ; 부유할 부, 가멸다(재산이 넉넉하고 많다).

마음을 바르게 하고 열심히 일해서 부를 이루면 좋겠지요. 그래서 풍화가인의 육사 효사는 '집안에 재산이 넉넉하고 많으면 크게 좋구나.'라고 한 것입니다.

왕 격 유 가 물 휼 길
九五. 王假有家 勿恤 吉.

왕과 친하게 지내는 집안이라 하더라도 왕이 집에 이르면 매우 황급한 모양을 하고 몸가짐이나 언행을 조심해야 좋구나.

• 假 ; 거짓 가, 거짓, 가짜, 임시, 일시, 가령, 이를테면, 틈, 빌리다, 빌려주다, 용서하다, 너그럽다, 아름답다, 크다, 멀 하, 멀다, 이를 격, 이르다, 오다.
• 恤 ; 불쌍할 휼, 삼가다(몸가짐이나 언행을 조심하다).
• 勿 ; 말 물, 창황한 모양(매우 황급한 모양), 황급하다(1. 몹시 어수선하고 급박하다, 2. 몹시 급하며 한 가지 일에만 몰두하여 마음의 여유가 없다).
• 有 ; 있을 유, 친하게 지내다.

왕이 제일 두려워해야 하는 사람은 백성이지요. 그리고 왕은 측근을 좋아도 하지만 두려워도 합니다. 왕에게는 절대로 복종하는 모습을 보여야 나도 집안도 편안합니다. 그래서 풍화가인의 구오 효사는 '왕과 친하게 지내는 집안이라 하더라도 왕이 집에 이르면 매우 황급한 모양을 하고 몸가짐이나 언행을 조심해야 좋구나.'라고 한 것입니다.

上九. 有孚威如 終吉.
유 부 위 여 종 길

친하게 지내고 믿음성이 있게 시어머니를 따르면 끝내는 좋구나.

• 威 ; 위엄 위, 시어머니.
• 如 ; 같을 여, 쫓다, 따르다.

남자만 그릇이 있는 것이 아닙니다. 여자도 그릇이 있습니다. 사실 종갓집 며느리는 아무나 되는 것이 아닙니다. 그 큰 종갓집 대소사를 조용히 이끄는 며느리에게서 풍기는 품격은 대단합니다. 돈을 좀 번다고 까불어 대는 그런 며느리와는 천지 차이지요. 부부가 좋은 직장 다니고 아이 하나 길러서 그 아이가 잘되겠습니까? 집안에서 보고 배우는 것이 무엇 하나 제대로 된 것이 있겠습니까? 왕대밭에 왕대 나고 쑥대밭에 쑥대 납니다. 작은 나라일수록 대가족을 이루고 살아야 합니다. 그런 대가족의 집안에 며느리가 들어오면 쉽지 않겠지요. 그렇지만 시어머니를 따르라는 것입니다. 그래서 풍화가인의 상구 효사는 '친하게 지내고 믿음성이 있게 시어머니를 따르면 끝내는 좋구나.'라고 한 것입니다.

火澤睽(화택규)

睽 小事 吉.

사팔눈은 소인이니 작은 일을 시키면 좋구나.

- 睽 ; 사팔눈 규, 사팔눈, 사시, (눈자위가) 움푹 들어간 모양, 규 쾌, (눈을) 부릅뜨다, 노려보다, 등 지다, 반목하다, 어그러지다, 부릅뜬 모양 게, 눈을 부릅뜬 모양.
- 小 ; 작을 소, 소인.
- 事 ; 일 사, 부리다, (일을) 시키다.

사팔눈 규(睽)자의 뜻을 보면 사팔눈, 사시, 눈자위가 움푹 들어간 눈, 눈을 부릅뜬 눈, 눈을 노려보는 눈이 있습니다. 그래서 화택규의 괘사는 '사팔눈은 소인이니 작은 일을 시키면 좋구나.'라고 한 것입니다.

初九. 悔亡 喪馬勿逐 自復 見惡人 无咎.

뉘우칠 것이 없어도 말을 잃어버리면 쫓지 아니해도 스스로 돌아오듯이 나쁜 사람을 보고 스스로 돌아와도 허물은 없구나.

- 회 ; 뉘우칠 회.
- 亡 ; 없을 무, 없다.
- 喪 ; 잃을 상, 잃어버리다.
- 逐 ; 쫓을 축.
- 惡 ; 악할 악, 악하다, 나쁘다, 더럽다, 추하다, 못생기다, 흉년들다, 병들다, 앓다, 죄인을 형벌로써 죽이다, 더러움, 추악함, 똥, 대변, 병, 질병, 재난, 화액, 잘못, 바르지 아니한 일, 악인, 나쁜 사람,

위세, 권위, 미워할 오, 미워하다, 헐뜯다, 부끄러워하다, 기피하다, 두려워하다, 불길하다, 불화하다, 비방하다, 싫어하다, 어찌, 어찌하여, 어느, 어디.

아무리 소인이라도 보고 배워야 합니다. 그래서 화택규의 초구 효사는 '뉘우칠 것이 없어도 말을 잃어버리면 쫓지 아니해도 스스로 돌아오듯이 나쁜 사람을 보고 스스로 돌아와도 허물은 없구나.'라고 한 것입니다.

九二. 遇主于巷 无咎.
우 주 우 항 무 구

우연히 거리에서 주인을 만나도 허물은 없구나.

• 遇 ; 만날 우, (우연히) 만나다, 대접하다, 예우하다.
• 主 ; 주인 주, 임금 주, 우두머리.
• 巷 ; 거리 항, 거리, 시가, 문밖, 복도, 궁궐 안의 통로나 복도, 마을, 동네, 집, 주택.

소인이 주인을 보면 어려워하겠지요. 그래서 화택규의 구이 효사는 '우연히 거리에서 주인을 만나도 허물은 없구나.'라고 한 것입니다.

六三. 見輿曳 其牛掣 其人天且劓 无初有終.
견 여 예 기 우 체 기 인 천 차 의 무 초 유 종

수레를 모는 하인이 수레를 힘겹게 끌어당기는 것을 보고 그 수레를 소로 잡아당기면 처음은 없지만 끝은 있듯이 그런 사람은 하늘이 우선 코를 베는구나.

• 見 ; 볼 견, 당하다.
• 輿 ; 수레 여, 수레, (수레를 모는) 하인.
• 曳 ; 끌 예, 끌다, 끌어당기다, 고달프다, 힘겹다, 끌리다, 이끌리다, 나부끼다, (옷을) 입다.
• 掣 ; 끌 체, 끌다, 끌어당기다, 뽑다, 잡아당기다, 길게 뻗다, 지연하다, 연기하다, 억누르다, 억압되다, 바람에 쏠리는 모양, 당길 철, 당기다, 끌어당기다.
• 且 ; 또 차, 우선.

- 劓 ; 코벨 의, 코 베다, 베다, 자르다, 코 베는 형벌.
- 无 ; 없을 무, 없다, 무시하다, 업신여기다, ~에 관계없이.
- 初 ; 처음 초, 시작.
- 有 ; 있을 유.
- 終 ; 마칠 종, 끝.

열심히 일하는 부하 직원이 있습니다. 상사가 그런 부하 직원이 마음에 들지 않는 다고 장난치듯이 괴롭힙니다. 참 나쁘죠. 그래서 화택규의 육삼 효사는 '수레를 모 는 하인이 수레를 힘겹게 끌어당기는 것을 보고 그 수레를 소로 잡아당기면 처음은 없지만 끝은 있듯이 그런 사람은 하늘이 우선 코를 베는구나.'라고 한 것입니다.

규 고 우 원 부 교 부 려 무 구
九四. 睽孤 遇元夫 交孚 厲 无咎.

사팔눈에 고아가 우연히 하늘의 도우심으로 남편을 만나면 서로 믿음성 이 있게 힘써야 허물이 없구나.

- 孤 ; 외로울 고, 외롭다, 의지할 데가 없다, 떨어지다, 멀다, (고아로) 만들다, (불쌍히 여겨) 돌보 다, 염려하다, 버리다, 벌하다, 저버리다, 배반하다, 작다, 고루하고 무지하다, 어리석다, 고아, 나 랏일을 하다가 죽은 이의 자식, 늙어 자식이 없는 사람, 벼슬 이름, 나, 왕후의 겸칭, 단독, 홀로, 하 나, 외따로.
- 夫 ; 지아비 부, 남편.
- 交 ; 사귈 교, 서로.
- 孚 ; 미쁠 부, 미쁘다(믿음성이 있다).

사팔눈에 고아라도 마음을 바르게 하고 착하게 살아가야 합니다. 그러면 하늘에서 내려주는 복이 있습니다. 그래서 화택규의 구사 효사는 '사팔눈에 고아가 우연히 하 늘의 도우심으로 남편을 만나면 서로 믿음성이 있게 힘써야 허물이 없구나.'라고 한 것입니다.

六五. 悔亡 厥宗噬膚 往 何咎.
<small>회 망 궐 종 서 부 왕 하 구</small>

유감스럽게도 고인이 된 시조의 적장자를 앞으로 숙이어 제사를 지내고 일족에게 돼지고기 제육을 먹을 수 있게 보내주는 것이 어찌 허물이라 하겠는가.

- **悔** ; 뉘우칠 회, 유감스럽게도.
- **亡** ; 망할 망, 죽은, 고인이 된.
- **厥** ; 그 궐, 숙이다, 앞으로 숙이다.
- **宗** ; 마루 종, 일족, 시조의 적장자, 제사하다, 제사를 지내다.
- **噬** ; 씹을 서, 씹다, 먹다, 깨물다, 삼키다, 빼앗다, 미치다, 다다르다.
- **膚** ; 살갗 부, 제육(돼지고기).
- **往** ; 갈 왕, (물품을) 보내주다, 보내다.
- **何** ; 어찌 하.

소인일수록 배우고 모여야 합니다. 모이는 집합체는 일족이면 좋겠지요. 그래서 화택규의 육오 효사는 '유감스럽게도 고인이 된 시조의 적장자를 앞으로 숙이어 제사를 지내고 일족에게 돼지고기 제육을 먹을 수 있게 보내주는 것이 어찌 허물이라 하겠는가.'라고 한 것입니다.

上九. 睽孤 見豕負塗 載鬼一車 先張之弧 後說
<small>규 고 견 시 부 도 재 귀 일 거 선 장 지 호 후 탈</small>

之弧 匪寇 婚媾 往遇雨則吉.
<small>지 호 분 구 혼 구 왕 우 우 즉 길</small>

사팔눈에 고아라도 돼지를 보면 먼저 활에 화살을 대어 쏘고 뒤에는 활을 벗고 짐을 지다가 길이 보이면 귀신같이 수레에 싣고서 베고 나누어 화친하기 위해 처가에 많은 양을 보내 대접하면 좋구나.

- **豕** ; 돼지 시.
- **負** ; 질 부, 지다, 짐 지다, 떠맡다, 빚지다, 업다, 힘입다, (부상을) 입다, 저버리다, 패하다, 근심하

다, 짐, 지는 일, 빚.

- 塗 ; 칠할 도, 길 도, 칠하다, 칠하여 없애다, 지우다, 더럽히다, 매흙질하다(벽 거죽에 매흙을 바르
  다), 두텁고 많다, 길, 도로, 진흙, 진흙탕, 진창(땅이 질어서 질퍽질퍽하게 된 곳), 괴로움, 도랑(매
  우 좁고 작은 개울), 섣달(음력 12월의 딴 이름), 이슬이 많이 내리는 모양, 성의 하나.
- 載 ; 실을 재, 수레 위에 물건을 싣다.
- 鬼 ; 귀신 귀, 귀신, 혼백, 죽은 사람의 넋, 도깨비, 상상의 괴물, 별 이름, 먼 곳, 지혜롭다, 교활하
  다, 귀신을 믿다, 멀다.
- 一 ; 한 일, 하나, 일, 첫째, 첫 번째, 오로지, 온, 전, 모든, 하나의, 한결같은, 잠시, 한번, 좀, 약간,
  만일, 혹시, 어느, 같다, 동일하다.
- 車 ; 수레 거.
- 張 ; 베풀 장, 베풀다, 어떤 일을 벌이다, 기세가 오르다, 세게 하다, 성하게 하다, 넓히다, 크게 하
  다, 크게 떠벌이다, 내밀다, 드러내다, 어그러지다, 어긋나다, 속이다, 기만하다, 뽐내다, 교만을 부
  리다, 부어오르다, 불룩해지다, 휘장, 장막, 별자리 이름, 활에 화살을 대어 쏘는 일, 당기다.
- 弧 ; 활 호, 활, 나무로 만든 활, 활 모양의 기구, 곡선이나 원주의 한 부분, 혼자, 외톨이, 별 이름,
  어긋나다, (활처럼) 굽다, 휘다.
- 說 ; 벗을 탈, 벗다.
- 匪 ; 나눌 분, 나누다.
- 寇 ; 도적 구, 베다.
- 婚 ; 혼인할 혼, 처가, 사돈.
- 媾 ; 화친할 구.
- 雨 ; 비 우, 많은 모양의 비유.
- 則 ; 곧 즉, ~하면.
- 遇 ; 만날 우, 대접하다, 예우하다.

가화만사성의 기본은 부부입니다. 부부가 서로 믿음성이 있고 화목하게 지내면 일
이 잘 풀려나갑니다. 그러려면 서로에게 잘해야 합니다. 사팔눈에 고아라도 처가에
잘해 보세요. 그래서 화택규의 상구 효사는 '사팔눈에 고아라도 돼지를 보면 먼저
활에 화살을 대어 쏘고 뒤에는 활을 벗고 짐을 지다가 길이 보이면 귀신같이 수레
에 싣고서 베고 나누어 화친하기 위해 처가에 많은 양을 보내 대접하면 좋구나.'라
고 한 것입니다.

39 水山蹇(수산건)

건 이 서 남　불 리 동 북　이 현 대 인　정 길
蹇 利西南 不利東北 利見大人 貞吉.

고생하며 머무를 때 서남쪽이 이롭고 동북쪽은 불리하더라도 대인을
뵈는 것이 이롭고 마음을 바르게 하여야 좋구나.

- 蹇 ; 절뚝발이 건, 절뚝발이(한쪽 다리가 짧거나 탈이 나서 뒤뚝뒤뚝 저는 사람), 다리를 저는 당나
귀, 노둔(늙어서 재빠르지 못하고 둔함)한 말, 괘 이름, 굼뜨다, 걷다, 머무르다, 고생하다, 교만하
다, 뽑다.
- 西 ; 서녘 서, 옮기다.
- 南 ; 남녘 남, 남쪽, 임금, 남쪽으로 가다.
- 東 ; 동녘 동, 동쪽, 주인.
- 北 ; 북녘 북, 달아날 배, 북쪽, 달아나다, 패하다, 등지다.

주역은 주나라 문왕의 팔괘를 기본으로 하고 있습니다. 문왕 팔괘에서 서남쪽은 땅
을 가르치고 동북쪽은 산을 가르칩니다. 넓은 땅 즉, 평야가 먹고 살기에는 좋지요.
그리고 가르침을 받을 대인을 뵈는 것도 좋고요. 고생하더라도 마음은 바르게 해야
지요. 그래서 수산건의 괘사는 '고생하며 머무를 때 서남쪽이 이롭고 동북쪽은 불
리하더라도 대인을 뵈는 것이 이롭고 마음을 바르게 하여야 좋구나.'라고 한 것입
니다.

初六. 往蹇來譽.
왕 건 래 예

물품을 보내서 고생하면 명예가 오는구나.

- 譽 ; 기릴 예, 명예, 영예, 좋은 평판.
- 往 ; 갈 왕, (물품을) 보내다.

사람이 살면서 쉽지 않은 일이 고생하는지 뻔히 알면서 도와주는 것입니다. 그래서 수산건의 초육 효사는 '물품을 보내서 고생하면 명예가 오는구나.'라고 한 것입니다.

六二. 王臣蹇蹇 匪躬之故.
왕 신 건 건 비 궁 지 고

왕과 신하는 고생하고 고생하여도 스스로 하는 것이 아니고 시키는구나.

- 匪 ; 비적 비, 아니다.
- 躬 ; 몸 궁, 몸소 행하다, 스스로 하다.
- 故 ; 연고 고, 연고, 사유, 까닭, 이유, 도리, 사리, 친숙한 벗, 잘 아는 교우, 관례, 관습, 선례, 사건, 고의로 한 일, 일부러 한 일, 예, 이미 지나간 일, 옛날, 옛일, 원래, 본래, 죽은 사람, 나이 많은 사람, 거짓, 꾸민 계획, 끝, 훈고, 주해, 고로, 까닭에, 그러므로, 일부러, 반드시, 참으로, 확실히, 처음부터, 옛날부터, 옛, 예전의, 옛날의, 일부러, 짐짓, 고의로, 써, 오래되다, 죽다, 시키다, 하게 하다.

오래전에 진시황 전시장을 관람한 적이 있습니다. 그때 그 전시회를 주최한 대표가 진시황릉을 발굴을 할 때 장군과 병사를 판단하는 기준으로 손을 본다고 하더군요. 손이 고우면 장군이고 손이 거칠면 병사랍니다. 그렇듯이 왕과 신하는 일을 할 줄도 모르고 고생도 모릅니다. 시킬 줄만 아는 것이지요. 그래서 수산건의 육이 효사는 '왕과 신하는 고생하고 고생하여도 스스로 하는 것이 아니고 시키는구나.'라고 한 것입니다.

九三. 往蹇來反.
왕 건 래 반

물품을 보내서 고생한다고 도리어 위로를 하는구나.

- 反 ; 돌이킬 반, 돌아올 반, 반대로, 도리어.
- 來 ; 올 래, 위로하다.

초육과는 위치가 다릅니다. 구삼은 어느 정도 위치가 있습니다. 위도 있고 아래도 있습니다. 그래서 수산건의 구삼 효사는 '물품을 보내서 고생한다고 도리어 위로를 하는구나.'라고 한 것입니다.

六四. 往蹇來連.
왕 건 래 연

물품을 보내서 고생하신다고 잇닿아 위로를 하는구나.

- 連 ; 잇닿을 련(연), 잇닿다, 이어지다, 연속하다, 관련시키다, 관련되다, 더디다, 새를 잡다, 연(양지 500장의 묶음), 동행, 동반자, 살붙이, 친척, 호련(서직을 담던 제기), 난간, 손수레, 연하여, 계속하여, 거만할 연, 거만하다, 손숫물 연, 손숫물(손을 씻는 데 쓰는 물).

재상의 자리입니다. 그래서 수산건의 육사 효사는 '물품을 보내서 고생하신다고 잇닿아 위로를 하는구나.'라고 한 것입니다.

九五. 大蹇朋來.
대 건 붕 래

국가대사로 고생을 하니 붕이 오는구나.

- 朋 ; 벗 붕, 화폐 단위.

나랏일을 해서 국록을 받는 것입니다. 그래서 수산건의 구오 효사는 '국가대사로 고생을 하니 붕이 오는구나.'라고 한 것입니다.

上六. 往蹇來碩 吉 利見大人.
왕 건 래 석 길 이 현 대 인

물품을 보내서 고생한다고 크게 위로를 하면 좋고 대인을 뵈는 것이 이롭
구나.

• 碩 ; 클 석, 크다, 머리가 크다, 차다, 충실하다, 단단하다.

물품을 보내서 고생한다고 크게 위로를 하고 대인을 뵈는 것은 물품을 보내준 사람
에게 어떻게 해주어야 할지 대인에게 의논을 해야 되겠지요. 그래서 수산건의 상육
효사는 '물품을 보내서 고생한다고 크게 위로를 하면 좋고 대인을 뵈는 것이 이롭구
나.'라고 한 것입니다.

해 이 서 남 무 소 왕 기 래 복 길 유 유 왕 숙 길
解 利西南 无所往 其來復吉 有攸往 夙吉.

깨닫기에 서남쪽이 이롭지만 갈 곳이 없으면 마땅히 되돌아오면 좋고 갈
곳이 있으면 이른 아침에 **빠르게** 가야 좋구나.

- 解 ; 풀 해, 풀다, 벗다, 깨닫다, 설명하다, 풀이하다, 통달하다, 가르다, 분할하다, 떼어내다, 느슨
  해지다, 떨어지다, 빠지다, 벗기다, 흩어지다, 떠나가다, 쪼개다, 분열되다, 녹이다, 화해하다, 그치
  다, (문서로) 보고하다, 압송하다, (신에게) 빌다, 기원하다, (세월을) 보내다, 게으르다, 게을리 하
  다, 마주치다, 우연히 만나다, 주해, 주석, 구실, 변명, 평계, 관청, 관아, 향거, 해태(시비와 선악을
  판단하여 안다고 하는 상상의 동물), 문체 이름, 괘 이름, 게, 마디.
- 夙 ; 이를 숙, 이르다(앞서거나 빠르다), 빠르다, 삼가다, 조심하다, 어린 나이, 새벽, 이른 아침, 일
  찍, 예로부터, 평소의, 저녁까지 쉬지 않고 일을 함의 뜻.

깨달음을 얻고자 집을 나설 때는 이른 아침에 **빠르게** 가라는 말은 가족들의 얼굴을
보면 쉽사리 발걸음이 떨어지지 않게 됩니다, 그래서 뇌수해의 괘사는 '깨닫기에 서
남쪽이 이롭지만 갈 곳이 없으면 마땅히 되돌아오면 좋고 갈 곳이 있으면 이른 아
침에 **빠르게** 가야 좋구나.'라고 한 것입니다.

무 구
初六. 无咎.

깨달으려면 허물이 없어야 하는구나.

화천대유의 구사 효사를 보면 '몸에 병이나 탈이 없고 학식과 인격이 훌륭한 사람이라야 허물이 없구나.'라는 글이 있습니다. 그래서 뇌수해의 초육 효사는 '깨달으려면 허물이 없어야 하는구나.'라고 한 것입니다.

전 획 삼 호 득 황 시 정 길
九二. 田獲三狐 得黃矢 貞吉.

사냥을 하여 여우 세 마리를 잡아 황금 화살을 얻어도 마음을 바르게 하여야 좋구나.

- 田 ; 밭 전, 사냥, 사냥하다.
- 狐 ; 여우 호.
- 矢 ; 화살 시.

사람은 일이 잘될수록 겸손해야 합니다. 같은 일을 하고도 어떤 사람은 칭송을 받고 어떤 사람은 미움을 받습니다. 사람 심리는 참 묘합니다. 상을 받아도 너무 기뻐해서도 안 되고 아무렇지도 않은 듯 가만히 있어도 안 됩니다. 그래서 뇌수해의 구이 효사는 '사냥을 하여 여우 세 마리를 잡아 황금 화살을 얻어도 마음을 바르게 하여야 좋구나.'라고 한 것입니다.

부 저 승 치 구 지 정 린
六三. 負且乘 致寇至 貞吝.

짐 지고 머뭇거리다 말을 타면 반드시 도적이 이르러 약탈을 하는데도 마음을 바르게 하는 것을 주저하는구나.

- 負 ; 질 부, 지다, 짐 지다.
- 且 ; 공경스러울 저, 머뭇거리다.
- 乘 ; 탈 승, 말을 타다.
- 致 ; 이를 치, 이르다.
- 寇 ; 도적 구, 도적, 도둑, 약탈하다.
- 至 ; 이를 지, 반드시.

짐 지고 머뭇거리다 말을 탄다는 것은 자랑하는 것입니다. 조금 넓게 보겠습니다. 사람이 살다 보면 자랑할 일이 많지요. 집안 자랑, 남편 자랑, 아내 자랑, 자식 자랑, 직장 자랑, 돈 자랑, 집 자랑, 자동차 자랑, 별난 자랑이 많은데 자랑하지 마세요. 이 효사에서 말하잖아요. 반드시 도적이 이르러 약탈을 한다고요. 그런데도 마음을 바르게 하지를 못합니다. 그래서 뇌수해의 육삼 효사는 '짐 지고 머뭇거리다 말을 타면 반드시 도적이 이르러 약탈을 하는데도 마음을 바르게 하는 것을 주저하는구나.' 라고 한 것입니다.

九四. 解而拇 朋至 斯孚.
해 이 무 붕 지 사 부

엄지손가락을 마주치면서 벗에 이르면 떨어져도 믿음성이 있구나.

- 斯 ; 이 사, 천할 사, 이, 이것, 잠시, 잠깐, 죄다, 모두, 쪼개다, 가르다, 떠나다, 멀어지다, 희다, 하얗다, 다하다, 떨어지다, 천하다, 낮다.
- 孚 ; 미쁠 부, 미쁘다(믿음성이 있다).

벗이 되면 이 정도는 돼야 하지 않을까요? 그래서 뇌수해의 구사 효사는 '엄지손가락을 마주치면서 벗에 이르면 떨어져도 믿음성이 있구나.'라고 한 것입니다.

六五. 君子維有解 吉 有孚于小人.
군 자 유 유 해 길 유 부 우 소 인

군자는 오직 깨달음이 있으면 좋고 소인에게는 친하게 지내고 믿음성이 있으면 좋구나.

- 維 ; 벼리 유, 벼리(일이나 글의 뼈대가 되는 줄거리), 오직, 생각하다, 유지하다.
- 有 ; 있을 유, 친하게 지내다.
- 吉 ; 길할 길, 좋다.

군자의 길과 소인의 길을 제시합니다. 그래서 뇌수해의 육오 효사는 '군자는 오직 깨달음이 있으면 좋고 소인에게는 친하게 지내고 믿음성이 있으면 좋구나.'라고 한 것입니다.

上六. 公用射^隼于高墉之上 獲之 无不利.

공 용 사 준 우 고 용 지 상 획 지 무 불 리

공공의 목적으로 사수가 높은 담 위에서 송골매를 쏘아 잡아도 불리할 것이 없구나.

- **公用**; 공용(1. 공공의 목적으로 씀, 또는 그런 물건, 2. 공적인 용무, 3. 공공단체에서 공적으로 쓰는 비용).
- **射**; 쏠 사, 쏘다, 비추다, 추구하다, 헤아리다, 사궁, 사수, 향사례(한량들이 편을 갈라 활쏘기를 겨루던 일), 벼슬 이름 야, 벼슬 이름, 산 이름, 맞힐 석, 맞하다, 쏘아 잡다, 싫어할 역, 싫어하다, 음률 이름.
- **隼**; 송골매 준, 송골매, 집비둘기, 맹금류의 총칭.
- **墉**; 담 용.
- **獲**; 얻을 획, 얻다, 잡다, 사냥하여 잡은 짐승.
- **上**; 윗 상, 위, 윗, 앞, 첫째, 옛날, 이전, 임금, 군주, 사성의 일종, 높다, 올리다, 드리다, 진헌하다, 오르다, 탈 것을 타다.

송골매가 높이 날고 있는 것은 먹잇감을 찾기 위한 것입니다. 사육하는 조그만 짐승이나 닭들을 해칠 수가 있으니 쏘아 잡는 것입니다. 그래서 뇌수해의 상육 효사는 '공공의 목적으로 사수가 높은 담 위에서 송골매를 쏘아 잡아도 불리할 것이 없구나.'라고 한 것입니다.

손 유 부 원 길 무 구 가 정 이 유 유 왕 갈 지 용 이 궤 가 용 향

損 有孚 元吉 无咎 可貞 利有攸往 曷之用 二簋可用享

손해를 보아도 친하게 지내고 믿음성이 있다면 하늘의 도우심으로 크게
좋고 허물없이 마음을 올바르게 하면 언제라도 갈 곳이 있어 이롭다는
것은 어느 때에라도 누군가 베푼다는 것이지만 가히 두 궤를 쓰면 제사를
올리지 않겠는가.

- 損 ; 덜 손, 덜다, 줄이다, 줄다, 감소하다, 잃다, 손해를 보다, 해치다, 상하게 하다, 헐뜯다, 비난하
  다, 낮추다, 겸손하다, 64괘의 하나.
- 可 ; 옳을 가, 정도, 가히.
- 往 ; 갈 왕, 언제나.
- 曷 ; 어찌 갈, 어찌, 어찌하여, 언제, 어느 때에, 누가, 누군가, 전갈, 어찌~하지 아니하냐? 그치다,
  해치다, 상하게 하다.
- 簋 ; 제기 이름 궤, 제기 이름.
- 用 ; 쓸 용, 베풀다.

세상을 살면서 좀 손해보고 산다고 생각하면 뱃속이 편안합니다. 그래서 산택손의
괘사는 '손해를 보아도 친하게 지내고 믿음성이 있다면 하늘의 도우심으로 크게 좋
고 허물없이 마음을 올바르게 하면 언제라도 갈 곳이 있어 이롭다는 것은 어느 때
에라도 누군가 베푼다는 것이지만 가히 두 궤를 쓰면 제사를 올리지 않겠는가.'라고
한 것입니다.

初九. 已事遄往 无咎 酌損之.
이 사 천 왕 무 구 작 손 지

언제나 빠르게 일을 끝내야 허물이 없는데 술을 마시면 손해를 보는구나.

- 已 ; 이미 이, 이미, 벌써, 너무, 뿐, 다름, 매우, 대단히, 너무, 반드시, 써, 써서, 이, 이것, 조금 있다가, 그 후 얼마 되지 않아, (병이) 낫다, 말다, 그치다, 그만두다, 끝내다, 용서하지 아니하다, 불허하다, 버리다, 버려두다.
- 遄 ; 빠를 천, 빠르다, 빠르게.
- 酌 ; 술 부을 작, 잔질할 작, 술 붓다, (술을) 따르다, 잔질하다(잔에 술을 따르다), (술을) 마시다, 퍼내다, 푸다, 가리다, 선택하다, 짐작하다, 참작하다, 헤아리다, 양치질하다, 취하다, 술잔, 술, 잔치, 주연.

일을 할 때는 일에만 집중을 해야 합니다. 그래서 산택손의 초구 효사는 '언제나 빠르게 일을 끝내야 허물이 없는데 술을 마시면 손해를 보는구나.'라고 한 것입니다.

九二. 利貞 征凶 弗損益之.
이 정 정 흉 불 손 익 지

손해를 보는 것도 아닌데 더 넉넉해지려고 탈취하는 것은 좋지 않으니 마음을 바르게 하여야 이롭구나.

- 征 ; 칠 정, 탈취하다.
- 弗 ; 아닐 불, 말 불, 아니다, 말다, 근심하다, 걱정하다, 다스리다, 어긋나다, 떨다, 떨어버리다.
- 益 ; 더할 익, 더하다, 이롭다, 유익하다, 돕다, 보조하다, 많다, 넉넉해지다, 풍부해지다, 진보하다, 향상되다, (상으로) 주다, 가로막다, 괘 이름, 성의 하나, 더욱, 한결, 점점, 차츰차츰, 넘칠 일, 넘치다.

욕심이 많은 사람은 행복하지를 못합니다. 행복에는 욕심이 없습니다. 그런데도 사람들은 행복보다는 욕심을 부려 조금이라도 더 가지려고 합니다. 그러나 아무리 많이 가지려고 해도 가질 수가 없습니다. 왜냐하면 세상이 평형을 맞추기 때문입니다. 그래서 산택손의 구이 효사는 '손해를 보는 것도 아닌데 더 넉넉해지려고 탈취하는 것은 좋지 않으니 마음을 바르게 하여야 이롭구나.'라고 한 것입니다.

삼 인 행 즉 손 일 인　일 인 행 즉 득 기 우
六三. 三人行則損一人 一人行則得其友.

세 사람이 가면 한 사람은 손해를 보고 한 사람이 가면 벗을 얻는구나.

• 友 ; 벗 우, 벗, 동아리, 뜻을 같이 하는 사람, 벗하다, 사귀다, 우애가 있다, 가까이하다, 돕다, 순종하다, 따르다, 짝짓다.

셋이서 가다가 둘이 의견이 맞으면 하나가 손해를 보고 한 사람이 가다가 의견이 맞는 사람을 만나면 벗을 얻는다는 것을 말합니다. 그래서 산택손의 육삼 효사는 '세 사람이 가면 한 사람은 손해를 보고 한 사람이 가면 벗을 얻는구나.'라고 한 것입니다.

손 기 질　사 천　유 희　무 구
六四. 損其疾 使遄 有喜 无咎

만일 손해를 보아 미워해도 빠르게 따르면서 친하게 지내고 좋아해야 허물이 없구나.

• 疾 ; 병 질, 미워하다.
• 使 ; 하여금 사, 부릴 사, 하여금, 가령, 만일, 설사, 심부름 꾼, 하인, 벼슬 이름, 사신, 부리다, 시키다, 따르다, 순종하다, 방종하다, 제멋대로 하다, 쓰다, 운용하다, 보낼 시, (사신으로) 보내다, (사신으로) 가다.
• 其 ; 그 기, 만약, 만일.
• 喜 ; 기쁠 희, 좋아하다.
• 有 ; 있을 유, 친하게 지내다.

사람이 손해를 보면 기분이 좋지 않겠지요. 하지만 물질을 좀 손해보고 사람을 얻으세요. 그래서 산택손의 육사 효사는 '만일 손해를 보아 미워해도 빠르게 따르면서 친하게 지내고 좋아해야 허물이 없구나.'라고 한 것입니다.

혹 익 지　십 붕 지 귀　불 극 위　원 길
六五. 或益之 十朋之龜 弗克違 元吉.

어떤 이가 능력이 있어 이루어 내면 원망하지 않도록 십 붕의 거북을 상으로 주어야 크게 좋구나.

- 或 ; 혹 혹, 어떤 이.
- 朋 ; 벗 붕, 화폐 단위.
- 克 ; 이길 극, 이기다, 해내다, 참고 견디다, 능하다, 능력이 있다, 이루어 내다.
- 違 ; 어긋날 위, 어긋나다, 어기다, 다르다, 떨어지다, 피하다, 달아나다, 멀리하다, 원망하다, 간사함, 허물.
- 弗 ; 아닐 불, 아니다.
- 元 ; 으뜸 원, 크다.

힘이 있다고 힘으로 누르면 용수철 현상이 일어납니다. 그러니 힘이 있을수록 베풀어야 합니다. 그래서 산택손의 육오 효사는 '어떤 이가 능력이 있어 이루어 내면 원망하지 않도록 십 붕의 거북을 상으로 주어야 크게 좋구나.'라고 한 것입니다.

불 손 익 지　무 구　정 길　이 유 유 왕　득 신 무 가
上九. 弗損益之 无咎 貞吉 利有攸往 得臣无家.

손익에 영향을 끼치지 아니하면 허물이 없도록 마음을 바르게 하여야 좋다는 것은 언제라도 갈 곳이 있어 이롭고 적합한 신하를 가문에 관계없이 얻을 수 있기 때문이구나.

- 之 ; 갈 지, (영향을) 끼치다.
- 得 ; 얻을 득, 적합하다.
- 臣 ; 신하 신.
- 无 ; 없을 무, ~에 관계없이.

사람을 얻어야 큰일을 할 수 있습니다. 그래서 산택손의 상구 효사는 '손익에 영향을 끼치지 아니하면 허물이 없도록 마음을 바르게 하여야 좋다는 것은 언제라도 갈 곳이 있어 이롭고 적합한 신하를 가문에 관계없이 얻을 수 있기 때문이구나.'라고 한 것입니다.

風雷益(풍뢰익)

_익 _이 _유 _유 _왕 _이 _섭 _대 _천
益 利有攸往 利涉大川

넉넉해지려면 언제나 갈 곳이 있어야 이롭고 계속해서 대인과 관계하는 것이 이롭구나.

- 益 ; 더할 익, 더하다, 이롭다, 유익하다, 돕다, 보조하다, 많다, 넉넉해지다, 풍부해지다, 진보하다, 향상하다, 상으로 주다, 가로막다, 이익, 괘 이름, 성의 하나, 더욱, 한결, 점점, 차츰차츰, 넘칠 일, 넘치다.

가서 일할 곳이 있어야 이익이 있고 이익을 위해서는 대인의 가르침이 필요하겠지요. 그래서 풍뢰익의 괘사는 '넉넉해지려면 언제나 갈 곳이 있어야 이롭고 계속해서 대인과 관계하는 것이 이롭구나.'라고 한 것입니다.

_이 _용 _위 _대 _작 _원 _길 _무 _구
初九. 利用爲大作 元吉 无咎.

뛰어나게 농사를 짓는 법, 일하는 법, 사업을 일으키는 법, 저작을 창작하는 법, 작품을 만드는 법을 배워서 이용하면 크게 좋고 허물도 없구나.

- 爲 ; 하 위, 할 위, 하다, 위하다, 다스리다, 되다, 이루어지다, 생각하다, 삼다, 배우다, 가장하다, 속하다, 있다, 행위.
- 作 ; 지을 작, 짓다, 만들다, 창작하다, 일하다, 노동하다, 행하다, 행동하다, 부리다, ~하게 하다,

일어나다, 일으키다, 이르다, 미치다, 비롯하다, 삼다, 임명하다, 닮다, 농사, 일, 사업, 공사, 저작, 작품, 저주 저, 저주, 저주하다, 만들 주, 만들다.

• 大 ; 큰 대, 뛰어나다.

처음부터 잘할 수는 없습니다. 차곡차곡 배워서 이용해야 합니다. 그래야 넉넉해질 수 있습니다. 그래서 풍뢰익의 초구 효사는 '뛰어나게 농사를 짓는 법, 일하는 법, 사업을 일으키는 법, 저작을 창작하는 법, 작품을 만드는 법을 배워서 이용하면 크게 좋고 허물도 없구나.'라고 한 것입니다.

六二. 或益之 十朋之龜 弗克違 永貞吉 王用享 于帝 吉.
혹 익 지 십 붕 지 귀 불 극 위 영 정 길 왕 용 향 우 제 길

어떤 이가 능력이 있어 이루어 내면 원망하지 말라고 십 붕의 거북을 상으로 받더라도 영원히 마음을 바르게 하여야 좋고 왕이 천자에게 제사 지낼 때 쓰이면 좋구나.

• 享 ; 누릴 향, 삶을 팽, 누리다, 드리다, 제사 지내다, 흠향하다, 마땅하다, 합당하다, 잔치, 연회, 제사, 삶다.
• 帝 ; 임금 제, 천자, 하느님.

누가 도우면 넉넉해지는 데 좋을까요? 바로 왕이겠지요. 그래서 풍뢰익의 육이 효사는 '어떤 이가 능력이 있어 이루어 내면 원망하지 말라고 십 붕의 거북을 상으로 받더라도 영원히 마음을 바르게 하여야 좋고 왕이 천자에게 제사 지낼 때 쓰이면 좋구나.'라고 한 것입니다.

익 지 용 흉 사 무 구 유 부 중 행 고 공 용 규
六三. 益之用凶事 无咎 有孚中行 告公用圭.

국가 대사를 돕거나 좋지 않은 일로 다스릴 때는 허물도 없고, 친하게
지내고, 믿음성이 있어도 때에 맞춰 행하라고 제후가 홀을 써서 알려야
하는구나.

- 事 ; 일 사, 국가 대사.
- 孚 ; 미쁠 부, 미쁘다(믿음성이 있다).
- 告 ; 고할 고, 고하다, 알리다, 아뢰다.
- 公 ; 공평할 공, 숨김없이 드러내 놓다, 제후, 여럿.
- 圭 ; 서옥 규, 홀 규, 서옥(상서로운 구슬), 홀(제후를 봉할 때 사용하던 신인), 용량 단위, 모서리,
  저울눈, 결백하다, 깨끗하다, 모나다.
- 凶事 ; 1. 흉하고 언짢은 일. 2. 사람이 죽은 일.
- 用 ; 쓸 용, 다스리다.

나라가 안정돼야 더 넉넉해질 수 있습니다. 그래서 풍뢰익의 육삼 효사는 '국가
대사를 돕거나 좋지 않은 일로 다스릴 때는 허물도 없고, 친하게 지내고, 믿음성
이 있어도 때에 맞춰 행하라고 제후가 홀을 써서 알려야 하는구나.'라고 한 것입
니다.

중 행 고 공 종 이 용 위 의 천 국
六四. 中行告公從 利用爲依遷國.

때에 맞춰 행하였음을 제후에게 다가서서 아뢰도록 하면 나라를 바꾸어
옮겨가도 전과 같이 순종하며 위하니 다스리는 데 이롭구나.

- 從 ; 좇을 종, 좇다, 따르다, 나아가다, 다가서다, 모시다, 시중들다.
- 依 ; 의지할 의, 의지하다, 기대다, 전과 같다, 좇다, 따르다, 순종하다, 동의하다, 허락하다, 용서하
  다, 우거지다, 돕다, 믿다, 비기다, 견주다, 비유하다, 사랑하다, 편하다, 편히 지내다, 병풍, 머릿병
  풍, 비유, 나무가 무성한 모양, ~에 의해서, ~대로, ~따라.
- 遷 ; 옮길 천, 옮기다, 옮겨가다, 떠나가다, 내쫓다, 추방하다, 벼슬이 바뀌다, 달라지다, 바꾸다, 변

경하다, 오르다, 올라가다, 붙좇다, 따르다, 천도, 벼랑, 낭떠러지.

• 用 ; 쓸 용, 다스리다.

사람은 한번 길들여지면 벗어나기가 정말로 힘이 듭니다. 자기의 삶이 어디로 흘러
가는지 알지도 못하면서 그냥 길들여진 것이 맞는 듯이 살아가고 있습니다. 그러면
서 개와 같은 동물들이 훈련을 받아 재주를 부리면 좋다고 웃어들 댑니다. 사람을
만족시키는 것에는 물질적 충족과 정신적 충족이 있는데 물질적 충족이 있는 곳은
정신이 황폐화되고 정신적 충족이 있는 곳은 물질이 부족합니다. 그런데 사람들은
물질과 정신 둘 다를 가지려고 합니다. 물론 마음이 바른 사람이 가지면 좋은데 그
렇지 않은 사람들이 양의 탈을 쓰고 힘이 있는 사람 밑에서 온갖 아양을 떨어 부를
이루려고 합니다. 한마디로 축적을 하는 것이지요. 그리고 마음이 바른 척하며 정
신적으로 충족하고 있다고 말들을 합니다. 개가 웃을 일이지요. 그런 것을 힘이 있
는 사람들은 알고 있습니다. 어떻게 하면 사람을 잘 다룰 수 있다는 것을 말입니다.
그래서 풍뢰익의 육사 효사는 '때에 맞춰 행하였음을 제후에게 다가서서 아뢰도록
하면 나라를 바꾸어 옮겨가도 전과 같이 순종하며 위하니 다스리는 데 이롭구나.'라
고 한 것입니다.

九五. 유 부 혜 심 물 문 원 길 유 부 혜 아 덕
九五. 有孚惠心 勿問 元吉 有孚惠我德.

친하게 지내고 믿음성이 있게 은혜를 베푸는 마음이 있으면 물을 것도 없
이 하늘의 도우심으로 크게 좋으므로 친하게 지내고 믿음성이 있게 우리
는 은혜를 베푸는 선행을 하는구나.

• 惠 ; 은혜 혜, 은혜, 사랑, 자애, (은혜를) 베풀다(일을 차리어 벌이다, 도와주어서 혜택을 받게 하다),
  사랑하다, 인자하다, 순하다, 유순하다, 슬기롭다, 총명하다, 아름답다, 곱다, 꾸미다, 장식하다.
• 問 ; 물을 문.
• 我 ; 나 아, 나, 우리.
• 德 ; 덕 덕, 선행.

이렇게 하면 하늘이 돕는다는 것입니다. 그래서 풍뢰익의 구오 효사는 '친하게 지내
고 믿음성이 있게 은혜를 베푸는 마음이 있으면 물을 것도 없이 하늘의 도우심으로

크게 좋으므로 친하게 지내고 믿음성이 있게 우리는 은혜를 베푸는 선행을 하는구나.'라고 한 것입니다.

上九. 莫益之 或擊之 立心勿恒 凶.
막 익 지 혹 격 지 입 심 물 항 흉

없다가 넉넉해져 편안하고 안정되면 어떤 경우에 손으로 치려는 것은 항상 마음이 확고히 서지 아니한 것이니 좋지 않구나.

- 莫 ; 없을 막, 없다, 말다, ~하지 말라, 불가하다, 편안하다, 안정되다.
- 或 ; 혹 혹, 어떤 경우에는.
- 擊 ; 칠 격, 손으로 치다.
- 立 ; 설 립(입), 서다, 멈추어 서다, 똑바로 서다, 확고히 서다, 이루어지다, 정해지다, 전해지다, 임하다, 즉위하다, 존재하다, 출사하다, 나타나다, 세우다, 곧, 즉시, 낟알, 닢(납작한 물건을 세는 단위), 리터(L)의 약호, 바로, 자리 위, 자리.
- 恒 ; 항상 항.

사람은 참 희한한 동물입니다. 없을 때는 나중에 넉넉해지면 베풀고 산다고 합니다. 그러나 넉넉해지면 상황은 반대로 전개됩니다. 안하무인이 되지요. 초가을 벌레들이 목청껏 울어대는 이유를 알지 못하고 사람을 치려고 합니다. 그래서 풍뢰익의 상구 효사는 '없다가 넉넉해져 편안하고 안정되면 어떤 경우에 손으로 치려는 것은 항상 마음이 확고히 서지 아니한 것이니 좋지 않구나.'라고 한 것입니다.

澤天夬(택천쾌)

<table>
<tr><td>쾌</td><td>양</td><td>우</td><td>왕</td><td>정</td><td>부</td><td>호</td><td>유</td><td>려</td><td>고</td><td>자</td><td>읍</td><td>불</td><td>리</td><td>즉</td><td>융</td><td>이</td><td>유</td><td>유</td><td>왕</td></tr>
</table>

夬 揚于王庭 孚號 有厲 告自邑 不利卽戎 利有攸往.

궁중에서 터놓고 정할 때에 왕이 나타나면 믿음성이 있게 큰소리로 부르
짖으며 진실로 나라를 위해 힘쓰고 있고 전쟁에 나아가는 것은 이롭지 아
니하다고 고하니 장구하다 이기도록 넉넉하게 물품을 보내주라고 결정하
는구나.

• 夬 ; 터놓을 쾌, 쾌 괘, 터놓다, 정하다, 결정하다, 나누다, 가르다, 쾌 괘, 깍지 결, 깍지(활을 쏠 때
  엄지손가락에 끼우는 기구).

• 揚 ; 날릴 양, 날리다, 하늘을 날다, 바람이 흩날리다, 오르다, 올리다, 쳐들다, 나타나다, 드러나다,
  들날리다, 알려지다, 말하다, 칭찬하다, 누그러지다, 고르게 되다, 밝히다, 명백하게 하다, 불이 세
  차게 타오르다, 슬퍼하다, 애도하다, 도끼, 부월, 고대의 구주의 하나, 눈두덩, 흉배(학이나 범을 수
  놓아 붙이던 사각형의 표장), 이마.

• 庭 ; 뜰 정, 뜰, 집안, 조정, 궁중, 궁궐의 안. 號 ; 부르짖을 호, 큰소리로 부르짖다.

• 自 ; 스스로 자, 진실로.

• 邑 ; 고을 읍, 고을, 마을, 나라.

• 告 ; 고할 고, 고하다, 아뢰다.

• 卽 ; 곧 즉, 곧, 이제, 만약, 만일, 혹은, 가깝다, 가까이하다, 나아가다, 끝나다, 죽다, 불똥.

• 戎 ; 병장기 융, 오랑캐 융, 병장기, 병기의 총칭, 병기, 싸움 수레, 군사, 병사, 오랑캐, 되(북방 오
  랑캐), 싸움, 전쟁, 전투, 너, 그대, 돕다, 크다, 난잡하다.

• 利 ; 이로울 리, 이기다.

• 有 ; 있을 유, 넉넉하다. • 攸 ; 바 유, 오래다, 장구하다(매우 길고 오래다).

• 往 ; 갈 왕, (물품을) 보내다, 보내주다.

- 自 ; 스스로 자, 진실로.
- 厲 ; 갈 려, 힘쓰다.

신하들이 대열해 있고 왕이 등장하여 전쟁에 대해서 왕에게 고하고 왕이 결정하는 장면입니다. 그래서 택천쾌의 괘사는 '궁중에서 터놓고 정할 때에 왕이 나타나면 믿음성이 있게 큰소리로 부르짖으며 진실로 나라를 위해 힘쓰고 있고 전쟁에 나아가는 것은 이롭지 아니하다고 고하니 장구하다 이기도록 넉넉하게 물품을 보내주라고 결정하는구나.'라고 한 것입니다.

初九. 壯于前趾 往不勝 爲咎.
장 우 전 지 왕 불 승 위 구

기세 좋게 먼저 발부터 나아가면 언제나 이기지 못하고 죄과만 되는구나.

- 壯 ; 장할 장, 기세가 좋다.
- 前 ; 앞 전, 먼저, 나아가다.
- 趾 ; 발 지.
- 往 ; 갈 왕, 언제나.
- 勝 ; 이길 승.
- 爲 ; 할 위, 되다.
- 咎 ; 허물 구, 죄과(1. 죄와 허물을 아울러 이르는 말, 2. 죄가 될 만한 허물).

싸움이나 전쟁은 힘만 가지고 하는 것이 아니랍니다. 그래서 택천쾌의 초구 효사는 '기세 좋게 먼저 발부터 나아가면 언제나 이기지 못하고 죄과만 되는구나.'라고 한 것입니다.

척 호 막 야 유 융 물 휼
九二. 惕號 莫夜 有戎 勿恤.

조용하고 깊은 밤에 큰소리로 부르짖어 두려워하더라도 전쟁에 있어서는
동정하지를 아니하는구나.

- **惕** ; 두려워할 척.
- **莫** ; 없을 막, 조용하다.
- **夜** ; 밤 야, 깊은 밤.
- **恤** ; 불쌍할 휼, 동정하다.

전쟁을 합니다. 죽느냐 사느냐의 기로에 있습니다. 그래서 택천쾌의 구이 효사는
'조용하고 깊은 밤에 큰소리로 부르짖어 두려워하더라도 전쟁에 있어서는 동정하지
를 아니하는구나.'라고 한 것입니다.

장 우 규 유 흉 군 자 쾌 쾌 독 행 우 우 약 유 유 온 무 구
九三. 壯于頄 有凶 君子夬夬 獨行遇雨 若濡 有慍 无咎.

광대뼈가 굳세 흉함이 있는 군자가 결정하고 결정했다고 홀로 가다 때마
침 비가 와 네가 물에 젖어 화가 나도 책망하지 아니하는구나.

- **頄** ; 광대뼈 규, 광대뼈, 낯, 얼굴, 두텁다, 광대뼈 구, 광대뼈, 낯, 얼굴, 두텁다. 凶 ; 흉할 흉.
- **獨** ; 홀로 독, 전단하다(혼자 마음대로 결정하고 단행하다).
- **遇** ; 만날 우, 때마침.
- **若** ; 같을 약, 너.
- **濡** ; 적실 유, (물에) 적시다, 젖다.
- **慍** ; 성낼 온, 성내다, 화를 내다, 원망하다, 괴로워하다, 화, 노여움.
- **咎** ; 허물 구, 책망하다(잘못을 꾸짖거나 나무라며 못마땅하게 여기다).

광대뼈가 굳세면 좋은 말로는 추진력이 좋고 나쁜 말로는 고집불통이죠. 한 번 결
정하면 해야 합니다. 그래서 택천쾌의 구삼 효사는 '광대뼈가 굳세 흉함이 있는 군
자가 결정하고 결정했다고 홀로 가다 때마침 비가 와 네가 물에 젖어 화가 나도 책
망하지 아니하는구나.'라고 한 것입니다.

九四. 臀无膚 其行次且 牽羊悔亡 聞言不信.

궁둥이에 살이 없어도 거처에서 머뭇거리다 가면 이끌던 양을 아깝게도
잃어버린다고 소리가 들리게 말해도 믿지를 아니하는구나.

- 臀 ; 볼기 둔, 볼기(허벅다리 위의 양쪽으로 살이 불룩한 부분), 궁둥이, 밑(바닥).
- 膚 ; 살갗 부.
- 次 ; 버금 차, 거처.
- 且 ; 또 차, 공경스러울 저, 머뭇거리다.
- 牽 ; 이끌 견.
- 悔 ; 뉘우칠 회, 아깝게도.
- 亡 ; 망할 망, 잃다, 달아나다, 없어지다, 죽다, 잊다.
- 聞 ; 들을 문, 듣다, (소리가) 들리다, 알다, 깨우치다, 소문나다, 알려지다, (냄새를) 맡다, 방문하
  다, (소식을) 전하다, 묻다, 질문하다, 아뢰다, 알리다, (틈을) 타다, (기회를) 노리다, 견문, 식견,
  소식, 소문, 명성, 명망, 식견 있는 사람.
- 言 ; 말씀 언, 말하다.
- 信 ; 믿을 신, 믿다, 신임하다, 맡기다, 신봉하다, 성실하다, ~에 맡기다, 확실하다, 마음대로 하다,
  알다, 신의, 신용, 신표, 편지, 서신, 정보, 증거, 기호, 서류, 소식, 소식을 전하는 사람, 확실히, 정
  말로, 사람이 말하는 말에 거짓이 없는 일, 성실.

궁둥이에 살이 없으면 빈천한 상입니다. 이리저리 왔다갔다 바쁘게 움직여야 먹고
살 수 있으니 행동은 빠른데 문제는 결정할 수 있는 판단력이 떨어진다는 것입니
다. 그래서 택천쾌의 구사 효사는 '궁둥이에 살이 없어도 거처에서 머뭇거리다 가면
이끌던 양을 아깝게도 잃어버린다고 소리가 들리게 말해도 믿지를 아니하는구나.'
라고 한 것입니다.

九五. 莧陸夬夬 中行 无咎.

언덕의 비름을 나누어 정할 때에는 어느 한쪽으로 치우치지 않도록 올바
르게 하여야 허물이 없구나.

- 莧 ; 비름 현, 비름(비름과의 한해살이풀), 패 모(백합과에 속하는 여러해살이풀), 자리공(자리공

과의 여러해살이풀), 뱀도랏(사상자, 산형과의 두해살이풀), 비름 한, 비름, 패 모, 자리공, 뱀도랏.
- 陸 ; 뭍 육, 뭍, 육지, 땅, 언덕, 길, 높고 평평한 땅, 여섯과 통용, 뛰다, 두텁다, 어긋나다.

여러 사람이 물건을 나누어 가질 때에는 올바르게 해야 합니다. 그래서 택천쾌의 구오 효사는 '언덕의 비름을 나누어 정할 때에는 어느 한쪽으로 치우치지 않도록 올바르게 하여야 허물이 없구나.'라고 한 것입니다.

上六. 无號 終有凶.
무 호 종 유 흉

큰소리로 부르짖는 것을 무시하거나 없으면 결국에는 재앙이 있구나.

- 无 ; 없을 무, 무시하다, 업신여기다.
- 終 ; 마칠 종, 마침내, 결국.
- 凶 ; 흉할 흉, 재앙, 재난.

위험한 일이 닥쳐옵니다. 큰소리로 위험하다고 소리쳐야 되겠지요. 그런데 큰소리로 소리치지 않거나 큰소리로 소리친다고 해도 설마 하고 무시하면 어떻게 되겠어요? 그래서 택천쾌의 상육 효사는 '큰소리로 부르짖는 것을 무시하거나 없으면 결국에는 재앙이 있구나.'라고 한 것입니다.

^구 ^여 ^장 ^물 ^용 ^취 ^녀
姤 女壯 勿用取女.

만나는 여자가 굳세면 여자를 취하여 쓰지 말고 기상이나 인품이 훌륭하고 부지런히 힘쓰며 일하는 여자를 취해야 하는구나.

- 姤 ; 만날 구, 만나다, 우아하다, 아름답다, 예쁘다, 추하다, 보기 흉하다, 육십사괘의 하나.
- 壯 ; 장할 장, 장하다(기상이나 인품이 훌륭하다), 굳세다.
- 取 ; 가질 취, 가지다, 손에 들다, 취하다, 의지하다, 돕다, 채용하다, 골라 뽑다, 받다, 받아들이다, 이기다, 다스리다, 멸망시키다, 장가들다.
- 用 ; 쓸 용, 일하다.

여자가 드세면 일이 잘 풀리지 않거나 집안이 편하지 않을 수가 있습니다. 그러나 방법이 없는 것은 아닙니다. 마음을 바르게 하면 좋습니다. 마음을 바르게 하면 드세던 얼굴의 상이 부드럽게 변합니다. 그때부터 일이 술술 잘 풀리기 시작합니다. 기상이나 인품이 훌륭하고 부지런히 힘쓰며 일하는 여자라고 주변에서 말이 나옵니다. 진국이라고요. 그래서 천풍구의 괘사는 '만나는 여자가 굳세면 여자를 취하여 쓰지 말고 기상이나 인품이 훌륭하고 부지런히 힘쓰며 일하는 여자를 취해야 하는구나.'라고 한 것입니다.

계 우 금 니 정 길 유 유 왕 견 흉 리 시 부 척 촉
初六. 繫于金柅 貞吉 有攸往 見凶 羸豕孚蹢躅.

쇠막대기에 이어 매면 마음을 바르게 하여야 좋은데 언제나 빨리 달리게
하니 보기에도 좋지 않은데 파리한 돼지는 머뭇거리고 머뭇거리다 달리
는구나.

- 繫 ; 맬 계, 이어 매다, 잇다.
- 于 ; 어조사 우, 가지다, 굽히다.
- 金 ; 쇠 금.
- 柅 ; 무성할 니(이), 무성하다, 살피다, 고동 목(수레바퀴 회전을 멈추게 하는 나무). 攸 ; 바 유, 달리다, 빠르다.
- 往 ; 갈 왕, 언제나.
- 凶 ; 흉할 흉.
- 羸 ; 파리할 리(이), 파리하다(핏기가 전혀 없다), 지치다.
- 豕 ; 돼지 시.
- 蹢 ; 머뭇거릴 척, 머뭇거리다, 굽 척, 굽, 발의 때.
- 躅 ; 머뭇거릴 촉, 머뭇거리다, 밟다, 자취 탁, 자취.
- 孚 ; 미쁠 부, 달리다.

하기 싫은 일을 시키니 그 분풀이를 돼지에게 합니다. 한마디로 드세다는 말이지
요. 그래서 천풍구의 초육 효사는 '쇠막대기에 이어 매면 마음을 바르게 하여야 좋
은데 언제나 빨리 달리게 하니 보기에도 좋지 않은데 파리한 돼지는 머뭇거리고 머
뭇거리다 달리는구나.'라고 한 것입니다.

포 유 어 무 구 불 리 빈
九二. 包有魚 无咎 不利賓.

어대가 있으면 너그럽게 받아들여도 허물이 없지만 굴복시키면 이롭지
않구나.

- 包 ; 쌀 포, 너그럽게 받아들이다.

- 魚 ; 물고기 어, 어대(관리가 차는 물고기 모양의 패물).
- 賓 ; 손 빈, 따르게 하다, 굴복시키다.

관리라고 사람들을 굴복시켜 보세요. 그러면 사람들이 굴복합니다. 그리고 하늘에서 들으라고 뒤에서 말을 합니다. 그래서 천풍구의 구이 효사는 '어대가 있으면 너그럽게 받아들여도 허물이 없지만 굴복시키면 이롭지 않구나.'라고 한 것입니다.

九三. <ruby>臀<rt>둔</rt></ruby><ruby>无<rt>무</rt></ruby><ruby>膚<rt>부</rt></ruby> <ruby>其<rt>기</rt></ruby><ruby>行<rt>행</rt></ruby><ruby>次<rt>차</rt></ruby><ruby>且<rt>저</rt></ruby> <ruby>厲<rt>려</rt></ruby> <ruby>无<rt>무</rt></ruby><ruby>大<rt>대</rt></ruby><ruby>咎<rt>구</rt></ruby>.

궁둥이에 살이 없더라도 거처에서 머뭇거리다 가면 좋지 않은 일이지만 큰 허물은 아니구나.

- 厲 ; 갈 려(여), 좋지 않은 일.

궁둥이에 살이 없으면 빠릅니다. 조금 늦게 출발을 해도 금방 따라갈 수 있습니다. 그래서 천풍구의 구삼 효사는 '궁둥이에 살이 없더라도 거처에서 머뭇거리다 가면 좋지 않은 일이지만 큰 허물은 아니구나.'라고 한 것입니다.

九四. <ruby>包<rt>포</rt></ruby><ruby>无<rt>무</rt></ruby><ruby>魚<rt>어</rt></ruby> <ruby>起<rt>기</rt></ruby><ruby>凶<rt>흉</rt></ruby>.

어대가 없는데도 너그럽게 받아들이면 다툼이 일어나는구나.

- 起 ; 일어날 기, 문(門), 일어나다, (일을) 시작하다, 하늘의 문, 대궐의 문, 비롯하다, 서풍, 일다, 발생하다, 출세하다, 입신하다, 우뚝 솟다, 일으키다, 기용하다, 파견하다, 계발하다, (병을) 고치다, 돕다, 떨치다, 널리 퍼지다, (값이) 오르다, 거듭, 다시, 더욱, 한층 더.
- 凶 ; 흉할 흉, 다투다, 시비를 벌이다.

이제는 상황이 바뀌었습니다. 관리를 했던 사람이 이제 더 이상 관리가 아닌데도 관리를 했던 습관이 나옵니다. 굴복을 시키고 싶지만 그래도 양심은 조금 있어서 굴복을 시키지 못하고 폼을 잡고 너그럽게 받아들입니다. 그래서 천풍구의 구사 효사는 '어대가 없는데도 너그럽게 받아들이면 다툼이 일어나는구나.'라고 한 것입니다.

九五. 以杞包瓜 含章 有隕自天.
이 기 포 과 함 장 유 운 자 천

구기자나무에 오이가 감싸서 말면 초목이 꽃을 피우고 형체가 크게 나타나다가 하늘에서 저절로 떨어지는구나.

- 以 ; 써 이, 말다.
- 杞 ; 구기자 기, 구기자, 포, 포육, 소태나무, 나무 이름, 쟁기 시, 쟁기, 가래, 삼태기, 나라 이름 기.
- 瓜 ; 오이 과, 오이, 참외, 모과, 달팽이, 오이가 익다.
- 含 ; 머금을 함, 초목이 꽃을 피우다.
- 章 ; 글 장, 형체, 크다, 나타나다.
- 隕 ; 떨어질 운, 떨어지다, 떨어뜨리다, 무너지다, 사로잡히다, 잃다, 죽다, 죽이다, 둘레 원, 둘레.
- 自 ; 스스로 자, 저절로.

세상의 진리입니다. 세상에 영원한 것은 없습니다. 세상은 누가 시켜서 그렇게 된 것이 아니고 그렇게 하여야만 또 다른 세상이 펼쳐집니다. 눈으로 볼 수 있는 진리입니다. 그래서 천풍구의 구오 효사는 '구기자나무에 오이가 감싸서 말면 초목이 꽃을 피우고 형체가 크게 나타나다가 하늘에서 저절로 떨어지는구나.'라고 한 것입니다.

上九. 姤其角 吝 无咎.
구 기 각 린 무 구

만날 때에는 마땅히 견주어 비교하려고 주저해도 허물은 없구나.

- 角 ; 뿔 각, 견주다, 비교하다.
- 吝 ; 아낄 린, 주저하다.

사람이 살아가면서 인연을 잘 쌓아야 합니다. 좋은 인연을 만나려면 당연히 이리

보고 저리 보고 견주어 비교해야 합니다. 그래도 늦지 않습니다. 나중에 후회하는 것보다 만 배는 좋습니다. 그래서 천풍구의 상구 효사는 '만날 때에는 마땅히 견주어 비교하려고 주저해도 허물은 없구나.'라고 한 것입니다.

澤地萃(택지췌)

_{췌 형 왕 격 유 묘 이 현 대 인 형 이 정 용 대 생 길 이 유 유 왕}
萃 亨 王假有廟 利見大人 亨 利貞 用大牲 吉 利有攸往.

무리가 모여서 제사를 올리려고 기다릴 때 왕이 옷을 스치며 사당에 이르
면 대인을 만나야 이롭고, 제사를 올릴 때에는 마음을 바르게 하여야 이롭
고, 큰 소를 쓰면 좋으니 이를 알고 물품을 보내주어야 이롭구나.

- 萃 ; 모을 췌, 모이다, 모으다, 이르다, 도달하다, 기다리다, 야위다, 초췌해지다, 그치다, 무리(모
  여서 뭉친 한동아리), 모임, 육십사괘의 하나, 머위, 풀이 모이는 모양, 옷이 스치는 소리, 모을 죄,
  풀이 성한 모양, 모을 줄, 모이다, 모을 채, 곁들이다, 버금, 부.
- 假 ; 이를 격, 이르다, 오다.
- 廟 ; 사당 묘, 사당, 묘당(종묘와 명당을 아울러 이르는 말), 빈궁, 빈소, 위패, 정전(한 나라의 정사
  를 집행하는 곳), 절, 종묘.
- 見 ; 뵈올 현, 만나다, 소개하다.
- 牲 ; 희생 생, 희생(제사에 쓰이는 짐승), 제사에 쓰는 소, 가축의 통칭.
- 有 ; 있을 유, 알다.
- 攸 ; 바 유, 이, 이에.
- 往 ; 갈 왕, (물품을) 보내주다.

제사를 올릴 때의 격식입니다. 그래서 택지췌의 괘사는 '무리가 모여서 제사를 올리
려고 기다릴 때 왕이 옷을 스치며 사당에 이르면 대인을 만나야 이롭고, 제사를 올
릴 때에는 마음을 바르게 하여야 이롭고, 큰 소를 쓰면 좋으니 이를 알고 물품을 보
내주어야 이롭구나.'라고 한 것입니다.

유 부 불 종　내 란 내 췌　약 호 일 악　위 소 물 휼　왕 무 구
初六. 有孚不終 乃亂乃萃 若號一握 爲笑 勿恤 往无咎.

친하게 지내고 믿음성이 있는 것이 끝이 아니고 너의 버릇없는 행동이 도리어 너를 야위게 하는데도 너는 큰소리로 부르짖으며 한번 악수하고 웃음으로 가장한다면 친애하지 아니해도 언제나 허물은 없구나.

- 有 ; 있을 유, 친하게 지내다.
- 孚 ; 미쁠 부, 미쁘다(믿음성이 있다).
- 乃 ; 이에 내, 이에, 곧, 그래서, 너, 당신, 그대, 이와 같다.
- 亂 ; 어지러울 란(난), 어지럽다, 어지럽히다, 손상시키다, 다스리다, 음란하다, 간음하다, 무도하다, 포악하다, (물을) 건너다, 가득 차다, 널리 퍼지다, 난리, 반란, 위해, 재앙, 음행, 음란한 행위, 버릇없는 행동, 풍류, 악장, 요지, 함부로, 마구잡이로.
- 若 ; 같을 약, 너.
- 號 ; 부르짖을 호, 큰소리로 부르짖다.
- 握 ; 쥘 악, 쥐다, 손아귀, 손잡이, 주먹, 줌(길이의 단위), 장막, 휘장(피륙을 여러 쪽으로 이어서 빙 둘러치는 장막), 악수, 작을 옥, 작다, 악착스럽다, 작은 모양.
- 爲 ; 할 위, 가장하다(태도를 거짓으로 꾸미다).
- 笑 ; 웃음 소, 웃음 웃다, 비웃다, 조소하다.
- 恤 ; 불쌍할 휼, 사랑하다, 친애하다.
- 往 ; 갈 왕, 언제나.

세상을 살다 보면 낯이 두꺼운 사람들이 많습니다. 두꺼워도 보통 두꺼운 것이 아니지요. 자기의 잘못은 '뭘 그런 것 가지고 그러냐'고 하면서 오히려 통 좀 키우라고 합니다. 그러면서 악수와 동시에 어깨를 툭툭 치고 씩 웃으며 잘해 보자고 하네요. 사람이 미칠 지경이 되죠. 그래서 택지췌의 초육 효사는 '친하게 지내고 믿음성이 있는 것이 끝이 아니고 너의 버릇없는 행동이 도리어 너를 야위게 하는데도 너는 큰소리로 부르짖으며 한번 악수하고 웃음으로 가장한다면 친애하지 아니해도 언제나 허물은 없구나.'라고 한 것입니다.

六二. 引吉无咎 孚乃利用禴.
인 길 무 구 부 내 리 용 약

제사가 만연하면 벌하고 금지하니 믿음성이 있게 너는 봄 제사를 하는 것이 이롭구나.

- 引 ; 끌 인, (수레를) 끌다, 당기다, 이끌다, 인도하다, 늘이다, 연장하다, 맡다, 바루다(비뚤어지거나 구부러지지 않도록 바르게 하다), 추천하다, 천거하다, 퍼지다, 만연하다, 인용하다, 넘겨주다, (그물을) 치다, 다투다, 물러나다, 자진하다, 자살하다, 부르다, 노래 곡조, 악곡, 벗, 친구, 통행증, 가슴걸이, 상여 끈, 길이, 문체 이름.
- 吉 ; 길할 길, 제사.
- 无 ; 없을 무, 금지하다.
- 咎 ; 허물 구, 벌하다.
- 用 ; 쓸 용, 하다, 행하다.
- 禴 ; 봄 제사 약, 봄 제사, 여름 제사, 종묘 제사의 이름, 불시의 제사, 박하다, 약소하다.

백성들이 부지런히 힘써서 일하지 않고 제사만 올리면 좋지 않겠지요. 그래서 택지쵀의 육이 효사는 '제사가 만연하면 벌하고 금지하니 믿음성이 있게 너는 봄 제사를 하는 것이 이롭구나.'라고 한 것입니다.

六三. 萃如嗟如 无攸利 往 无咎 小吝.
쵀 여 차 여 무 유 리 왕 무 구 소 린

모여서 가다가 탄식하며 따르면 이로울 바가 없으니 갈 때에는 허물이 없게 작은 일도 소중히 여겨야 하는구나.

- 如 ; 같을 여, 좇다, 따르다, 가다, 이르다, 맞서다, 대항하다.
- 嗟 ; 탄식할 차, 탄식하다(한탄하여 한숨을 쉬다), 감탄하다, 창졸간에, 갑작스럽게.
- 吝 ; 아낄 린, 소중히 여기다.

무리가 모여서 갈 때 쓸데없는 말을 한마디 해 보세요. 분위기가 가라앉아 일이 잘 되겠습니까? 그래서 택지쵀의 육삼 효사는 '모여서 가다가 탄식하며 따르면 이로울 바가 없으니 갈 때에는 허물이 없게 작은 일도 소중히 여겨야 하는구나.'라고 한 것입니다.

대 길 무 구
九四. 大吉 无咎.

크게 운이 좋아도 허물이 없어야 하는구나.

• 吉 ; 길할 길, 운이 좋다.

크게 운이 좋아 일이 잘되어도 허물이 있으면 그 허물로 인해서 발목을 잡힐 수가
있습니다. 그래서 택지췌의 구사 효사는 '크게 운이 좋아도 허물이 없어야 하는구
나.'라고 한 것입니다.

췌 유 위 무 구 비 부 원 영 정 회 무
九五. 萃有位 无咎 匪孚 元永貞 悔亡.

무리를 모아서 왕위를 가지려면 허물이 없고, 문채가 나고, 믿음성이 있
고, 처음부터 영원히 마음을 바르게 하고, 과오가 없어야 하는구나.

• 有 ; 있을 유, 가지다, 소지하다.
• 位 ; 자리 위, 자리, 곳, 위치, 지위, 직위, 제위, 왕위, 방위, 분, 명(名), 비트, 위치하다, 자리 잡다,
  서다, 서 있다, 임하다, 닿다, 도달하다, 나아가다.
• 匪 ; 비적 비, 문채나다(문채가 나는 군자라는 뜻으로 학식과 인격이 훌륭한 사람을 이르는 말).
• 元 ; 으뜸 원, 처음.
• 永 ; 길 영, 영원히.
• 悔 ; 뉘우칠 회, 과오(1. 부주의나 태만 따위에서 비롯된 잘못이나 허물, 2. 부주의로 인하여 어떤
  결과의 발생을 미리 내다보지 못한 일).
• 亡 ; 없을 무, 없다.

왕이 쉽게 되는 것은 아니지요. 그래서 택지췌의 구오 효사는 '무리를 모아서 왕위
를 가지려면 허물이 없고, 문채가 나고, 믿음성이 있고, 처음부터 영원히 마음을 바
르게 하고, 과오가 없어야 하는구나.'라고 한 것입니다.

上六. 齎咨涕洟 无咎.
재 자 체 이 　 무 구

증여할 것을 물으니 탄식하며 눈물, 콧물을 흘리며 울어도 허물은 없구나.

- 齎 ; 가져올 재, 가져오다, 가져가다, 주다, 보내다, 증여하다, 가지다, 지니다, 갖추다, 대비하다, 휴대하는 물건, 소용돌이치며 흐르는 모양, 탄식할 자, 탄식하다, 탄식하는 소리, 아, 휴대하는 물건.
- 咨 ; 물을 자, 묻다, 상의하다, 꾀하다, 탄식하다.
- 涕 ; 눈물 체, 눈물, 울다, 눈물을 흘리며 울다.
- 洟 ; 콧물 이, 콧물, 눈물, 콧물을 흘리다, 눈물을 흘리다, 콧물 체, 콧물, 눈물, 콧물을 흘리다, 눈물을 흘리다.

어렵고도 어렵게 왕이 되었습니다. 세월에 장사 없다고 나이를 먹었지만 아직 힘이 있습니다. 그러나 그것은 나만의 생각입니다. 주위에서 물러날 때가 되지 않았느냐고 물어오네요. 그래서 택지췌의 상육 효사는 '증여할 것을 물으니 탄식하며 눈물, 콧물을 흘리며 울어도 허물은 없구나.'라고 한 것입니다.

地風升 (지풍승)

승 원형 용현대인 물휼 남정길
升 元亨 用見大人 勿恤 南征吉.

나아갈 때 하늘의 도우심으로 모든 일이 뜻과 같이 잘되어 가려면 대인을
만나 등용하고 근심하지 말고 남쪽을 정벌해야 좋구나.

- 升 ; 되 승, 오를 승, 되(분량을 헤아리는데 쓰는 그릇 또는 부피의 단위), 새(직물의 날실 80올), 육
  십사괘의 하나, 오르다, 떠오르다, (벼슬을) 올리다, 나아가다(1. 앞으로 향하여 가다, 2. 일이 점점
  되어 가다, 3. 목적하는 방향을 향하여 가다), 천거하다, 태평하다, 융성하다(기운차게 일어나거나
  대단히 번성하다), 성하다, 이루다, (곡식이) 익다, 바치다, 헌납하다.
- 用 ; 쓸 용, 등용하다.
- 見 ; 뵈올 현, 만나다.
- 恤 ; 불쌍할 휼, 근심하다.
- 征 ; 칠 정, 정벌하다.

큰 뜻을 품고 나아가려고 할 때 강태공이나 장량, 제갈 량을 만나면 좋으련만. 그
래서 지풍승의 괘사는 '나아갈 때 하늘의 도우심으로 모든 일이 뜻과 같이 잘되어
가려면 대인을 만나 등용하고 근심하지 말고 남쪽을 정벌해야 좋구나.'라고 한 것
입니다.

初六.   **允升 大吉**.
윤 승 대 길

나아가려면 어진 사람을 임용하여야 크게 좋구나.

- **允** ; 맏 윤, 진실로 윤, 맏, 아들, 진실, 믿음, 진실로, 참으로, 마땅하다(1. 행동이나 대상 따위가 일정한 조건에 어울리게 알맞다, 2. 흡족하게 마음에 들다, 3. 그렇게 하거나 되는 것이 이치로 보아 옳다), 합당하다(어떤 기준, 조건, 용도, 도리 따위에 꼭 알맞다), 미쁘다, 승낙하다, 허락하다, 아첨하다, 어진 사람을 임용함의 뜻을 나타냄.

큰 뜻을 품고 나아가려면 맡은 일을 묵묵히 할 수 있는 어진 사람이 필요합니다. 그래서 지풍승의 초육 효사는 '나아가려면 어진 사람을 임용하여야 크게 좋구나.'라고 한 것입니다.

九二.   **孚乃利用禴 无咎**.
부 내 리 용 약 무 구

믿음성이 있게 너는 봄 제사를 하는 것이 이롭고 허물도 없구나.

큰 뜻을 품고 나아갈 때 봄에 제사를 올리고 나아가는 것이 좋겠지요. 그래서 지풍승의 구이 효사는 '믿음성이 있게 너는 봄 제사를 하는 것이 이롭고 허물도 없구나.'라고 한 것입니다.

九三.   **升虛邑**.
승 허 읍

방심하여 게을리한 곳이나 틈이 없어야 나라가 태평하구나.

- **虛** ; 빌 허, 비다, 없다, 비워두다, 헛되다, 공허하다, 약하다, 앓다, 살다, 거주하다, 구멍, 틈, 빈틈, 공허, 무상무념, 마음, 하늘, 폐허, 위치, 방위, 큰 언덕, 별 이름, 방심하여 게을리한 곳이나 틈, 허점.
- **邑** ; 고을 읍, 나라, 영유하다(자기의 것으로 차지하여 가지다).

큰 뜻을 품고 나아가서 나라를 세웠습니다. 이제는 이 나라를 잘 영위해야 합니다. 그래서 지풍승의 구삼 효사는 '방심하여 게을리한 곳이나 틈이 없어야 나라가 태평하구나.'라고 한 것입니다.

六四. 王用亨于岐山 吉 无咎.
왕 용 형 우 기 산 길 무 구

왕이 기산에서 제사를 올리면 좋고 허물도 없구나.

- **岐** ; 갈림길 기, 갈림길, 산 이름, 날아가는 모양, 자라나는 모양, 지각이 드는 모양, 갈래짓다, 높다, 울퉁불퉁하다.
- **山** ; 뫼 산, 뫼, 메, 산, 산신, 산의 신, 무덤, 분묘, 절, 사찰, 임금의 상, (산처럼) 움직이지 아니하다.
- **亨** ; 형통할 형, 제사를 올리다.
- **用** ; 쓸 용, 베풀다, 하다, 행하다.

왕이 나라와 백성을 위해 제사를 올립니다. 그래서 지풍승의 육사 효사는 '왕이 기산에서 제사를 올리면 좋고 허물도 없구나.'라고 한 것입니다.

六五. 貞吉 升階.
정 길 승 계

마음을 바르게 하여야 운이 좋아 궁정의 계단을 오르는구나.

- **吉** ; 길할 길, 운이 좋다.
- **階** ; 섬돌 계, 섬돌(집채의 앞뒤에 오르내릴 수 있게 놓은 돌층계), 층계, 한 계단, 품계, 관등, 벼슬차례, 차례, 실마리, 사다리, 길, 연고, 인연, (사다리를) 놓다, 오르다, 나아가다, 인도하다, 이끌다, 겹치다, 쌓이다, 궁정의 계단을 이름.

마음을 바르게 하면 하늘이 돕습니다. 그래서 지풍승의 육오 효사는 '마음을 바르게 하여야 운이 좋아 궁정의 계단을 오르는구나.'라고 한 것입니다.

上六. 冥升 利于不息之貞.
명 승 이 우 불 식 지 정

벼슬이 더 이상 오르지 않아도 쉬지 않고 마음을 바르게 하여야 이롭구나.

- 冥 ; 어두울 명, (날이) 어둡다, 日과 六은 16일을 뜻하는데 음력 16일은 달이 이지러져 어두워지고 덮는다는 뜻의 ⌐(덮을 멱)을 더하여 더욱 어두워짐을 나타내지만 여기에서는 더 이상 벼슬이 오르지 않는다는 뜻으로 번역함.
- 于 ; 어조사 우, 행하다, 가지다.
- 不息 ; 쉬지 아니함.
- 息 ; 쉴 식, 쉬다, 숨 쉬다, 호흡하다, 생존하다, 살다, 생활하다, 번식하다, 자라다, 키우다, 그치다, 그만두다, 중지하다, 망하다, 멸하다, 호흡, 숨, 숨 한 번 쉬는 동안, 아이, 자식, 여관, 휴게소, 이자, 군더더기 살, 나라 이름.

벼슬이 오르지 않는다고 푸념하지 말라는 것입니다. 나중 일을 생각해야지요. 그래서 지풍승의 상육 효사는 '벼슬이 더 이상 오르지 않아도 쉬지 않고 마음을 바르게 하여야 이롭구나.'라고 한 것입니다.

澤水困(택수곤)

곤 형 정대인길 무구 유언불신

困 亨 貞大人吉 无咎 有言不信.

괴로움을 겪을 때 모든 일이 뜻과 같이 잘되어 가려면 마음을 바르게 하는 것을 중히 여기고 사람의 품성을 좋게 하여야 허물이 없어진다고 말을 하여도 믿지를 않는구나.

- 困 ; 곤할 곤 ; 곤하다(기운 없이 나른하다), 제사 이름, 졸리다, 천제를 지내다, 지치다, 괴로움을 겪다, 시달리다, 위태롭다, 위험하다, 막다르다, 난처하다, 괴롭다, 통하지 아니하다, 가난하다, 살기 어렵다, 부족하다, 모자라다, 흐트러지다, 어지러워지다, 겪기 어려운 일, 난처한 일, 괴로움, 메마른 땅, 척박한 땅, 괘 이름.
- 亨 ; 형통할 형, 형통하다(모든 일이 뜻과 같이 잘되어 가다).
- 大 ; 큰 대, 중히 여기다, 중요시하다.
- 人 ; 사람 인, 사람의 품성, 사람 됨.

사람의 말과 행동이 거칠어지면 괴로운 일들이 슬슬 생겨나기 시작합니다. 그때 말과 행동을 조심하라고 하면 딴 귀로 듣습니다. 들리지도 않고 보이지도 않습니다. 그래서 택수곤의 괘사는 '괴로움을 겪을 때 모든 일이 뜻과 같이 잘되어 가려면 마음을 바르게 하는 것을 중히 여기고 사람의 품성을 좋게 하여야 허물이 없어진다고 말을 하여도 믿지를 않는구나.'라고 한 것입니다.

둔 곤 우 주 목 입 우 유 곡 삼 세 부 적
初六. 臀困于株木 入于幽谷 三歲不覿.

밑바닥이 메마른 땅은 나무뿌리부터 괴로움을 겪듯이 메마른 땅에서는 살기 어렵다고 깊은 골짜기로 들어가면 오랜 세월 볼 수가 없구나.

- 臀 ; 볼기 둔, 볼기, 궁둥이, 밑(바닥).
- 株 ; 그루 주, 그루, 그루터기(풀이나 나무 따위의 아랫동아리), 근본, 뿌리, 연루되다.
- 木 ; 나무 목, 나무, 목재, 널, 관, 오행의 하나, 별 이름, 목성, 목제, 악기, 형구, 무명(무명실로 짠 피륙), 질박하다(꾸민 데가 없이 수수하다), 꾸밈이 없다.
- 幽 ; 그윽할 유, 검을 유, 깊다.
- 谷 ; 굴 곡, 곡식 곡, 골, 골짜기, 깊은 굴, 경혈, 곡식, 곤궁, 동풍, 키우다, 성장시키다, 곤궁하다, 막히다, 나라 이름 욕, 나라 이름, 벼슬 이름 록, 벼슬 이름.
- 覿 ; 볼 적, 보다, 만나다, 뵈다, (눈이) 붉다, 멀리 바라보다, 멀리 바라보는 모양.

사람이 살아가려면 물이 있어야 합니다. 메마른 땅은 물이 없습니다. 물이 있는 골짜기로 들어가면 화전밭을 일구어 농사를 지을 수 있고, 사냥을 할 수 있고, 물고기를 잡을 수 있습니다. 그래서 택수곤의 초육 효사는 '밑바닥이 메마른 땅은 나무뿌리부터 괴로움을 겪듯이 메마른 땅에서는 살기 어렵다고 깊은 골짜기로 들어가면 오랜 세월 볼 수가 없구나.'라고 한 것입니다.

곤 우 주 식 주 불 방 래 이 용 팽 사 정 흉 무 구
九二. 困于酒食 朱紱方來 利用亨祀 征凶 无咎.

괴로움을 겪어 술과 음식을 구하고 붉은 옷을 입고 술법을 부르며 제사를 지낼 때 삶은 돼지머리를 쓰는 것이 이롭다고 때려서 잡으면 좋지는 않지만 허물은 없구나.

- 于 ; 어조사 우, 구하다, 가지다.
- 酒 ; 술 주.
- 食 ; 먹을 식, 음식.
- 朱 ; 붉을 주, 붉다, 붉게 하다, 둔하다, 무리다, 연지, 화장, 붉은 빛, 주목, 줄기, 그루터기, 적토 (土), 난쟁이.

- 紱 ; 인끈 불, 인끈(사슴 가죽으로 만든 끈), 제복, 입다, 몸에 걸치다.
- 方 ; 모 방, 술법, 방술.
- 來 ; 올 래, 부르다.
- 亨 ; 형통할 형, 드릴 향, 삶을 팽, 亠는 돼지해머리 두.
- 祀 ; 제사 사, 제사, 해, 제사 지내다.
- 征 ; 칠 정, 치다, 때리다.

괴로움을 겪게 되면 마음을 바르게 하여야 하는데 우선 곶감이 달다고 괴로움을 벗어날 요량으로 삶은 돼지머리를 제사상에 올리고 제사를 지내게 됩니다. 그래서 택수곤의 구이 효사는 '괴로움을 겪어 술과 음식을 구하고 붉은 옷을 입고 술법을 부르며 제사를 지낼 때 삶은 돼지머리를 쓰는 것이 이롭다고 때려서 잡으면 좋지는 않지만 허물은 없구나.'라고 한 것입니다.

곤 휴 석 거 우 질 려 입 우 기 궁 불 견 기 처 흉
六三. 困于石 據于蒺藜 入于其宮 不見其妻 凶.

가난하여 믿고 의지할 질려를 가지고 가니 저울에 모자라서 탄식하며 집으로 들어왔는데 처가 보이지 아니하면 좋지 않구나.

- 于 ; 이지러질 휴, 부족하다, 모자라다, 탄식하다.
- 于 ; 어조사 우, 구하다, 가지다, 향하여 가다.
- 石 ; 돌 석, 돌, 섬(10말, 용량 단위), 돌 바늘, 돌 비석, 돌팔매, 숫돌, 무게의 단위, 돌로 만든 악기, 저울, 녹봉(벼슬아치에게 주던 급료), 쓸모없음을 나타내는 말, 굳다, (돌을) 내던지다.
- 據 ; 근거 거, 근거, 근원, 증거, 기댈 곳, 의지하다, 의탁하다, 믿고 의지하다, (증거로) 삼다, 웅거하다(일정한 지역을 차지하고 굳게 막아 지키다), (차지하고) 막아 지키다, 누르다, 붙잡다, 움키다, 살다, 어떤 자리에 있다, 굳게 지키다, (가랑이를 벌리고) 넘다, 손으로 매달리다.
- 蒺 ; 남가새 질, 남가새(남가샛과에 딸린 한해살이풀), 마름쇠(발이 여러 개인 쇠못).
- 藜 ; 명아주 려, 명아주(명아주과의 한해살이풀), 나라 이름.
- 蒺藜 ; 남가샛과의 한해살이풀.
- 入 ; 들 입, 토담집 따위에 들어가는 것.
- 宮 ; 집 궁.

가난해서 질려를 납품해야 하는데 저울에 모자란다고 납품을 받아주지도 않으면서 마음 상하는 말을 하니 기분이 나쁜데다가 집에 처까지 없으면 더 기분이 나빠지겠지요. 그래서 택수곤의 육삼 효사는 '가난하여 믿고 의지할 질려를 가지고 가니 저울에 모자라서 탄식하며 집으로 돌아왔는데 처가 보이지 아니하면 좋지 않구나.'라고 한 것입니다.

九四. 來徐徐 困于金車 吝有終.
(래 서 서 곤 우 금 거 린 유 종)

모두 천천히 하자고 위로하며 쇠수레로 척박한 땅을 향하여 가면서 사방 백 리의 땅을 가지게 된 것을 소중히 여기는구나.

- 來 ; 올 래, 위로하다.
- 徐 ; 천천히 할 서, 천천히 하다, 평온하다, 조용하다, 다, 모두, 천천히, 고을 이름, 나라 이름.
- 于 ; 어조사 우, 향하여 가다.
- 車 ; 수레 거, 수레.
- 吝 ; 아낄 린, 소중히 여기다.
- 有 ; 있을 유, 가지다, 소지하다, 독차지하다.
- 終 ; 마칠 종, 사방 백 리의 땅.

가난한 무리들이 척박한 땅을 하사 받았습니다. 힘이 들더라도 희망이 있습니다. 그래서 택수곤의 구사 효사는 '모두 천천히 하자고 위로하며 쇠수레로 척박한 땅을 향하여 가면서 사방 백 리의 땅을 가지게 된 것을 소중히 여기는구나.'라고 한 것입니다.

九五. 劓刖 困于赤紱 乃徐有說 利用祭祀.
(의 월 곤 우 적 불 내 서 유 설 이 용 제 사)

코와 발꿈치를 베는 형벌은 천제를 지낼 때 붉은 옷을 입고 동작을 하면 이에 모두가 제사는 보답하고 베풀어야 이롭다고 많이 이야기할 때 용서하는구나.

- 劓 ; 코 벨 의, 코 베다, 베다, 자르다, 코 베는 형벌.
- 刖 ; 벨 월, (발꿈치를) 베다, (발을) 자르다, 위태롭다, 발꿈치 베는 형벌.
- 于 ; 어조사 우, 동작을 하다, 행하다.
- 赤 ; 붉을 적, 붉다, 비다, 없다, 벌거벗다, 베다, 멸하다, 몰살시키다, 염탐하다, 실하다, 충성스럽다, 어린애, 진심, 충심(마음속에서 우러나는 참된 마음), 남쪽, 경기, 붉은 빛, 자, 척후(적의 형편이나 지형 따위를 정찰하고 탐색함), 한 왕조, 분명히, 확실하게.
- 說 ; 말씀 설, 이야기하다, 벗을 탈, 벗다, 놓아주다, 빼앗기다, 제거하다, 용서하다.
- 祭 ; 제사 제, 제사, 제사 지내다, 서로 접하다, 사귀다, 미루어 헤아리다, 갚다, 보답하다, 나라 이름 채, 나라 이름, 땅 이름.
- 用 ; 쓸 용, 베풀다.
- 有 ; 있을 유, 많다.

살기가 어려우면 남의 물건을 훔치는 사람이 있겠지요. 그런 사람은 형벌로 다스려야 하지만 용서를 합니다. 그래서 택수곤의 구오 효사는 '코와 발꿈치를 베는 형벌은 천제를 지낼 때 붉은 옷을 입고 동작을 하면 이에 모두가 제사는 보답하고 베풀어야 이롭다고 많이 이야기할 때 용서하는구나.'라고 한 것입니다.

上六. 困于葛藟于臲卼 曰動悔有悔 征吉.
곤 우 갈 류 휴 얼 올 왈 동 회 유 회 정 길

칡과 등나무가 흐트러진 곳으로 향하여 가면 깨어지고 금이 가는 해를 입혀 위태롭고 불안하니 깔보고 움직이면 후회가 있다고 말하며 길을 걸어가야 좋구나.

- 于 ; 어조사 우, 향하여 가다.
- 于 ; 이지러질 휴, 해 입히다. 葛 ; 칡 갈, 칡, 갈포(칡 섬유로 짠 베), 나라 이름, 성의 하나, (가리어) 덮다.
- 藟 ; 등나무 덩굴류, 등나무(콩과의 낙엽 덩굴성 식물)덩굴, 꽃 봉우리, 얽히다, 감기다.
- 臲 ; 위태할 얼, 위태하다, 불안하다.
- 卼 ; 위태할 올, 위태하다, 불안하다, 깨어지다, 금이 가다, 마르다.
- 曰 ; 가로 왈, 가로되, 말하기를, 이에, 일컫는다, 부르다, 이르다, 말하다, ~라 하다.
- 動 ; 움직일 동, 움직이다, 옮기다, 흔들리다, 동요하다, 떨리다, 느끼다, 감응하다, 일하다, 변하다, 일어나다, 시작하다, 나오다, 나타나다, 어지럽다.

- **悔** ; 뉘우칠 회, 깔봄, 얕봄, 후회.
- **征** ; 칠 정, 치다, 길을 걸어가다.

메마른 땅에서는 먹고 살기가 어려워 먹고살기 위해 깊은 골짜기로 가다가 칡과 등나무에 걸려 넘어지면 다치니 조심해서 걸어가라는 것입니다. 그래서 택수곤의 상육 효사는 '칡과 등나무가 흐트러진 곳으로 향하여 가면 깨어지고 금이 가는 해를 입혀 위태롭고 불안하니 깔보고 움직이면 후회가 있다고 말하며 길을 걸어가야 좋구나.'라고 한 것입니다.

정 개 읍 불 개 정 무 상 무 득 왕 래 정 정 홀 지 역 미 율 정 리
井 改邑 不改井 无喪无得 往來井井 汔至 亦未繘井羸

기 병 흉
其瓶 凶.

나라는 바뀌어도 우물은 바뀌지 않으므로 잃을 것도 없고 얻을 것도 없지만 오가는 저자의 우물은 물이 마를 때까지 영향을 미치니 만약 아직 우물에 두레박줄을 하지 못했다면 두레박을 엎지를 수 있으니 좋지 않구나.

- 井 ; 우물 정, 우물, 우물 난간, 정자 꼴, 저자, 마을, 정전(井田), 조리, 법도, (왕후의) 무덤, 육십사괘의 하나, 별 이름, 반듯하다.
- 改 ; 고칠 개, 고치다, 고쳐지다, 바꾸다, 바뀌다, 만들다, 다시, 따로, 새삼스럽게.
- 喪 ; 잃을 상.
- 汔 ; 거의 흘, 거의, 아주까리(피마자), 그, (물이) 마르다, 개사철쑥(국화과의 한해살이풀), 물끓는 김 기, 물끓는 김, 증기, 수증기, 소금 못 헐, 소금 못, 소금 연못.
- 至 ; 이를 지, 영향을 미치다.
- 亦 ; 또 역, 또, 또한, 만약, 가령, ~도 역시, 단지, 다만 ~뿐, 이미, 모두, 쉽다, 크다, 다스리다, 겨드랑이 액, 겨드랑이.
- 未 ; 아닐 미, 아니다, 못하다, 아직 ~하지 못하다, 아니냐? 못하느냐, 여덟째 지지, 미래, 장차.
- 繘 ; 두레박줄 율, 두레박줄, 실오리(한 가닥의 실), 실낱.
- 羸 ; 파리할 리, 엎지르다.
- 瓶 ; 병 병, 병, 단지(목이 짧고 배가 부른 작은 항아리), 시루(떡이나 쌀 따위를 찌는데 쓰는 둥근 질그릇), 두레박.

척박한 땅에서 무리가 땅을 파서 우물을 만들었습니다. 물이 마르기 전까지는 사람이 모이므로 편리하게 쓸 수 있도록 해야 합니다. 그래서 수풍정의 괘사는 '우물이란 나라는 바뀌어도 우물은 바뀌지 않으므로 잃을 것도 없고 얻을 것도 없지만 오가는 저자의 우물은 물이 마를 때까지 영향을 미치니 만약 아직 우물에 두레박줄을 하지 못했다면 두레박을 엎지를 수 있으니 좋지 않구나.'라고 한 것입니다.

初六. 井泥不食 舊井无禽.
정 니 불 식 구 정 무 금

우물이 더러워지면 먹을 수도 없고 낡은 우물에는 새도 없구나.

- 泥 ; 진흙 니(이), 더러워지다, 오염되다.
- 舊 ; 옛 구, 옛날의, 묵은, 낡은.
- 禽 ; 새 금.

우물의 물이 더러워지면 사람뿐만 아니라 새도 가지 않으니 잘 관리해야 합니다. 그래서 수풍정의 초육 효사는 '우물이 더러워지면 먹을 수도 없고 낡은 우물에는 새도 없구나.'라고 한 것입니다.

九二. 井谷射鮒 甕敝漏.
정 곡 사 부 옹 폐 루

우물에서 키우는 붕어를 잡는데 항아리가 깨져 빠트리는구나.

- 谷 ; 골 곡, 키우다.
- 射 ; 쏠 사, '쏘아 잡다'라는 뜻이 있지만 여기서는 '잡다'로 해석함.
- 鮒 ; 붕어 부, 붕어, 즉어.
- 甕 ; 독 옹, 독, 항아리.
- 敝 ; 해질 폐, 해지다, 깨지다, 지다, 버리다, 황폐하다, 해지다, 줌통(활의 한가운데 손으로 잡는 곳), 겸사(자기의 겸칭으로 쓰이는 접두사), 가리다.
- 漏 ; 샐 루, 새다, 틈이 나다, 빠트리다, 구멍, 누수기(물시계), 서북 모퉁이, 병 이름, 번뇌.

옛날 사람들은 참 지혜롭지요. 우물에 붕어를 키우다가 붕어가 물에 떠 있으면 오염된 것이니 마시지 않으면 되고 또 붕어가 크면 잡아서 먹을 수도 있지요. 그래서 수풍정의 구이 효사는 '우물에서 키우는 붕어를 잡는데 항아리가 깨져 빠트리는구나.'라고 한 것입니다.

정 설 불 식 위 아 심 측 가 용 급 왕 명 병 수 기 복
九三. 井渫不食 爲我心惻 可用汲 王明 竝受其福.

우물을 파내면 마시지 못하는 우리를 위한 가엾게 여기는 마음으로 가급적 도구를 쓰더라도 물을 기를 수 있도록 왕이 나타나 함께하니 마땅히 복을 내리는구나.

- 渫 ; 파낼 설, 파내다, 치다, 준설하다, 업신여기다, 그치다, 그만두다, 더럽히다, 새다, 누설하다, 흩어지다, 다스리다, 재차, 다시, 물결 일렁이는 모양 접, 물결 일렁이는 모양, 눈물 흐르는 모양, 데칠 잡, 데치다, 익히다.
- 爲 ; 할 위, 위하다.
- 我 ; 나 아, 우리.
- 惻 ; 슬퍼할 측, 슬퍼하다, 감창하다(사무쳐 슬프다), 가엾게 여기다, 간절한 모양, 진심을 다하는 모양.
- 可 ; 옳을 가, 옳다, 가능함.
- 用 ; 쓸 용, 그릇, 도구, 연장.
- 汲 ; 길을 급, (물을) 긷다, 푸다, 인도하다, 이끌다, 당기다, 끌어당기다, 천거하다, 힘쓰는 모양, 속이는 모양.
- 明 ; 밝을 명, 나타나다.
- 竝 ; 나란히 병, 나란히, 모두, 나란히 서다, 견주다, 함께하다, 겸하다, 아우르다, 떼 지어 모이다, 어울리다, 병합하다, 합병하다, 물리치다, 곁 방, 곁, 곁 하다, 잇다, 짝할 반, 짝하다, 상반하다(서로 짝을 이루다).
- 受 ; 받을 수, 주다, 내려주다, 수여하다.
- 福 ; 복 복.
- 其 ; 그 기, 마땅히.
- 心 ; 마음 심, 생각.

우물의 물이 적어지면 우물 밑을 파내야 하는데 그런 과정들을 왕이 백성과 함께

합니다. 그래서 수풍정의 구삼 효사는 '우물을 파내면 마시지 못하는 우리를 위한 가엾게 여기는 마음으로 가급적 도구를 쓰더라도 물을 기를 수 있도록 왕이 나타나 함께 하니 마땅히 복을 내리는구나.'라고 한 것입니다.

六四. 井_정甃_추 无_무咎_구.

우물은 벽돌로 쌓고 지붕을 덮어야 허물이 없구나.

- 甃 ; 벽돌 추, 벽돌, 우물, (우물을) 수리하다, (벽돌을) 쌓다, 꾸미다, (지붕을) 덮다, 동글납작 하다.

우물을 벽돌로 쌓지 아니하면 흙이 무너져 내릴 수 있으니 벽돌로 쌓고 지붕을 덮어야 먼지가 들어가지 않습니다. 그래서 수풍정의 육사 효사는 '우물은 벽돌로 쌓고 지붕을 덮어야 허물이 없구나.'라고 한 것입니다.

九五. 井_정洌_렬寒_한泉_천食_식.

우물의 맑고 찬 샘물을 마시는구나.

- 洌 ; 맑을 렬, 맑다, (맵게) 차다, 한랭하다, (몹시) 차갑다, (맵게) 춥다, 차가운 바람, 매운바람, 강 이름, 거셀 례, (물결이) 거세다.
- 寒 ; 찰 한, 차다, 춥다, 떨다, 오싹하다, 어렵다, 가난하다, 쓸쓸하다, 식히다, 얼다, 불에 굽다, 삶 다, 중지하다, 그만두다, 침묵하다, 울지 않다, 천하다, 지체가 낮다, 추위, 절기의 이름.
- 泉 ; 샘 천, 샘, 지하수, 돈, 황천, 저승, 조개 이름.

척박한 땅을 파서 물을 발견하고 벽돌을 쌓아 우물을 만든 후에 두레박으로 떠서 마십니다. 그래서 수풍정의 구오 효사는 '우물의 맑고 찬 샘물을 마시는구나.'라고 한 것입니다.

정 수 물 막 유 부 원 길
上六. 井收勿幕 有孚 元吉.

우물에서 물을 긷도록 장막을 덮지 않는 것은 친하게 지내고 믿음성이 있는 것이므로 착하고 좋구나.

- **收** ; 거둘 수, 거두다, 익다, 곡식이 여물다, 정제하다, 거두어들여 정리하다, 쉬다, 그만두다, 그치다, 등용하다, 모으다, 긷다, 물을 긷다, 잡다, 빼앗다, 약탈하다, 시들다, 오그라들다, 쇠하여지다, 불이 꺼지다, 사라져 없어지다, 수확, 관의 이름, 수레 뒤에 가로로 댄 나무.
- **勿** ; 말 물, 아니하다.
- **幕** ; 장막 막, 장막, 군막, 막, 휘장(피륙을 여러 폭으로 이어서 빙 둘러치는 장막), 막부, 사막, 모래벌판, 진, 진영, 팔뚝받침, 정강이받침, 덮다, 덮어 가리다, 바르다, 칠하다, 화폐의 뒷면 만, 화폐의 뒷면.

혼자서 우물을 만들었지만 다 같이 쓸 수 있도록 합니다. 그래서 수풍정의 상육 효사는 '우물에서 물을 긷도록 장막을 덮지 않는 것은 친하게 지내고 믿음성이 있는 것이므로 착하고 좋구나.'라고 한 것입니다.

澤火革(택화혁)

혁 이 일 내 부 원 형 이 정 회 무
革 已日乃孚 元亨利貞 悔亡.

새로워지려면 반드시 매일매일 너는 '하늘의 도우심으로 모든 일이 뜻과 같이 잘되어 가려면 마음을 바르게 하여야 이롭고, 마음을 바르게 하여야 후회할 일이 없다.'는 믿음성이 있어야 하는구나.

- 革 ; 가죽 혁, 가죽, 가죽의 총칭, 가죽 장식, 갑옷, 투구, 피부, 북(팔음의 하나), 괘 이름, 날개, 늙다, (날개를) 펴다, (털을) 갈다, 고치다, 새롭게 하다, 새로워지다의 뜻, 중해질 극, 중해지다, 위독해지다, 엄하다(매우 철저하고 바르다), 심하다(정도가 지나치다), 지독하다, 빠르다.
- 已 ; 이미 이, 반드시.
- 乃 ; 이에 내, 너, 당신, 그대.
- 亡 ; 없을 무, 없다.
- 孚 ; 미쁠 부, 미쁘다(믿음성이 있다), 빛나다.
- 日 ; 날 일, 나날이(매일매일), 해.

새로워지려고 합니다. 그러려면 자기 자신의 마음가짐이 중요합니다. 그래서 택화혁의 괘사는 "새로워지려면 반드시 매일매일 너는 '하늘의 도우심으로 모든 일이 뜻과 같이 잘되어 가려면 마음을 바르게 하여야 이롭고, 마음을 바르게 하여야 후회할 일이 없다.'는 믿음성이 있어야 하는구나."라고 한 것입니다.

초九 . 鞏用黃牛之革 .
_{공 용 황 우 지 혁}

묶는 용도로 황소 가죽을 사용하는구나.

• 鞏 ; 굳을 공, 굳다, 묶다, 가죽 테, 나라 이름, 고을 이름.
• 用 ; 쓸 용, 용도.
• 之 ; 갈 지. 사용하다, 을, 이르다, 도달하다.

옛날에는 종이가 없어서 대나무로 만든 죽간을 황소 가죽으로 묶어서 책을 만들었습니다. 그래서 택화혁의 초구 효사는 '묶는 용도로 황소 가죽을 사용하는구나.'라고 한 것입니다.

六二 . 已日乃革之 征吉 无咎 .
_{이 일 내 혁 지 정 길 무 구}

반드시 매일매일 네가 매우 철저하고 바르게 이르도록 취해야 좋고 허물도 없구나.

• 征 ; 칠 정, 취하다.

새로워지려고 마음가짐을 했다면 실천을 해야 합니다. 그래서 택화혁의 육이 효사는 '반드시 매일매일 네가 매우 철저하고 바르게 이르도록 취해야 좋고 허물도 없구나.'라고 한 것입니다.

九三 . 征凶 貞厲 革言三就 有孚 .
_{정 흉 정 려 혁 언 삼 취 유 부}

친하게 지내고 믿음성이 있다는 평계로 정도가 지나치게 자주 관대한 모양으로 말하면 좋지 않으니 마음을 바르게 하는 것에 힘써야 하는구나.

• 言 ; 말씀 언, 말하다.

- 三 ; 석 삼, 재삼, 자주, 거듭, 여러 번, 몇 번이고.
- 就 ; 나아갈 취, 나아가다, 이루다, 좇다, 따르다, 마치다, 끝내다, (길을) 떠나다, (한 바퀴) 돌다, 좋다, 아름답다, 곧, 이에, 만일, 가령, 잘, 능히, 능하게, 관대할 여, 관대하다, 관대한 모양, 다급하게 재촉하지 않는 모양.
- 有 ; 있을 유, 친하게 지내다.
- 征 ; 칠 정, 구실(1. 온갖 세납을 통틀어 이르던 말, 2. 자기가 하여야 할 맡은 바의 일, 3. 핑계로 삼을 조건이나 변명할 거리, 4. 핑계로 순화).

친하게 지내고 믿음성이 있을수록 말을 조심해야 합니다. 그래서 택화혁의 구삼 효사는 '친하게 지내고 믿음성이 있다는 핑계로 정도가 지나치게 자주 관대한 모양으로 말하면 좋지 않으니 마음을 바르게 하는 것에 힘써야 하는구나.'라고 한 것입니다.

九四. 悔亡 有孚 改命 吉.
   회 무 유 부 개 명 길

뉘우칠 것이 없이 친하게 지내고 믿음성이 있으면 명도 바뀌니 좋구나.

- 改 ; 고칠 개, 고치다, 고쳐지다, 바꾸다, 바뀌다, 만들다, 다시, 따로, 새삼스럽게.
- 命 ; 목숨 명, 운수, 운.

마음을 바르게 하면 뉘우칠 것이 없게 됩니다. 그리고 친하게 지내고 믿음성이 있으면 더욱 좋겠지요. 그래서 택화혁의 구사 효사는 '뉘우칠 것이 없이 친하게 지내고 믿음성이 있으면 명도 바뀌니 좋구나.'라고 한 것입니다.

九五. 大人虎變 未占 有孚.
   대 인 호 변 미 점 유 부

친하게 지내고 믿음성이 있는 대인이 호랑이로 변해도 점만 못하구나.

- 虎 ; 범 호, 범, 호랑이, 용맹스럽다.
- 變 ; 변할 변, 변하다, 변화하다, 고치다, 변경하다, 변통하다, 움직이다, (조정에) 고변하다, 놀라

게 하다, 다투다, 속이다, 어그러지다, 좁다, 변화, 변고, 재앙, 재난, 상, 죽음.

- 未 ; 아닐 미, 아니다, 못하다, 아니냐? 못하느냐?
- 占 ; 점령할 점, 점칠 점, 점령하다, 차지하다, 점치다, 자세히 살피다, 입으로 부르다, 묻다, 불러주
  다(구술하다), 엿보다, 지니다, 헤아리다, 보고하다, 점, 징조, 점괘로 길흉을 판단하다.

아무리 친하게 지내고 믿음성이 있는 대인이 곁에 있으면 뭐합니까. 그래서 택화혁
의 구오 효사는 '친하게 지내고 믿음성이 있는 대인이 호랑이로 변해도 점만 못하구
나.'라고 한 것입니다.

군 자 표 변   소 인 혁 면   정 흉   거 정 길
上六. 君子豹變 小人革面 征凶 居貞吉.

군자가 표범으로 변하고 소인이 표정을 고쳐서 펑계를 대면 좋지 않으니
평상시에도 마음을 바르게 하여야 좋구나.

- 豹 ; 표범 표.
- 面 ; 낯 면, 낯, 얼굴, 표정, 얼굴빛, 모양, 모습, 겉, 표면, 겉치레, 탈, 가면, 앞, 면전, 방면, 쪽, 평
  면, 면(행정 구역 단위), 면(물건의 세는 단위), 만나다, 대면하다, 등지다, 향하다, 밀가루 면, 밀가
  루, 보릿가루, 국수.
- 居 ; 살 거, 평상시, 보통 때.

사람은 아무리 남을 속여도 자기 자신을 속일 수는 없습니다. 그런데도 내가 언제
그랬냐는 듯이 표정을 바꿔서 말을 합니다. 왜냐하면 자신밖에 아는 사람이 없다고
생각을 하는 것이지요. 하늘은 알고 있는데요. 이것저것 생각할 필요 없이 마음을
바르게 하고 살아가면 뱃속이 편하지 않겠어요? 그래서 택화혁의 상육 효사는 '군
자가 표범으로 변하고 소인이 표정을 고쳐서 펑계를 대면 좋지 않으니 평상시에도
마음을 바르게 하여야 좋구나.'라고 한 것입니다.

50 火風鼎(화풍정)

정 원 길 형
鼎 元吉 亨.

바야흐로 지위가 높고 귀하니 크게 좋고 모든 일이 뜻과 같이 잘되어 가는
구나.

- 鼎 ; 솥 정, 솥, 점괘, 괘 이름, 삼공의 자리, 말뚝, 의자, 바야흐로(이제 한창, 또는 지금 바로), 현귀
  하다(지위가 높고 귀하다), 대치하다.

주나라 때의 최고의 관직은 삼공(태사, 태부, 태보)의 자리입니다. 그래서 화풍정의
괘사는 '바야흐로 지위가 높고 귀하니 크게 좋고 모든 일이 뜻과 같이 잘되어 가는
구나.'라고 한 것입니다.

정 전 지 이 출 부 득 첩 이 기 자 무 구
初六. 鼎顚趾 利出否 得妾以其子 无咎.

드러내놓기 편리하다고 솥의 발을 거꾸로 하는 것이 아니고 첩은 마땅히
아들을 얻기 위하여 얻어야 허물이 없구나.

- 顚 ; 엎드러질 전, 엎드러지다, 뒤집히다, 거꾸로 하다.
- 趾 ; 발 지.
- 利 ; 이로울 리, 편리하다.
- 出 ; 날 출, 내놓다, 드러내다.

- 否 ; 아닐 부, ~이 아니다.
- 以 ; 써 이, ~하기 위하여.
- 其 ; 그 기, 마땅히.
- 子 ; 아들 자, 아들, 어리다, 사랑하다.

솥을 막 다루지 말고 첩은 아들을 얻기 위해서만 얻으라는 것입니다. 그래서 화풍
정의 초육 효사는 '드러내놓기 편리하다고 솥의 발을 거꾸로 하는 것이 아니고 첩은
마땅히 아들을 얻기 위하여 얻어야 허물이 없구나.'라고 한 것입니다.

정 유 실   아 구 유 질   불 아 능 즉   길
九二. 鼎有實 我仇有疾 不我能卽 吉.

솥에 내용물이 있을 때 자기가 병이 있어 쓰리면 아집을 부리지 말고 응당
가까이 하지 말아야 좋구나.

- 實 ; 열매 실, 내용.
- 我 ; 나 아, 나, 자기, 아집을 부리다.
- 仇 ; 원수 구, 쓰리다(쑤시는 것 같이 아프다, 배 속이 거북하다), 원수, 적, 짝, 동반자, 상대, 해치
  다, 죽이다, 거만하다, 원망하다, 짝하다, 잔질하다(잔에 술을 따르다).
- 疾 ; 병 질.
- 能 ; 능할 능, 응당 ~해야 한다.
- 卽 ; 곧 즉, 가까이 하다.

솥에는 여러 사람이 먹을 음식이 있으니 전염병을 조심하라는 것입니다. 그래서 화
풍정의 구이 효사는 '솥에 내용물이 있을 때 자기가 병이 있어 쓰리면 아집을 부리
지 말고 응당 가까이 하지 말아야 좋구나.'라고 한 것입니다.

정 이 혁   기 행 색   치 고 불 식   방 우 휴 회 종 길
九三. 鼎耳革 其行塞 雉膏不食 方雨虧悔 終吉.

바야흐로 새롭게 곡식에 싹이 나면 그 다니던 길이 막혀 기름진 꿩고기
를 먹지 못하고 이삭이 패면 비가 와서 아깝게도 해를 입히지만 끝내는

좋구나.

- 耳 ; 귀 이, (곡식이) 싹 나다.
- 革 ; 가죽 혁, 새롭게 하다.
- 塞 ; 막힐 색, 막히다, 막다, 차다, 성채(성과 요새를 아울러 이르는 말), 변방 새, 변방, 보루, 주사
위, 요새, 성의 하나, 굿을 하다, 사이가 뜨다.
- 雉 ; 꿩 치, 꿩, 담, 정원, 넓이의 단위, 소의 고삐, 주사위의 눈, 물건이 뒤섞인 모양, (풀을) 베다,
목메다, 다스리다, 평정하다, 벌여놓다, 짐승 이름 사, 짐승 이름, 땅 이름 이, 땅 이름, 키 작을 개,
키가 작다.
- 膏 ; 기름 고, 기름지다.
- 方 ; 모 방, (이삭이) 패다.
- 虧 ; 이지러질 휴, 이지러지다(한쪽 귀퉁이가 떨어져 없어지다), 부족하다, 모자라다, 줄다, 기울
다, 이울다, 탄식하다, 저버리다, 배신하다, 해 입히다, 손해, 유감스럽게도, ~이면서도, 실례하지
만, 무례임을 알지만, 다행히, 덕분에.
- 悔 ; 뉘우칠 회, 아깝게도.

밭에다 씨를 뿌렸습니다. 그래서 화풍정의 구삼 효사는 '바야흐로 새롭게 곡식에 싹
이 나면 그 다니던 길이 막혀 기름진 꿩고기를 먹지 못하고 이삭이 패면 비가 와서
아깝게도 해를 입히지만 끝내는 좋구나.'라고 한 것입니다.

九四. 鼎折足 覆公餗 其形渥 凶.
정 절 족 복 공 속 기 형 악 흉

솥의 발이 부러져 엎어지면 솥 안에 든 음식물을 숨김없이 드러내 놓으면
서 그 몸을 적시니 좋지 않구나.

- 折 ; 꺾을 절, 꺾다, 값을 깎다, 할인하다, 꺾이다, 부러지다, 타협하다, 결단하다, 판단하다, 꾸짖
다, 따지다, 힐난하다, 헐뜯다, 자르다, 쪼개다, 찢다, 일찍 죽다, 밝은 모양, 제단, 천천히 할 제, 천
천히 하다, 편안한 모양.
- 足 ; 발 족, 발, 엿보다, 뿌리, 근본, 산기슭, 그치다, 머무르다, 가다, 달리다, 넉넉하다, 충족하다,
족하다, (분수를) 지키다, 물리다, 싫증나다, 채우다, 충분하게 하다, 만족하게 여기다, 이루다, 되
게 하다, 밟다, 디디다, 지나칠 주, 지나치다, 과도하다, 더하다, 보태다, 북(식물의 뿌리를 싸고 있
는 흙)을 돋우다, 배양하다.
- 覆 ; 다시 복, 다시, 도리어, 엎어지다, 넘어지다, 되풀이하다, 사뢰다, 알리다, 배반하다, 덮을 부,

덮다, 퍼지다, 노리다, 덮개, 옷, 복병.

- 公 ; 공평할 공, 숨김없이 드러내 놓다.
- 餗 ; 죽 속, 죽, 솥 안에 든 음식물, 흉조.
- 形 ; 모양 형, 모양, 꼴, 형상, 얼굴, 몸, 육체, 그릇, 형세, 세력, 모범, 이치, 도리, 거푸집, 형상하다, 형상을 이루다, 나타나다, 드러나다, 나타내다, 드러내 보이다, 바르다.
- 渥 ; 두터울 악, 두텁다, 극진하다(마음과 힘을 다하여 애를 쓰는 것이 매우 지극하다), 짙다, 진하다, (마음 씀이) 살뜰하다, 은혜를 입다, 윤기가 나다, 젖다, 적시다, 붉다, 광택, 윤, 은혜, 담글 우, (물에) 담그다.

솥을 잘 관리하라는 말입니다. 그래서 화풍정의 구사 효사는 '솥의 발이 부러져 엎어지면 솥 안에 든 음식물을 숨김없이 드러내 놓으면서 그 몸을 적시니 좋지 않구나.'라고 한 것입니다.

정 황 이 금 현 이 정
六五. 鼎黃耳金鉉 利貞.

솥의 누런 귀는 금솥 귀고리이니 마음을 바르게 하여야 이롭구나.

- 鉉 ; 솥귀 현, 솥귀, 솥 귀고리(솥귀의 구멍에 꿰는 고리), 재상, 삼공의 지위, 활시위.

솥의 귀고리가 금으로 되어 있으니 나쁜 마음을 갖지 말라는 것입니다. 그래서 화풍정의 육오 효사는 '솥의 누런 귀는 금 솥 귀고리이니 마음을 바르게 하여야 이롭구나.'라고 한 것입니다.

정 옥 현 대 길 무 불 리
上九. 鼎玉鉉 大吉 无不利.

솥은 솥귀가 훌륭해야 크게 좋고 불리할 것이 없구나.

- 玉 ; 구슬 옥, 구슬, 옥, 임금, 상대편의 것을 높여 이른 말, 옥과 같은 사물의 비유, 아름답다, 훌륭하다, 소중히 하다.

솥귀는 솥에서 위로 가장 높이 나온 부분이라 아름답고 훌륭하면 좋지요. 그래서 화풍정의 상구 효사는 '솥은 솥귀가 훌륭해야 크게 좋고 불리할 것이 없구나.'라고 한 것입니다.

진 형 진 래 색 혁 소 언 아 아 진 경 백 리 불 상 비 창
震 亨 震來虩虩 笑言 啞啞 震驚百里 不喪 匕鬯.

벼락에 통달하면 범이 놀라고 두려워하는 천둥이 와도 벙어리처럼 소리
나지 않게 웃으며 말하고 천둥이 백 리를 놀라게 하여도 비수와 술은 잃어
버리지 아니하는구나.

- 震 ; 우레 진, 반찬, 우레, 천둥, 벼락, 지진, 위엄, 위세, 동쪽, 괘 이름, 나라 이름, 벼락 치다, (두려
  워) 떨다, 흔들리다, 진동하다, 놀라다, (위세를) 떨치다, 성내다, (마음이) 움직이다, 격동하다, 공
  경하다, 빠르다.
- 亨 ; 형통할 형, 통달하다.
- 虩 ; 두려워하는 모양 혁, 두려워하는 모양, 파리 잡이 거미, 범 놀랄 색, 범이 놀라다, 놀라 두려워
  하다, 범이 놀라는 모양.
- 笑 ; 웃음 소.
- 言 ; 말씀 언, 말하다.
- 啞 ; 벙어리 아, 벙어리, 까마귀 우는 소리, 놀라 지르는 소리, 어린아이의 서투른 말, 목이 쉬다, 소
  리 나지 않다, 놀라다, 불발하다, 웃을 액, 웃다, 웃음소리.
- 驚 ; 놀랄 경, 놀라다, 두려워하다, 놀라게 하다, 위험하고 다급하다, 경계하다, 빠르다, 경기.
- 百 ; 일백 백, 힘쓸 맥, 여러, 모두, 모든.
- 里 ; 마을 리, 속 리, 마을, 고향, 이웃, 인근, 리(거리를 재는 단위), 리(행정 구역 단위), 속, 안쪽,
  내면, 이미, 벌써, 헤아리다, 근심하다.
- 喪 ; 잃을 상, 잃다, 잃어버리다.
- 匕 ; 비수 비, 비수(날이 예리하고 짧은 칼), 숟가락, 화살 촉. 鬯 ; 술 이름 창, 술 이름, 울창주, 활
  집(부린활을 넣어 두는 자루), 울초(튤립), 자라다, 펴다, 왕성하다, 울창하다.

• 來 ; 올 래, 오다, 그 이후로.

벼락이 치고 천둥소리를 많이 겪어보면 요령이 생기겠지요. 그래서 중뢰진의 괘사
는 '벼락에 통달하면 범이 놀라고 두려워하는 천둥이 와도 벙어리처럼 소리 나지 않
게 웃으며 말하고 천둥이 백 리를 놀라게 하여도 비수와 술은 잃어버리지 아니하는
구나.'라고 한 것입니다.

진 래 색 혁　후 소 언 아 아　길
初九. 震來虩虩 後笑言啞啞 吉.

범이 놀라고 두려워하는 천둥이 온 후에는 벙어리처럼 소리 나지 않게 웃
으며 말해야 좋구나.

벙어리처럼 소리가 나지 않게 해야 한다는 것은 천둥소리와 인기척을 잘 듣기 위한
것이겠죠. 그래서 중뢰진의 초구 효사는 '범이 놀라고 두려워하는 천둥이 온 후에는
벙어리처럼 소리 나지 않게 웃으며 말해야 좋구나.'라고 한 것입니다.

진 래 려　억 상 패　제 우 구 릉　물 축　칠 일 득
六二. 震來厲 億喪貝 躋于九陵 勿逐 七日得.

벼락이 사납게 치면 많은 수의 재화를 잃어버리더라도 합쳐 모여서 남쪽
언덕을 향하여 오르고 돼지는 뒤쫓지 아니해도 칠일이면 사로잡는구나.

• 厲 ; 갈 려, 사납다.
• 億 ; 억 억, 억, 많은 수, 편안하다, 헤아리다, 추측하다(미루어 생각하여 헤아리다), 고구하다(자세
　히 살펴 연구하다), 아!(감탄사).
• 貝 ; 조개 패, 조개, 조가비(조개의 껍데기), 패각(조개의 껍데기), 소라, 재화, 돈, 보화, 비단, 무늬.
• 躋 ; 오를 제, 오르다, 승진하다, 올리다, 높고 가파르다, 떨어지다, 추락하다.
• 九 ; 아홉 구, 아홉, 아홉 번, 많은 수, 남방, 남쪽, 양효, 주역의 양수, 오래된 것, 많다, 늙다, 모을
　규, 모으다, 모이다, 합하다, 합치다.
• 陵 ; 언덕 릉.

- 逐 ; 쫓을 축, 돼지 돈, 뒤쫓다.
- 得 ; 얻을 득, 사로잡다.

벼락이 사납게 치면 위험할 수 있으니 합쳐 모여서 안전한 곳으로 대피해야죠. 그래서 중뢰진의 육이 효사는 '벼락이 사납게 치면 많은 수의 재화를 잃어버리더라도 합쳐 모여서 남쪽 언덕을 향하여 오르고 돼지는 뒤쫓지 아니해도 칠일이면 사로잡는구나.'라고 한 것입니다.

六三. 震蘇蘇 震行无眚.
진 소 소 진 행 무 생

천둥이 쉬다가 되살아나면 벼락을 관찰하여야 재앙이 없구나.

- 蘇 ; 되살아날 소, 차조기 소, 되살아나다, 소생하다, 깨어나다, (잠에서) 깨다, 깨닫다, 찾다, 구하다, 잡다, 취하다, 거스르다, 역행하다, 그르치다, 틀리다, 소홀히 하다, (풀을) 베다, 가득 차다, 쉬다, 휴식하다, 향하다, 향하여 가다, 땔나무, 섶, 차조기(꿀풀과의 한해살이풀), 소련.
- 行 ; 다닐 행, 보다, 관찰하다.
- 眚 ; 흐릴 생, 재앙.

천둥소리는 벼락이 되살아난 것입니다. 그래서 중뢰진의 육삼 효사는 '천둥이 쉬다가 되살아나면 벼락을 관찰하여야 재앙이 없구나.'라고 한 것입니다.

九四. 震遂泥.
진 수 니

벼락이 드디어 정체하는구나.

- 遂 ; 드디어 수.
- 泥 ; 진흙 니, 막히다, 정체하다(사물이 발전하거나 나아가지 못하고 한자리에 머물러 그치다).

벼락의 힘이 떨어졌습니다. 그래서 중뢰진의 구사 효사는 '벼락이 드디어 정체하는구나.'라고 한 것입니다.

六五. <ruby>震<rt>진</rt></ruby><ruby>往<rt>왕</rt></ruby><ruby>來<rt>래</rt></ruby> <ruby>厲<rt>려</rt></ruby> <ruby>億<rt>억</rt></ruby> <ruby>无<rt>무</rt></ruby><ruby>喪<rt>상</rt></ruby><ruby>有<rt>유</rt></ruby><ruby>事<rt>사</rt></ruby>.

벼락이 왔다 가면 맑아지지만 아! 잃어버리는 것은 없어도 일은 있구나.

• 厲 ; 갈 려, 맑다.
• 億 ; 억 억, 아!(감탄사).
• 事 ; 일 사, 변고, 사고.

벼락이 오면 하늘이 어둡고 벼락이 가면 하늘이 맑아지지만 벼락이 올 때 벼락에
맞아 시설물이 파손될 수도 있습니다. 그래서 중뢰진의 육오 효사는 '벼락이 왔다
가면 맑아지지만 아! 잃어버리는 것은 없어도 일은 있구나.'라고 한 것입니다.

上六. <ruby>震<rt>진</rt></ruby><ruby>索<rt>삭</rt></ruby><ruby>索<rt>색</rt></ruby> <ruby>視<rt>시</rt></ruby><ruby>矍<rt>확</rt></ruby><ruby>矍<rt>확</rt></ruby> <ruby>征<rt>정</rt></ruby><ruby>凶<rt>흉</rt></ruby> <ruby>震<rt>진</rt></ruby><ruby>不<rt>불</rt></ruby><ruby>于<rt>휴</rt></ruby><ruby>其<rt>기</rt></ruby><ruby>躬<rt>궁</rt></ruby> <ruby>于<rt>휴</rt></ruby><ruby>其<rt>기</rt></ruby><ruby>隣<rt>린</rt></ruby>

<ruby>无<rt>무</rt></ruby><ruby>咎<rt>구</rt></ruby> <ruby>婚<rt>혼</rt></ruby><ruby>媾<rt>구</rt></ruby><ruby>有<rt>유</rt></ruby><ruby>言<rt>언</rt></ruby>.

벼락은 흩어지고 새끼 꼴 것을 찾아 두리번거리며 보다가 다급하게 취하
면 좋지 않고 벼락으로 만일 자신은 해가 없고 그 이웃이 해를 입어도 허
물은 없지만 혼인의 말이 있으면 허물이 있구나.

• 索 ; 노 삭, 노(바, 노끈, 새끼 따위), 헤지다, 흩어지다, 꼬다, 쓸쓸하다, 찾을 색, 찾다, 더듬다.
• 矍 ; 두리번거릴 확, 두리번거리다, 눈빛이 빛나다, 놀라 두리번거리는 모양, 다급해하는 모양.
• 視 ; 볼 시, 간주하다.
• 征 ; 칠 정, 취하다.
• 凶 ; 흉할 흉, 다투다, 시비를 벌이다.
• 于 ; 이지러질 휴, 해 입히다.
• 言 ; 말씀 언, 말, 허물, 잘못.
• 躬 ; 몸 궁, 자기, 자신. *婚媾=혼인.

어떤 상황이 생기면 상대방을 헤아릴 줄 알아야 합니다. 빨리 먹는 떡은 체하게 되
어 있습니다. 서로 벼락을 맞아 피해가 생겼는데 약삭빠르게 자기의 이익만을 챙기

려 한다면 주변의 시선이 곱지가 않겠지요. 또 번개로 인해 피해가 있어 눈코 뜰 사이 없이 바쁜데 혼인의 말을 하면 좋지 않겠지요. 그래서 중뢰진의 상육 효사는 '벼락은 흩어지고 새끼 꼴 것을 찾아 두리번거리며 보다가 다급하게 취하면 좋지 않고 벼락으로 만일 자신은 해가 없고 그 이웃이 해를 입어도 허물은 없지만 혼인의 말이 있으면 허물이 있구나.'라고 한 것입니다.

52 重山艮(중산간)

간 기 배　불 획 기 신　행 기 정　불 견 기 인　무 구

艮其背 不獲其身 行其庭 不見其人 无咎.

그의 등에 머물러도 그의 몸을 잡을 수 없고 그의 뜰을 다니다 그 사람을 볼 수 없어도 허물은 없구나.

- 艮 ; 괘 이름 간, 그칠 간, 괘 이름, 한계, 그치다, 멈추다, 한정하다, 어렵다, 가난하다, 머무르다, 어긋나다, 거스르다, 견고하다, 외면하다, 원망하다, 배신하다, 은 은, 은, 끌 흔, 끝다.
- 其 ; 그 기, 그, 그것, 만약, 만일, 아마도, 혹은, 어찌, 어째서, 장차, 바야흐로, 이미, 마땅히, 이에, 그래서, 기약하다, 어조사.
- 背 ; 등 배, 배반할 배, 등, 뒤, 집의 북쪽, 간 괘, 배자(부녀자들이 저고리 위에 덧입는 옷), 햇무리 (해의 둘레에 둥글게 나타나는 빛깔이 있는 테두리), 등지다, 등 뒤에 두다, 배반하다, 물러나다, 달아나다, 죽다, 외우다, 암송하다.
- 獲 ; 얻을 획, 잡다.
- 庭 ; 뜰 정.

산을 말합니다. 그래서 중산간의 괘사는 '그의 등에 머물러도 그의 몸을 잡을 수 없고 그의 뜰을 다니다 그 사람을 볼 수 없어도 허물은 없구나.'라고 한 것입니다.

初六. 艮其趾 无咎 利永貞.
간 기 지 무 구 이 영 정

그의 발에 머물러도 허물은 없지만 영원히 마음을 바르게 하여야 이롭구나.

• 趾 ; 발 지, 발, 터.

산에 발을 들어놓으면 마음을 바르게 해야 합니다. 그래서 중산간의 초육 효사는 '그의 발에 머물러도 허물은 없지만 영원히 마음을 바르게 하여야 이롭구나.'라고 한 것입니다.

六二. 艮其腓 不拯其隨 其心不快.
간 기 비 불 증 기 수 기 심 불 쾌

그의 장딴지에 머무르면 그를 따라야 구원하는데 받아들이지 아니하니 그의 마음이 즐겁지 않구나.

• 腓 ; 장딴지 비.
• 拯 ; 건질 증, 건지다, 구원하다(어려움이나 위험에 빠진 사람을 구하여 주다), 돕다, 들어 올리다, 취하다, 받다, 받아들이다.
• 隨 ; 따를 수, 따르다, 추종하다.
• 快 ; 쾌할 쾌, 쾌하다(마음이 유쾌하다), 시원하다, 빠르다, 날래다, 즐겁다, 기뻐하다, 즐기다, 좋아하다, 잘 들다, 날카롭다, (병세가) 좋아지다, 방종하다, 제멋대로 하다, 방자하다, 바르다, 정당하다, 오로지, 결코.

산에서 머무르려면 욕심을 버려야 하고 마음을 바르게 해야 합니다. 그래서 중산간의 육이 효사는 '그의 장딴지에 머무르면 그를 따라야 구원하는데 받아들이지 아니하니 그의 마음이 즐겁지 않구나.'라고 한 것입니다.

간 기 한　열 기 인　려　훈 심
九三. 艮其限 列其夤 厲 薰心.

그의 끝에 머물러 그를 공경하는 일을 벌이면 맑고 좋은 향내가 마음에서
나는구나.

- 限 ; 한할 한, 한하다(몹시 억울하거나 원통하여 원망스럽게 생각하다), 한정하다, 가지런하다, 지
  경(땅의 가장자리, 경계)을 지우다, 같다, 한정, 끝, 지경, 기한, 문지방, 심할 은, 심하다(정도가 지
  나치다), 멈추다.
- 列 ; 벌일 열, 벌이다(1. 일을 계획하여 시작하거나 펼쳐 놓다, 2. 놀이판이나 노름판 따위를 차려
  놓다, 3. 여러 가지 물건을 늘어놓다), 늘어서다, 줄짓다, 나란히 서다, 분리하다, 순서를 매기다,
  진열하다, 차례, 등급, 반열(품계나 신분, 등급의 차례), 석차, 줄(길이로 죽 벌이거나 늘여 있는
  것), 행렬, 여러.
- 夤 ; 조심할 인, 조심하다, 삼가고 두려워하다, 공경하다, 이어지다, 관계가 미치다, 잇닿다, 연접
  하다(서로 잇닿다), (시일이) 연장되다, 연줄을 잡다, (밤이) 깊다, 반연하다(자기 마음대로 하다),
  지경, 한계, 끝, 연줄, 등골 살.
- 薰 ; 향풀 훈, 향풀, 향내, 교훈, 공, 오랑캐 이름, 솔솔 불다, 태우다, 훈자하다(태우고 싶다), 향기
  롭다, 좋은 냄새가 나다.
- 厲 ; 갈 려, 맑다.

산 정상에서 산신제를 올립니다. 그래서 중산간의 구삼 효사는 '그의 끝에 머물
러 그를 공경하는 일을 벌이면 맑고 좋은 향내가 마음에서 나는구나.'라고 한 것
입니다.

간 기 신　무 구
六四. 艮其身 无咎.

그의 몸에 머물러도 허물은 없구나.

- 身 ; 몸 신, 몸, 신체, 줄기, 주된 부분, 나, 1인칭 대명사, 자기, 자신, 출신, 신분, 몸소, 친히, 나이,
  (아이를) 배다, 체험하다, 나라 이름 건, 나라 이름(身毒 ; 인도의 옛 이름).

산은 그 누구도 배척하지 않습니다. 그래서 중산간의 육사 효사는 '그의 몸에 머물
러도 허물은 없구나.'라고 한 것입니다.

六五. 艮其輔 言有序 悔亡.

그의 광대뼈에 머무르는데 말씀이 있으면 따라야 후회가 없구나.

- 輔 ; 도울 보, 돕다, 도움, 광대뼈.
- 言 ; 말씀 언.
- 有 ; 있을 유, 있다, 가지다, 소지하다.
- 序 ; 차례 서, 차례, 학교, 학당, 담, 담장, 실마리, 단서, 서문, 머리말, 행랑방(대문 옆방), 서문을 쓰다, 펴다, 서술하다, (차례로) 나가다, 따르다, 차례를 매기다, 안정시키다.

아무나 산 정상 밑에 머무르는 것이 아닙니다. 도가 높아야지요. 그래서 중산간의 육오 효사는 '그의 광대뼈에 머무르는데 말씀이 있으면 따라야 후회가 없구나.'라고 한 것입니다.

上九. 敦艮 吉.

도탑게 머무르니 좋구나.

- 敦 ; 도타울 돈, 도탑다(서로의 관계에 사랑이나 인정이 많고 깊다).

산에서 머무를 때에는 산에 있는 그 무엇과도 도탑게 지내야 합니다. 그래서 중산간의 상구 효사는 '도탑게 머무르니 좋구나.'라고 한 것입니다.

점 여 귀 길 이 정
漸 女歸 吉 利貞.

점점 자라서 여자가 시집가면 좋아도 마음을 바르게 하여야 이롭구나.

- 漸 ; 점점 점, 점점, 차츰, 번지다, 천천히 나아가다, 스미다, 흐르다, 자라다, 적시다, 젖다, 험하다, 차례.
- 歸 ; 돌아갈 귀, 시집가다.

자랄 때부터 마음을 바르게 하는 습관을 가지고 있다가 시집을 가면 좋겠지요. 그래서 풍산점의 괘사는 '점점 자라서 여자가 시집가면 좋아도 마음을 바르게 하여야 이롭구나.'라고 한 것입니다.

홍 점 우 간 소 자 려 유 언 무 구
初六. 鴻漸于干 小子 厲 有言无咎.

점점 홍수가 번져 막으려고 향하여 가는 젊은이에게 힘쓴다고 말을 해도 허물은 없구나.

- 鴻 ; 기러기 홍, 원기 홍, 기러기, 큰 기러기, 큰물, 홍수, 원기, 성의 하나, 크다, 넓다, 성하다, 번성하다, 굳세다, 강하다, 같다, 같게 하다.
- 于 ; 어조사 우, 향하여가다.
- 干 ; 방패 간, 줄기 간, 방패, 싸라기(부스러진 쌀알), 과녁, 막다, 방어하다, 구하다, 요구하다, 범하다, 간여하다, 줄기, 몸, 중요한 부분, 근본, 본체, 천간, 십간, 재능, 용무, 등뼈, 마를 건, 마르다,

건조하다, 말리다, 건성으로 하다, 형식적이다, 텅 비다, 아무것도 없다, 건성, 말린 음식, 물을 사용하지 않은, 헛되이, 덧없이, 들개 안, 들개, 일꾼 한, 일꾼.

- 厲 ; 갈 려, 힘쓰다(1. 힘을 들여 일을 하다, 2. 남을 도와주다, 3. 어떤 일에 힘을 들여 이바지하다).

홍수가 나서 젊은이들이 홍수를 막으러 갑니다. 그래서 풍산점의 초육 효사는 '점점 홍수가 번져 막으려고 향하여 가는 젊은이에게 힘쓴다고 말을 해도 허물은 없구나.' 라고 한 것입니다.

六二. 鴻漸于磐 飲食衎衎 吉.
홍 점 우 반 음 식 간 간 길

점점 홍수가 번지면 너럭바위로 향하여 가서 기뻐하며 음식을 즐겨도 좋구나.

- 磐 ; 너럭바위 반.
- 飲 ; 마실 음, 마시다, 호흡하다, 마시게 하다, 먹이다, 먹게 하다, 머금다, 품다, 숨기다, 음식, 음식물의 총칭, 음료, 마실 것, 술자리.
- 衎 ; 즐길 간, 즐기다, 기뻐하다.

홍수가 번지면 안전한 곳으로 피해야 합니다. 그래서 풍산점의 육이 효사는 '점점 홍수가 번지면 너럭바위로 향하여 가서 기뻐하며 음식을 즐겨도 좋구나.'라고 한 것입니다.

九三. 鴻漸于陸 夫征不復 婦孕不育 凶 利禦寇.
홍 점 우 육   부 정 불 복   부 잉 불 육   흉   이 어 구

점점 홍수가 길까지 번지고 먼 길을 간 지아비는 돌아오지 않고 아이를 가진 지어미가 급히 갈 수가 없어 좋지 않아도 난리를 방비해야 이롭구나.

- 于 ; 어조사 우, ~까지.
- 陸 ; 뭍 육, 길, 언덕.

- 征 ; 칠 정, 먼 길을 가다.
- 復 ; 회복할 복, 돌아오다.
- 孕 ; 아이 밸 잉, 대나무 이름, 아이 배다, 임신하다, 품다, 품어 가지다, 분만하다, 부화하다, 기르다, 머금다.
- 育 ; 기를 육, 급히 가다, 기르다, 급히 가는 모양, 자라다, 어리다, 외로운 모양, 낳다.
- 禦 ; 막을 어, 막다, 방어하다, 방어, 방비.
- 寇 ; 도적 구, 난리.

홍수가 번지면 홍수로 인한 난리에 대비해야 합니다. 그래서 풍산점의 구삼 효사는 '점점 홍수가 길까지 번지고 먼 길을 간 지아비는 돌아오지 않고 아이를 가진 지어미가 급히 갈 수가 없어 좋지 않아도 난리를 방비해야 이롭구나.'라고 한 것입니다.

홍 점 우 목 혹 득 기 각　무 구
六四. 鴻漸于木 或得其桷 无咎.

점점 홍수가 나무까지 번져 나무가 병들어 죽으면 혹 그 나무의 가지를 서까래로 얻어도 허물은 없구나.

- 或 ; 혹 혹.
- 得 ; 얻을 득.
- 桷 ; 서까래 각, 서까래, 가지.
- 于 ; 어조사 우, ~까지, 병들어 죽다.

홍수로 인해 물이 불어 나무 꼭대기까지 번지면 나무가 병들어 죽습니다. 그래서 풍산점의 육사 효사는 '점점 홍수가 나무까지 번져 나무가 병들어 죽으면 혹 그 나무의 가지를 서까래로 얻어도 허물은 없구나.'라고 한 것입니다.

홍 점 우 릉 부 삼 세 불 잉 종 막 지 승　길
九五. 鴻漸于陵 婦三歲不孕 終莫之勝 吉.

점점 홍수가 언덕까지 번져 지어미가 여러 해 아이를 가지지 못해도 결국 이겨내고 안정이 되니 좋구나.

- 終 ; 마칠 종, 마침내, 결국.
- 莫 ; 없을 막, 편안하다, 안정되다.
- 勝 ; 이길 승, 이기다, 견디다.
- 陵 ; 언덕 릉, 큰 언덕.

홍수가 언덕까지 번져 언덕 밑의 마을이 잠기면 어려운 지경에 빠지겠지요. 그래서 풍산점의 구오 효사는' 점점 홍수가 언덕까지 번져 지어미가 여러 해 아이를 가지지 못해도 결국에는 이겨내고 안정이 되니 좋구나.'라고 한 것입니다.

홍 점 우 릉   기 우 가 용 위 의   길
上九 . 鴻漸于陵 其羽可用爲儀 吉 .

점점 홍수가 언덕까지 번지면 서로 돕는 그것을 남을 위한 본보기로 쓸 만하고 좋구나.

- 其 ; 그 기, 그, 그것.
- 羽 ; 깃 우, 깃, 깃털, 깃 장식, 깃 꽂이, (짐승의) 날개, 새, 조류, 살깃(화살에 붙인 새의 깃털), 부채, 정기, 오음의 하나(가장 맑은 음), 낚시찌, 벗, 패거리, 편지, (서로) 돕다, (이마가) 우묵하다(가운데가 동그스름하게 푹 패거나 들어가 있다), 늦출 호, 늦추다, 느슨해지다.
- 可用 ; 쓸 수 있음, 쓸 만함.
- 爲 ; 할 위, 남을 위하다, 나라를 위하다.
- 儀 ; 거동 의, 거동, 법도, 법식, 본보기(1. 본을 받을 만한 대상, 2. 어떤 사실을 설명하거나 증명하기 위하여 내세워 보이는 대표적인 것, 3. 어떤 조치를 취하기 위하여 대표로 내세워 보이는 것), 예절, 선물, 짝, 천문 기계, 본받다, 헤아리다, 사람의 올바른 행동.

홍수가 언덕까지 번지면 언덕 밑의 마을은 잠기게 되겠지요. 그러면 마을의 모든 사람은 홍수가 빠져 나간 후에 서로 도와 마을을 재건해야 합니다. 그래서 풍산점의 상구 효사는 '점점 홍수가 언덕까지 번지면 서로 돕는 그것을 남을 위한 본보기로 쓸 만하고 좋구나.'라고 한 것입니다.

雷澤歸妹(뇌택귀매)

귀 매 정 흉 무 유 리
歸妹 征凶 无攸利.

시집간 여자를 돌려보내고 손아래 누이를 취하면 좋지 않고 이로울 바도 없구나.

- **歸** ; 돌아갈 귀, 돌아가다, 돌아오다, 돌려보내다, 따르다, 붙좇다(존경하거나 섬겨 따르다), (몸을) 의탁하다, 맡기다, 위임하다, 마치다, 끝내다, 시집가다, 편들다, 맞다, 적합하다, 모이다, 합치다, 선물하다, (음식을) 보내다, 자수하다, 죽다, 부끄러워하다, 몸을 의탁할 곳.
- **妹** ; 누이 매, (손아래) 누이, 소녀, 여자, 사리에 어둡다.
- **征** ; 칠 정, 취하다.

시집을 간 언니가 돌아오고 동생이 그곳으로 시집가서 잘살 것 같습니까? 피는 물보다 진하잖아요. 그래서 뇌택귀매의 괘사는 '시집간 여자를 돌려보내고 손아래 누이를 취하면 좋지 않고 이로울 바도 없구나.'라고 한 것입니다.

귀 매 이 제 파 능 리 징 길
初九. 歸妹以娣 跛能履 征吉.

여자가 시집가는 것에 따라 절름발이라도 지위에 오를 수 있어 손아래 동서로 부르면 좋구나.

- **以** ; 써 이, ~에 따라.
- **娣** ; 손아래 누이 제, 손아래 누이, 손아래 동서.

- 跛 ; 절름발이 파.
- 能 ; 능할 능, ~할 수 있다.
- 履 ; 밟을 리, 지위에 오르다, 자리에 나아가다.
- 征 ; 부를 징, 부르다.

여자가 시집을 갑니다. 그래서 뇌택귀매의 초구 효사는 '여자가 시집가는 것에 따라 절름발이라도 지위에 오를 수 있어 손아래 동서로 부르면 좋구나.'라고 한 것입니다.

九二. 眇能視 利幽人之貞.
묘 능 시 이 유 인 지 정

애꾸눈도 능히 볼 수 있지만 속세를 피해 조용히 사는 사람처럼 지조가 굳어야 이롭구나.

- 眇 ; 애꾸눈 묘.
- 幽 ; 그윽할 유.
- 幽人 ; 속세를 피해 조용히 사는 사람.
- 貞 ; 곧을 정, 지조가 굳다.

여자가 시집을 가면 이렇게 하라는 것입니다. 그래서 뇌택귀매의 구이 효사는 '애꾸눈도 능히 볼 수 있지만 속세를 피해 조용히 사는 사람처럼 지조가 굳어야 이롭구나.'라고 한 것입니다.

六三. 歸妹以須 反歸以娣.
귀 매 이 수 반 귀 이 제

시집간 여자를 돌려보내더라도 마땅히 손아래 누이가 시집가는 것을 반대하여야 하는구나.

- 以 ; 써 이, 이유, 까닭.
- 須 ; 모름지기 수, 반드시, 마땅히 ~해야 한다, 반드시 ~하여야 한다.

- 反 ; 돌이킬 반, 되풀이하다, 반복하다, 뒤집다, 뒤엎다, 꾸짖다, 나무라다(1. 잘못을 꾸짖어 알아듣
  도록 말하다, 2. 흠을 지적하여 말하다), 바꾸다, 고치다, 반대하다.

여자를 돌려보내고 그 여동생을 보내라고 하는 것은 무슨 심보인지 모르겠습니다.
그래서 뇌택귀매의 육삼 효사는 '시집간 여자를 돌려보내더라도 마땅히 손아래
누이가 시집가는 것을 반대하여야 하는구나.'라고 한 것입니다.

귀 매 건 기 지 귀 유 시
九四. 歸妹愆期 遲歸有時.

여자가 시집갈 때 지나치게 바라면 시집 갈 기회가 있어도 늦어지는구나.

- 愆 ; 허물 건, 허물, 악질(고치기 힘든 병), 나쁜 병, 잘못하다, 어그러지다, 어기다, 위반하다, (악
  질을) 앓다, 지나치다, 초과하다.
- 期 ; 기약할 기, 기약하다, 약속하다, 기다리다, 바라다, 기대하다, 모이다, 정하다, 결정하다, 적합
  하다, 알맞다, 가르치다, 더듬거리다, 기간, 기한, 기일, 예정된 날짜, 돌, 1주년, 때, 기회, 기복, 기
  년복(일 년 동안 입는 상복), 백 살, 한정.
- 遲 ; 더딜지, 늦어지다.
- 時 ; 때 시, 기회.

모든 일에는 때가 있습니다. 그 시기를 놓치면 늦어집니다. 다시 오지 않을 수도
있습니다. 그 때를 알아야 일이 순조롭게 됩니다. 마찬가지로 여자도 시집갈 때가
있습니다. 그래서 뇌택귀매의 구사 효사는 '여자가 시집갈 때 지나치게 바라면 시집
갈 기회가 있어도 늦어지는구나.'라고 한 것입니다.

제 을 귀 매 기 군 지 메 불 여 기 제 지 메 량 월 기 망 길
六五. 帝乙歸妹 其君之袂 不如其娣之袂良 月 幾望吉.

임금이 이른 봄에 초목의 싹이 트려고 할 때 손아래 누이를 시집보내며
군자의 소매가 손아래 누이의 아름다운 소매만 못하여도 달빛에 헌걸찬
것을 바라보며 좋아하는구나.

- 帝 ; 임금 제.
- 乙 ; 새 을, 이른 봄에 초목의 싹이 트려고 할 때.
- 袂 ; 소매 몌.
- 不如 ; ~만 못함.
- 良 ; 어질 량, 좋다, 훌륭하다, 아름답다.
- 幾 ; 몇 기, 살피다, 자세히 살펴보다, 헌걸차다(매우 풍채가 좋고 의기가 당당한 듯하다).
- 望 ; 바랄 망, 바라보다.

결혼할 남자가 매우 풍채가 좋고 의기가 당당하면 좋겠지요. 그래서 뇌택귀매의 육오 효사는 '임금이 이른 봄에 초목의 싹이 트려고 할 때 손아래 누이를 시집보내며 군자의 소매가 손아래 누이의 아름다운 소매만 못하여도 달빛에 헌걸찬 것을 바라보며 좋아하는구나.'라고 한 것입니다.

上六. 女承筐无實 士刲羊无血 无攸利.
여 승 광 무 실 사 규 양 무 혈 무 유 리

여자가 그릇에 넣을 것도 없는데 광주리로 받거나 선비가 슬픔의 눈물 없이 양을 잡으면 이로울 바가 없구나.

- 承 ; 이을 승, 받다.
- 筐 ; 광주리 광, 광주리(대, 싸리, 버들 따위를 재료로 하여 만든 그릇), 평상(네모진 침상), 작은 비녀(여자의 쪽 진 머리가 풀어지지 않도록 꽂는 장신구).
- 實 ; 열매 실, 그릇에 넣다.
- 士 ; 선비 사, 선비(1. 하나를 배우면 열을 배우는 사람, 2. 학식은 있으나 벼슬하지 않은 사람), 관리, 벼슬아치, 사내, 남자, 군사, 병사, 일, 직무, 칭호나 직업 이름에 붙이는 말, 군인의 계급, 벼슬 이름, 벼슬하다, 일삼다, 종사하다.
- 刲 ; 찌를 규, 찌르다, 잡다, 죽이다, 뻐개다, 베어 가르다, 취하다, 빼앗아 가지다.
- 血 ; 피 혈, (슬픔의) 눈물.

여자가 그릇에 넣을 것도 없다면 굉장히 가난한 것입니다. 속된 말로 한 푼이 아쉬운 때이지요. 그런데 광주리로 받는다는 것은 욕심만 많고 뒤를 생각하지 않는 것이지요. 뒤를 생각하지 않는 욕심 때문에 어려움에서 벗어나기 더 힘들어질 수 있습니다. 그리고 선비가 생명을 존중해야 하는데 슬픔의 눈물 없이 양을 잡으면 더 이상 선비가 아닙니다. 그래서 뇌택귀매의 상육 효사는 '여자가 그릇에 넣을 것도 없는데 광주리로 받거나 선비가 슬픔의 눈물 없이 양을 잡으면 이로울 바가 없구나.'라고 한 것입니다.

풍 형 왕 가 지 물 우 의 일 중
豐 亨 王假之 勿憂 宜日中.

풍년이 들어 제사를 올릴 때 왕이 일시에 이르러도 근심하지 말고 마땅히
해가 가운데 있을 때에 신에게 기도를 드려야 하는구나.

- 豐 ; 풍년 풍, 풍년, 괘 이름, 잔대(술잔을 받치는 데 쓰는 그릇), 부들(부들과의 여러해살이풀), 왕
  골, 풍년이 들다, 우거지다, 무성하다, 성하다(기운이나 세력이 왕성하다), 홍성하다, 두텁다, 살찌
  다, 풍만하다, 넉넉하다, 풍성하다, 가득하다, 크다, 예도 예, 예도, 예절, 절, 인사, 예물, 의식, 책
  이름(예기), 경전, 예우하다, (신을) 공경하다, 절하다, 굽 높은 그릇 예, 굽 높은 그릇.
- 假 ; 거짓 가, 일시.
- 之 ; 갈 지, 이르다.
- 憂 ; 근심 우, 근심하다(속을 태우거나 우울해하다), 걱정하다, 애태우다, 두려워하다.
- 宜 ; 마땅 의, 마땅히 ~하여야 한다, 신에게 기도를 드리다.
- 中 ; 가운데 중, 가운데에 있다.

풍년이 들어 하늘에 감사제를 지내고 있습니다. 그래서 뇌화풍의 괘사는 '풍년이 들
어 제사를 올릴 때 왕이 일시에 이르러도 근심하지 말고 마땅히 해가 가운데 있을
때에 신에게 기도를 드려야 하는구나.'라고 한 것입니다.

初九. 우기배주수순무구왕유상
初九. 遇其配主 雖旬 无咎 往有尙.

가장 기본적으로 짝지어 줄 때는 마땅히 두루 추천하고 미는 걸맞은 결혼 상대자를 만나게 하여야 허물이 없으며 이후에 장가들어도 친하게 지내는구나.

- 遇 ; 만날 우.
- 其 ; 그 기, 마땅히.
- 主 ; 임금 주, 주인 주, 결혼 상대자, 가장 기본적인.
- 配 ; 나눌 배, 나누다, 짝짓다, 짝지어 주다, 걸맞다, 견주다, 귀양 보내다, 종사하다, 딸리다(예속함), 보충하다, 짝, 아내, 적수, 술의 빛깔.
- 主 ; 주인 주, 결혼 상대자.
- 雖 ; 비록 수, 비록, 아무리~하여도, 그러나, 도마뱀붙이, 벌레 이름, 밀다, 추천하다, 짐승 이름 유, 짐승 이름.
- 旬 ; 열흘 순, 열흘, 열흘 동안, 열 번, 십 년, 두루, 두루 미치다, 고르다, 균일하다, 차다, 꽉 차다, 부역 균, 부역, 노역(몹시 괴롭고 힘들게 일함 또는 그런 노동).
- 尙 ; 오히려 상, 더욱이(그러한데다가 더), 장가들다.
- 往 ; 갈 왕, 뒤, 이후.
- 有 ; 있을 유, 친하게 지내다.

풍년이 들면 마음까지 풍성해집니다. 이제 묵은 일을 해야 합니다. 그 묵은 일 중에 제일은 결혼이지요. 그래서 뇌화풍의 초구 효사는 '가장 기본적으로 짝지어 줄 때는 마땅히 두루 추천하고 미는 걸맞은 결혼 상대자를 만나게 하여야 허물이 없으며 이후에 장가들어도 친하게 지내는구나.'라고 한 것입니다.

풍기부일중견두왕득의질유부발약길
六二. 豐其蔀 日中見斗 往得疑疾 有孚發若 吉.

해 가운데 북두칠성이 보여 풍년들기 어두우면 언제나 고맙게 여기는지, 시샘하는지, 미워하는지, 친하게 지내는지, 믿음성이 있는지 이에 드러나니 좋구나.

- 扉 ; 빈지문 부, 빈지문(한 짝씩 끼웠다 떼었다 하게 만든 문), 차양(처마 끝에 덧붙이는 좁은 지붕), 덮개, 일흔여섯 해, 작다, 덮이다, 닫다, 어둡다, 희미하다.
- 斗 ; 말 두, 싸울 두, 말(용량의 단위), 구기(자루가 달린 술 따위를 푸는 용기), 조두, 기둥 위에 꾸민 구조, 별 이름, 홀연히, 갑자기, 깎아지른 듯이 서 있다, 떨다, 툭 튀어나오다, 털다, 뾰족하다, 싸우다, 다투다, 북두칠성, 싸울 투, (두 병사가 손에 병기를 들고) 싸우다, 싸우게 하다, 승패를 가르다, 투쟁하다, (두 사람이 손에 물건을 들고) 다투다, 경쟁하다, 당하다, 맞서다, 한데 모으다, 맞추다, 합치다, 싸울 각, 싸우다.
- 往 ; 갈 왕, 언제나.
- 得 ; 얻을 득, 고맙게 여기다.
- 疑 ; 의심할 의, 시샘하다(시새움하다, 자기보다 잘되거나 나은 사람을 공연히 미워하고 싫어하다).
- 疾 ; 병 질, 미워하다, 증오하다.
- 發 ; 필 발, 나타나다, 드러나다.
- 若 ; 같을 약, 이에.

사람이 좋을 때는 본심이 드러나지 않지만 어려워지면 본심이 드러납니다. 한결같으면 좋으련만. 그래서 뇌화풍의 육이 효사는 '해 가운데 북두칠성이 보여 풍년들기 어두우면 언제나 고맙게 여기는지, 시샘하는지, 미워하는지, 친하게 지내는지, 믿음성이 있는지 이에 드러나니 좋구나.'라고 한 것입니다.

九三. 豊其沛 日中見沬 折其右肱 无咎.
풍 기 패 일 중 견 말 제 기 우 굉 무 구

해 가운데 비말이 보이면 풍년이 들게 늪에 비가 쏟아지니 편안한 모양으로 팔뚝을 걷고 천천히 가서 도와도 허물은 없구나.

- 沛 ; 비 쏟아질 패, 늪 패, (비가) 쏟아지다, 내리다, 내려주다, 물리치다, 배척하다, 넘어지다, 쓰러지다, 늪, 습지, 기, 깃발, 성대한 모양, 왕성한 모양, 성한 모양, 많은 모양, 큰 모양, 가는 모양, 빠른 모양, 몹시 성내는 모양, 비 오는 모양, 흐르는 모양.
- 沬 ; 물거품 말, 물거품, 침, 침방울, 흐르는 땀, 비말(튀어 올랐다 흩어지는 물방울), 거품이 일다, 말다, 그만두다.
- 折 ; 꺾을 절, 천천히 할 제, 천천히 하다, 편안한 모양.
- 右 ; 오른쪽 우, 도울 우, 오른쪽, 오른손, 우익, 서쪽, 높다, 귀하다, 숭상하다, 돕다, 강하다, 굽다, 권하다.

• 肱 ; 팔뚝 굉, 걷다, 팔뚝, 가다.

풍년이 든다는 확신이 서면 사람의 마음이 느긋해지겠지요. 그래서 뇌화풍의 구삼 효사는 '해 가운데 비말이 보이면 풍년이 들게 늦에 비가 쏟아지니 편안한 모양으로 팔뚝을 걷고 천천히 가서 도와도 허물은 없구나.'라고 한 것입니다.

九四. 豊其蔀 日中見斗 遇其夷主 吉.
풍 기 부 일 중 견 두 우 기 이 주 길

해 가운데 북두칠성이 보여 풍년 들기 어두워도 항상 변하지 않는 주인을 만나야 좋구나.

• 夷 ; 오랑캐 이, 항상 변하지 않다.

흉년이 들어도 항상 챙겨주는 주인을 만나면 좋겠지요. 그래서 뇌화풍의 구사 효사는 '해 가운데 북두칠성이 보여 풍년들기 어두워도 항상 변하지 않는 주인을 만나야 좋구나.'라고 한 것입니다.

六五. 來章 有慶譽 吉.
래 장 유 경 예 길

글로 위로하고 또 상을 내려 칭찬을 하면 좋구나.

• 來 ; 올 래, 위로하다.
• 章 ; 글 장.
• 有 ; 있을 유, 혹, 또.
• 慶 ; 경사 경, 경사, 선행, 상, 상으로 내리는 것, 복, 다행한 일, 하례하다, 경사스럽다, 축하하다, 기뻐하다, 발어사 강, 발어사 아!
• 譽 ; 기릴 예, 칭찬하다.

농사를 지어 수확량이 많은 사람입니다. 그래서 뇌화풍의 육오 효사는 '글로 위로하고 또 상을 내려 칭찬을 하면 좋구나.'라고 한 것입니다.

上六. 豊其屋蔀其家 闚其戶 闃其无人 三歲不覿 凶.

부들 덮개로 덮은 그 집을 엿보아도 사람이 없어 인기척이 없으면 오랜
세월을 만날 수 없으니 좋지 않구나.

- 豊 ; 부들 풍, 부들(부들과의 여러해살이풀).
- 屋 ; 집 옥, 집, 주거, 덮개, 수레의 덮개, 지붕, 장막, 300묘(정전의 구획 단위), 무거운 형벌로 다스
  리다, 멸망하다, 휘장 악, 휘장(피륙을 여러 폭으로 이어서 빙 둘러치는 장막).
- 闚 ; 엿볼 규, 엿보다, 잠깐 보다, 훔쳐보다, 조사하다, 검사하다, 꾀다, 유인하다.
- 戶 ; 집 호.
- 闃 ; 고요할 격, 고요하다, 조용하다, 인기척이 없다.
- 覿 ; 볼 적, 보다, 만나다, 뵈다, (눈이) 붉다, 멀리 바라보다, 멀리 바라보는 모양.

흉년이 계속되면 사람이 떠나갑니다. 그래서 뇌화풍의 상육 효사는 '부들 덮개로 덮
은 그 집을 엿보아도 사람이 없어 인기척이 없으면 오랜 세월을 만날 수 없으니 좋
지 않구나.'라고 한 것입니다.

56 火山旅(화산려)

려 소 형 려 정 길
旅 小 亨 旅 貞 吉.

나그네가 여행을 할 때 조금이라도 모든 일이 뜻과 같이 잘되어 가려면 나그네는 마음을 바르게 하여야 좋구나.

• 旅 ; 나그네 려(여), 나그네, 군대, 군대 편제 단위, 무리, 군중, 자제(子弟), 척추, 등뼈, 길, 도로, 괘 이름, 땅 이름, 제사 이름, 함께, 다같이, 객지살이하다, 여행하다, (산신에게) 제사 지내다, 자생하다, 벌여놓다, 진열하다.

나그네는 나그네일 뿐입니다. 여행을 하려면 마음가짐을 잘해야 합니다. 그래서 화산려의 괘사는 '나그네가 여행을 할 때 조금이라도 모든 일이 뜻과 같이 잘되어 가려면 나그네는 마음을 바르게 하여야 좋구나.'라고 한 것입니다.

여 쇄 쇄 사 기 소 취 재
初六. 旅瑣瑣 斯其所取災.

나그네가 여행을 할 때 자질구레하게 적은 돈으로 왕 노릇을 하면 그 경우에는 재난을 가지고 떠나는구나.

• 瑣 ; 자질구레할 쇄, 자질구레하다(모두가 잘고 시시하여 대수롭지 아니하다), 세분하다, 부스러지다, 천하다, 젊고 예쁘다, 가루, 쇠사슬, 옥이 울리는 소리, *적은 돈으로 왕 노릇을 하다'는 파자를 함.

- 斯 ; 이 사, 떠나다, 떨어지다.
- 所 ; 바 소, 경우.
- 取 ; 가질 취.
- 災 ; 재앙 재, 재앙(천변지이로 인한 온갖 불행한 일), 재난(뜻밖에 일어나는 불행한 일).

나그네가 물건을 살듯 말듯이 물건을 들었다 났다 시간만 끌면서 이러쿵저러쿵 말을 해 보세요. 물건 파는 사람이 좋아할리 없겠지요. 그래서 화산려의 초육 효사는 '나그네가 여행을 할 때 자질구레하게 적은 돈으로 왕 노릇을 하면 그 경우에는 재난을 가지고 떠나는구나.'라고 한 것입니다.

六二. 旅卽次 懷其資 得童僕貞.
여 즉 차 회 기 자 득 동 복 정

나그네가 여행을 할 때 거처에 자리를 잡고서 비용을 주면 마음을 돌이켜 생각하여 고맙게 여기고 노복이 정성스러운 마음으로 따라붙는구나.

- 卽 ; 곧 즉, 자리 잡다.
- 次 ; 버금 차, 거처, 장막, 임시 거처.
- 懷 ; 품을 회, 품다, 임신하다, 생각하다, 싸다, 둘러싸다, 따르다, 위로하다, 달래다, 보내다, 보내어 위로하다, 길들이다, 따르게 하다, 편안하다, 이르다, 다다르다, 품, 가슴, 마음, 생각, 기분, 마음을 돌이켜 생각하다.
- 資 ; 재물 자, 재물, 자본, 바탕, 비용, 의뢰, 도움, 취하다, 쓰다, 주다, 돕다.
- 得 ; 얻을 득, 고맙게 여기다.
- 童 ; 아이 동, 노복.
- 僕 ; 종 복, (사내)종, 마부, 거마를 모는 사람, 저(자기의 겸칭), 무리(모여서 뭉친 한동아리), 벗, 동아리, 패거리, 관리하다, 지배하다, 붙다, 따르다, 따라붙다, 숨기다.
- 貞 ; 곧을 정, 성심(정성스러운 마음).

사람은 돈을 벌어야 합니다. 개처럼 벌어서 정승처럼 써야 합니다. 그런데 개처럼 벌어서 개만도 못하게 돈을 씁니다. 그렇게 되면 돈에게 인사를 하는 것이지 사람에게 인사하는 것이 아닙니다. 정말로 돈은 잘 써야 합니다. 그래서 화산려의 육이 효사는 '나그네가 여행을 할 때 거처에 자리를 잡고서 비용을 주면 마음을 돌이켜 생각하여 고맙게 여기고 노복이 정성스러운 마음으로 따라붙는구나.'라고 한 것입니다.

九三. 旅焚其次 喪其童僕 貞厲.
여 분 기 차 상 기 동 복 정 려

나그네가 여행을 할 때 그의 거처가 타서 따라붙던 그의 노복을 잃어버려도 마음을 바르게 하는 데 힘써야 하는구나.

- 焚 ; 불사를 분, 불사르다, 타다, 태우다, 넘어지다, 넘어뜨리다.
- 喪 ; 잃을 상, 잃다, 잃어버리다, 죽다, 사망하다.
- 厲 ; 갈 려, 힘쓰다.

나그네가 노복을 여행 중에 화재로 잃어버려 슬픔이 말이 아닙니다. 그래도 마음을 바르게 해야 합니다. 여행 중인 나그네일 뿐입니다. 그래서 화산려의 구삼 효사는 '나그네가 여행을 할 때 그의 거처가 타서 따라붙던 그의 노복을 잃어버려도 마음을 바르게 하는 데 힘써야 하는구나.'라고 한 것입니다.

九四. 旅于處 得其資斧 我心不快.
여 우 처 득 기 자 부 아 심 불 쾌

나그네가 여행을 할 때 머무를 곳을 향하여 가다 그 비용을 얻기 위해 도끼질을 하면 자기의 마음은 불쾌하겠구나.

- 于 ; 어조사 우, 향하여 가다.
- 處 ; 곳 처, 곳, 머무르다.
- 斧 ; 도끼 부, 도끼, 도끼의 무늬, 도끼로 베다, 도끼로 찍다.

나그네가 여행 중에 여비가 떨어지면 여비를 구해야 하겠지요. 그래서 화산려의 구사 효사는 '나그네가 여행을 할 때 머무를 곳을 향하여가다 그 비용을 얻기 위해 도끼질을 하면 자기의 마음은 불쾌하겠구나.'라고 한 것입니다.

六五.射雉一矢亡 終以譽命.
<small>사 치 일 시 망 종 이 예 명</small>

화살 하나로 꿩을 쏘아 잡으면 명예로 인하여 생명이 끝나는구나.

- 射 ; 쏠 사, 쏘다.
- 雉 ; 꿩 치.
- 矢 ; 화살 시.
- 亡 ; 망할 망, 죽다.
- 終 ; 마칠 종, 끝내다.
- 以 ; 써 이, ~로 인하여.
- 譽 ; 명예 예.
- 命 ; 목숨 명, 생명.

* 사람들은 명예를 얻기 위해 온갖 일을 합니다. 그 명예로 인해 생명이 끝날 수도 있습니다. 그래서 화산려의 육오 효사는 '화살 하나로 꿩을 쏘아 잡으면 명예로 인하여 생명이 끝나는구나.'라고 한 것입니다.

上九.鳥焚其巢 旅人 先笑後號咷 喪牛于易 凶.
<small>조 분 기 소 여 인 선 소 후 호 도 상 우 우 이 흉</small>

새가 그 새집을 넘어뜨리면 여행하는 사람이 처음에는 웃고 뒤에는 큰소리로 울부짖는 것은 이것을 가벼이 보고 소를 잃어버린 것이니 좋지 않구나.

- 鳥 ; 새 조, 새, 새의 총칭, 봉황, 나라 이름, 벼슬 이름, 별 이름, 땅 이름 작, 땅 이름, 섬 도, 섬.
- 焚 ; 불사를 분, 넘어뜨리다.
- 巢 ; 새집 소, 새집, 집(보금자리), 큰 피리(악기의 하나), 악기 이름, 사람 이름, 망루(적이나 주위의 동정을 살피기 위하여 높이 지은 다락집), 깃들이다, 모이다, 무리를 짓다.
- 笑 ; 웃음 소.
- 號 ; 부르짖을 호, 큰소리로 부르짖다.
- 咷 ; 울 도, 울다.
- 喪 ; 잃을 상, 잃어버리다.

- 于 ; 어조사 우, 이것.
- 易 ; 쉬울 이, 경시하다, 가벼이 보다.

주역은 징조와 기미를 많이 보여줍니다. 그것을 보고 헤아릴 줄 알아야 합니다. 그리고 깨달아야 합니다. 그러니 주역이 쉽지 않다는 것이지요. 어려워도 자주 접하다 보면 자연스럽게 조그마한 일도 그냥 넘기지 않고 헤아리게 됩니다. 불은 작은 불에서 크게 번지거든요. 예를 들면 일상 속에서 예기치 않은 어떤 현상을 보면 자기 자신을 포함해서 가족들을 조심시키고 재산 등을 잘 관리해야 합니다. 아무 일이 없이 잘 넘어가면 좋잖아요. 그런데 어떤 현상을 보고도 방비를 하지 않으면 나중에 큰일이 벌어지게 됩니다. 그래서 화산려의 상구 효사는 '새가 그 새집을 넘어뜨리면 여행하는 사람이 처음에는 웃고 뒤에는 큰소리로 울부짖는 것은 이것을 가벼이 보고 소를 잃어버린 것이니 좋지 않구나.'라고 한 것입니다.

손 소 형 이 유 유 왕 이 현 대 인
巽 小亨 利有攸往 利見大人.

유순하더라도 조금이나마 모든 일이 뜻과 같이 잘되어 가려면 갈 곳이 있
어야 이롭고 대인을 만나야 이롭구나.

• 巽 ; 부드러울 손, 부드럽다, 유순하다(성질이나 태도, 표정 따위가 부드럽고 순하다), 공순하다
  (공손하고 온순하다), 사양하다, 괘 이름, 손괘, 동남쪽.

사람은 이익 앞에서는 물불을 가리지 않기 때문에 독한 사람이 이익을 챙길 확률이
높습니다. 물론 얼굴은 유순한 척하고 속이 독한 사람을 몰라보고 좋은 사람인 줄
알고 당하기도 합니다. 참고로 독한 사람을 구별하려면 첫째, 눈을 보세요, 선량함
이 없습니다. 둘째, 말하는 모습을 잘 보세요. 진실성이 없습니다. 셋째, 냄새를 맡
아 보세요. 속이 독한 사람은 속이 썩기 때문에 몸에서 냄새가 많이 나서 진한 향수
를 쓰더라도 냄새에 민감하지 않습니다. 다시 돌아와서 그런 사회적 환경에서 유순
한 사람이 살아가기가 쉽지 않습니다. 더구나 혼자 가만히 있으면 더욱 더 어려워
집니다. 그래서 중풍손의 괘사는 '유순하더라도 조금이나마 모든 일이 뜻과 같이 잘
되어 가려면 갈 곳이 있어야 이롭고 대인을 만나야 이롭구나.'라고 한 것입니다.

초육. ^{진 퇴}^{이 무 인 지 정}

初六. 進退 利武人之貞.

나아가고 물러나더라도 무인은 지조가 굳어야 이롭구나.

- 貞 ; 곧을 정, 지조가 굳다.

무인이 간에 붙었다, 쓸개에 붙었다 하면 더 이상 무인이 아닙니다. 그래서 중풍손
의 초육 효사는 '나아가고 물러나더라도 무인은 지조가 굳어야 이롭구나.'라고 한
것입니다.

^{손 재 상 하}^{용 사 무 분 약}^길^{무 구}

九二. 巽在床下 用史巫紛若 吉 无咎.

사관과 무당을 쓸 때에는 수효가 많아 번잡하니 이에 평상 아래에서 공순
하게 있도록 하면 좋고 허물도 없구나.

- 在 ; 있을 재.
- 床 ; 평상 상, 평상, 상, 소반, 마루, 우물 난간, 기물을 세는 단위, (상 위에서) 졸다.
- 下 ; 아래 하.
- 用 ; 쓸 용.
- 史 ; 사기 사, 사기, 역사, 기록된 문서, 사관(임금의 언행을 기록하거나 국가의 공문서 작성을 맡
  은 사람), 문인, 문필가, 서화가, 화사하다, 꾸밈이 있어 아름답다.
- 巫 ; 무당 무, (여자) 무당, 무녀, 의사, 고을 이름, 산 이름, 망령되다, 터무니없다.
- 紛 ; 어지러울 분, 어지럽다, 번잡하다(번거롭게 뒤섞여 어수선하다), 번거롭다, 엉클어지다, (수효
  가) 많다, 왕성하다, 섞다, 섞이다, 깃발, 술(장식으로 다는 여러 가닥의 실), 패건(차는 수건), 실
  띠, 행주, 성하고 많은 모양, 분규, 다툼, 재난, 화란.
- 若 ; 같을 약, 이에.

주나라 때에도 지금이나 마찬가지로 공무원 시험을 치는 사람이 많았나 봅니다. 그
래서 중풍손의 구이 효사는 '사관과 무당을 쓸 때에는 수효가 많아 번잡하니 이에
평상 아래에서 공손하게 있도록 하면 좋고 허물도 없구나.'라고 한 것입니다.

九三. 頻巽吝.
빈 손 린

유순하면 친하게 가까이하는 것을 주저하는구나.

- 頻 ; 자주 빈, 자주, 빈번히, 급하다, 절박하다(1. 어떤 일이나 때가 가까이 닥쳐서 몹시 급하다, 2. 인정이 없고 냉정하다), 찡그리다, 찌푸리다, 나란하다, 나란히 하다, 어지러워하다, 친하다, 가까이하다, 물가, 콧날, 얼굴에 주름을 짓다, 얼굴을 찡그리다.
- 吝 ; 아낄 린, 주저하다(머뭇거리며 망설이다), 인색하다(어떤 일을 하는데 지나치게 박하다), 아끼다(1. 물건이나 돈, 시간 따위를 함부로 쓰지 아니하다, 2. 물건이나 사람을 소중하게 여겨 보살피거나 위하는 마음을 가지다), 소중히 여기다.

유순한 사람의 약점은 대인관계에 있습니다. 그래서 중풍손의 구삼 효사는 '유순하면 친하게 가까이하는 것을 주저하는구나.'라고 한 것입니다.

六四. 悔亡 田獲三品.
회 망 전 획 삼 품

분하게 여기는 것을 없애려면 사냥터에서 사냥하여 잡은 짐승을 여러 번 좋고 나쁨을 따져야 하는구나.

- 悔 ; 뉘우칠 회, 분하게 여기다.
- 亡 ; 망할 망, 없애다.
- 田 ; 밭 전, 사냥터.
- 獲 ; 얻을 획, 사냥하여 잡은 짐승, 개를 풀어 새나 짐승을 잡다 또는 잡은 것의 뜻.
- 三 ; 석 삼, 세 번, 여러 번, 몇 번이고.
- 品 ; 물건 품, 물건, 물품, 등급, 차별, 품격, 품위, 질, 성질, 품계, 벼슬 차례, 벼슬의 등급, 종류, 갈래, 가지, 법, 규정, 온갖, 품평하다, 좋고 나쁨을 따지다, 가지런히 하다, 같다, 같게 하다.

사냥 대회를 하면 등수를 정하겠지요. 그래서 중풍손의 육사 효사는 '분하게 여기는 것을 없애려면 사냥터에서 사냥하여 잡은 짐승을 여러 번 좋고 나쁨을 따져야 하는구나.'라고 한 것입니다.

정 길 회 무 무 불 리 무 초 유 종 선 경 삼 일 후 경 삼 일 길
九五. 貞吉 悔亡 无不利. 无初有終 先庚三日 後庚三日 吉.

마음을 바르게 하여야 뉘우칠 것도 없고 불리할 것도 없으니 좋구나. 처음
은 없어도 끝은 있듯이 조상이 앞서 여러 번 바뀌어도 아랫사람이 뒷날에
몇 번이고 이어져야 좋구나.

- 吉 ; 길할 길, 좋다.
- 有 ; 있을 유, 존재하다.
- 終 ; 마칠 종, 이루어지다, 완성하다.
- 先 ; 먼저 선, 조상.
- 庚 ; 별 경, 별, 일곱째 천간, 나이, 길, 도로, 다시금, 더욱 더, 바뀌다, 변화하다, 갚다, 배상하다,
  잇다, 이어지다.
- 日 ; 날 일, 앞서, 뒷날에.
- 後 ; 뒤 후, 아랫사람.

마음을 바르게 하고 말과 행동을 잘하는 자손들이 대를 이어가면 명문 집안이 되겠
지요. 그래서 중풍손의 구오 효사는 '마음을 바르게 하여야 뉘우칠 것도 없고 불리
할 것도 없으니 좋구나. 처음은 없어도 끝은 있듯이 조상이 앞서 여러 번 바뀌어도
아랫사람이 뒷날에 몇 번이고 이어져야 좋구나.'라고 한 것입니다.

손 재 상 하 상 기 자 부 정 흉
上九. 巽在床下 喪其資斧 貞凶.

유순하여도 평상 아래에 그가 쓰던 도끼를 잃어버린다면 마음을 바르게
하는 것은 좋지 않구나.

- 資 ; 재물 자, 쓰다.
- 在 ; 있을 재, ~에.

유순하더라도 바보가 되면 안 되겠지요. 그래서 중풍손의 상구 효사는 '유순하여도
평상 아래에 그가 쓰던 도끼를 잃어버린다면 마음을 바르게 하는 것은 좋지 않구
나.'라고 한 것입니다.

重澤兌(중택태)

태 형 이 정
兌 亨 利貞.

바꿔서 기뻐하더라도 모든 일이 뜻과 같이 잘되어 가려면 마음을 바르게
하여야 이롭구나.

- 兌 ; 바꿀 태, 기쁠 태, 바꾸다, 교환하다, 기쁘다, 기뻐하다, 곧다, 굽지 아니하다, 통하다, 길을 이
루다, 모이다, 팔괘의 하나, 서방, 서쪽, 구멍, 날카로울 예, 날카롭다, 데치다, 삶다, 기뻐할 열, 기
뻐하다, 즐거워하다, 사람이 입을 열어 기뻐 웃다.

주역 곳곳에는 종교적인 색채가 묻어 있습니다. 종교란 가장 쉽고도 가장 어려운
사람의 마음을 바꾸는 것입니다. 올바른 마음을 갖게 하는 것이지요. 그래서 중택
태의 괘사는 '바꿔서 기뻐하더라도 모든 일이 뜻과 같이 잘되어 가려면 마음을 바르
게 하여야 이롭구나.'라고 한 것입니다.

화 태 길
初九. 和兌 吉.

서로 뜻이 맞아 사이좋은 상태가 되도록 바꾸면 좋구나.

- 和 ; 화할 화, 화하다(서로 뜻이 맞아 사이좋은 상태가 되다), 화목하다, 온화하다, 순하다, 화해하
다, 같다, 서로 응하다, 합치다, 허가하다, 모이다, 화답하다(시나 노래에 응하여 답하다), 양념하
다, 나라 이름(일본), 합계, 악기의 한 가지.

서로가 열린 마음을 가지고 있어야 합니다. 그래서 중택태의 초구 효사는 '서로 뜻이 맞아 사이좋은 상태가 되도록 바꾸면 좋구나.'라고 한 것입니다.

부 태 길 회 무
九二. 孚兌 吉 悔亡.

믿음성이 있게 바꿔야 좋고 후회가 없구나.

- 孚 ; 미쁠 부, 미쁘다(믿음성이 있다).
- 悔 ; 뉘우칠 회, 후회, 잘못.
- 亡 ; 없을 무, 없다. 망할 망, 없어지다.
- 吉 ; 길할 길, 일이 상서롭다(복되고 길한 일이 일어날 조짐이 있다).

믿음성이 확고하게 있을 때 믿음성이 있다고 말할 수 있습니다. 그래서 중택태의 구이 효사는 '믿음성이 있게 바꿔야 좋고 후회가 없구나.'라고 한 것입니다.

래 태 흉
六三. 來兌 凶.

위로한다고 바꾸면 좋지 않구나.

- 來 ; 올 래, 위로하다(따뜻한 말이나 행동으로 괴로움을 덜어 주거나 슬픔을 달래주다).

위로를 받는다고 믿음성이 생기는 것은 아니지요. 그래서 중택태의 육삼 효사는 '위로한다고 바꾸면 좋지 않구나.'라고 한 것입니다.

상 태 미 녕 개 질 유 희
九四. 商兌未寧 介疾有喜.

헤아리다 짐작하여 알고 바꾸면 아직 편안하지 못하지만 마음에 두고 진력하면 기쁨이 있구나.

- 商 ; 장사 상, 장사, 장수(장사를 업으로 하는 사람), 가을(계절), 금(오행), 서쪽(방위), 못, 어떤 수를 다른 수로 나누어서 얻은 수, 별 이름, 오음의 하나, 나라 이름, 헤아리다, 짐작하여 알다, 장사하다.
- 未 ; 아닐 미, 아직 ~하지 못하다.
- 寧 ; 편안할 녕.
- 介 ; 낄 개, 마음에 두다, 신경을 쓰다.
- 疾 ; 병 질, 진력하다(있는 힘을 다하다).
- 喜 ; 기쁠 희, 기쁨.

확실하게 믿음성이 생겨 바꾼 것이 아니고 짐작하여 알고 바꾼 것이므로 확고하게 믿음성이 생기도록 구하고 또 구해야 합니다. 그래서 중택태의 구삼 효사는 '헤아리다 짐작하여 알고 바꾸면 아직 편안하지 못하지만 마음에 두고 진력하면 기쁨이 있구나.'라고 한 것입니다.

九五. 孚于剝 有厲.
부 휴 박 유 려

믿음성이 있는 것을 깎고 저버리면 친하게 지내도 위태롭구나.

- 于 ; 이지러질 휴, 저버리다(1. 마땅히 지켜야 할 도리나 의리를 잊거나 어기다, 2. 남이 바라는 바를 거절하다, 3. 등지거나 배반하다), 배신하다, 해 입히다.
- 剝 ; 벗길 박, 벗기다, 벗겨지다, 깎다.
- 厲 ; 갈 려, 위태롭다(어떤 형세가 마음을 놓을 수 없을 만큼 위험한 듯하다), 좋지 않은 일.

서로가 뜻이 맞아 믿음성이 생겼었는데 그 믿음성을 부정합니다. 그래서 중택태의 구오 효사는 '믿음성이 있는 것을 깎고 저버리면 친하게 지내도 위태롭구나.'라고 한 것입니다.

上六. 引兌.
인 태

인도하여 바꾸니 기쁘구나.

- 引 ; 끌 인, 인도하다(1. 이끌어 지도하다, 2. 길이나 장소를 안내하다, 3. 미혹한 중생을 깨달음의 길로 들어서게 하다).

미혹한 중생을 깨달음의 길로 들어서게 합니다. 그래서 중택태의 상육 효사는 '인도하여 바꾸니 기쁘구나.'라고 한 것입니다.

風水渙(풍수환)

_{환 형 왕 격 유 묘 이 섭 대 천 이 정}
渙 亨 王假有廟 利涉大川 利貞.

풀려서 찬란하게 빛나고 모든 일이 뜻과 같이 잘되어 가려면 왕이 사당에 이르러 제사를 올리고, 계속해서 대인과 관계를 하는 것이 이롭고, 마음을 바르게 하여야 이롭구나.

- 渙 ; 흩어질 환, 흩어지다, 풀리다, 찬란하다, 빛나다, 호령을 발포하다, 물이 많고 세찬 모양, 괘 이름, 물 이름 회, 물 이름.
- 假 ; 이를 격, 이르다, 오다.
- 廟 ; 사당 묘.
- 亨 ; 형통할 형, 형통하다, (제사) 올리다.

모든 일이 잘되려면 긴장의 끈을 놓지 말아야 합니다. 그래서 풍수환의 괘사는 '풀려서 찬란하게 빛나고 모든 일이 뜻과 같이 잘되어 가려면 왕이 사당에 이르러 제사를 올리고, 계속해서 대인과 관계를 하는 것이 이롭고, 마음을 바르게 하여야 이롭구나.'라고 한 것입니다.

_{용 증 마 장 길}
初六. 用拯馬壯 吉.

일할 때 돕는 말은 굳세야 좋구나.

- 用 ; 쓸 용, 일하다, 부리다.
- 拯 ; 건질 증, 건지다, 돕다, 들어 올리다.
- 壯 ; 장할 장, 굳세다(힘차고 튼튼하다).

일할 때 말이 굳세야 믿음이 가잖아요. 그래서 풍수환의 초육 효사는 '일할 때 돕는 말은 굳세야 좋구나.'라고 한 것입니다.

九二. 渙奔其机 悔亡.
환 분 기 궤 회 무

물이 많고 세차면 마땅히 느티나무로 급히 향해 가야 후회가 없구나.

- 奔 ; 달릴 분, 달리다, 급히 가다, 빠르다, 향해 가다, 급히 향해 가다, 달아나다, 도망쳐 내닫다, 패주하다, 도망가다, 예를 갖추지 않고 혼인하다, 야합하다, 공서하다(1. 전혀 다른 것이 함께하다, 2. 종류가 다른 동물들이 한곳에서 같이 살다), 빨리, 유성.
- 其 ; 그 기, 마땅히.
- 机 ; 책상 궤, 책상, 궤 나무, 느티나무, 틀 기, 틀, 기계, 베틀, 기틀, 고동(기계 장치), 재치, 기교, 모탕 예, 모탕(나무를 패거나 자를 때에 받쳐 놓는 나무토막).
- 亡 ; 없을 무. *물가에 바위가 있으면 깊고 물살이 세고 느티나무가 있으면 낮고 흐름이 완만함.

물을 건널 때 물이 많고 세차면 물살이 세지 않고 낮은 곳으로 가야 합니다. 그래서 풍수환의 구이 효사는 '물이 많고 세차면 마땅히 느티나무로 급히 향해 가야 후회가 없구나.'라고 한 것입니다.

六三. 渙其躬 无悔.
환 기 궁 무 회

만일 곤궁한 것이 풀리면 한이 맺히지 아니하는구나.

- 其 ; 그 기, 만일, 만약.
- 躬 ; 몸 궁, 곤궁하다(1. 가난하여 살림이 구차하다, 2. 처지가 이러지도 저러지도 못하게 난처하고 딱하다).

• 悔 ; 뉘우칠 회, 한이 맺히다.

사람이 곤궁해지면 한이 맺히게 됩니다. 그래서 풍수환의 육삼 효사는 '만일 곤궁한 것이 풀리면 한이 맺히지 아니하는구나.'라고 한 것입니다.

六四. 渙其群 元吉 渙有丘 匪夷所思.
환 기 군 원 길 환 유 구 비 이 소 사

무리들이 흩어져서 크게 좋지만 언덕에서 호령을 발포할 정도로 생각했던 바의 오랑캐는 아니구나.

• 渙 ; 흩어지다, 호령(1. 부하나 동물 따위를 지휘하여 명령함, 2. 큰소리로 꾸짖음). 발포하다(법령 정강 따위를 널리 펴서 알리다).
• 丘 ; 언덕 구.
• 匪 ; 비적 비, 아니다.
• 夷 ; 오랑캐 이.
• 所 ; 바 소, 바(일의 방법이나 방도).
• 思 ; 생각 사, 생각하다.

사람은 건강해야 운이 좋을 때는 운을 받아들일 수 있는 힘이 있게 되고 운이 나쁠 때는 이겨낼 수 있는 힘이 있습니다. 사람뿐만 아니라 조직과 나라도 마찬가지 입니다. 그러나 건강하지 못하면 사람이 병과 싸우듯이 조직과 나라도 병과 싸워야 합니다. 그러다 보면 정신적으로 믿음이 약해지니 사사건건 시비가 붙어 말들이 많아지고 의심이 많아지면서 판단력이 흐려지게 됩니다. 그래서 풍수환의 육사 효사는 '무리들이 흩어져서 크게 좋지만 언덕에서 호령을 발포할 정도로 생각했던 바의 오랑캐는 아니구나.'라고 한 것입니다.

九五. 渙汗其大號 渙王居 无咎.
환 한 기 대 호 환 왕 거 무 구

흩어지면 땀이 나도록 큰소리로 호령을 발포하는 왕이 있어야 허물이 없구나.

- 汗 ; 땀 한, 땀, 물이 끝없이 질펀한 모양, 오랑캐 추장, 살청하다, 땀이 나다, 땀이 흐르다, 윤택하게 하다, 현 이름 간, 현 이름.
- 居 ; 살 거, 있다.

민심은 하늘이 보내주는 최후의 메시지입니다. 민심은 곧 천심이지요. 그런데 그 민심을 흩어지게 하는 요인 중에서 가장 나쁜 것이 백성과 왕 사이에 있는 관리입니다. 관리들이 서로 힘겨루기를 하면 줄타기가 시작되고 그 피해는 나라와 백성들이 입게 됩니다. 그러므로 흩어지는 원인 중에 하나가 관리인 만큼 관리들이 힘겨루기를 하는 기미만 보여도 왕이 나서야 합니다. 그래서 풍수환의 구오 효사는 '흩어지면 땀이 나도록 큰소리로 호령을 발포하는 왕이 있어야 허물이 없구나.'라고 한 것입니다.

환 기 혈 거 적 출 무 구
上九. 渙其血去 逖出 无咎.

만일 근친이 흩어져 가는 것이 멀리 시집가는 것이라면 허물은 없구나.

- 血 ; 피 혈, 근친.
- 去 ; 갈 거, 가다.
- 逖 ; 멀 적, 멀다, 멀리하다, 두려워하다.
- 出 ; 날 출, 시집가다.

시집을 가면 흩어지고 시집을 오면 모여지는 것이 집안입니다. 그래서 풍수환의 상구 효사는 '만일 근친이 흩어져 가는 것이 멀리 시집가는 것이라면 허물은 없구나.'라고 한 것입니다.

절 형 고 절 불 가 정

節 亨 苦 節 不 可 貞.

절개에 통달한다고 오래 계속되게 절개에 힘쓰다 지조가 굳어져도 옳은 것은 아니구나.

- 節 ; 마디 절, (식물의) 마디, (동물의)관절, 예절, 절개(1. 신념, 신의 따위를 굽히지 아니하고 굳게 지키는 꿋꿋한 태도, 2. 지조와 정조를 깨끗하게 지키는 여자의 품성), 절조(절개와 지조를 아울러 이르는 말), 철, 절기, 기념일, 축제일, 명절, 항목, 사항, 조항, 단락, 박자, 풍류가락, 절도, 알맞은 정도, 절약하다, 절제하다, 높고 험하다, 우뚝하다, 요약하다, 초록하다(뽑아서 적다), 제한하다.
- 苦 ; 쓸 고, 쓰다, 괴롭다, 애쓰다, 힘쓰다, 많다, 오래 계속되다, 거칠다, 엉성하다, 졸렬하다, 무르다, 욕되다, 욕보이다, 싫어하다, 씀바귀, 쓴 맛, 깊이, 심히, 기어코.

절개에 지조가 굳어진다는 말은 외골수에 빠지기 때문입니다. 그래서 수택절의 괘사는 '절개에 통달한다고 오래 계속되게 절개에 힘쓰다 지조가 굳어져도 옳은 것은 아니구나.'라고 한 것입니다.

불 출 호 정 무 구

初九. 不出戶庭 无咎.

집안을 지키려면 밖으로 나가지 아니해야 허물이 없구나.

- 不出 ; (밖으로) 나가지 아니함.
- 戶 ; 집 호, 지키다.
- 庭 ; 뜰 정, 집안, 조정, 궁중, 관청.

집안에는 사람이 있어야 합니다. 그래서 수택절의 초구 효사는 '집안을 지키려면 밖으로 나가지 아니해야 허물이 없구나.'라고 한 것입니다.

불 출 문 정 흉
九二. 不出門庭 凶.

집안에서 문으로 나가지 아니하면 좋지 않구나.

집안에서 밖으로 출입할 때에는 출입문을 이용해야 합니다. 담으로 넘나드는 것은 도둑입니다. 그래서 수택절의 구이 효사는 '집안에서 문으로 나가지 아니하면 좋지 않구나.'라고 한 것입니다.

불 절 약 칙 차 약 무 구
六三. 不節若 則嗟若 无咎.

만약 절개가 없으면 감탄하는 이치를 본보기로 삼아 좇아야 허물이 없구나.

- 若 ; 같을 약, 만약, 좇다.
- 則 ; 법칙 칙, 이치, 본보기로 삼다.
- 嗟 ; 탄식할 차, 감탄하다.

절개가 없다고 아무 것이나 받아들이면 혼란만 가중됩니다. 그래서 수택절의 육삼 효사는 '만약 절개가 없으면 감탄하는 이치를 본보기로 삼아 좇아야 허물이 없구나.'라고 한 것입니다.

六四. **安節 亨**.

^안 ^절 ^형 (above 安節 亨)

편안하게 절개를 즐기니 통달했구나.

- 安 ; 편안 안, 편안하다, 즐기다, 좋아하다.

어떤 일이든지 하는 일이 편안해 보이면 능력이 탁월한 것입니다. 그래서 수택절의
육사 효사는 '편안하게 절개를 즐기니 통달했구나.'라고 한 것입니다.

九五. **甘節 吉 往有尙**.

감 절 길 왕유상 (above 甘節 吉 往有尙)

절개를 달게 여기면 좋다고 언제나 숭상하는 풍습이 있구나.

- 甘 ; 달 감, 달다, 달게 여기다, 맛좋다, 익다, 만족하다.
- 往 ; 갈 왕, 언제나.
- 有 ; 있을 유, 가지다, 소지하다.
- 尙 ; 오히려 상, 오히려, 더욱이, 또한, 아직, 풍습, 풍조, 숭상하다(높여 소중히 여기다), 높다, 높
  이다, 자랑하다, 주관하다, 장가들다, 꾸미다, 더하다.

절개를 숭상하는 풍습이 있으면 나라를 다스리는 데 도움이 되겠죠. 그래서 수택절
의 구오 효사는 '절개를 달게 여기면 좋다고 언제나 숭상하는 풍습이 있구나.'라고
한 것입니다.

上六. **苦節 貞凶 悔亡**.

고 절 정흉 회무 (above 苦節 貞凶 悔亡)

욕된 절개로 지조가 굳어 좋지 않은데도 뉘우침이 없구나.

- 苦 ; 쓸 고, 엉성하다, 졸렬하다(옹졸하고 천하여 서투르다), 욕되다, 욕보이다.

마음을 바르게 해야 합니다. 마음이 바르지 않으니 참과 거짓을 알지 못합니다. 그

래서 수택절의 상육 효사는 '욕된 절개로 지조가 굳어 좋지 않은데도 뉘우침이 없구
나.'라고 한 것입니다.

중 부 돈 어 길 이 섭 대 천 이 정
中孚 豚魚 吉 利涉大川 利貞.

심중에 바른 믿음성이 있으면 나도 아들도 좋고, 심중에 바른 믿음성이 있어도 계속해서 대인과 관계하는 것이 이롭고, 마음을 바르게 하여야 이롭구나.

- 中 ; 가운데 중, 가운데, 안, 속, 사이, 진행, 마음, 심중, 몸, 신체, 내장, 중도, 절반, 장정, 관아의 장부, 안건, 가운데 등급, 중매, 중개, 중국, 버금, 둘째, 다음, 가운데에 있다, 부합하다, 일치하다, 맞다, 맞히다, 적중시키다, 급제하다, 합격하다, 해당하다, 응하다, 뚫다, 바르다, 곧다, 가득 차다, 이루다, 이루어지다, 고르다, 고르게 하다, 간격을 두다, 해치다, 때에 맞춰 시기적절하게.
- 孚 ; 미쁠 부, 미쁘다(믿음성이 있다), 붙다, 붙이다, 달리다, (알이) 깨다, 기르다, 자라다, 빛나다, 껍질, 겉겨, 알, 씨, 옥이 빛나는 모양.
- 豚 ; 돼지 돈, 돼지, 새끼 돼지, 자기 아들의 겸칭, 흙 부대, 혼돈한 모양, 지척거리다, 숨다, 은둔하다.
- 魚 ; 물고기 어, 물고기, 물속에 사는 동물의 통칭, 바다짐승 이름, 어대(관리가 차는 고기 모양의 패물), 말 이름, 별 이름, 나(1인칭 대명사), 고기잡이하다, 물에 빠져 죽다.

마음속에 바른 믿음성이 있으면 좋겠지요. 그래서 풍택중부의 괘사는 '심중에 바른 믿음성이 있으면 나도 아들도 좋고, 심중에 바른 믿음성이 있어도 계속해서 대인과 관계하는 것이 이롭고, 마음을 바르게 하여야 이롭구나.'라고 한 것입니다.

初九. 虞吉 有他不燕.
우 길 유 타 불 연

앞일에 대하여 여러 가지로 마음을 써서 걱정하면 좋고 다른 사람이 다르
게 가지고 있어도 함부로 대하지 아니하는구나.

- 虞 ; 염려할 우, 염려하다(앞일에 대하여 여러 가지로 마음을 써서 걱정하다).
- 他 ; 다를 타, 다르다, 간사하다, 겹치다, (짐을) 싣다, 남, 다른 사람, 다른 곳, 다른데, 다른 방면,
  딴 일, 두 마음, 부정, 겹쳐 쌓이는 모양, 그, 그 사람, 그 이, 누구, 다른, 딴.
- 燕 ; 제비 연, 제비(제빗과의 새), 잔치, 향연, 연회, 연나라, 나라 이름, 잔치하다, 즐겁게 하다, 편
  안하다, 예쁘다, 아름답다, 얌전하다, 함부로 대하다, 업신여기다.
- 有 ; 있을 유, 가지다.

사람이 살아가다 보면 앞일에 대한 계획을 가지고 있다 하더라도 뜻과 같이 잘되지
는 않습니다. 계속해서 수정안을 가지고 살아야 합니다. 그러다보면 각 개인마다
살아가는 요령을 터득하게 됩니다. 돈을 벌어도 사람마다 똑같은 방법으로 벌진 않
습니다. 그러니 무엇이 정답이라고 말할 수는 없습니다. 그러나 좋은 수정안을 가
지려면 귀를 열어 놓고 심중에 바른 마음을 가지고 있어야 합니다. 그래서 풍택중
부의 초구 효사는 '앞일에 대하여 여러 가지로 마음을 써서 걱정하면 좋고 다른 사
람이 다르게 가지고 있어도 함부로 대하지 아니하는구나.'라고 한 것입니다.

九二. 鳴鶴在陰 其子和之 我有好爵 吾與爾靡之.
명 학 재 음 기 자 화 지 아 유 호 작 어 여 이 미 지

그늘에서 학이 울면 그 새끼가 서로 응하듯이 나에게 좋은 술이 있으면
나와 더불어 너를 쓰러뜨리는구나.

- 鳴 ; 울 명, (새가) 울다.
- 鶴 ; 학 학, 흴 학, 학, 두루미, 희다.
- 在 ; 있을 재, 있다, 존재하다, 찾다, 보다, 살피다, (안부를) 묻다, 제멋대로 하다, 곳, 장소, 겨우,
  가까스로, ~에, 처소.
- 陰 ; 그늘 음, 그늘, 응달, 음, 음기, 그림자, 해 그림자, 세월, 흐르는 시간, 어둠, 생식기, 음부, 암
  컷, 뒷면, 음각, 저승, 가을과 겨울, 신하, 두루미, 학, 가만히, 몰래, 음침하다, (날이) 흐리다, 그늘

지다, 어둡다, 희미하다, 음각하다, 덮다, 비호하다, 묻다, 매장하다, 침묵할 암, 침묵하다, (입을)
다물다.

- 和 ; 화할 화, 서로 응하다.
- 之 ; 갈 지, 이르다.
- 爵 ; 벼슬 작, 벼슬, 작위, 술, 술잔(참새부리 모양을 한 술잔), 참새, (벼슬을) 주다, (술을) 마시다.
- 吾 ; 나 오, 나, 그대, 우리, 글 읽는 소리, 짐승 이름, 막다, 멈추게 하다, 친하지 않을 어, 친하지 않
  다, 친 하려고 하지 않다, 소원한 모양, 땅 이름 아, 땅 이름.
- 與 ; 더불 여, 줄 여, 더 불다(둘 이상의 사람이 함께하다), 같이하다, 참여하다, 주다, 베풀어 주다,
  허락하다, 인정하다, 간여하다, 간섭하다, 돕다, 협조하다, 기리다, 찬양하다, 기뻐하다, 기록하다,
  등재하다, 쫓다, 따르다, 친하다, 의심하다, 만일, 가령, 미리, 앞서, 위하여, 및, ~보다는, 어조사,
  무리, 동아리.
- 爾 ; 너 이.
- 靡 ; 쓰러질 미, 쓰러지다, 쓰러뜨리다, 멸하다, 말다, 금지하다, 호사하다, 다하다, 물가, 갈 마,
  갈다.

심중에 바른 믿음성이 있으니 친구와 마음이 잘 통합니다. 그런데 좋은 술이 있습
니다. 그래서 풍택중부의 구이 효사는 '그늘에서 학이 울면 그 새끼가 서로 응하듯
이 나에게 좋은 술이 있으면 나와 더불어 너를 쓰러뜨리는구나.'라고 한 것입니다.

득 적 혹 고 혹 파 혹 읍 혹 가
六三. 得敵 或鼓或罷 或泣或歌.

필적할 만한 상대방을 만나면 어떤 경우에는 격려를 하지만 의심하여 그
만두게 되면 어떤 이는 울고 어떤 이는 노래를 하는구나.

- 得 ; 얻을 득, 만나다.
- 敵 ; 대적할 적, 대적하다, 겨루다, 대등하다, 필적하다(서로 견주어 높고 낮음이나 낫고 못함이
  없이 비슷하다), 맞서다, 거역하다, 갚다, 보답하다, 원수, 짝, 상대방, 다할 적, 다하다.
- 或 ; 혹 혹, 어떤 경우에는, 의심하다, 어떤 이.
- 鼓 ; 북 고, 북, 악기의 하나, 북소리, 맥박, 심장의 고동, 시보, 경점(북이나 징을 쳐서 알려 주던 시
  간), 되, 무게의 단위, 치다, 두드리다, 휘두르다, (악기를) 타다, 연주하다, 격려하다, 북돋우다, 부
  추기다, 선동하다.
- 罷 ; 마칠 파, 마치다, 그만두다, 놓다, 놓아주다, 내치다, 방면되다, 물러가다, 덜다, 고달플 피, 고

달프다, 둔하다.

- 泣 ; 울 읍, 울다.
- 歌 ; 노래 가, 노래하다.

필적할 만한 상대를 만나도 마음이 바른 사람과 만나야 합니다. 마음이 바르지 않은 사람과 만나면 항상 마음의 상처를 가지게 됩니다. 그래서 풍택중부의 육삼 효사는 '필적할 만한 상대방을 만나면 어떤 경우에는 격려를 하지만 의심하여 그만두게 되면 어떤 이는 울고 어떤 이는 노래를 하는구나.'라고 한 것입니다.

六四. 月幾望 馬匹亡 无咎.
월 기 망 마 필 망 무 구

달이 보름에 가까워지면 말이 짝짓기 위해 달아나도 허물이 없구나.

- 幾 ; 몇 기, 가까워지다.
- 望 ; 보름 망.
- 匹 ; 짝 필, 짝, 배우자, 상대, 맞수, 혼자, 단독, 벗, 동아리, 마리(동물 따위를 세는 단위), 천한 사람, 필(길이의 단위), 짝짓다, 비교하다, 대비하다, 맞서다, 상대가 되다, 적수가 되다, 집오리 목, 집오리, 비유할 비, 비유하다.
- 亡 ; 망할 망, 달아나다.

심중에 바른 믿음성이 있고 마음을 바르게 하여도 잘되지 않는 것이 있습니다. 바로 성욕입니다. 그래서 풍택중부의 육사 효사는 '달이 보름에 가까워지면 말이 짝짓기 위해 달아나도 허물은 없구나.'라고 한 것입니다.

九五. 有孚攣如 无咎.
유 부 련 여 무 구

친하게 지내고 믿음성이 있게 이어져 가야 허물이 없구나.

- 有 ; 있을 유, 친하게 지내다.
- 攣 ; 걸릴 련, 이어지다.
- 如 ; 같을 여, 가다, 이르다.

심중에 바른 믿음성이 있어야 오랫동안 친하게 지내고 믿음성이 있게 이어져 갑니다. 그래서 풍택중부의 구오 효사는 '친하게 저내고 믿음성이 있게 이어져 가야 허물이 없구나.'라고 한 것입니다.

上九. 翰音登于天 貞凶.
한 음 등 우 천 정 흉

문장의 글 읽는 소리는 하늘까지 오르니 문장의 글 읽는 소리처럼 점치면 좋지 않구나.

- 翰 ; 편지 한, 글, 문장.
- 音 ; 소리 음, 그늘 음, 소리, 글 읽는 소리, 말, 언어, 음악, 음률, 소식, 음신, 그늘.
- 登 ; 오를 등.
- 于 ; 어조사 우, ~까지.
- 貞 ; 곧을 정, 점치다.

심중에 바른 믿음성이 있으면 점치지 않습니다. 마음속에 갈등이 많으니 갈피를 잡지 못하고 점을 치게 됩니다. 그런데 심중이 바르지 못한 사람이 정성을 다한다고 글 읽는 것처럼 점을 칩니다. 그래서 풍택중부의 상구 효사는 '문장의 글 읽는 소리는 하늘까지 오르니 문장의 글 읽는 소리처럼 점치면 좋지 않구나.'라고 한 것입니다.

62 雷山小過(뇌산소과)

소 과 형 이 정　　가 소 사 불 가 대 사 비 조 유 지
小過 亨 利貞. 可小事 不可大事 飛鳥遺之

음 불 의 상 의 하 대 길
音 不宜上 宜下大吉.

젊은 날을 돌이켜보니 모든 일이 뜻과 같이 잘되어 가려면 마음을 바르게
하여야 이로웠구나. 젊을 때에는 몸가짐이나 언행을 조심하고 글을 배우
는 정도가 옳고 국가대사에 종사하지 못하게 하는 것은 높이 솟아 있는 새
의 소리에 날짐승이 쫓아서 떨어뜨리듯이 빠르게 쇠퇴할 수 있으니 형편
이 좋아도 오르지 아니하고 알맞게 자기를 낮추어야 크게 좋구나.

- **小** ; 작을 소, 작다, 적다, 협소하다, 좁다, 적다고 여기다, 가볍게 여기다, 삼가다(몸가짐이나 언행
  을 조심하다), 주의하다, 어리다, 젊다, (시간상으로) 짧다, (지위가) 낮다, 소인, 첩, 작은달(음력에
  서 그 달이 날 수가 30일이 못되는 달), 겸양의 뜻을 나타내는 접두어, 조금, 적게, 작은, 조그마한.
- **過** ; 지날 과, 지나다, (지나는 길에) 들르다, 경과하다, 왕래하다, 교제하다, 초과하다, 지나치다,
  (분수에) 넘치다, 넘다, 나무라다, 보다, 돌이켜보다, 옮기다, 허물, 잘못, 괘 이름, 예전.
- **可** ; 옳을 가, 옳다, 허락하다, 듣다, 들어주다, 쯤, 정도.
- **事** ; 일 사, 국가대사, (글을) 배우다, 종사하다, 다스리다.
- **不** ; 아닐 불, 말다, 아니하다.
- **大** ; 큰 대, 뽐내다, 중히 여기다, 중요시하다.
- **飛** ; 날 비, 높이 솟아 있는 모양, 날짐승.
- **鳥** ; 새 조.
- **遺** ; 남길 유, 가랑비, 남기다, 남다, 끼치다, 전하다, 잃다, 버리다, 유지하다, 잇다, 두다, 놓다, 떨

어지다, 떨어뜨리다, 빠지다, 빠뜨리다, 쇠퇴하다, 빠르다, 더하다, 더해지다, (음식을) 보내다, (음식) 대접하다, 오줌, 실수, 따를 수, 따르다, 좇다.

- 宜 ; 마땅 의, 형편이 좋다, 알맞다.
- 上 ; 윗 상, 위, 오르다.
- 下 ; 아래 하, 밑, (자기를) 낮추다.

꽃이 일찍 피면 일찍 시들어버립니다. 시들어버린 꽃은 다시 피지 않으니 씨를 남겨 다음 생을 기다려야 합니다. 그러니 제일 좋은 시기에 꽃이 피어야 하고 제일 오래갈 수 있도록 해야 합니다. 때를 기다릴 줄 알아야 합니다. 그래서 뇌산소과의 괘사는 '젊은 날을 돌이켜보니 모든 일이 뜻과 같이 잘되어 가려면 마음을 바르게 하여야 이로웠구나. 젊을 때는 몸가짐이나 언행을 조심하고 글을 배우는 정도가 옳고 국가대사에 종사하지 못하게 하는 것은 높이 솟아 있는 새의 소리에 날짐승이 쫓아서 떨어뜨리듯이 빠르게 쇠퇴할 수 있으니 형편이 좋아도 오르지 아니하고 알맞게 자기를 낮추어야 크게 좋구나.'라고 한 것입니다.

初六. 飛鳥以凶.
비 조 이 흉

나는 새도 거느리려고 다투는구나.

- 以 ; 써 이, 거느리다.
- 凶 ; 흉할 흉, 다투다.

나는 새도 거느리려고 합니다. 그래서 뇌산소과의 초육 효사는 '나는 새도 거느리려고 다투는구나.'라고 한 것입니다.

六二. 過其祖 遇其妣 不及其君 遇其臣 无咎.
과 기 조 우 기 비 불 급 기 군 우 기 신 무 구

그의 할아버지를 보고 그의 할머니를 만나고 그의 부모가 미치지 못해도 신하로 예우를 하더라도 허물이 없구나.

- 祖 ; 할아버지 조, 조상 조, 할아버지, 할아비, 조상, 선조, 국조, 개조, 시초, 처음, 근본, 사당, 행로신, 도신, 비롯하다, 본받다, 익히다, 배우다, 길 제사 지내다, 송별연을 열다, 복되다, 가다.
- 遇 ; 만날 우, (우연히) 만나다, 대접하다, 예우하다(예의를 지켜 정중하게 대우하다).
- 妣 ; 죽은 어머니 비, 죽은 어머니, 어머니, 모친, 할머니.
- 及 ; 미칠 급, 미치다, 닿다, 미치게 하다, 끼치게 하다, 이르다, 도달하다, 함께하다, 더불어 하다, 함께, 더불어, 및, 와, 급제의 준말.
- 君 ; 임금 군, 부모.
- 臣 ; 신하 신, 신하, 백성, 하인, 포로, 어떤 것에 종속됨, 신하의 자칭, 자기의 겸칭, 신하로 삼다, (신하로서) 직분을 다하다, 신하답다.
- 過 ; 지날 과, 보다.

신하로 쓸 때는 집안 내력보다는 신하로 쓰이는 사람이 중요합니다. 그래서 뇌산소과의 육이 효사는 '그의 할아버지를 보고 그의 할머니를 만나고 그의 부모가 미치지 못해도 신하로 예우를 하더라도 허물이 없구나.'라고 한 것입니다.

九三. 弗過防之 從或戕之凶.

지나치게 훼방하지 말아야지 어떤 경우에는 조용하게 상할 수 있으니 좋지 않구나.

- 弗 ; 아닐 불, 말 불, 아니다, 말다.
- 防 ; 막을 방, 막다, 방어하다, 맞서다, 필적하다, 해살놓다, 훼방하다, 둑, 방죽(물이 밀려들어 오는 것을 막기 위하여 쌓은 둑), 요새, 관방, 방.
- 之 ; 갈 지, 이르다, 도달하다.
- 從 ; 좇을 종, 조용하다.
- 或 ; 혹 혹, 어떤 경우에는.
- 戕 ; 죽일 장, 죽이다, 살해하다, 상하다, 상하게 하다, 손상을 입다, 사납다, 착하다, 마음이 곱고 어질다.

잘난 사람들 많습니다. 잘났다고 도와주는 것도 없으면서 잘난 체를 합니다. 이러면 이렇다고 저러면 저렇다고 말입니다. 잘났다고 하는 사람의 도움을 받으면 단단히 각오해야 합니다. 내가 누구를 도와줘서 그렇게 됐다는 등의 말로 꼭 생색을 냅니다. 정말로 도와주는 사람은 소리 없이 도와줍니다. 그리고 사람이 일을 하다 보면 실수를 할 때가 있는데 그 실수에 대해 조금의 이해와 양보가 있으면 좋으련만 잘났다고 하는 사람은 이를 빌미삼아 다른 사람의 살아가는 길을 지나치게 훼방을 합니다. 이 때문에 한이 생깁니다. 그 한을 그 사람들은 모릅니다. 하늘의 그물은 보이지 않지만 너무 촘촘하여 빠져 나갈 수가 없다는 것을 모르겠지요. 도와주지는 못할망정 절대로 훼방은 하지 마세요. 그래서 뇌산소과의 구삼 효사는 '지나치게 훼방하지 말아야지 어떤 경우에는 조용하게 상할 수 있으니 좋지 않구나.'라고 한 것입니다.

무 구 불 과 우 지 왕 려 필 계 물 용 영 정
九四. 无咎 弗過遇之 往厲必戒 勿用 永貞.

허물이 없어도 지나치게 만나지 말아야지 언제나 조심하고 주의를 하더라도 반드시 좋지 않은 일이 있고 베풀지도 아니하니 영원히 마음을 바르게 하여야 하는구나.

- 厲 ; 갈 려, 좋지 않은 일.
- 必 ; 반드시 필, 반드시, 틀림없이, 꼭, 오로지, 가벼이, 소홀히, 기필하다, 이루어내다, 오로지, 전일하다.
- 戒 ; 경계할 계, 조심하고 주의하다.
- 勿 ; 말 물, 아니하다.
- 用 ; 쓸 용, 베풀다.

계속해서 만나면 허물이 없는 사이라고 말들은 하지만 그 사이에서 일들이 벌어지고 서로가 가볍게 여깁니다. 그래서 뇌산소과의 구사 효사는 '허물이 없어도 지나치게 만나지 말아야지 언제나 조심하고 주의를 하더라도 반드시 좋지 않은 일이 있고 베풀지도 아니하니 영원히 마음을 바르게 하여야 하는구나.'라고 한 것입니다.

六五. 密雲不雨 自我西郊 公弋取彼在穴.

밀 운 불 우 자 아 서 교 공 익 취 피 재 혈

구름이 **빽빽해도** 비가 오지 않아 우리 스스로 천지의 제사를 지내기 위
해 서쪽 근교로 옮기는데 제후는 주살을 손에 들고 그가 있을 동굴을 찾
는구나.

- 密 ; 빽빽할 밀.
- 不 ; 아닐 불, 이르지 아니하다.
- 西 ; 서녘 서, 서쪽, 서쪽으로 가다, 옮기다.
- 郊 ; 들 교, 성 밖, 근교, 천지의 제사를 지내다, 교활하다.
- 公 ; 공평할 공, 제후.
- 弋 ; 주살 익, 주살(활의 오늬에 줄을 매어 쏘는 화살), 해, 말뚝, 새그물, 주살질하다, 빼앗다, 취하
  다, 사냥하다, 뜨다, 검다.
- 取 ; 가질 취, 손에 들다.
- 彼 ; 저 피, 저, 그, 저쪽, 덮다, 아니다.
- 在 ; 있을 재, 있다, 찾다.
- 穴 ; 구멍 혈, 구멍, 굴, 동굴, 움막, 움집.

백성을 거느리는 제후는 모범을 보여야 백성들이 따라 옵니다. 그러나 제후가 모범
을 보이지 않고 자기 편리한 대로 행동한다면 분명히 뒷말이 나오게 됩니다. 그 뒷
말이 무서운데도 그것을 모르니 자기 마음대로 행동합니다. 그래서 뇌산소과의 육
오 효사는 '구름이 **빽빽해도** 비가 오지 않아 우리 스스로 천지의 제사를 지내기 위
해 서쪽 근교로 옮기는데 제후는 주살을 손에 들고 그가 있을 동굴을 찾는구나.'라
고 한 것입니다.

上六. 弗遇過之 飛鳥離之 凶 是謂災眚.

불 우 과 지 비 조 리 지 흉 시 위 재 생

날아가는 새도 흩어지면 좋지 않듯이 우연히 만나 교제를 할 때는 지나치
게 허물을 나무라거나 분수에 넘치게 다스리지 말아야지 바로잡고 다스
리려는 이 잘못이 재앙에 이르게 하는구나.

- **弗** ; 아닐 불, 다스리다, 말다.
- **離** ; 떠날 리, 흩어지다.
- **是** ; 이 시, 옳을 시, 이, 이것, 여기, 무릇, 이에(접속사), 옳다, 바르다, 바르게 하다, 다스리다, 바로잡다, 옳다고 인정하다.
- **謂** ; 이를 위, 이르다, 일컫다, 가리키다, 논평하다, 설명하다, 알리다, 고하다, 생각하다, 힘쓰다, 하다, 근면하다, 어찌하랴, 이름(이르는 바), 까닭, 이유, 함께, 옮겨 바꾸어 말하다.
- **災** ; 재앙 재.
- **眚** ; 흐릴 생, 잘못.

사람은 만남을 가져도 분수를 알아야 합니다. 분수를 알지 못하고 경계를 넘어서면 '네가 뭔데'라는 말이 나오게 됩니다. 그래서 뇌산소과의 상육 효사는 '날아가는 새도 흩어지면 좋지 않듯이 우연히 만나 교제를 할 때는 지나치게 허물을 나무라거나 분수에 넘치게 다스리지 말아야지 바로잡고 다스리려는 이 잘못이 재앙에 이르게 하는구나.'라고 한 것입니다.

63 水火旣濟(수화기제) ䷾

기 제 형 소 리 정 초 길 종 란
旣濟 亨 小利貞 初吉終亂.

원래 처음부터 하늘의 도움으로 성공하여 이루게 되면 이전에 끝나야 유
익한데 그러는 동안에 이미 하늘의 도움은 다하여 건너가 다 없어지고 원
조는 그치는데 더하려다가 이윽고 성취하였던 것을 다 없애고 끝내면 처
음은 좋고 끝이 어지러워지니 하늘의 도움으로 모든 일이 뜻과 같이 잘되
어 가려면 작은 일이나 적은 이익에도 몸가짐이나 언행을 조심하고 마음
을 바르게 하여야 처음부터 좋은 일이 끝까지 가득 차는구나.

- 旣 ; 이미 기, 이미, 벌써, 이전에, 원래, 처음부터, 그러는 동안에, 이윽고, 다하다, 다 없어지다, 다
  없애다, 끝나다, 끝내다, 쌀 희, 쌀, 녹미(녹봉으로 받는 쌀).
- 濟 ; 건널 제, 건너다(1. 무엇을 사이에 두고 한편에서 맞은편으로 가다, 2. 한쪽에서 다른 쪽으로
  옮아가다, 3. 끼니, 당번, 차례 따위를 거르다), 돕다, 도움이 되다, 구제하다, 이루다, 성공하다, 성
  취하다, 더하다, 소용 있다, 쓸모가 있다, 유익하다, 많다, 그치다, 원조, 도움, 나루, 물 이름.
- 吉 ; 길할 길, 좋은 일.
- 亂 ; 어지러울 란, 가득 차다.
- 小 ; 작을 소, 작다, 삼가다(몸가짐이나 언행을 조심하다), 주의하다.

사람은 잘나갈 때 조심하여야 합니다. 찬바람이 돌면 내리막길인데도 사람이 잘나
갈 때는 어떤 말도 귀에 들어오지 않습니다. 그래서 수화기제의 괘사는 '원래 처음
부터 하늘의 도움으로 성공하여 이루게 되면 이전에 끝나야 유익한데 그러는 동안
에 이미 하늘의 도움은 다하여 건너가 다 없어지고 원조는 그치는데 더하려다가 이

육고 성취하였던 것을 다 없애고 끝내면 처음은 좋고 끝은 어지러워지니 하늘의 도움으로 모든 일이 뜻과 같이 잘되어 가려면 작은 일이나 적은 이익에도 몸가짐이나 언행을 조심하고 마음을 바르게 하여야 처음부터 좋은 일이 끝까지 가득 차는구나.'라고 한 것입니다.

예 기 륜 유 기 미 무 구
初九. 曳其輪 濡其尾 无咎.

끌리게 나부끼도록 옷을 입고 수레를 끌어당기면 힘겹고 고달프지만 이끌리면 우렁차게 수레를 끌고 둘레를 돌다가 옆으로 잡아당겨서 물에 적시고 물에 젖은 아름다운 모양을 뒤따르더라도 허물은 없구나.

- 曳 ; 끌 예, 끌다, 끌어당기다, 고달프다, 힘겹다, 끌리다(남의 관심 따위를 쏠리게 하다), 이끌리다, 나부끼다, (옷을) 입다, 옆으로 잡아당김.
- 輪 ; 바퀴 륜, 바퀴, 수레, 땅 갈이, 둘레, 세로, 성의 하나, 돌다, 우렁차다, 높다.
- 濡 ; 적실 유, (물에) 적시다, 젖다.
- 尾 ; 꼬리 미, 꼬리, 끝, 뒤, 뒤쪽, 마리(물고기를 세는 단위), 별자리 이름, 아름다운 모양, 흘레하다, 교미하다, 곱고 예쁘다, 뒤따르다, 뒤를 밟다.

젊을 때 잘 차려 입고 수레를 끌고 나가 여자를 태우고 드라이브를 하고 물에 빠트리며 노는 모습입니다. 그래서 수화기제의 초구 효사는 '끌리게 나부끼도록 옷을 입고 수레를 끌어당기면 힘겹고 고달프지만 이끌리면 우렁차게 수레를 끌고 둘레를 돌다가 옆으로 잡아당겨서 물에 적시고 물에 젖은 아름다운 모양을 뒤따르더라도 허물은 없구나.'라고 한 것입니다.

부 상 기 불 물 축 칠 일 득
六二. 婦喪其茀 勿逐 七日得.

며느리가 풀이 우거진 곳에서 머리꾸미개를 잃어버렸는데 부지런히 힘쓰며 찾더니 칠일 만에 손에 넣는구나.

- 婦 ; 며느리 부.

- 喪 ; 잃을 상, 잃어버리다.
- 茀 ; 풀 우거질 불, 풀이 우거지다, 덮다, 제초하다, 풀로 막히다, 머리꾸미개, 주살의 이름, 수레 포장, 복, 상여 줄, 살별(혜성), 작은 모양, 숨찬 모양 발, 숨찬 모양, 혜성 패, 혜성.
- 逐 ; 쫓을 축, 찾다.
- 得 ; 얻을 득, 손에 넣다.
- 勿 ; 말 물, 부지런히 힘쓰는 모양.

열심히 하면 잃어버린 것을 찾을 수 있다는 말입니다. 그래서 수화기제의 육이 효사는 '며느리가 풀이 우거진 곳에서 머리꾸미개를 잃어버렸는데 부지런히 힘쓰며 찾더니 칠일 만에 손에 넣는구나.'라고 한 것입니다.

九三. <ruby>高<rt>고</rt></ruby><ruby>宗<rt>종</rt></ruby><ruby>伐<rt>벌</rt></ruby><ruby>鬼<rt>귀</rt></ruby><ruby>方<rt>방</rt></ruby> <ruby>三<rt>삼</rt></ruby><ruby>年<rt>년</rt></ruby><ruby>克<rt>극</rt></ruby><ruby>之<rt>지</rt></ruby> <ruby>小<rt>소</rt></ruby><ruby>人<rt>인</rt></ruby><ruby>勿<rt>물</rt></ruby><ruby>用<rt>용</rt></ruby>.

존경하는 시조의 적장자나 선조 중에 덕망이 있는 조상의 제사는 사당에서 공로를 자랑하며 귀방을 향하여 삼 년은 참고 견디며 제사를 지내야 하니 소인은 하지를 말아라.

- 高 ; 높을 고, 높다, 뛰어나다, 크다, 고상하다, 존경하다, 멀다, 깊다, 비싸다, 뽐내다, 높이, 고도, 위, 높은 곳, 높은 자리, 위엄.
- 宗 ; 마루 종, 마루, 일의 근원, 근본, 으뜸, 제사, 존숭하는 사람, 일족, 동성, 덕망이 있는 조상, 시조의 적장자, 우두머리, 가장 뛰어난 것, 사당, 가묘, 종묘, 제사하는 대상, 갈래, 파, 교파, 높이다, 마루로써 높이다, 조회하다, 조회보다, 제사하다, 제사를 지내다, 향하다.
- 伐 ; 칠 벌, 자랑하다, 공로, 훈공.
- 鬼方 ; 28수 중 남쪽의 둘째 별자리인 귀성이 있다는 방위.
- 三 ; 석 삼, 석, 셋, 자주, 거듭, 세 번, 재삼, 여러 번, 몇 번이고.
- 克 ; 이길 극, 참고 견디다.

조상 섬기기를 잘해야 되겠지요. 그래서 수화기제의 구삼 효사는 '존경하는 시조의 적장자나 선조 중에 덕망이 있는 조상의 제사는 사당에서 공로를 자랑하며 귀방을 향하여 삼 년은 참고 견디며 제사를 지내야 하니 소인은 하지를 말아라.'라고 한 것입니다.

六四. 繻有衣袽 終日戒.

수 유 의 녀 종 일 계

고운 명주를 가지고 솜으로 싼 옷을 입히니 하루 종일 조심하고 주의를 하는구나.

- 繻 ; 고운 명주 수, 고운 명주(명주실로 무늬 없이 짠 피륙), 명주 조각, 코가 촘촘한 그물, 통행증, 헝겊 신표, 젖을 유, 물에 젖다.
- 有 ; 있을 유, 가지다.
- 衣 ; 옷 의, 옷, 웃옷, 깃털, 우모, 옷자락, 살갗, 표피, 싸는 것, 덮는 것, 이끼, (옷을) 입다, 입히다, 덮다, 행하다, 실천하다.
- 袽 ; 해진 옷 녀, 해진 옷, 해진 헝겊, 걸레, 실보무라지, 솜.
- 戒 ; 경계할 계, 조심하고 주의하다.

잘나갈 때는 명주옷을 입듯이 하라는 것입니다. 그래서 수화기제의 육사 효사는 '고운 명주를 가지고 솜으로 싼 옷을 입히니 하루 종일 조심하고 주의를 하는구나.'라고 한 것입니다.

九五. 東隣殺牛不如西隣之禴祭 實受其福.

동 린 살 우 불 여 서 린 지 약 제 실 수 기 복

동쪽 이웃이 소를 잡아 제사를 지내는 것이 서쪽 이웃의 약소하게 제사 지내는 것만 못한 것은 아마도 복은 정성스러움이 내려주는 것이구나.

- 隣 ; 이웃 린.
- 殺 ; 죽일 살, 감할 살, 죽이다, 죽다, 없애다, 지우다, 감하다, 얻다, 어조사, 빠를 쇄, 감하다, 내리다, 덜다, 심하다, 빠르다, 매우, 대단히, 맴도는 모양 설, 맴도는 모양, 윗사람 죽일 시, 윗사람 죽일.
- 不如 ; ~만 못하다.
- 禴 ; 봄 제사 약, 봄 제사, 여름 제사, 종묘의 제사 이름, 불시의 제사, 박하다, 약소하다.
- 祭 ; 제사 제, 제사 지내다.
- 實 ; 열매 실, 참됨, 정성스러움. 受 ; 받을 수, 주다, 내려주다, 수여하다.
- 福 ; 복 복.
- 其 ; 그 기, 아마도, 마땅히.

제사는 정성스럽게 지내야 합니다. 그래서 수화기제의 구오 효사는 '동쪽 이웃이 소를 잡아 제사를 지내는 것이 서쪽 이웃의 약소하게 제사를 지내는 것만 못한 것은 아마도 복은 정성스러움이 내려주는 것이구나.'라고 한 것입니다.

上六. 濡其首 厲.
연 기 수 려

유약하고 연약한 우두머리는 위태롭구나.

• 濡 ; 유약할 연, 유약하다(1. 부드럽고 약하다, 2. 어리고 약하다), 연약하다(무르고 약하다).
• 首 ; 머리 수, 우두머리, 임금, 군주, 시작하다.
• 厲 ; 갈 려, 위태롭다.

우두머리의 가장 큰 허점은 유약하고 연약한 것입니다. 그래서 수화기제의 상육 효사는 '유약하고 연약한 우두머리는 위태롭구나.'라고 한 것입니다.

미 제 형 소 호 흘 제 유 기 미 무 유 리
未濟 亨 小 狐 汔濟 濡其尾 无攸利.

아직 이루지 못했는데도 장차 모든 일이 뜻과 같이 잘되어 가기를 바란다
면 작은 여우가 물이 마른 곳으로 건너다 그 꼬리를 물에 적시는 꼴이니
이로울 바가 없구나.

- 未 ; 아닐 미, 아니다, 못하다, 아직 ~하지 못하다, 아니냐? 못느냐?, 여덟째 지지, 미래, 장차.
- 狐 ; 여우 호, 여우, 여우 털옷, 부엉이, 의심하다.
- 汔 ; 거의 흘, 물이 마르다.
- 濟 ; 건널 제, 건너다.
- 尾 ; 꼬리 미, 뒤, 뒤쪽.

아직 이루지 못한 것이 있는데 세월이 야속하게도 나이만 먹었습니다. 정리를 해야
하는데 미련이 남습니다. 그래서 화수미제의 괘사는 '아직 이루지 못했는데 장차 모
든 일이 뜻과 같이 잘되어 가기를 바란다면 작은 여우가 물이 마른 곳으로 건너다
그 꼬리를 물에 적시는 꼴이니 이로울 바가 없구나.'라고 한 것입니다.

유 기 미 린
初六. 濡其尾 吝.

꼬리가 물에 젖으니 주저하는구나.

- 吝 ; 아낄 린, 아끼다, 인색하다, 소중히 여기다, 주저하다.

미련을 버리지 못하고 고집을 부리지만 잘되지 않습니다. 그래서 화수미제의 초육
효사는 '꼬리가 물에 젖으니 주저하는구나.'라고 한 것입니다.

예 기 륜 정 길
九二. 曳其輪 貞吉.

끌리게 나부끼도록 옷을 입고 수레를 끌어당기면 힘겹고 고달프지만 이
끌리면 우렁차게 수레를 끌고 둘레를 돌다가 옆으로 잡아당겨도 마음을
바르게 하여야 좋구나.

남녀 간에 실수를 하여 아이를 가지게 되면 정리를 할 수가 없습니다. 헤어지면 된
다고요. 아이가 있는 한 영원히 정리할 수가 없는 것이지요. 그래서 화수미제의 구
이 효사는 '끌리게 나부끼도록 옷을 입고 수레를 끌어당기면 힘겹고 고달프지만 이
끌리면 우렁차게 수레를 끌고 둘레를 돌다가 옆으로 잡아당겨도 마음을 바르게 하
여야 좋구나.'라고 한 것입니다.

미 제 정 흉 이 섭 대 천
六三. 未濟 征凶 利涉大川.

아직 이루지 못했다고 먼 길을 가면 좋지 않으니 계속해서 대인과 관계하
는 것이 이롭구나.

- 征 ; 칠 정, (먼 길을) 가다.
- 濟 ; 건널 제, 성공하다, 성취하다, 이루다, 건너다.

때가 지났습니다. 어떻게 할 수가 없습니다. 그래서 화수미제의 육삼 효사는 '아직
이루지 못했다고 먼 길을 가면 좋지 않으니 계속해서 대인과 관계하는 것이 이롭구
나.'라고 한 것입니다.

정 길 회 무 진 용 벌 귀 방 삼 년 유 상 우 대 국
九四. 貞吉 悔亡 震用伐鬼方 三年有賞于大國.

마음을 바르게 하면 뉘우칠 것이 없으니 좋고, 위세를 떨치던 귀방을 정벌하여 다스리면 나라에서 중요시 여겨 여러 해에 걸쳐 보상을 하는구나.

- 吉 ; 길할 길, 길하다, 운이 좋다, 일이 상서롭다(복되고 길한 일이 일어날 조짐이 있다), 좋다, 아름답거나 착하거나 훌륭하다, 착하다, 복, 행복, 길한 일, 좋은 일, 혼인, 제사, 음력 초하루, 오례의 하나.
- 悔 ; 뉘우칠 회, 뉘우치다, 스스로 꾸짖다, 한이 맺히다, 분하게 여기다, 뉘우침, 후회, 잘못, 과오, 깔봄, 얕봄, 아깝게도, 유감스럽게도.
- 亡 ; 망할 망, 망하다, 멸망하다, 멸망시키다, 도망하다, 달아나다, 잃다, 없어지다, 없애다, 죽다, 잊다, 업신여기다, 경멸하다, 죽은 고인이 된, 없을 무, 없다, 가난하다.
- 震 ; 우레 진, 위세를 떨치다.
- 賞 ; 상줄 상, 상주다, 증여하다, 칭찬하다, 즐기다, 완상하다(즐겨 구경하다), 숭상하다, 아름답다.
- 伐 ; 칠 벌, 치다, 정벌하다.
- 年 ; 해 년, 때, 시대.
- 有賞 ; 어떤 행위의 결과에 대하여 보상이 있다.

마음을 바르게도 하고 나라를 위하기도 해야 되겠지요. 그래서 화수미제의 구사 효사는 '마음을 바르게 하면 뉘우칠 것이 없으니 좋고, 위세를 떨치던 귀방을 정벌하여 다스리면 나라에서 중요시 여겨 여러 해에 걸쳐 보상을 하는구나.'라고 한 것입니다.

정 길 무 회 군 자 지 광 유 부 길
六五. 貞吉 无悔 君子之光 有孚 吉.

마음을 바르게 하여야 좋아 뉘우칠 것이 없게 되고, 군자는 명예가 빛나게 되고, 친하게 지내고 믿음성이 있게 되니 좋구나.

- 光 ; 빛 광, 명예, 영예, 빛나다.

마음을 바르게 하고 인생을 살아야 합니다. 그래서 화수미제의 육오 효사는 '마음을 바르게 하여야 좋아 뉘우칠 것이 없게 되고, 군자는 명예가 빛나게 되고, 친하게 지

내고 믿음성이 있게 되니 좋구나.'라고 한 것입니다.

上九. 有孚于飲酒 无咎 濡其首 有孚失是.

친하게 지내고 믿음성이 있으면 술을 마셔도 허물은 없지만 유약하고 연약한 우두머리는 친하게 지내고 믿음성이 있으면 옳다고 인정하는 이것이 잘못이구나.

- 有 ; 있을 유, 친하게 지내다.
- 孚 ; 미쁠 부, 미쁘다(믿음성이 있다).
- 飲 ; 마실 음,
- 酒 ; 술 주.
- 失 ; 잃을 실, 잘못.
- 是 ; 이 시, 이, 이것, 옳다고 인정하다.

친하게 지내고 믿음성이 있으면 무엇합니까? 세상은 마음이 바르지 않은 사람 때문에 처음부터 다시 시작해야 합니다. 그래서 화수미제의 상구 효사는 '친하게 지내고 믿음성이 있으면 술을 마셔도 허물은 없지만 유약하고 연약한 우두머리는 친하게 지내고 믿음성이 있으면 옳다고 인정하는 이것이 잘못이구나.'라고 한 것입니다.

繫辭上傳

천 존 지 비 건 곤 정 의
天尊地卑 乾坤定矣.

하늘을 높이고 땅을 겸손하게 대하려고 건곤이라 정한 것이다.

- 尊 ; 높을 존, 높다, 높이다, 공경하다, 우러러보다, 중히 여기다, 소중히 생각하다, 따르다, 좇다, (어떤 경향으로) 향하다, 어른, 높은 사람, 관리, 벼슬아치, 술통, 술그릇 준, 술그릇, 술통, 술 단지 (목이 짧고 배가 부른 작은 항아리), 술잔.
- 卑 ; 낮을 비, 낮다, 왜소하다, 낮추다, 겸손하게 대하다, 천하다, 천하게 여기다, 비루하다, 저속하다, 쇠하다, 가깝다, ~으로 하여금 ~하게 하다, 낮은 곳, 낮은 데, (신분, 지위 등) 낮은 사람, 현 이름, 나라 이름, 부끄러워하는 모양, 하여금.
- 定 ; 정할 정, 이마 정, 정하다, 정해지다, 바로잡다, 다스리다, 평정하다, 편안하다, 안정시키다, 머무르다, 준비하다, 자다, 그치다, 이마, 별 이름, 반드시. 矣 ; 어조사 의, 어조사, ~었다, ~리라, ~이다, ~뿐이다, ~도다, ~느냐, ~여라.

비 고 이 진 귀 천 위 의
卑高以陳 貴賤位矣.

낮고 높음에 따라 늘어서면 귀하고 천하게 자리를 잡고,

- 陳 ; 베풀 진, 묵을 진, 베풀다(일을 차리어 벌이다, 도와주어서 혜택을 받게 하다), 묵다, 늘어놓다, 늘어서다, 말하다, 많다, 조사하다, 펴다, 나라 이름, 왕조 이름, 방비, 진법, 성의 하나.
- 以 ; 써 이, ~에 따라, ~에 의해서, ~대로.
- 貴 ; 귀할 귀, 귀하다, (신분이) 높다, 중요하다, 귀중하다, 귀하게 여기다, 숭상하다, 공경하다, 존중하다, 비싸다, 값이 높다, 바라다, 귀한 사람, 높은 지위나 권세, 높임말, 존칭의 접두어.
- 賤 ; 천할 천, 천하다, 천히 여기다, 경멸하다, 경시하다, 업신여기다, 비열하다, 야비하다(성질이나 행동이 야하고 천하다), 낮다, 싸다, 헐하다.
- 位 ; 자리 위, 자리, 곳, 위치, 지위, 직위, 제위, 왕위, 방위, 분, 명(名), 비트, 위치하다, 자리 잡다, 서다, 서 있다, 임할 이, 임하다, 닿다, 도달하다, 나아가다.
- 卑高 ; 비천함과 고귀함.
- 貴賤 ; 1. 부귀와 빈천, 2. 귀한 사람과 천한 사람.

동 정 유 상 강 유 단 의
動靜有常 剛柔斷矣.

어떤 행동이나 현상이 벌어지고 있는 낌새에도 일정한 법도가 있어 강한 것과 부드러운 것으로 나누고,

- 動 ; 움직일 동, 움직이다, 옮기다, 흔들리다, 동요하다, 떨리다, 느끼다, 감응하다, 일하다, 변하다, 일어나다, 시작하다, 나오다, 나타나다, 어지럽다.
- 靜 ; 고요할 정, 고요하다, 깨끗하게 하다, 깨끗하다, 쉬다, 휴식하다, 조용하게 하다, 조용하다, 조용히.
- 常 ; 떳떳할 상, 항상 상, 떳떳하다, 항구하다, 영원하다, 일정하다, 범상하다, 예사롭다, 평범하다, 숭상하다, (변함없이) 행하다, 항상, 늘, 언제나, 일찍이, 애초에, 도리, 법도, 규율, 통례, 평소, 평상시, 범상, 길이의 단위, 나무 이름, 땅 이름.
- 剛 ; 굳셀 강, 굳세다, 강직하다, 억세다, 단단하다, 성하다(기운이나 세력이 한창 왕성하다), 한창이다, 강철, 강일(일진의 천간이 갑, 병, 무, 경, 임의 날), 임금, 수소(소의 수컷), 양(陽), 바야흐로, 굳이, 겨우, 조금.
- 柔 ; 부드러울 유, 부드럽다, 순하다, 연약하다, 여리다, 무르다, 복종하다, 좇다, 편안하게 하다, 사랑하다, 쌍일(짝숫날).
- 斷 ; 끊을 단, 끊다, 결단하다, 나누다, 나누이다, 결단, 단연(확실히 단정할 만하게), 조각, 한결같음.
- 動靜 ; 1. 사람이 움직이는 상황, 2. 물질의 운동과 정지, 3. 어떤 행동이나 현상이 벌어지고 있는 낌새.
- 剛柔 ; 1. 강함과 유연함, 2. 굳세고 부드러움.

방 이 류 취 물 이 군 분 길 흉 생 의
方以類聚 物以群分 吉凶生矣.

장소에 따라 비슷하게 모이고 물건에 따라 무리가 나누어지면서 길흉이 생겨나는 것이다.

- 類 ; 무리 류, 무리(모여서 뭉친 한동아리), 동아리, 제사 이름, 대개(대부분), 같다, 비슷하다, (비슷한 것끼리) 나누다, 좋다, 치우칠 뢰, 치우치다, 편벽되다(생각 따위가 한쪽으로 치우쳐 있다).
- 聚 ; 모을 취, 모으다, 모이다, 거두어들이다, 갖추어지다, 저축하다, 쌓다, 함께하다, 무리, 마을, 동네, 저축, 줌(한 주먹으로 쥘 만한 분량), 함께, 다같이.

- 物 ; 물건 물, 물건, 만물, 사물, 일, 사무, 재물, 종류, 색깔, 기, 활 쏘는 자리, 얼룩소, 사람, 보다, 살피다, 변별하다, 헤아리다, 건주다.
- 群 ; 무리 군, 무리, 떼, 동아리, 벗, 동료, 많은, 여럿의, 모이다, 많다, 떼를 쓰다.
- 分 ; 나눌 분, 나누다, 나누어 주다, 베풀어 주다, 나누어지다, 몇 개의 부분으로 갈라지다, 구별하다, 명백하게 하다, 헤어지다, 떨어져 나가다, 구별, 다름, 나누어 맡은 것, 몫, 분수, 운명, 인연, 신분, 직분, 길이, 무게, 시간, 각도, 화폐 따위의 단위, 24절기의 하나, 밤과 낮의 길이가 같을 때, 푼, 푼, 푼(엽전의 단위).
- 吉 ; 길할 길, 길하다, 운이 좋다, 일이 상서롭다, 좋다, 아름답거나 착하거나 훌륭하다, 착하다, 복, 행복, 길한 일, 좋은 일, 혼인, 제사, 음력 초하루, 오례의 하나.
- 凶 ; 흉할 흉, 흉하다, 흉악하다, 해치다, 사람을 죽이다, 두려워하다, 근심하다, 부정하다, 사악하다, 앞일이 언짢다, 운수가 나쁘다, 다투다, 시비를 벌이다, 흉년, 기근, 요절(나이가 젊을 때 죽음), 재앙, 재난.

재 천 성 상 재 지 성 형 변 화 현 의
在天成象 在地成形 變化見矣.

하늘에는 현상을 이루고 땅에는 모양을 이루므로 변화가 나타나는 것이다.

- 在 ; 있을 재, 있다, 존재하다, 찾다, 보다, 살피다, (안부를) 묻다, 제멋대로 하다, 곳, 장소, 겨우, 가까스로, ~에, 처소.
- 象 ; 코끼리 상, 코끼리, 상아, 꼴, 모양, 형상, 얼굴 모양, 초상, 법, 법제, 징후, 조짐, 도리, 점괘, 통변, 역법, 통역관, 문궐(교령을 게시하는 곳), 무악(舞樂) 이름, 춤 이름, 술잔, 천상(천체가 변화하는 여러 현상), 상징하다, 유추하다, 본뜨다, 그리다, 표현하다, 본받다, 따르다, 같다, 비슷하다.
- 形 ; 모양 형, 모양, 꼴, 형상, 얼굴, 몸, 육체, 그릇, 형세, 세력, 모범, 이치, 도리, 거푸집, 형상하다, 형상을 이루다, 나타나다, 드러나다, 나타내다, 드러내 보이다, 바르다.

시 고 강 유 상 마 팔 괘 상 탕 고 지 이 뢰 정 윤 지 이 풍
是故剛柔相摩 八卦相蕩 鼓之以雷霆 潤之以風
우 일 월 운 행 일 한 일 서
雨 日月運行 一寒一暑

이런 까닭으로 강한 것과 부드러운 것이 가까이 가다 서로를 문지르면 번

개와 천둥이 치듯이, 비바람으로 인하여 물이 불어나듯이, 해와 달의 운행으로 한번은 춥고 한번은 덥듯이 팔괘는 서로가 움직이는 것이다.

- 是 ; 이 시, 옳을 시, 이, 이것, 여기, 무릇, 이에(접속사), 옳다, 바르다, 바르게 하다, 옳다고 인정하다, 바로잡다, 다스리다.
- 故 ; 연고 고, 연고, 사유, 까닭, 이유, 도리, 사리, 친숙한 벗, 잘 아는 교우, 관례, 관습, 선례, 사건, 고의로 한 일, 일부러 한 일, 예, 이미 지나간 때, 옛날, 옛일, 원래, 본래, 죽은 사람, 나이 많은 사람, 거짓, 꾸민 계획, 끝, 훈고, 주해, 고로, 까닭에, 그러므로, 일부러, 반드시, 참으로, 확실히, 처음부터, 옛날부터, 옛, 예전의, 옛날의, 일부터, 짐짓, 고의로, 써, 오래되다, 죽다, 시키다, 하게 하다.
- 相 ; 서로 상, (옷이) 구겨지다, 서로, 바탕, 옷의 구김살, 도움, 보조자, 시중드는 사람, 접대원, 담당자, 정승, 모양, 형상, 방아타령, 악기 이름, 자세히 보다, 돕다, 다스리다, 가리다, 고르다, 따르다, 이끌다, 점치다, 생각하다, 빌 양, 빌다, 기원하다, 푸닥거리하다.
- 摩 ; 문지를 마, 문지르다, 갈다, 비비다, 연마하다, 닦아서 곱게 하다, 쓰다듬다, 어루만지다, 줄다, 소멸하다, 닳아 없어지다, 가까이 가다, 접근하다, 닿다, 스치다, 갈무리하다(물건 따위를 잘 정리하거나 간수하다), 감추다, 고치다, 새롭게 하다, 헤아리다, 미루어 생각하다, 쾌하다(마음이 유쾌하다), 기분이 좋다.
- 卦 ; 점괘 괘, 점괘, 걸다, 걸치다, 매달다, 입다, 건너다, 통과하다.
- 蕩 ; 방탕할 탕, 방탕하다, 방종하다, 흔들다, 움직이다, 방자하다, 광대하다, 넓고 크다, 헌걸차다(매우 풍채가 좋고 의기가 당당한 듯하다), 용서하다, 씻다, 씻어내다, 허물어뜨리다, 찌르다, 호리다, 유혹하다, 흘리다, 흐르게 하다, 큰 대나무, 늪.
- 鼓 ; 북 고, 북, 악기의 하나, 북소리, 맥박, 심장의 고동, 시보, 경점(북이나 징을 쳐서 알려 주던 시간), 되(분량을 헤아리는 데 쓰는 그릇 또는 부피의 단위), 무게의 단위, 치다, 두드리다, 휘두르다, (악기를) 타다, 연주하다, 격려하다, 북돋우다, 부추기다, 선동하다.
- 雷 ; 우레 뢰, 우레, 천둥, 큰소리의 형용, 사나운 모양의 비유, 위엄 있는 모양, 빠른 모양, 성 위에서 굴리는 돌(무기), (돌을) 내리굴리다.
- 霆 ; 천둥소리 정, 천둥소리, 번개, 세차고 빠름의 비유, 펄럭이다, 떨다.
- 潤 ; 불을 윤, 윤택할 윤, (물에) 붇다, 젖다, 적시다, 젖게 하다, (은혜를) 받다, 윤택하다, 윤이 나다, 번지르르하다, 윤을 내다, 부드럽다, 온순하다, 더하다, 물기, 수분, 윤, 윤기, 광택, 은혜, 이득, 이익.
- 運 ; 옮길 운, 옮기다, 움직이다, 돌다, 나르다, 운반하다, 궁리하다, 쓰다, 운용하다, 휘두르다, 가지고 놀다, 배를 젓다, 어지럽다, 멀리까지 미치다, 돌리다, 회전하다, 가다, 보내다, 운전하다, 운, 운수, 세로, 남북의 거리, 햇무리(해의 둘레에 둥글게 나타나는 빛깔이 있는 테두리), 일훈, 천체의 궤도, 오행의 유전, 운명, 운하, 운반, 운송.
- 寒 ; 찰 한, 차다, 춥다, 떨다, 오싹하다, 어렵다, 가난하다, 쓸쓸하다, 식히다, 얼다, 불에 굽다, 삶다, 중지하다, 그만두다, 침묵하다, 울지 않다, 천하다, 지체가 낮다, 추위, 절기의 이름. 暑 ; 더울

서, (날씨가) 덥다, 더위, 여름, 더운 계절.

- 一 ; 한 일, 하나, 일, 첫째, 첫 번째, 오로지, 온, 전, 모든, 하나의, 한결같은, 다른, 또 하나의, 잠시,
  한번, 좀, 약간, 만일, 혹시, 어느, 같다, 동일하다.

건 도 성 남 곤 도 성 녀
乾道成男 坤道成女

건의 도는 남자를 이루고 곤의 도는 여자를 이루며,

건 지 대 시 곤 작 성 물
乾知大始 坤作成物

건은 모든 시작을 알리고 곤은 만물을 이루어지게 만들고,

- 知 ; 알지, 알다, 알리다, 알게 하다, 나타내다, 드러내다, 맡다, 주재하다, 주관하다, 대접하다, 사
  귀다, (병이) 낫다, 사귐, 친한 친구, (나를) 알아주는 사람, 짝, 배우자, 대접, 대우, 슬기, 지혜, 지
  식, 앎, 지사(知事), 어조사.
- 始 ; 비로소 시, 비로소, 바야흐로, 먼저, 앞서서, 일찍, 일찍부터, 옛날에, 당초에, 처음, 시초, 근본,
  근원, 시작하다, 일으키다.
- 作 ; 지을 작, 짓다, 만들다, 창작하다, 일하다, 노동하다, 행하다, 행동하다, 부리다, ~하게 하다,
  일어나다, 일으키다, 이르다, 미치다, 비롯하다, 삼다, 임명하다, 닮다, 농사, 일, 사업, 공사, 저작,
  작품, 저주 저, 저주, 저주하다, 만들 주, 만들다.

건 이 이 지 곤 이 간 능
乾以易知 坤以簡能

건은 알기 쉽고 곤은 능히 간편하고,

- 簡 ; 대쪽 간, 간략할 간, 대쪽, 편지, 문서, 정성, 성의, 홀, 전동, 무기 이름, 간략하다, 질박하다(꾸
  민 데가 없이 수수하다), 단출하다(일이나 차림이 간편하다), 적다, 드물다, 분별하다, 구분하다,
  대범하다, 가리다, 분간하다, 간하다(웃어른이나 임금에게 옳지 못하거나 잘못된 일을 고치도록
  말하다), 검열하다, 깔보다, 오만하게 만들다, 방탕하다, 소홀히 하다, 버리다.

- 能 ; 능할 능, 능하다, 능히 할 수 있다, 기량을 보이다, 재능이 있다, 화목하게 지내다, ~할 수 있다, 응당 ~해야 한다, 능력, 재능, 인재, 에너지, 곰, 견딜 내, 견디다.

이 즉 이 지 간 즉 이 종
易則易知 簡則易從

쉬우면 쉽게 알고 간편하면 쉽게 따르고,

- 則 ; 곧 즉, ~하면.

이 지 즉 유 친 이 종 즉 유 공
易知則有親 易從則有功

알기 쉬우면 가까이하고 따르기 쉬우면 보람이 있고,

- 親 ; 친할 친, 친하다, 가깝다, 사랑하다, 가까이하다, 사이좋다, 손에 익다, 숙달되다, 어버이, 친척, 혼인, 신부, 새색시, 몸소, 친히.
- 功 ; 공 공, 공, 공로, 공적, 일, 사업, 보람, 업적, 성적, 상복, 경대부의 옷, 공부, 공, 공의, 공치사하다, 튼튼하다, 정교하다.

유 친 즉 가 구 유 공 즉 가 대
有親則可久 有功則可大

가까이하면 가히 오래 머무르고 보람이 있으면 가히 중히 여기고,

- 久 ; 오랠 구, 오래다, 길다, 오래 기다리다, 오래 머무르다, 가리다, 막다, 변하지 아니하다, 오랫동안, 오래된, 옛날의, 시간, 기간.
- 可 ; 옳을 가, 옳다, 허락하다, 듣다, 들어주다, 쯤, 정도, 가히, 군주의 칭호, 신의 칭호, 오랑캐 임금 이름 극, 오랑캐 임금 이름.
- 大 ; 큰 대, 중히 여기다, 중요시하다.

가 구 즉 현 인 지 덕
可久則賢人之德

가히 오래 머무르면 현인의 덕을 이루고,

가 대 즉 현 인 지 업
可大則賢人之業

가히 중히 여기면 현인의 업을 이루고,

- 業 ; 업 업, 업, 일, 직업, 학업, 기업, 산업, 공, 공적, 기초, 선악의 소행, 순서, 차례, 판자, 장식 판, 두려워하는 모양, 이미, 벌써, 시작하다, 창시하다, 잇다, 계승하다, 일하다, 종사하다, 업으로 삼다, 일삼다, 위태롭다, 불안하다, 높다.

이 간 이 천 하 지 리 득 의
易簡而天下之理得矣

쉽고 간략하면 천하의 이치를 알고,

- 得 ; 얻을 득, 얻다, 손에 넣다, 만족하다, 고맙게 여기다, 깨닫다, 알다, 분명해지다, 적합하다, 이르다, 도달하다, 이루어지다, 만나다, 탐하다, 탐내다, 사로잡다, 덕, 덕행, 이득, 이익.
- 而 ; 말 이을 이, 말을 잇다, 같다, 너, 자네, 그대, 구레나룻(귀밑에서 턱까지 잇따라 난 수염), 만약, 만일, 뿐, 따름, 그리고, ~로서, ~에, ~하면서, 그러나, 그런데도, 능히 능, 능히, 재능, 능력.

천 하 지 리 득 이 성 리 호 기 중 의
天下之理得而成位乎其中矣.

천하의 이치를 알고 성숙하는 그 사이에 도달하는 것이다.

- 乎 ; 어조사 호, 어조사, ~느냐?, ~랴!, ~지?, ~겠지?, ~도다, ~에, ~보다, 그런가, 아!(감탄사).
- 成 ; 성숙하다(1.생물의 발육이 완전히 이루어지다, 2.몸과 마음이 자라서 어른스럽게 되다, 3.경험이나 습관을 쌓아 익숙해지다.)

성 인 설 계 관 상 계 사 언 이 명 길 흉
聖人設卦 觀象 繫辭焉而明吉凶

성인이 괘를 세우고 관찰한 현상을 말씀으로 묶어서 길흉을 밝힌 것이다.

- 聖 ; 성인 성, 성인, 임금, 천자의 존칭, 걸출한 인물, 신선, 슬기, 기술, 맑은 술, 거룩하다, 신성하다, 성스럽다, 존엄하다, 뛰어나다, 슬기롭다, 총명하다, 약다, 약삭빠르다.
- 設 ; 베풀 설, 베풀다, 세우다, 설립하다, 갖추어지다, 온전하다, 설치하다, 진열하다, 도모하다, 허락하다, 딱 맞다, 등용되다, 붙잡다, 포획하다, 부끄러워하다, 연회, 잔치, 설령, 가령, 만약.
- 觀 ; 볼 관, 보다, 보이게 하다, 보게 하다, 나타내다, 점치다, 모양, 용모, 생각, 누각(문과 벽이 없이 다락처럼 높이 지은 집), 황새, 괘 이름.
- 繫 ; 맬 계, 매다, 이어 매다, 묶다, 잇다, 얽다, 매달다, 매달리다, 끈, 줄, 혈통, 핏줄, 죄수, 실마리, 계사(주역의 괘의 설명).
- 辭 ; 말씀 사, 말씀, 문체 이름, 핑계, 사퇴하다, 알리다, 청하다, 타이르다, 사양하다.
- 焉 ; 어찌 언, 어찌, 어떻게, 어디, 어디에, 보다, ~보다 더, 이에, 그래서, 이(지시 대명사), ~느냐, ~도다, 그러하다, ~와 같다, 오랑캐 이, 오랑캐.

강 유 상 추 이 생 변 화
剛柔相推而生變化

강함과 부드러움이 서로 밀면서 변화가 생겨나는 것이다.

- 推 ; 밀 추, 밀다, 옮다, 변천하다, 천거하다, 추천하다, 넓히다, 확충하다, 헤아리다, 추측하다, 받들다, 공경하여 높이 받들다, 꾸미지 아니하다, 꾸짖다, 꼬집다, 따지다, 힐난하다, 성한 모양, 밀 퇴, 밀다, 밀어젖히다.

시 고 길 흉 자 실 득 지 상 야
是故吉凶者 失得之象也

이런 까닭으로 길흉은 득실의 상이고,

- 者 ; 놈 자, 놈, 사람, 것, 곳, 장소, 허락하는 소리, 여러, 무리, 이, ~면, ~와 같다, 기재하다, 적다.
  也 ; 잇기 야, 어조사 야, 잇기(한곳에 대어 있거나 한곳에 닿아서 붙는 일), 어조사, ~이다, ~느냐, ~도다, ~구나, 발어사, 또한, 역시, 딴, 다른, 잇달을 이, 잇달다(다른 사물에 이어서 달다), 대야(둥글넓적한 그릇).

회 린 자 우 우 지 상 야
悔吝者 憂虞之象也

회린은 근심하고 염려하는 상이고,

- 悔 ; 뉘우칠 회, 뉘우치다, 스스로 꾸짖다, 한이 맺히다, 분하게 여기다, 뉘우침, 후회, 잘못, 과오, 깔봄, 얕봄, 주역의 괘효, 아깝게도, 유감스럽게도.
- 吝 ; 아낄 린, 아끼다, 인색하다, 소중히 여기다, 주저하다.
- 憂 ; 근심 우, 근심, 걱정, 병, 질병, 고통, 괴로움, 환난, 친상, 상중, 근심하다, 걱정하다, 애태우다, 고생하다, 괴로워하다, 두려워하다, (병을) 앓다, 가엾게 여기다, 상제(喪制)가 되다.
- 虞 ; 염려할 우, 염려하다, 근심하다, 생각하다, 편안하다, 즐기다, 속이다, 헤아리다, 돕다, 나라 이름, 순임금(중국 태고의 천자)의 성, 경계, 잘못, 벼슬 이름.

변 화 자 진 퇴 지 상 야
變化者 進退之象也

변화는 나아가고 물러서는 상이고,

강 유 자 주 야 지 상 야
剛柔者 晝夜之象也

강유는 낮과 밤의 상이고,

육 효 지 동 삼 극 지 도 야
六爻之動 三極之道也

육효의 움직임은 삼극(천지인)의 도(원리)이다.

- 爻 ; 사귈 효, 가로 그을 효, 사귀다, 본받다, 가로 긋다, 엇걸리다, 변하다, 흐리다, 지우다, 말소하다, 육효(역의 괘를 이룬 가로획), 수효(數爻).
- 動 ; 움직일 동, 움직이다, 옮기다, 흔들리다, 동요하다, 떨리다, 느끼다, 감응하다, 일하다, 변하다, 일어나다, 시작하다, 나오다, 나타나다, 어지럽다.

- 極 ; 극진할 극, 다할 극, 극진하다, 지극하다, 다하다, 이르다, 다다르다, 이르게 하다, 미치게 하다, 세차다, 엄하다, 혹독하다, 죽이다, 징벌하다, 바로잡다, 고치다, 병들다, 지치다, 괴롭히다, 내놓다, 멀다, 잦다, 재빠르다, 극, 한계, 남북의 두 끝, 하늘, 별 이름, 북극성, 정점, 최고의 자리, 제위, 임금의 자리, 용마루(지붕 가운데 부분에 있는 가장 높은 수평 마루), 대들보(기둥과 기둥 사이에 건너지른 큰 들보), 중정, 근본, 흉사, 흉악한 일, 깍지(활 쏠 때 사용하는 기구), 장갑, 매우, 심히.

시 고 군 자 소 거 이 안 자 역 지 서 야
是故君子所居而安者 易之序也

이런 까닭으로 군자가 평상시에 편안한 것은 역이 쉽게 서술되어,

- 所 ; 바 소, 바(일의 방법이나 방도), 것, 곳, 일정한 곳이나 지역, 처소, 관아, 어떤 일을 처리하는 곳, 지위, 자리, 위치, 장소를 세는 단위, 기초, 도리, 사리, 경우, 얼마, 쯤, 정도, 만일, 있다, 거처하다, ~을 당하다.
- 居 ; 살 거, 살다, 거주하다, 있다, 차지하다, (처지에) 놓여 있다, (벼슬을) 하지 않다, 자리 잡다, 앉다, 쌓다, 저축하다, 곳, 자리 거처하는 곳, 집, 무덤, 법, 법도, 저축, 까닭, 이유, 평상시, 보통 때, 살아 있는 사람, 어조사 기, 어조사.
- 序 ; 차례 서, 차례, 학교, 학당, 담, 담장, 실마리, 단서, 서문, 머리말, 행랑방(대문 옆방), 서문을 쓰다, 펴다, 서술하다, (차례로) 지나가다, 따르다, 차례를 매기다, 안정시키다.

소 락 이 완 자 효 지 사 야
所樂而玩者 爻之辭也

즐기면서 가벼운 마음으로 말씀을 본받으니,

- 樂 ; 즐길 락, 즐기다, 즐거워하다, 즐겁게 하다, 즐거움, 노래 악, 노래, 풍류, 아뢰다, 연주하다, 좋아할 요, 좋아하다.
- 玩 ; 희롱할 완, 희롱하다(1. 말이나 행동으로 실없이 놀리다, 2. 손아귀에 넣고 제멋대로 가지고 놀다, 3. (예스러운 표현으로)악기 따위를 능숙하게 다루다), 장난하다, 놀다, 놀이하다, 사랑하다, 익히다, 업신여기다, 깔보다, 경시하다, 얕보다, 감상하다, 구경하다, 장난감, 감상품.

시 고 군 자 거 즉 관 기 상 이 완 기 사
是故君子居則觀其象而玩其辭

이런 까닭으로 군자는 그가 처한 상황을 살펴 효사로서 가지고 놀고,

동 즉 관 기 변 이 완 기 점
動則觀其變而玩其占

움직일 때에는 그 변화를 관찰하면서 점으로서 가지고 노니,

시 이 자 천 우 지 길 무 불 리
是以自天祐之 吉无不利

이에 스스로 도우면 하늘이 도우니 좋고 불리할 것이 없는 것이다.

단 자 언 호 상 자 야
彖者 言乎象者也

단이란 상을 말하고,

• 彖; 판단할 단, 판단하다, 점치다, 돼지 달아나다, 토막, 한 단락, 단(괘 이름), 돌 시, 돌. *彖辭는
  괘 상에 대한 결론적인 말로서 더 이상 바꿀 수 없는 확정적인 것을 말함.

효 자 언 호 변 자 야
爻者 言乎變者也

효는 변화를 말하고,

길 흉 자 언 호 기 실 득 야
吉凶者 言乎其失得也

길흉은 득실을 말하고,

회 린 자 언 호 기 소 자 야
悔吝者 言乎其小疵也

회린은 작은 결함을 말하며,

- 疵 ; 허물 자, 허물, 흠, 결점, 흉, 흑반, 혹, 재앙, 흉보다, 알랑거리다, 헐뜯다, 비난하다, 노려볼 제, 노려보다, 앓을 새, 앓다.

무 구 자 선 보 과 야
无咎者 善補過也

허물이 없다는 것은 돌이켜보고 좋게 개선하는 것이다.

- 善 ; 착할 선, 착하다, 좋다, 훌륭하다, 잘하다, 옳게 여기다, 아끼다, 친하다, 사이좋다, 착하고 정당하여 도덕적 기준에 맞는 것.
- 補 ; 기울 보, 도울 보, 깁다(떨어지거나 해어진 곳을 꿰매다), 돕다, 꾸미다, 고치다, 개선하다, 보태다, 맡기다, 채우다, 보탬.
- 過 ; 지날 과, 지나다, (지나는 길에) 들르다, 경과하다, 왕래하다, 교제하다, 초과하다, 지나치다, (분수에) 넘치다, 넘다, 나무라다, 보다, 돌이켜보다, 옮기다, 허물, 잘못, 괘 이름, 예전, 재앙 화, 재앙.

시 고 열 귀 천 자 존 호 위
是故列貴賤者存乎位

이런 까닭으로 귀천이 나누어지는 것은 자리에 있고,

- 列 ; 벌일 열, 벌이다, 늘어서다, 줄짓다, 나란히 하다, 분리하다, 순서를 매기다, 진열하다, 차례, 등급, 반열(품계나 신분 등급의 차례), 석차, 줄(길이로 죽 벌이거나 늘여 있는 것), 행렬, 여러.

- 存 ; 있을 존, 있다, 존재하다, 살아 있다, 안부를 묻다, 노고를 치하하고 위로하다, 존문하다, 문안하다, 보살피다, 살펴보다, 보존하다, 보전하다, 편안하다, 관리하다, 관장하다, 생각하다, 그리워하다, 가엾게 여기다, (마음이) 향하다, 쏠리다, 세우다, 설치하다, 이르다, 다다르다.

齊小大者存乎卦

작고 큰 것이 가지런한 것은 괘에 있고,

- 齊 ; 가지런할 제, 가지런하다, 단정하다, 질서 정연하다, 재빠르다, 민첩하다, 오르다, 같다, 동등하다, 좋다, 순탄하다, 다스리다, 경계하다, 지혜롭다, 분별하다, 이루다, 성취하다, 섞다, 배합하다, 약제, 배꼽, 한계, 삼가는 모양, 제나라, 가운데, 일제히, 다 같이, 재계할 재, 재계하다, 공손하다, 엄숙하다, 삼가다(몸가짐이나 언행을 조심하다), 옷자락 자, 옷자락, 상복(위에 입는 옷), 제사에 쓰이는 곡식, 꿰매다, 예리하다, 자를 전, 자르다, 깎다.

辨吉凶者存乎辭

길흉을 분별하는 것은 효사에 있고,

- 辨 ; 분별할 변, 분별하다, 구분하다, 나누다, 밝히다, 명백하다, 따지다, 쟁론하다, 변론하다, 총명하다, 지혜롭다, 다스리다, 바로잡다, 쓰다, 부리다, 근심하다, 걱정하다, 준비하다, 변하다, 바꾸다, 고깔, 구별, 분별, 변화, 갖출 판, 갖추다, 구비하다, 두루 편, 두루, 널리, 깎아내릴 폄, 깎아내리다, 폄하하다.

憂悔吝者存乎介

회린을 걱정하는 것은 사이에 끼어들어 돕는 사람에게 있고,

- 介 ; 낄 개, 낱 개, (사이에) 끼다, 사이에 들다, 소개하다, 깔끔하다, 얌전하다, 의지하다, 믿다, 크다, 크게 하다, 작다, 적다, 묵다, 머무르다, 모시다, 강직하다, 굳게 지키다, 착하다, 돕다, 마음에 두다, 신경을 쓰다, 갑옷, 딱딱한 껍질, 경계선, 한계, 본분, 정조, 절의, 미세한 것, 사소한 것, 몸짓,

배우의 동작, 다음가는 차례, 돕는 사람, 시중, 도움, 근처, 부근, 곁, 둘째 벼슬, 낱(물건을 세는 단위), 홀로, 외로이.

진 무 구 자 존 호 회
震无咎者存乎悔

허물이 없다는 것은 마음을 움직이는 뉘우침에 있는 것이다.

- 震 ; 우레 진, 반찬, 우레, 천둥, 벼락, 지진, 위엄, 위세, 동쪽, 괘 이름, 나라 이름, 벼락 치다, (두려워) 떨다, 흔들리다, 진동하다, 놀라다, (위세를) 떨치다, 성내다, (마음이) 움직이다, 격동하다, 공경하다, 빠르다, 애 밸 신, 애 배다, 회임하다.

시 고 괘 유 대 소 사 유 험 이
是故卦有大小 辭有險易

이런 까닭으로 괘에는 크고 작은 것이 있고 효사에는 위태로운 것과 편안한 것이 있지만,

- 險 ; 험할 험, 험하다, 높다, 험준하다, 음흉하다, 음험하다, 간악하다, 멀다, 위태롭다, 간난하다(몹시 힘들고 고생스럽다), 넓다, 평평하다, 고민, 고통, 위험, 요해지, 요해처, 자칫하면, 하마터면, 거의, 대부분, 아슬아슬하게, 괴로워할 삼, 괴로워하다, 낭떠러지 암, 낭떠러지, 험하다.
- 易 ; 쉬울 이, 편안하다.

사 야 자 각 지 기 소 지
辭也者 各指其所之

말이라고 하는 것은 각자가 어떠한 경지에 이른 것인지 가리키는 것이다.

- 各 ; 각각 각, 각각, 각자, 제각기, 따로따로, 여러, 서로, 마찬가지로, 모두, 다, 전부, 다르다, 각각이다.
- 指 ; 가리킬지, 가리키다, 손가락질하다, 지시하다, 가리켜 보이다, 곤두서다, 곧추서다, 아름답다, 곱다, 손가락, 발가락, 마음, 뜻.

易與天地準 故能彌綸天地之道
역 여 천 지 준 고 능 미 륜 천 지 지 도

역은 하늘과 땅을 본보기로 삼아 따른 것이기에 고로 천지의 도를 두루 포함하려고,

• 與 ; 더불 여, 줄 여, 더불다(둘 이상의 사람이 함께하다), 같이하다, 참여하다, 주다, 베풀어 주다, 허락하다, 인정하다, 간여하다, 간섭하다, 돕다, 협조하다, 기리다, 찬양하다, 기뻐하다, 기록하다, 등재하다, 좇다, 따르다, 친하다, 의심하다, 만일, 가령, 미리, 앞서, 위하여, 및, ~보다는, 어조사, 무리, 동아리.

• 準 ; 준할 준, 준하다(어떤 본보기에 비추어 그대로 좇다), 의거하다, 본보기로 삼다, 본받다, 바로잡다, 고르다, 평평하다, 정밀하다, 정확하다, 확실하다, 허가하다, 허용하다, 승인하다, 비준하다, 법도, 표준, 기준, 규격, 수준기, 수평기, 틀림없이, 어김없이, 꼭, 반드시, 콧마루 절, 콧마루, 코뼈.

• 彌 ; 미륵 미, 두루 미, 미륵(彌勒), 두루, 널리, 더욱, 멀리, 갓난아이, 장식, 물이 꽉 찬 모양, 오래다, 지내다, 다하다, 극에 다다르다, 마치다, 그치다, 끝나다, 차다, 가득 메우다, 멀다, 거두다, 거두어들이다, 드리우다, 늘어뜨리다, 깁다(떨어지거나 해어진 곳을 꿰매다), 꿰매다, 퍼지다, 얽히다, 휘감기다, 걸리다, ~동안 계속되다, 활 부리다(활의 시위를 벗기다).

• 綸 ; 벼리 륜, 벼리(1. 그물코를 꿴 굵은 줄, 2. 일이나 글의 뼈대가 되는 줄거리), 낚싯줄, 거문고 줄, 굵은 실, 인끈, 푸른 인끈(사슴 가죽으로 만든 끈), 솜, 땅 이름, 성의 하나, 다스리다, 싸다, 허리끈 관, 허리끈, 두건 이름, 해초 이름.

• 能 ; 능할 능, ~할 수 있다.

仰以觀於天文 俯以察於地理
앙 이 관 어 천 문 부 이 찰 어 지 리

머리를 들어 천문을 관찰하고 고개를 숙이어 지리를 살핀 것이다.

• 仰 ; 우러를 앙, 우러러보다, 경모하다, 앙모하다, 의지하다, 의뢰하다, 머리를 쳐들다, 높다, 마시다, 명령.

• 於 ; 어조사 어, 어조사(~에, ~에서), 기대다, 의지하다, 따르다, 가다, 있다, 존재하다, 탄식할 오, 탄식하다, 아아(감탄사), 까마귀.

• 俯 ; 구부릴 부, 구부리다, (고개를) 숙이다, 눕다, 드러눕다, 숨다, 잠복하다, 가지런하지 아니하다.

• 察 ; 살필 찰, 살피다, 알다, 살펴서 알다, 상고하다(꼼꼼하게 따져서 검토하거나 참고하다), 자세하다, 밝고 자세하다(1. 사소한 부분까지 아주 구체적이고 분명하다, 2. 성질 따위가 꼼꼼하고 세심하다), 조사하다, 생각하여 보다, 드러나다, 널리 알려지다, 깨끗하다, 결백하다, 밀다, 천거하다.

시 고 지 유 명 지 고
是 故 知 幽 明 之 故

이런 까닭으로 눈에 보이지 않는 것과 눈에 보이는 것의 도리를 알고,

- 幽 ; 그윽할 유, 검을 유, 그윽하다, 멀다, 아득하다, 깊다, 조용하다, 고요하다, 어둡다, 밝지 아니
  하다, 가두다, 간히다, 피하여 숨다, 검다, 귀신, 초현실적인 것, 저승, 어두운 곳, 구석, 구석진 곳,
  검은 빛, 마음.
- 幽明 ; 1. 어둠과 밝음, 2. 來世와 現世, 3. 저승과 이승.

원 시 반 종 고 지 사 생 지 열
原 始 反 終 故 知 死 生 之 說

처음에는 근본을 추구하고 끝까지 되풀이하면 고로 사는지 죽는지 헤아
려 알고,

- 原 ; 언덕 원, 근원 원, 언덕, 근원, 근본, 저승, 들, 들판, 문체의 한 가지, 원래, 거듭, 재차, 근본(사
  물의 본질이나 본바탕)을 추구하다, 캐묻다, 찾다, 의거하다, 기초를 두다, 기인하다, 용서하다, 놓
  아 주다, 삼가다(몸가짐이나 언행을 조심하다), 정성스럽다, 거듭하다.
- 始 ; 비로소 시, 비로소, 바야흐로, 먼저, 앞서서, 일찍, 일찍부터, 옛날에, 당초에, 처음, 시초, 근본,
  근원(사물이 비롯되는 근본이나 원인), 시작하다, 일으키다.
- 反 ; 돌이킬 반, 돌아올 반, 돌이키다, 돌아오다, 되돌아가다, 되풀이하다, 반복하다, 뒤집다, 뒤엎
  다, 배반하다, 어기다, 어긋나다, 반대하다, 물러나다, 후퇴하다, 보복하다, 앙갚음하다, 되돌아보
  다, 반성하다, 꾸짖다, 나무라다, 보답하다, 되갚음 하다, 바꾸다, 고치다, (죄를) 가벼이 하다, 휘
  다, 구르다, 뒤척이다, 기울다, 튀기다, 생각하다, 유추하다, 대답하다, 기인하다, 모반, 반역, 번(횟
  수를 세는 단위), 반대로, 도리어, 더한층, 더욱더, 어려울 번, 어렵다, 곤란하다, 삼갈 판, 삼가다
  (몸가짐이나 언행을 조심하다), 조심하다, 팔다.
- 終 ; 마칠 종, 마치다, 끝내다, (사람이) 죽다, 다하다, 이루어지다, 완성되다, 채우다, 상당하다, 끝,
  마지막, 사방 백 리의 땅, 열두 해, 윤달, 항상, 늘, 마침내, 결국, 비록.
- 死 ; 죽을 사, 귀구(매자나뭇과의 여러해살이풀), 죽다, 말뱅이 나물(석죽과의 한해살이풀 또는 두
  해살이풀), 생기 없다, 잔대(초롱꽃과의 여러해살이풀), 활동력이 없다, 죽이다, 다하다, 목숨 걸다.
- 生 ; 날 생, 나다, 낳다, 살다, 기르다, 서투르다, 싱싱하다, 만들다, 백성, 선비(학식은 있으나 벼슬
  하지 않은 사람을 이르던 말), 자기의 겸칭, 사람, 날(익지 않음), 삶.
- 說 ; 기뻐할 열, 헤아리다.

정 기 위 물 유 혼 위 변
精氣爲物 遊魂爲變

정기로 이루어진 만물은 유혼으로 변화하므로,

- **精** ; 정할 정, 찧을 정, 정하다(정성을 들여서 거칠지 아니하고 매우 곱다), 깨끗하다, 정성스럽다, 찧다(쌀을 곱게 쓿다), 뛰어나다, 우수하다, 가장 좋다, 훌륭하다, 총명하다, 똑똑하다, 영리하다, 세밀하다, 정밀하다, 정교하다, 정통하다, 능통하다, 능하다, 순수한, 정제한, 정련한, 몹시, 매우, 대단히, 정기, 정신, 정력, 원기, 요정, 정령, 요괴, 도깨비, 정액.
- **氣** ; 기운 기, 기운(눈에는 보이지 않으나 오관으로 느껴지는 현상), 기백, 기세(기운차게 뻗치는 형세), 힘, 숨, 공기, 냄새, 바람, 기후, 날씨, 자연 현상, 기체, 가스, 성내다, 화내다, 보낼 희, (음식을) 보내다, 음식물.
- **爲** ; 하 위, 할 위, 하다, 위하다, 다스리다, 되다, 이루어지다, 생각하다, 삼다, 배우다, 가장하다(태도를 거짓으로 꾸미다), 속하다, 있다, 행위.
- **遊** ; 놀 유, 놀다, 즐기다, 떠돌다, 여행하다, 유람하다, 사귀다, 배우다, 공부하다, 사관하다, 벼슬살이하다, 유세하다, 놀이, 유원지, 벗, 친구, 유세, 까닭, 이유.
- **魂** ; 넋 혼, 넋, 마음, 생각, 사물의 모양. *유혼(遊魂) ; 죽은 사람의 넋이 육체를 벗어나 떠다님 또는 그런 영혼.

시 고 지 귀 신 지 정 상
是故知鬼神之情狀

이런 까닭으로 귀신의 사정과 형편을 알 수 있는 것이다.

- **鬼** ; 귀신 귀, 귀신, 혼백, 죽은 사람의 넋, 도깨비, 상상의 괴물, 별 이름, 먼 곳, 지혜롭다, 교활하다, 귀신을 믿다, 멀다.
- **神** ; 귀신 신, 귀신, 신령, 정신, 혼, 마음, 덕이 높은 사람, 해박한 사람, 초상, 표정, 불가사의한 것, 신품(神品), 신운(고상하고 신비스러운 운치), 영묘하다, 신기하다, 화(化)하다, 삼가다(몸가짐이나 언행을 조심하다), 소중히 여기다, 영험이 있다.
- **情** ; 뜻 정, 뜻, 마음의 작용, 사랑, 인정, 본성, 정성, 사정, 실상, 사실, 진상, 이치, 진리, 사정, 형편, 상태, 멋, 정취, 욕망, 진심, 성심, 참마음, 참으로, 진실로.
- **狀** ; 형상 상, 형상, 모양, 용모, 정상(情狀 1. 있는 그대로의 사정과 형편, 2. 딱하거나 가엾은 상태, 3. 구체적 범죄에서 구체적 책임의 경중에 영향을 미치는 일체의 사정), 사실에 의한 근거, 공적, 형용하다, 나타내다, 모방하다, 문서 장, 문서, 편지, 문투(글에 나타나는 특징적인 버릇), 문체 이름, 숨기다.

여 천 지 상 사 고 불 위
與天地相似 故不違

더불어 하늘과 땅의 형상을 닮아서 고로 어긋나지 아니하고,

- 似 ; 닮을 사, 닮다, 같다, 비슷하다, 흉내 내다, 잇다, 상속하다, 보이다.
- 違 ; 어긋날 위, 어긋나다, 어기다, 다르다, 떨어지다, 피하다, 달아나다, 멀리하다, 원망하다, 간사함, 허물.
- 相 ; 서로 상, 모양, 형상.

지 주 호 만 물 이 도 제 천 하   고 불 과
知周乎萬物而道濟天下 故不過

만물에 두루 가까이하여 천하를 구제할 방법을 알아도 고로 분수에 넘치지 아니하고,

- 周 ; 두루 주, 두루, 골고루, 널리, 둘레, 모퉁이, 구부러진 곳, 진실, 참, 주나라, 돌다, 두르다, 두루 미치다, 둥글게 에워싸다, 끝내다, 온전히 다하다, 더할 나위 없다, 지극하다, 친하다, 가까이하다, 구하다, 구제하다, 베풀어 주다, 합당하다, 알맞다, 삼가다(몸가짐이나 언행을 조심하다).
- 濟 ; 건널 제, 건너다, 돕다, 도움이 되다, 구제하다, 이루다, 성공하다, 성취하다, 더하다, 소용 있다, 쓸모가 있다, 유익하다, 많다, 그치다, 원조, 도움, 나루, 물 이름.
- 過 ; 지날 과, (분수에) 넘치다.

방 행 이 불 류 낙 천 지 명 고 불 우
旁行而不流 樂天知命 故不憂

널리 유행하여 번져 퍼지지 아니해도 하늘의 명을 알고 즐거워하니 고로 근심하지 아니하고,

- 旁 ; 곁 방, 곁, 옆, 널리, 두루, 도움, 보좌, 방(한자의 오른쪽), 튼튼하고 힘이 센 모양, 기대다, 의지하다, 왕래하다, 뒤섞이다, 혼합되다, 치우다, 달릴 팽, 달리다, 튼튼하고 힘이 센 모양.
- 行 ; 다닐 행, 다니다, 가다, 행하다, 하다, 행하여지다, 쓰이다, 보다, 관찰하다, 유행하다, 돌다, 순시하다, 늘다, 뺃다, 장사지내다, 시집가다, 길, 도로, 통로, 길, 도로를 맡은 신, 고행, 계행, 행실,

행위, 여행, 여장(여행할 때의 차림), 행직(품계는 높으나 직위는 낮은 벼슬을 통틀어 이르는 말), 일, 행서, 서체의 하나, 詩體 이름, 장차, 바야흐로, 먼저, 무엇보다도, 항렬 항, 항렬, 줄, 대열, 열위, 제위, 항오, 군대의 대열, 순서, 차례, 같은 또래, 직업, 점포, 가게, 깃촉, 의지가 굳센 모양, 늘어서다, 조잡하다.

• 流 ; 흐를 류, 흐르다, 번져 퍼지다, 전하다, 방랑하다, 떠돌다, 흐르게 하다, 흘리다, 내치다, 거침없다, 귀양 보내다, 흐름, 사회 계층, 갈래, 분파.

• 命 ; 목숨 명, 목숨, 생명, 수명, 운수, 운, 표적, 목표물, 명령, 분부, 성질, 천성, 말, 언약, 규정, 규칙, 가르침, 작위, 작위의 사령서나 그 신표, 하늘의 뜻, 천명, 도, 자연의 이법, 호적, 명령하다, 가르치다, 알리다, 이름 짓다, 이름을 붙이다. 天 ; 하늘 천, 하늘, 하느님, 임금, 제왕, 천자, 자연, 천체, 천체의 운행, 성질, 타고난 천성, 운명, 의지, 아버지, 남편, 형벌의 이름.

안 토 돈 호 인   고 능 애
安土敦乎仁 故能愛

서로의 관계에 사랑이나 인정이 많아 깊은 편안한 땅처럼 어지니 고로 사랑할 수 있고,

• 安 ; 편안 안, 편안, 편안하다, 편안하게 하다, 안존하다(아무런 탈 없이 평안히 지내다), 즐거움에 빠지다, 즐기다, 좋아하다, 어찌, 이에, 어디에, 안으로, 속으로.

• 土 ; 흙 토, 흙, 땅, 토양, 육지, 국토, 영토, 곳, 장소, 지방, 고향, 향토, 토착민, 오행의 하나, 별 이름, 흙을 구워서 만든 악기, 토지의 신, 대지를 주재하는 신, 살다, 자리 잡고 살다, 재다, 헤아리다, 측량하다, 토목공사를 하다, 뿌리 두, (나무)뿌리, 쓰레기 차, 쓰레기, 찌꺼기, 하찮다.

• 敦 ; 도타울 돈, 도탑다(서로의 관계에 사랑이나 인정이 많고 깊다), 힘쓰다, 노력하다, 진 치다, 다스릴 퇴, 다스리다, 던지다, 제기 대, 제기, 모일 단, 모이다, 외가 주렁주렁, 아로새길 조, 아로새기다, 덮을 도, 덮다.

• 仁 ; 어질 인, 어질다, 자애롭다, 인자하다, 감각이 있다, 민감하다, 사랑하다, 불쌍히 여기다, 어진이, 현자, 인, 어진 마음, 박애, 자네, 씨, 과실 씨의 흰 알맹이, 속살. 愛 ; 사랑 애, 사랑, 자애, 인정, 사랑하는 대상, 물욕, 탐욕, 사랑하다, 사모하다, 가엾게 여기다, 그리워하다, 소중히 하다, 친밀하게 대하다, 역성들다(옳고 그름에는 관계없이 무조건 한쪽 편을 들어주다), 즐기다, 아끼다, 아깝게 여기다, 몽롱하다, 어렴풋하다.

범 위 천 지 지 화 이 불 과
範圍天地之化而不過

천지가 변화하는 범위 안에 있어 지나치지 아니하고,

- 範 ; 법 범, 법, 규범, 본보기, 모범, 거푸집, 고상한 태도, 한계, 법도에 맞다, 본받다, 주조하다.
- 圍 ; 에워쌀 위, 에워싸다, 둘러싸다, 포위하다, 두르다, 지키다, 사냥하다, 둘레, 경계, 포위, 아람 (양팔을 벌려 낀 둘레), 나라 국, 나라, 국가, 서울, 도읍, 고향, 고장, 지방, 세상, 세계, (나라를) 우다.
- 化 ; 될 화, 되다, 화하다, 교화하다, 감화시키다, 가르치다, 따르다, 본받다, 변천하다, 달라지다, 죽다, 망하다, 없애다, 제거하다, 교역하다, 바꾸다, 태어나다, 가르침, 교육, 교화, 습속, 풍속, 요술, 마술, 변화, 조화, 죽음, 다름, 잘못 와, 잘못.

곡 성 만 물 이 불 유
曲成萬物而不遺

만물이 공정하지 않게 이루어져도 빠뜨리지 아니한다는 것을,

- 曲 ; 굽을 곡, 누룩 곡, 굽다, 굽히다, 도리에 맞지 않다, 바르지 않다, 불합리하다, 정직하지 않다, 공정하지 않다, 그릇되게 하다, 자세하다, 구석, 가락, 악곡, 굽이, 누룩(술을 빚는 데 쓰는 발효제), 잠박(누에 기르는 채반), 재미있는 재주.
- 遺 ; 남길 유, 가랑비, 남기다, 남다, 끼치다, 전하다, 잃다, 버리다, 유기하다, 잊다, 두다, 놓다, 떨어지다, 떨어뜨리다, 빠지다, 빠뜨리다, 쇠퇴하다, 빠르다, 더하다, 더해지다, (음식을) 보내다, (음식을) 대접하다, 오줌, 실수, 따를 수, 따르다, 좇다.
- 成 ; 이룰 성, 이루다, 이루어지다, 갖추어지다, 정리되다, 구비되다, 살찌다, 비대해지다, 우거지다, 무성해지다, 익다, 성숙하다(1. 생물의 발육이 완전히 이루어지다, 2. 몸과 마음이 자라서 어른스럽게 되다, 3. 경험이나 습관을 쌓아 익숙해지다), 일어나다, 흥기하다(세력이 왕성해지다), 다스리다, 평정하다, 나아가다, 진보하다, 가지런하다, 고르게 하다, 균평하게 하다, 끝나다, 정하여지다, 기대하다, 완성하다, 어른이 되다, 성인이 되다, 크다, 층계지다, 화해하다, 정성, 재판, 심판, 권형, 균형, 총계, 셈한 계산, 북두칠성이 술의 방위를 가리키는 날, 길제(죽은 지 27개월 만에 지내는 제사), 사방 십 리의 땅, 층, 참으로, 큰.

통 호 주 야 지 도 이 지
通乎晝夜之道而知

주야의 도를 통하여 알게 되면,

- **通** ; 통할 통, 통하다, 내왕하다, 알리다, 알다, 정을 통하다, 통(편지 따위를 세는 단위).
- **晝** ; 낮 주, 낮, 정오, 땅 이름.
- **夜** ; 밤 야, 밤, 저녁 무렵, 새벽녘, 한밤중, 깊은 밤, 침실, 어두워지다, 쉬다, 휴식하다, 고을 이름 액, 고을 이름, 진액, 즙.
- **道** ; 길 도, 길, 도리, 이치, 재주, 방법, 술책, 근원, 바탕, 기능, 작용, 주의, 사상, 제도, 기예, 불교, 승려, 도교, 도사, 교설, 행정 구역 단위, 완벽한 글, 통하다, 다니다, 가다, 행하다, 따르다, 말하다, 다스리다, 가르치다, 깨닫다, 정통하다, 이끌다, 인도하다, 의존하다, ~에서, ~부터.

고 신 무 방 이 역 무 체
故神无方而易无體

고로 귀신을 본뜰 수 없듯이 역은 형상이 없는 것이다.

- **无** ; 없을 무, 없다, 아니다, ~이 아니다, 말다, 금지하다, ~하지 않다, ~를 막론하고, ~하던 간에, 발어사.
- **方** ; 모 방, 본뜰 방, 모, 네모, 방위, 방향, 나라, 국가, 곳, 장소, 도리, 의리, 방법, 수단, 술법, 방술, 처방, 약방문, 법, 규정, 쪽, 상대방, 목판, 둘레. 바야흐로, 장차, 두루, 널리, 모두, 함께, 본뜨다, 모 방하다, 바르다, 견주다, 비교하다, 대등하다, 동등하다, 나란히 하다, 떳떳하다, (이삭이) 패다, 차 지하다, 헐뜯다, 거스르다, 거역하다, 괴물 망, 괴물.
- **體** ; 몸 체, 몸, 신체, 몸소, 친히, 형상, 근본, 격식, 물질, 물체, 서체, 체재, 체험하다, 체득하다, 알 아주다, 생각하다.

일 음 일 양 지 위 도
一陰一陽之謂道

한 번은 음이 한 번은 양에 이르는 것을 도라 이르고,

- **陰** ; 그늘 음, 그늘, 응달, 음, 음기, 그림자, 해 그림자, 세월, 흐르는 시간, 어둠, 생식기, 음부, 암 컷, 뒷면, 음각, 저승, 가을과 겨울, 신하, 두루미, 학, 가만히, 몰래, 음침하다, (날이) 흐리다, 그늘

지다, 어둡다, 희미하다, 음각하다, 덮다, 비호하다, 묻다, 매장하다, 침묵할 암, 침묵하다, (입을) 다물다.

- 陽 ; 볕 양, 볕, 양지, 해, 태양, 양, 양기, 낮, 한낮, 남성, 하늘, 인간 세상, 음력 시월의 딴 이름, 봄과 여름, 돌을새김(순우리말로 모양 형상을 도드라지게 새긴 조각), 나라 이름, 거짓으로, 따뜻하다, 온난하다, 가장하다, 드러내다, 밝다, 맑다, 선명하다, 양각하다, 굳세고 사납다.
- 謂 ; 이를 위, 이르다, 일컫다, 가리키다, 논평하다, 설명하다, 알리다, 고하다, 생각하다, 힘쓰다, 하다, 근면하다, 어찌하랴, 이름(이르는 바), 까닭, 이유, 함께.
- 之 ; 갈 지, 가다, (영향을) 끼치다, 쓰다, 사용하다, 이르다, 도달하다, 어조사, 가, 이, ~의, 에, ~에 있어서, 와, ~과, 이에, 이곳에, 을, 그리고, 만일, 만약.

계 지 자 선 야   성 지 자 성 야
繼之者善也 成之者性也

이를 이어받은 것이 선이고 이를 이룬 것이 성이고,

- 繼 ; 이을 계, 잇다, 이어나가다, 계속하다, 지속하다, 이어받다, 매다, 그 다음에, 이어서, 뒤이어.
- 性 ; 성품 성, 성품, 타고난 사람의 천성, 바탕, 성질, 사물의 본질, 생명, 목숨, 마음, 만유의 원인, 성별, 남녀, 자웅의 구별, 모습, 자태, 생활, 오행, 살다.

인 자 견 지 위 지 인
仁者見之謂之仁

어진 자가 보면 어질다고 이르고,

- 見 ; 볼 견, 보다, 보이다, 당하다, 견해, 뵈올 현, 뵙다, 나타나다, 드러나다, 보이다, 소개하다, 만나다, 현재, 지금.

지 자 견 지 위 지 지
知者見之謂之知

지혜로운 자가 보면 지혜롭다고 이르고,

- 知 ; 알 지, 슬기, 지혜.

백 성 일 용 이 불 지
百性日用而不知

백성들은 날마다 써도 알지를 못하니,

- 百 ; 일백 백, 일백, 백 번, 여러, 모두, 모든, 온갖, 백배하다, 힘쓸 맥, 힘쓰다, 노력하다.
- 用 ; 쓸 용, 쓰다, 부리다, 사역하다, 베풀다, 일하다, 등용하다, 다스리다, 들어주다, 하다, 행하다, 작용, 능력, 용도, 쓸데, 방비, 준비, 재물, 재산, 밑천, 효용, 씀씀이, 비용, 그릇, 도구, 연장, 써.

고 군 자 지 도 선 의
故君子之道鮮矣

고로 군자의 도가 빛나는 것이다.

- 鮮 ; 고울 선, 생선 선, 곱다, 빛나다, 선명하다, 깨끗하다, 새롭다, 싱싱하다, 좋다, 적다, 드물다, 생선, 날것(익히지 않은 것), 물고기 이름.

현 저 인 장 저 용
顯諸仁 藏諸用

어진 이에는 드러나고 작용에는 감추어져,

- 顯 ; 나타날 현, 나타나다, 드러나다, 뚜렷하다, 명확하다, 분명하다, 명백하다, 높다, 귀하다, 명성이 있다, 지위가 높다, 밝다, 돌아가신 부모.
- 諸 ; 모두 제, 모두, 모든, 무릇, 여러, 딴, 기타의, 만약 ~한다면, 이, 저(대명사), 지차(맏이 이외의 자식들), 말 잘하다, 김치 저, 김치, 장아찌, 절임, 두꺼비, 어조사 저, ~에, ~에서.
- 藏 ; 감출 장, 감추다, 숨다, 곳집(곳간으로 지은 집), 광, 서장의 약칭, 오장.

고 만 물 이 불 여 성 인 동 우
鼓萬物而不與聖人同憂

만물을 북돋우고 더불어 성인과 같은 근심을 하지 아니하니,

- 同 ; 한 가지 동, 한 가지, 무리, 함께, 그, 전한 바와 같은, 같다, 합치다, 균일하게 하다, 화합하다,
  모이다, 회동하다.

성 덕 대 업 지 의 재
盛德大業至矣哉

성덕과 대업은 지극한 것이다.

- 盛 ; 성할 성, 성하다(기운이나 세력이 한창 왕성하다), 성대하다, 두텁다, 많다, 무성하다, 장하게
  여기다, 담다, 높다.
- 德 ; 큰 덕, 덕 덕, 크다, (덕으로) 여기다, (덕을) 베풀다, 고맙게 생각하다, 오르다, 타다, 덕, 도덕,
  은덕, 복, 행복, 은혜, 선행, 행위, 절조(절개와 지조를 아울러 이르는 말), 능력, 작용, 가르침, 어진
  이, 현자, 정의, 목성(별 이름), 주역 건괘의 상.
- 大 ; 클 대, 큰 대, 크다, 심하다, 높다, 존귀하다, 훌륭하다, 뛰어나다, 자랑하다, 뽐내다, 교만하다,
  많다, 수효가 많다, 중히 여기다, 중요시하다, 지나다, 일정한 정도를 넘다, 거칠다, 성기다(물건의
  사이가 뜨다), 낫다, 늙다, 나이를 먹다, 대강, 대략, 크게, 성하게, 하늘, 존경하거나 찬미할 때 쓰
  는 말, 클 태, 크다, 심하다, 지나치게, 클 다, 크다, 심하다, 극치, 극도, 지나치게.
- 業 ; 업 업 ; 업, 일, 직업, 학업, 기업, 산업, 공, 공적, 기초, 선악의 소행, 순서, 차례, 판자, 장식 판,
  두려워하는 모양, 이미, 벌써, 시작하다, 창시하다, 잇다, 계승하다, 일하다, 종사하다, 업으로 삼
  다, 일삼다, 위태롭다, 불안하다, 높다.
- 至 ; 이를 지, 이르다, 도달하다, (영향을) 미치다, 과분하다, 정도를 넘다, 지극하다, 힘쓰다, 다하
  다, 이루다, 지향하다, 주다, 내려주다, 친근하다, 표하다, 진실, 지극한 도, 실체, 본체, 동지, 절기
  이름, 지극히, 성대하게, 크게, 최고로, 가장, 반드시, 마침내, 덜렁대는 모양 질, 덜렁대는 모양.
- 哉 ; 어조사 재, 어조사, 비롯하다, 처음, 재난, 재앙. *盛德 ; 크고 훌륭한 덕.

부 유 지 위 대 업
富有之謂大業

부유하게 가지는 것을 대업이라 이르고,

- 富 ; 부유할 부, 부유하다, 가멸다(재산이 넉넉하고 많다), 성하다(기운이나 세력이 한창 왕성하
  다), 풍성풍성하다(매우 넉넉하고 많다), 어리다, 세차다, 부자, 행복.

日新之謂盛德
일 신 지 위 성 덕

날마다 새로워지는 것을 성덕이라 이르고,

- 新 ; 새, 새로운, 새로, 새롭게, 새롭게 다시, 처음, 처음으로, 새로움, 새것, 새로운 일, 새해, 신년, 새롭게 안 사람, 새로 개간한 땅, 나라 이름, 새로워지다, 개선되다, 새롭게 하다, 새롭게 고치다, 친하다, 친하게 지내다.

生生之謂易
생 생 지 위 역

낳고 낳는 것을 역이라 이르고,

- 易 ; 바꿀 역, 바꾸다, 교환하다, 무역하다, 전파하다, 번지어 퍼지다, 바뀌다, 새로워지다, 다르다, 어기다, 배반하다, 주역, 역학, 점, 점쟁이, 바꿈, 만상의 변화, 국경, 겨드랑이, 도마뱀, 쉬울 이, 쉽다, 편안하다, 평온하다, 경시하다, 가벼이 보다, 다스리다, 생략하다, 간략하게 하다, 기쁘다, 기뻐하다, 평평하다, 평탄하다.

成象之謂乾
성 상 지 위 건

현상을 이루는 것을 건이라 이르고,

效法之謂坤
효 법 지 위 곤

법을 본받는 것을 곤이라 이르고,

- 效 ; 본받을 효, 본받다, 배우다, 나타내다, 드러내다, 밝히다, 명백히 하다, 주다, 수여하다, 드리다, 바치다, 힘쓰다, 아뢰다, 세다, 공, 공로, 공효(공을 들인 보람이나 효과), 보람, 효과.
- 法 ; 법 법, 법, 방법, 불교의 진리, 모형, 꼴(사물의 모양새나 됨됨이), 본받다.

극 수 지 래 지 위 점
極數知來之謂占

미래를 아는 수에 지극한 것을 점이라 이르고,

- 極 ; 극진할 극, 다할 극, 극진하다, 지극하다, 다하다, 이르다, 다다르다, 이르게 하다, 미치게 하
  다, 세차다, 암하다(매우 철저하고 바르다).
- 數 ; 셈 수, 셈, 산법, 역법, 일정한 수량이나 수효, 등급, 구분, 이치, 도리, 규칙, 예법, 정세, 되어가
  는 형편, 꾀, 책략, 기술, 재주, 솜씨, 운명, 운수, 수단, 방법, 몇, 두서너, 대여섯, 세다, 계산하다,
  셈하다, 헤아리다, 생각하다, 조사하여 보다, 책망하다, 자주 삭, 자주, 자주하다, 여러 번 되풀이하
  다, 빨리하다, 빠르다, 황급하다, 바삐 서두르다, 급히 서둘러 하다, 다가서다, 접근하다, 촘촘할
  촉, 촘촘하다.
- 來 ; 올 래, 오다, 돌아오다, 부르다, 위로하다, 이래, 그 이후로, 앞으로, 미래, 후세, 보리. 占 ; 점
  령할 점, 점칠 점, 점령하다, 차지하다, 점치다, 자세히 살피다, 입으로 부르다, 묻다, 불러주다(구
  술하다), 엿보다, 지니다, 헤아리다, 보고하다, 점, 징조.

통 변 지 위 사
通變之謂事

변화에 통하는 것을 일이라 이르고,

- 通 ; 통할 통, 통하다, 내왕하다, 알리다, 알다, 정을 통하다, 통(편지 따위를 세는 단위).
- 變 ; 변할 변, 변하다, 변화하다, 고치다, 변경하다, 변통하다, 움직이다, (조정에) 고변하다, 놀라게
  하다, 다투다, 속이다, 어그러지다, 좁다, 변화, 변고, 재앙, 재난, 상, 죽음.
- 事 ; 일 사, 일, 직업, 재능, 공업, 사업, 관직, 벼슬, 국가 대사, 경치(景致), 흥치(興致), 변고, 사고,
  벌(옷을 세는 단위), 섬기다, 부리다, (일을) 시키다, 일삼다, 종사하다, (글을) 배우다, 힘쓰다, 노
  력하다, 다스리다, 시집가다, 출가하다, 꽂다.

음 양 불 측 지 위 신
陰陽不測之謂神

음양으로 헤아릴 수 없는 것을 신이라 이르는 것이다.

- 測 ; 헤아릴 측, 헤아리다, 재다, 재어지다, 맑다, 알다.

부 역 광 의 대 의
夫易 廣矣 大矣

역은 넓고도 큰 것이다.

- 夫 ; 지아비 부, 지아비, 남편, 사내, 장정, 일군, 노동일을 하는 남자, 군인, 병정, 선생, 사부, 부역
  (負役), 100묘의 밭, 저, 3인칭 대명사, 대저(대체로 보아서), 발어사, ~도다, ~구나, 다스리다, 많다.
- 廣 ; 넓을 광, 넓다, 넓게 되다, 넓히다, 널찍하다, 공허하다, 비다, 빛나다, 널리, 넓이, 무덤, 직경,
  광서성의 약칭.

이 언 호 원 즉 불 어
以言乎遠則不禦

말로 하면 심오하기에 필적할 수 없고,

- 以 ; 써 이, ~써, ~로, ~를 가지고, ~를 근거로, ~에 따라, ~에 의해서, ~대로, ~ 때문에, ~까닭에, ~
  로 인하여, ~부터, ~하여, ~함으로써, ~하기 위하여, ~을 ~로 하다, ~에게 ~을 주다, ~라 여기다,
  말다, 거느리다, 닮다, 이유, 까닭, (시간, 장소, 방향, 수량의) 한계를 나타냄.
- 言 ; 말씀 언, 말씀, 말, 견해, 의견, 글, 언론, 맹세의 말, 호령, 하소연, 건의, 계책, 허물, 잘못, 혐극
  (서로 꺼리고 싫어하여 생긴 틈), 이에, 요컨대, 다시 말하면, 여쭈다, 묻다, 기재하다, 적어 넣다,
  소송하다, 이간하다, 알리다, 예측하다, 말하다, 조문하다, 위문하다, 화기애애할 은, 화기애애하
  다, 화기애애하면서 삼가는 모양, 위엄이 있는 모양.
- 遠 ; 멀 원, 멀다, 심오하다, 깊다, 많다, (세월이) 오래되다, 멀리하다, 멀어지다, 소원하다, 내쫓다,
  추방하다, 싫어하다, 어긋나다, 먼 데, 선조.
- 禦 ; 막을 어, 막다, 방어하다, 금하다, 금지하다, 멈추다, 항거하다, 저항하다, 제사 지내다, 올리
  다, 바치다, 필적하다(능력이나 세력이 엇비슷하여 서로 맞서다), 사납다, 포학하다, 방어, 방해,
  방비, 대신(大臣).
- 則 ; 법칙 칙, 법칙, 준칙, 이치, 대부의 봉지, 본보기로 삼다, 본받다, 모범으로 삼다, 곧 즉, 곧, 만
  일 ~이라면, ~하면, ~할 때에는.

이 언 호 이 즉 정 이 정
以言乎邇則靜而正

말로 하면 가깝기에 고요하고 바르고,

- 邇 ; 가까울 이, 가깝다, 가까이하다.
- 靜 ; 고요할 정, 고요하다, 깨끗하게 하다, 깨끗하다, 쉬다, 휴식하다, 조용하게 하다, 조용하다, 조용히.
- 正 ; 바를 정, 정월 정, 바르다, 정당하다, 바람직하다, 올바르다, 정직하다, 바로잡다, 서로 같다, 다스리다, 결정하다, 순일하다(다른 것이 섞이지 아니하고 순수하다), 순수하다, (자리에) 오르다, 말리다, 제지하다, 정벌하다, 관장(시골 백성이 고을 원을 높여 이르던 말), 정실, 본처, 맏아들, 적장자, 본, 정, 주가 되는 것, 정사, 정치, 증거, 증빙, 상례, 준칙, 표준, 처음, 정월, 과녁, 정곡(과녁의 한가운데가 되는 점), 세금, 노역, 부역, 네모, 군대 편제 단위, 바로, 막, 때 마침, 가운데, 가령, 설혹, ~하여도.

以言乎天地之間則備矣
이 언 호 천 지 지 간 즉 비 의

말로 하면 하늘과 땅 사이를 갖추었다고 하는 것이다.

- 間 ; 사이 간, 사이, 때, 동안, 차별, 틈, 틈새, 간첩, 혐의, 사사로이, 몰래, 비밀히, 간혹, 사이에 두다, 끼이다, 섞이다, 이간하다, 헐뜯다, 간소하다, 검열하다, 엿보다, 살피다, 틈을 타다, 섞이다, 참여하다, 범하다, 차도가 있다.
- 備 ; 갖출 비, 갖추다, 준비하다, 채우다, 예방하다, 의장, 모두, 발톱, 비품.

夫乾 其靜也專 其動也直 是以大生焉
부 건 기 정 야 전 기 동 야 직 시 이 대 생 언

건은 섞이지 아니하고 깨끗하게 가득 차서 움직이면 곧게 나오므로 이 때문에 크게 생하고,

- 其 ; 그 기, 그, 그것, 만약, 만일, 아마도, 혹은, 어찌, 어째서, 장차, 바야흐로, 이미, 마땅히, 이에, 그래서, 기약하다, 어조사.
- 也 ; 잇기 야, 어조사 야, 잇기(한곳에 대어 잇거나 한곳에 닿아서 붙는 일), 어조사(~이다, ~느냐? ~도다, ~구나), 발어사, 또한, 역시, 딴, 다른, 잇달을 이, 잇달다(다른 사물에 이어서 달다), 대야(둥글넓적한 그릇).
- 專 ; 오로지 전, 오로지, 오직 한 곬으로, 마음대로, 홀로, 단독으로, 사사로이, 한 장, 한 겹, 전일하다(마음과 힘을 모아 오직 한곳에만 쓰다), 제멋대로 하다, 마음대로 하다, 독차지하다, 독점하다,

하나로 되다, 차다, 가득 차다, 섞이지 아니하다, 다스리다, 권세가 많다, 모일 단, 모이다, 둥글다.

- 直 ; 곧을 직, 곧다, 굳세다, 바르다, 옳다, 굽지 아니하다, 기울지 아니하다, 부정이 없다, 사가 없다, 펴다, 곧게 하다, 꾸미지 아니하다, 온순하다, 억울함을 씻다, 당하다, 대하다, 대적하다, 바루다, 고치다, 모시다, 시중들다, 곧, 즉시, 바로, 일부러, 다만, 겨우, 바른 도, 바른 행위, 숙직, 세로, 값 치, 값, 물가, 품삯, 만나다, 당하다.

夫坤 其靜也翕 其動也闢 是以廣生焉
부 곤 기 정 야 흡 기 동 야 벽 시 이 광 생 언

곤은 고요하게 한꺼번에 일어나서 움직이면 열고 나오므로 이 때문에 넓게 생하므로,

- 翕 ; 합할 흡, 합하다, 일다, 한꺼번에 일어나다, 성하다(기운이나 세력이 한창 왕성하다), 거두다, 모으다, 많다, 닫다, 당기다, 따르다, 불에 굽다.
- 闢 ; 열 벽, 열다, 열리다, 개간하다, 개척하다, 일구다, 피하다, 규탄하다, 배척하다, 반박하다, 투철하다, 법률, 법.

廣大配天地
광 대 배 천 지

광대함은 천지에 걸맞고,

- 配 ; 나눌 배, 짝 배, 나누다, 짝짓다, 짝지어 주다, 걸맞다(두 편을 견주어 볼 때 서로 어울릴 만큼 비슷하다), 견주다, 귀양 보내다, 종사하다, 딸리다(예속함), 보충하다, 짝, 아내, 적수, 술의 빛깔.

變通配四時
변 통 배 사 시

변통은 사계절에 걸맞고,

- 四 ; 넉 사, 넉, 넷, 네 번, 사방.
- 時 ; 때 시, 때, 철, 계절, 기한, 세대, 시대, 기회, 시세, 당시, 그때, 때마다, 늘, 때를 맞추다, 엿보다, 기회를 노리다, 좋다, 훌륭하다, 관장하다, 주관하다, 쉬다, 휴식하다.

음 양 지 의 배 일 월
陰陽之義配日月

음양의 정의는 해와 달에 걸맞고,

- 義; 옳을 의, 옳다, 의롭다, 바르다, 선량하다, 착하다, 순응하다, 맺다, 해 넣다, 섞다, 혼합하다, 간사하다, 옳지 않다, 의, 정의, 올바른 도리, 의리, 우의, 뜻, 의미, 의의, 거둥(임금의 나들이), 예절, 의식, 정의에 합당한 행동, 의로운 일, 명분, 법도, 용모, 행동거지(몸을 움직여 하는 모든 짓), 의로 맺은 친족 관계, 의리의 관계, 공적인 것, 공익을 위한 것, 인공적인 것, 가짜.

이 간 지 선 배 지 덕
易簡之善配至德

쉽고 간편해서 잘 사용하면 지극한 덕에 걸맞은 것이다.

- 至德; 1. 지극한 덕, 2. 매우 높은 덕행, 또는 그 덕행을 갖춘 사람.

자 왈 역 기 지 의 호
子曰 易其至矣乎

스승이 말하기를 역은 지극한 것이고,

- 子; 아들 자, 아들, 자식, 첫째지지, 남자, 사람, 당신, 경칭, 스승, 열매, 이자, 작위 이름, 접미사, 어조사, 번식하다, 양자로 삼다, 어리다, 사랑하다.
- 曰; 가로 왈, 가로되, 말하기를, 일컫다, 부르다, 이르다, 말하다, ~라 하다.

부 역 성 인 소 이 숭 덕 이 광 업 야
夫易 聖人所以崇德而廣業也

역은 성인이 덕을 높이고 사업을 넓히기 위한 것이다.

- 崇; 높을 숭, 높다, 높이다, 높게 하다, 존중하다, 모으다, 모이다, 차다, 채우다, 차게 하다, 마치다, 끝나다, 숭아(악기의 장식)의 약칭.

- 所 ; 바 소, 것.
- 以 ; 써 이, ~하기 위하여.

지 숭 예 비
知崇禮卑

존중하는 것을 알아 낮추어 절하는 것은,

- 禮 ; 예도 예, 예도, 예절, 절, 인사, 예물, 의식, 책 이름(예기), 경전 이름, 단술, 예우하다, (신을) 공경하다, 절하다.

숭 효 천 비 법 지
崇效天 卑法地

높은 하늘을 본받고 낮은 땅을 본받은 것이고,

- 法 ; 법 법, 본받다.

천 지 설 위 이 역 행 호 기 중 의
天地設位而易行乎其中矣

천지의 자리를 세우면 그 사이로 역은 행하여지는 것이지만,

성 성 존 존 도 의 지 문
成性存存 道義之門

성이 이루어지면 살아서 존재하는 것이 올바른 도의 문인 것이다.

- 門 ; 문 문, 문, 집안, 문벌, 동문, 전문, 방법, 방도, 가지, 과목, 부문, 종류, 분류, 비결, 요령.
- 道 ; 길 도, 통하다, 다니다, 가다, 행하다, 따르다.
- 義 ; 옳을 의, 올바른 도리.
- 性 ; 성품 성, 타고난 사람의 천성.

성 인 유 이 견 천 하 지 색 이 의 저 기 형 용
聖人有以見天下之賾而擬諸其形容

성인이 천하를 심오하게 보고 그 생긴 꼴에서 본뜬 것을 가지고,

- 下 ; 아래 하, 아래, 밑, 뒤, 끝, 임금, 귀인의 거처, 아랫사람, 천한 사람, 하급, 열등, 조건, 환경 등을 나타내는 말, 내리다, 낮아지다, (자기를) 낮추다, 못하다, 없애다, 제거하다, 물리치다, 손대다, 착수하다, 떨어지다, 항복하다.
- 賾 ; 깊숙할 색, 깊숙하다, 심오하다, 도리.
- 擬 ; 비길 의, 비기다, 비교하다, 헤아리다, 견주다, 본뜨다, 흉내 내다, 모방하다, 의심하다, 의심스럽다, 향하다.
- 容 ; 얼굴 용, 얼굴, 모양, 용모, 몸가짐, 용량, 속내, 속에 든 것, 나부끼는 모양, 어찌, 혹, 혹은, 담다, 그릇 안에 넣다, 용납하다, 받아들이다, 용서하다, 치장하다, 몸을 꾸미다, 맵시를 내다, 조용하다, 누긋하다(성질이나 태도가 좀 부드럽고 순하다), 권하다, 종용하다, 쉽다, 손쉽다, 어렵지 아니하다.

상 기 물 의 시 고 위 지 상
象其物宜 是故謂之象

만물을 알맞게 그린 것을 이런 까닭으로 상이라 이르고,

- 宜 ; 마땅할 의, 마땅하다, 알맞다, 마땅히 ~하여야 한다, 화목하다, 화순하다, 형편이 좋다, 사정이 좋다, 아름답다, 선미하다, 마땅히, 과연, 정말, 거의, 제사 이름, 사(社)의 제사, 안주, 술안주.
- 象 ; 코끼리 상, 꼴, 모양, 형상, 본뜨다, 그리다.

성 인 유 이 견 천 하 지 동 이 관 기 회 통
聖人有以見天下之動而觀其會通

성인이 천하의 움직임을 보고 어째서 모이고 내왕하는지 본 것을 가지고,

- 會 ; 모일 회, 모이다, 모으다, 만나다, 맞다, 능숙하다, 잘하다, 이해하다, 깨닫다, 통계를 내다, 합계를 산출하다, 반드시 ~해야 한다, ~할 가능성이 있다, 집회, 회합, 계, 모임, 기회, 시기, 기회, 잠깐 동안, 짧은 시간, 회계, 대도시, 때마침, 공교롭게도.
- 通 ; 통할 통, 내왕(來往)하다.

이 행 기 전 례 계 사 언
以行其典禮 繫辭焉

행위에 따라 그 전례가 쓰이도록 이에 말씀으로 묶어서,

- 典 ; 법 전, 법, 법전, 경전, 책, 서적, 벼슬, 예, 의식, 고사, 저당 잡히다, 맡다, 단아하다, 종사하다.
- 典禮 ; 1. 왕실 또는 나라의 길흉에 관한 의식, 2. 일정한 의식.
- 行 ; 갈 행, 행실, 행위, 행하여지다, 쓰이다.

이 단 기 길 흉 시 고 위 지 효
以斷其吉凶 是故謂之爻

결단하는 것에 따라 그것을 길흉으로 나눈 것이므로 이런 까닭으로 효라
고 이른 것이다.

언 천 하 지 지 색 이 불 가 악 야
言天下之至賾而不可惡也

천하의 지극히 심오한 것은 아무렇게나 말할 수 없고,

- 惡 ; 악할 악, 악하다, 나쁘다, 더럽다, 추하다, 못생기다, 흉년들다, 병들다, 앓다, 죄인을 형벌로써
  죽이다, 더러움, 추악함, 똥, 대변, 병, 질병, 재난, 화액, 잘못, 바르지 아니한 일, 악인, 나쁜 사람,
  위세, 권위, 미워할 오, 미워하다, 헐뜯다, 부끄러워하다, 기피하다, 두려워하다, 불길하다, 불화하
  다, 비방하다, 싫어하다, 어찌, 어찌하여, 어느, 어디.

언 천 하 지 지 동 이 불 가 란 야
言天下之至動而不可亂也

천하의 지극한 움직임은 어지럽게 말할 수 없으니,

- 亂 ; 어지러울 란, 어지럽다, 어지럽히다, 손상시키다, 다스리다, 음란하다, 간음하다, 무도하다, 포
  악하다, (물을) 건너다, 가득 차다, 널리 퍼지다, 난리, 반란, 위해, 재앙, 음행, 음란한 행위, 버릇없
  는 행동, 풍류, 악장, 요지, 함부로, 마구잡이로.

의 지 이 후 언 의 지 이 후 동

擬之而後言 議之而後動

헤아린 후에 말하고 의논한 후에 움직이는 것을,

- 後 ; 뒤 후, 임금 후, 뒤, 곁, 딸림, 아랫사람, 뒤떨어지다, 능력 따위가 뒤떨어지다, 뒤지다, 뒤서다, 늦다, 뒤로 미루다, 뒤로 돌리다, 뒤로 하다, 임금, 왕후, 후비, 신령.
- 議 ; 의논할 의, 의논하다, 토의하다, 책잡다(남의 잘못을 들어 나무라다), 가리다, 분간하다, 의견, 주장, 의논, 문체 이름.

의 의 이 성 기 변 화

擬議以成其變化

여러모로 헤아려 그 가부를 결정함으로써 그 변화가 이루어지는 것이다.

- 擬議 ; 1. 여러모로 헤아려 그 가부를 결정함, 2. 망설이고 주저함, 3. 무리하게 승복시킴.

명 학 재 음 기 자 화 지

鳴鶴在陰 其子和之　　61. 풍택중부 구이효의 효사

"그늘에서 학이 울면 그 새끼가 서로 응하듯이,

- 鳴 ; 울 명, (새가) 울다, 울리다, (소리를) 내다, 부르다, 말하다, 이야기하다, (이름을) 날리다, 놀라다.
- 鶴 ; 학 학, 흴 학, 학, 두루미, 희다.
- 和 ; 화할 화, 화하다(서로 뜻이 맞아 사이좋은 상태가 되다), 화목하다, 온화하다, 순하다, 화해하다, 같다, 서로 응하다, 합치다, 허가하다, 모이다, 화답하다, 양념하다, 나라 이름(일본), 합계, 악기의 한 가지.

아 유 호 작 오 여 이 미 지

我有好爵 吾與爾靡之

나에게 좋은 술이 있으면 나와 더불어 너를 쓰러뜨리는구나."

- 我 ; 나 아, 나, 우리, 외고집, 나의, 아집을 부리다, 굶주리다.
- 好 ; 좋을 호, 좋다, 사이좋다, 아름답다, 좋아하다, 사랑하다, 구멍, 우의, 정분, 교분, 친선의 정, 곧잘, 자주, 걸핏하면.
- 爵 ; 벼슬 작, 벼슬, 작위, 술, 술잔, 참새, (벼슬을) 주다, (술을) 마시다.
- 吾 ; 나 오, 나, 그대, 우리, 글 읽는 소리, 짐승 이름, 막다, 멈추게 하다, 친하지 않을 어, 친하지 않다, 친하려고 하지 않다, 소원한 모양, 땅 이름 아, 땅 이름.
- 爾 ; 너 이, 성의 하나, 어조사, 같이, 그, 뿐, 이, 그러하다, 가깝다.
- 靡 ; 쓰러질 미, 쓰러지다, 쓰러뜨리다, 멸하다, 말다, 금지하다, 호사하다, 다하다, 물가, 갈 마, 갈다.

자 왈 군 자 거 기 실 출 기 언 선 즉 천 리 지 외 응 지 황
子曰 君子居其室 出其言善 則千里之外應之 況

기 이 자 호
其邇者乎

스승이 말하기를 군자가 집에 있을 때 말을 잘하면 천리 밖에서도 응하는데 하물며 가까운 곳에서는 오죽하고,

- 室 ; 집 실, 집, 건물, 방, 거실, 거처, 사는 곳, 아내, 가족, 일가, 몸, 신체, 가재, 구덩이, 무덤, 굴, 별 이름, 칼 집, 장가들다, 시집보내다, 교접하다, 성교하다. 出 ; 날 출, 나다, 태어나다, 낳다, 나가다, 떠나다, 헤어지다, 드러내다, 나타내다, 내놓다, 내쫓다, 추방하다, 돌려보내다, 내어주다, (셈을)치르다, 버리다, 게우다, 샘솟다, 뛰어나다, 이루다, 시집가다, 자손, 처남, 꽃잎, 단락 척, (희곡의 한)단락, 연극의 한 장면. 千 ; 일천 천, 밭두둑 천, 그네 천, (눈동자)삐뚤어지다, 일천, 밭두둑, 밭두렁(밭이랑의 두둑한 부분), 초목이 무성한 모양, 아름다운 모양, 그네, 반드시, 기필코, 여러 번, 수효가 많다. 里 ; 마을 리, 속 리, 마을, 고향, 이웃, 인근, 리(거리를 재는 단위), 리(행정 구역 단위), 속, 안쪽, 내면, 이미, 벌써, 헤아리다, 근심하다. 外 ; 바깥 외, 바깥, 밖, 겉, 표면, 남, 타인, 외국, 외가, 어머니나 아내의 친척, 사랑, 바깥채, 타향, 남의 집, 언행, 용모, 앞, 이전, 민간, 조정에 대한 재야, 안 일에 대한 바깥 일, 사사에 대한 공사, 멀리하다, 벗어나다, 빗나가다, 떠나다, 잊다, 망각하다. 應 ; 응할 응, 응하다, 대답하다, 맞장구치다, 승낙하다, 화답하다, 당하다, 응당~하여야 한다, 받다, 아마도, 조짐이나 대답, 성의 하나, 나라 이름. 況 ; 상황 황, 하물며 황, 상황, 정황, 형편, 모양, 종소리의 형용, 하물며, 더군다나, 게다가, 더욱, 더욱 더, 때마침, 우연히, 곧, 이에, 견주다, 비교하다, 비유하다, 추측하다, 주다, 하사하다, 명하다.

거 기 실 출 기 언 불 선 즉 천 리 지 외 위 지 황 기 이 자 호
居其室 出其言不善 則天里之外違之 況其邇者乎

집에 있을 때 말을 잘하지 못하면 천리 밖에서도 원망하는데 하물며 가까
운 곳에서는 오죽하겠느냐.

• 違 ; 어긋날 위, 원망하다.

언 출 호 신 가 호 민
言出乎身加乎民

몸에서 말이 나가면 사람에게 미쳐,

• 身 ; 몸 신, 몸, 신체, 줄기, 주된 부분, 나, 1인칭 대명사, 자기, 자신, 출신, 신분, 몸소, 친히, 나이,
  (아이를)배다, 체험하다, 나라 이름 건, 건독(인도의 옛 이름).
• 加 ; 더할 가, 더하다, 가하다, 들다, 가입하다, 입다, 몸에 붙이다, 입히다, 치다, 있다, 미치다, 닿
  다, 쓸다, 베풀다, 살다, 거처하다, 업신여기다, 헐뜯다, 가법(加法).
• 民 ; 백성 민, 백성, 사람, 직업인, 나(자신).

행 발 호 이 현 호 원
行發乎邇見乎遠

가까이 하다가도 행실을 들추고 소원하게 보이므로,

• 發 ; 필 발, 피다, 쏘다, 일어나다, 떠나다, 나타나다, 드러내다, 밝히다, 들추다, 계발하다, 베풀다,
  빠른 발 모양. 遠 ; 멀 원, 소원하다(지내는 사이가 두텁지 아니하고 거리가 있어서 서먹서먹하다).

언 행 군 자 지 추 기 추 기 지 발 영 욕 지 주 야
言行 君子之樞機 樞機之發 榮辱之主也

언행이란 군자의 추기이니 추기를 드러내든지에 따라 영욕이 달려 있고,

• 樞 ; 지도리 추, 지도리(돌쩌귀), 근원, 본질, 가장 중요한 부분, 관건, 계기, 고동(기계 장치), 천자

의 지위, 국가의 정권, 별 이름, 나무 이름 우, 나무 이름.

- 機 ; 틀, 기계, 베틀, 기틀, 고동(기계 장치), 재치, 기교, 거짓, 허위, 기회, 때, 시기, 계기, 권세, 갈림길, 분기점, 찌(글을 써서 붙이는 좁은 종이쪽), 비롯하다, 위태롭다, 위험하다.
- 榮 ; 영화 영, 꽃 영, 영화, 영예, 영광, 명예, 피, 혈액, 꽃, 영광스럽다, 영예롭다, 성하다(기운이나 세력이 한창 왕성하다), 무성하다, 싱싱하다, 피다, 나타나다.
- 辱 ; 욕될 욕, 욕되다, 수치스럽다, 더럽히다, 욕되게 하다, 모욕을 당하다, 욕보이다, 무덥다, 황공하다, 거스르다, 치욕, 수치
- 主 ; 임금 주, 주인 주, 임금, 주인, 임자, 소유주, 우두머리, 상전, 여호와, 하느님, 알라, 주체, 당사자, 관계자, 결혼 상대자, 자신, 위패, 주견, 줏대, 자신의, 주관적인, 가장 주요한, 가장 기본적인, 주관하다, 책임지다, 주되다, 주장하다, 예시하다. *추기는 중심 혹은 중추 등을 말하며 천주교의 추기경도 이곳에서 유래되었음.

언 행   군 자 지 소 이 동 천 지 야   가 불 신 호
言行 君子之所以動天地也 可不愼乎

언행이란 군자가 천지를 움직일 수 있는 것이니 어찌 삼가지 않을 수 있겠는가.

- 愼 ; 삼갈 신, 삼가다(몸가짐이나 언행을 조심하다), 근신하다, 두려워하다, 근심하다, 따르다, 삼감(몸가짐이나 언행을 조심함), 성의 하나, 진실로, 참으로, 부디, 제발, 땅 이름 진, 땅 이름.

동 인 선 호 도 이 후 소
同人 先號咷而後笑　　13. 천화동인 구오효의 효사

"앞에는 울부짖는 사람이 그리고 뒤에는 웃는 사람이 같이 있구나."

- 先 ; 먼저 선, 먼저, 미리, 옛날, 이전, 앞, 처음, 첫째, 돌아가신 이, 죽은 아버지, 선구, 앞선 사람, 조상, 형수, 앞서다, 뛰어넘다, 이끌다, 나아가다, 앞으로 가다, 높이다, 중히 여기다, 뛰어나다.
- 號 ; 이름 호, 부르짖을 호, 이름, 부호, 명령, 차례, 번호, 부르짖다, 일컫다, 고하다, 울다.
- 咷 ; 울 도, 울다, 웃음소리, 웃는 모양, 노래할 조, 노래하다. 笑 ; 웃음 소, 웃음, 웃다, 비웃다, 조소하다, 꽃이 피다.

_{자 왈 군 자 지 도 혹 출 혹 처 혹 묵 혹 어}

子曰 君子之道 或出或處 或黙或語

스승이 말하기를 군자의 도라는 것은 나서야 할 지, 나서지 말아야 할 지, 말을 하지 말아야 할 지, 말을 해야 할 지 때를 아는 것이지만,

- 或; 혹 혹, 혹, 혹은, 혹시, 또, 어떤 경우에는, 어떤 이, 어떤 것, 있다, 존재하다, 괴이쩍어하다, 의심하다, 미혹하다, 나라 역, 나라.
- 處; 곳 처, 곳, 처소, 때, 시간, 지위, 신분, 부분, 부분, 일정한 표준, 살다, 거주하다, 휴식하다, 정착하다, 머무르다, (어떤 지위에)있다, 은거하다, 누리다, 향유하다, 맡다, 담당하다, 다스리다, 대비하다, (미혼으로)친정에 있다, 돌아가다, 사귀다, 보살피다, 처리하다, 대처하다, 분별하다, 차지하다, 두다, 보지하다(온전하게 잘 지켜 지탱해 나가다), 모이다, 자처하다, 결단하다, 멈추다, (병을)앓다, 나누다.
- 黙; 묵묵할 묵, 묵묵하다(말없이 잠잠하다), 고요하다, 모독하다.
- 語; 말씀 어, 말씀, 말, 이야기, (새, 벌레의)소리, 논어의 약칭, 기뻐하는 모양, 말하다, 논란하다, 알리다, 고하다, 발표하다, 의논하다, 모의하다, 이야기하다, 담화하다, 대답하다, 깨우치다, 가르치다, 설명하다.

_{이 인 동 심 기 리 단 금 동 심 지 언 기 취 여 난}

二人同心 其利斷金 同心之言 其臭如蘭

두 사람의 마음이 같다면 그 날카로움은 쇠를 절단하고 같은 마음에서 말하면 그 냄새는 난초와 같은 것이다.

- 利; 이로울 리, 이롭다, 이하다(이익이나 이득이 되다), 이롭게 하다, 유익하다, 편리하다, 통하다, 날카롭다, 이기다, 날래다, 탐하다, 이자, 이익, 승전.
- 金; 쇠 금, 쇠, 금, 돈, 화폐, 금나라, 누른빛, 귀하다, 성씨 김.
- 心; 마음 심, 마음, 뜻, 의지, 생각, 염통, 심장, 가슴, 근본, 본성, 가운데, 중앙, 중심, 도의 본원, 꽃술, 꽃 수염, 별자리 이름, 진수(보살이 행하는 관법 수행), 고갱이, 알맹이, 생각하다.
- 臭; 냄새 취, 냄새, 구린내, 몹시, 심하게, 지독하게, 썩다, 더럽다, (사이가)나빠지다, 맡다, 더럽히다, 추악하다, 평판이 나쁘다, 무가치하다, 맡을 후, (냄새를)맡다.
- 如; 같을 여, 같다, 같게 하다, 어떠하다, 미치다, 닿다, 좇다, 따르다, 가다, 이르다, 당연히~하여야 한다, 맞서다, 대항하다, 비슷하다, 어찌, 가령, 만일, 마땅히, 곧, 이것이, ~과, ~와 함께, 보다,

~보다 더, 이에, 그래서, 말 이을 이, 말을 잇다(而).
- 蘭 ; 난초 란, 난초, 목련(목련과의 낙엽 활엽 교목), 풀 이름, 난간, 화란(네덜란드)의 약칭.

초 육 자 용 백 모 무 구
初六 藉用白茅 无咎　28. 택풍대과 초육효의 효사

초육은 "자리를 까는 데 백모를 써도 허물이 없구나."

- 藉 ; 깔 자, 깔다, 깔개, 자리, 가령, 설사, 짓밟을 적, 짓밟다, 밟다, 범하다, 업신여기다, 와자하다, 친경하다, 적전(임금이 몸소 농사짓던 논밭), 빌 차, 빌릴 차, 기대다, 의지하다, 기대다, 구실삼다, 핑계 삼다, 가탁하다(거짓 핑계를 대다), 구실(온갖 세납을 통틀어서 이르던 말), 세금.
- 白 ; 흰 백, 희다, 깨끗하다, 분명하다, 명백하다, 진솔하다, 밝다, 밝아지다, 빛나다, 비다, (가진 것이) 없다, 아뢰다, 탄핵하다, 흘겨보다, 경멸하다, 흰빛, 백발, 대사, 술잔, 비단, 견직물, 볶은 쌀, 소대(군대).
- 茅 ; 띠 모, 띠(포아풀과의 여러 살이풀), 띳집(띠로 지붕을 이은 집), 기, 깃발, 두름(한 줄에 열 마리씩 두 줄로 엮은 것). *백모 ; 양자강 강변에서 자라는 풀).

자 왈 구 조 저 지 이 가 의 자 지 용 모 하 구 지 유
子曰 苟錯諸地而可矣 藉之用茅 何咎之有

스승이 말하기를 단지 땅에 두어도 되는데 띠를 써서 자리를 깔았으니 어찌 결함이 있겠는가.

- 苟 ; 진실로 구, 구차할 구, 진실로, 참으로, 다만, 단지, 겨우, 간신히, 만약, 구차하게, 바라건대, 잠시, 구차하다, 구차하게 굴다, 미봉하다(일의 빈 구석이나 잘못된 것을 임시변통으로 이리저리 주선하여 꾸며 대다), 낮다, 탐하다, 탐내다.
- 錯 ; 어긋날 착, 어긋나다, 섞다, 섞이다, 꾸미다, 도금하다, (살결이) 트다, 거칠어지다, 번다하다 (번거롭게 많다), 어지럽히다, 잘못하다, 숫돌, 삼가는 모양, 틀린 답안, 번갈아, 교대로, 둘 조, 두다, 처리하다, 시행하다, 편안하다, 급박하다, 허둥지둥하다.
- 諸 ; 어조사 저, ~에, ~에서.
- 何 ; 어찌 하, 꾸짖을 하, 멜 하, 어찌, 어느, 어떤, 어떠한, 언제, 얼마, 약간, 무엇, 왜냐하면, 잠시, 꾸짖다, 나무라다, 메다, 받다, 맡다, 당하다, 해당하다, 걸다, 내어걸다.

신 지 지 야
愼之至也

참으로 지극한 것이다.

- 愼; 삼갈 신, 삼가다(몸가짐이나 언행을 조심하다), 근신하다, 두려워하다, 근심하다, 따르다, 삼
  감(몸가짐이나 언행을 조심함), 성의 하나, 진실로, 참으로, 부디, 제발, 땅 이름 진, 땅 이름.

부 모 지 위 물 박 이 용 가 중 야
夫茅之爲物薄 而用可重也

저 띠는 하잘것없지만 쓰임에 따라 가히 소중하듯이,

- 薄; 엷을 박, 엷다, 얇다, 야박하다, 싱겁다, 맛없다, 깔보다, 업신여기다, 척박하다, 가까워지다,
  숲, 대그릇, 동자기둥 벽, 동자기둥(들보 위에 세우는 짧은 기둥), 두공(기둥 위에 지붕을 받치며
  차례로 짜 올린 구조), 풀 이름 보, 풀 이름, 박하(꿀풀과의 여러해살이풀).
- 重; 무거울 중, 무겁다, 소중하다, 귀중하다, 자주하다, 거듭하다, 무겁게 하다, 소중히 하다, 삼가
  다(몸가짐이나 언행을 삼가다), 조심하다, 보태다, 곁들이다, 붇다, 부어오르다, 더디다, 겹치다,
  (아이를) 배다, 많다, 두 번, 또다시, 심히, 늦 곡식, 만생종, 젖, 짐, 무게, 중량, 위세, 권력, 임시 신
  위, 사형, 아이 동, 아이, 어린이.

신 사 술 야 이 왕 기 무 소 실 의
愼斯術也 以往 其无所失矣

술수를 떠나서 진실로 하면 언제나 잃을 것이 없는 것이다.

- 愼; 삼갈 신, 진실로. 以; 써 이, ~을 ~로 하다.
- 斯; 이 사, 천할 사, 이, 이것, 잠시, 잠깐, 죄다, 모두, 쪼개다, 가르다, 떠나다, 떨어지다, 희다, 하
  얗다, 다하다, 떨어지다, 천하다, 낮다.
- 術; 재주 술, 재주, 꾀, 방법, 수단, 계략, 술수, 책략, 길, 사업, 일, 기교, 기예, 학문, 학술, 성의 하
  나, 짓다, 서술하다, 취락 이름 수, 취락 이름.
- 往; 갈 왕, 가다, (물품을) 보내다, (물품을) 보내 주다, 향하다, 과거, 옛날, 이미 지나간 일, 이따
  금, 일찍, 언제나, 뒤, 이후.
- 失; 잃을 실, 잃다, 잃어버리다, 달아나다, 도망치다, 남기다, 빠뜨리다, 잘못보다, 오인하다, 틀어
  지다, 가다, 떠나다, 잘못하다, 그르치다, 어긋나다, (마음을) 상하다, 바꾸다, 잘못, 허물, 지나침,

놓을 일, 놓다, 놓아주다, 풀어놓다, 달아나다, 벗어나다, 즐기다, 좋아하다. *소실 ; 1. 허물, 2. 노름을 하여서 돈을 잃음, 또는 그 돈의 액수.

노 겸   군 자 유 종 길
勞謙 君子有終 吉   15. 지산겸 구삼효의 효사

"힘들이고 애쓰며 일하니 지치고 고달프지만 겸손해 하는 군자더라도 생을 마칠 때까지 어느 정도의 상당한 수준이나 실력을 꽤 높게 가지고 있어야 좋구나."

* 勞 ; 일할 노, 일하다, 힘들이다, 애쓰다, 지치다, 고달프다, 고단하다, 괴로워하다, 근심하다, 수고롭다, 위로하다, 치사하다, 수고, 노고, 공로, 공적.
* 謙 ; 겸손할 겸, 겸손하다, 겸허하다, 사양하다, 공경하다, 육십사괘의 하나, 혐의 혐, 혐의, 의심하다, 꺼리다.

자 왈 노 이 불 벌 유 공 이 부 덕 후 지 지 야
子曰 勞而不伐 有功而不德 厚之至也

스승이 말하기를 노라는 것은 살생을 하지 아니하며 업적이 있어도 덕이 없거나 부족하다고 여기며 후덕함이 지극한 것인데,

* 伐 ; 칠 벌, 치다, 정벌하다, 베다, (북을) 치다, 찌르다, 찔러 죽이다, 비평하다, 모순되다, 저촉하다, 무너지다, 자랑하다, 치료하다, 방패, 공로, 훈공, 간 흙.
* 功 ; 공 공, 공, 공로, 공적, 일, 사업, 보람, 업적, 성적, 상복, 경대부의 옷, 공부, 공, 공의, 공치사하다, 튼튼하다, 정교하다.
* 厚 ; 두터울 후, 두텁다, 후하다, 두터이 하다, 두껍다, 짙다, 진하다, 맛있다, 지극하다, 정성스레 대하다, 친하다, 친밀하다, 우대하다, 많다, 많아지다, 크다, 무겁다, 늘리다, 증가시키다, 낫다, 훌륭하다, 두께, 두꺼운 정도, 부(富), 두터이, 매우, 많이, 크게.

위 이 기 공 하 인 자 야
謂以其功下人者也

그러한 업적이 있는 자를 그 보다 못한 사람들이 이른 것이다.

덕 언 성
德言盛

덕이라는 것은 공정하고 포용성 있는 마음이나 품성을 가지고 도덕적으로 행실이 바른 일을 행할 수 있는 인격적이고 윤리적인 능력으로 어떤 유리한 결과를 낳게 하는 원인을 가지고 있으면서 남이 보나 스스로 생각하나 바람직한 상태에 잘 부합하며 내색하지 않고 그릇에 쌓아 올리듯이 풍성하다는 것을 말하고,

- 盛 ; 성할 성, 성하다(기운이나 세력이 한창 왕성하다), 성대하다, 두텁다, 많다, 무성하다, 장하게 여기다, 담다, 높다, 접시에 신에게 바치는 음식을 높이 괴다.

예 언 공
禮言恭

예라는 것은 신에게 바치기 위해 그릇 위에 제사 음식을 가득 차려 놓고 공손한 마음가짐으로 두 손을 마주 잡고 받들어 섬기듯이 공손해야 한다는 것을 말하고,

- 禮 ; 예도 예, 예도, 예절, 절, 인사, 예물, 의식, 책 이름(예기), 경전 이름, 단술, 예우하다, (신을) 공경하다, 절하다, 제사를 풍성하게 차려 놓고 예의를 다하였다 하여 예도를 뜻함.
- 恭 ; 공손할 공, 공손하다, 예의 바르다, 삼가다(몸가짐이나 언행을 조심하다), 직분을 다하다, 받들다, 섬기다, 높이다, 존중하다, 고분고분하다, 순종하다, 조심하다, 크다.

겸 야 자 치 공 이 존 기 위 자 야
謙也者 致恭以存其位者也

겸이라는 것은 자기를 미흡한 사람이라고 나이 드신 어른이 아랫사람에게 낮출 수 있는 공손한 마음가짐에 도달한 사람이기에 그 자리에 존재하는 것이다.

- 致 ; 이를 치, 빽빽할 치, 이르다, 도달하다, 다하다, 이루다, 부르다, 보내다, 그만두다, 주다, 내주다, 깁다(떨어지거나 해어진 곳을 꿰매다), 꿰매다, 빽빽하다, 면밀하다, 촘촘하다, 찬찬하다, 곱다,

배다, 풍치, 경치, 정취, 흥미, 취미, 헌옷.

亢龍有悔   1. 중천건 상구효의 효사

"높이 오른 용도 뉘우침이 있구나."

- 亢 ; 높을 항, 높다, 극진히 하다, 지나치다, 가리다, 덮다, 겨루다, 필적하다, 높이 오르다, 자부하다, 자만하다, 목, 목 줄기, 목구멍, 용마루(지붕 가운데 부분에 있는 가장 높은 수평 마루), 가뭄, 별 이름.
- 龍 ; 용 룡, 용(상상의 동물), 임금, 천자, 임금에 관한 사물의 관형사, 비범한 사람, 훌륭한 사람, 명마, 별 이름, 파충류(공룡), 언덕 롱, 언덕, 얼룩 망, 얼룩, 은총 총, 은총.
- 悔 ; 뉘우칠 회, 뉘우치다, 스스로 꾸짖다, 한이 맺히다, 분하게 여기다, 뉘우침, 후회, 잘못, 과오, 깔봄, 얕봄, 주역의 괘효, 아깝게도, 유감스럽게도. *계사전에서 요구하는 해석임.

자 왈 귀 이 무 위 고 이 무 민 현 인 재 하 위 이 무 보
子曰 貴而无位 高而无民 賢人在下位而无輔

스승이 말하기를 귀하니 앉을 자리가 없고, 높으니 사람들이 없고, 어진 사람이 밑의 자리에 있어도 도움이 못되니,

- 貴 ; 귀할 귀, 귀하다, (신분이) 높다, 중요하다, 귀중하다, 귀하게 여기다, 숭상하다, 공경하다, 존중하다, 비싸다, 값이 높다, 바라다, 귀한 사람, 높은 지위나 권세, 높임말, 존칭의 접두어.
- 輔 ; 도울 보, 돕다, 도움, 광대뼈, 바퀴 덧방나무(수레의 양쪽 가장자리에 덧대는 나무), 재상, 아전, 경기(京畿).

시 이 동 이 유 회 야
是以動而有悔也

그러므로 하는 일마다 뉘우침이 있는 것이다.

불 출 호 정 무 구
不出戶庭 无咎 60. 수택절 초구효의 효사

"집안을 지키려면 밖으로 나가지 아니해야 허물이 없구나."

- 戶 ; 집 호, 지게 호, 집, 지게, 구멍, 출입구, 주량, 방, 사람, 막다, 지키다, 주관하다.
- 庭 ; 뜰 정, 뜰, 집 안에 있는 마당, 집안, 조정, 궁중, 궁궐의 안, 관청, 군이나 현의 정청, 곳, 장소, 사냥하는 곳, 동떨어진 모양, 사이가 멀다, 곧다, 바르다, 내공하다(겉으로 나타나지 않고 속으로 만 퍼지다), 동떨어지다.

자 왈 난 지 소 생 야 즉 언 어 이 위 계
子曰 亂之所生也 則言語以爲階

스승이 말하기를 난이 생기는 것은 서로 말을 주고받고 하는 말이 실마리가 되어,

- 亂 ; 어지러울 란, 어지럽다, 어지럽히다, 손상시키다, 다스리다, 음란하다, 간음하다, 무도하다, 포악하다, (물을) 건너다, 가득 차다, 널리 퍼지다, 난리, 반란, 위해, 재앙, 음행, 음란한 행위, 버릇없는 행동, 풍류, 악장, 요지, 함부로, 마구잡이로.
- 階 ; 섬돌 계, 섬돌(집채의 앞뒤에 오르내릴 수 있게 놓은 돌층계), 층계, 한 계단, 품계, 관등, 벼슬 차례, 차례, 실마리, 사다리, 길, 연고, 인연, (사다리를) 놓다, 오르다, 나아가다, 인도하다, 이끌다, 겹치다, 쌓이다.

군 불 밀 즉 실 신 신 불 밀 즉 실 신
君不密則失臣 臣不密則失身

군주가 비밀을 지키지 못하면 신하를 잃고, 신하가 비밀을 지키지 못하면 몸을 잃고,

- 密 ; 빽빽할 밀, 빽빽하다, 촘촘하다, 빈틈없다, 착 붙다, 자세하다, 꼼꼼하다, 가깝다, 가까이하다, 친하게 하다, 조용하다, 깊숙하다, 가깝다, 비밀로 하다, 숨기다, 누설하지 아니하다, 은밀하다, 삼가다(몸가짐이나 언행을 조심하다), 편안하다, 비밀, 숨겨 놓은 일, 사삿일(개인의 사사로운 일), 몰래, 편안히.

幾事不密則害成

기 사 불 밀 즉 해 성

어떤 일의 비밀이 새어 나가면 집 안에 들어 앉아 사람을 헐뜯고 어지럽히는 말들을 해대니 이루어질 수가 있겠는가.

- 害 ; 해할 해, 해하다, 거리끼다, 해롭다, 시기하다, 훼방하다, 방해하다, 해, 재앙, 요새, 손해, 어느 할, 어느, 어찌, 집안에 들어앉아 사람을 헐뜯고 어지럽히는 말을 한다. 하는 뜻이 합하여 남을 '해치다' '방해하다'를 뜻함. *기밀이란 말도 여기에서 유래됨.

是以君子愼密而不出也

시 이 군 자 신 밀 이 불 출 야

그러므로 군자는 몸가짐이나 언행을 조심하고 조심하여 말이나 감정 등이 나타나지 않게 속마음을 잘 감추어야 하는 것이다.

子曰 作易者其知盜乎

자 왈 작 역 자 기 지 도 호

스승이 말하기를 역을 지은 사람은 도적의 심보를 어찌 알고 있었지.

- 盜 ; 도둑 도, 도둑, 미투리(삼이나 노 따위로 짚신처럼 삼은 신), 비적(떼 지어 다니는 도적), 도둑질, 훔치다.

易曰 負且乘 致寇至　40. 뇌수해 육삼효의 효사

역 왈 부 저 승 치 구 지

역에서 이르기를 "짐 지고 머뭇거리다 말을 타면 반드시 도적이 이르러 약탈하는구나."

- 負 ; 질 부, 지다, 짐 지다, 탄식하다, 감탄하다, 떠맡다, 빚지다, 탄식, 감탄, 업다, 창졸간에, 갑작스럽게, 힘입다, (부상을) 입다, 저버리다, 패하다, 근심하다, 짐, 지는 일, 빚.
- 且 ; 또 차, 또, 또한, 우선, 장차, 만일, 구차하다, 공경스러울 저, 공경스럽다, 머뭇거리다, 어조사,

도마 조, 도마, 적대(제사 때 산적을 담는 그릇).

- 乘; 탈 승, 타다, 오르다, 헤아리다, 이기다, 업신여기다, 꾀하다, 다스리다, 곱하다, 불법(佛法), 수레, 넷, 양수사(수를 세는 단위), 사기(책 이름).

- 致; 이를 치, 빽빽할 치, 이르다, 도달하다, 다하다, 이루다, 부르다, 보내다, 그만두다, 주다, 내주다, 깁다(떨어지거나 해어진 곳을 꿰매다), 꿰매다, 빽빽하다, 면밀하다, 촘촘하다, 찬찬하다, 곱다, 배다, 풍취, 경치, 정취, 흥미, 취미, 헌옷.

- 寇; 도적 구, 도적(도둑), 떼도둑, 외적, 원수(怨讐), 난리, 병기(兵器), 성의 하나, 약탈하다, 침범하다, 노략질하다, 해치다, 쳐들어오다, 베다, 성하다(기운이나 세력이 한창 왕성하다).

- 至; 이를 지, 반드시, 마침내.

부 야 자 소 인 지 사 야 승 야 자 군 자 지 기 야
負也者 小人之事也 乘也者 君子之器也

짐 지는 것은 소인의 일이고 올라타는 것은 군자의 이동 수단인데,

- 器; 그릇 기, 그릇, 접시, 도구(道具; 1. 일을 할 때 쓰는 연장을 통틀어 이르는 말, 2. 어떤 목적을 이루기 위한 수단이나 방법, 3. 불도를 닦을 때 쓰는 기구(불상, 바리때 등)를 통틀어 이르는 말), (생물체의) 기관, 그릇으로 쓰다, 그릇으로 여기다, 존중하다.

소 인 이 승 군 자 지 기 도 사 탈 지 의
小人而乘君子之器 盜思奪之矣

소인이 군자의 이동 수단을 올라탄다면 도적이 약탈할 생각을 갖지 않겠는가.

- 思; 생각 사, 생각, 심정, 정서, 의사, 의지, 사상, 뜻, 마음, 시호, 성의 하나, 어조사, 생각하다, 사색하다, 그리워하다, 슬퍼하다, 시름겨워하다, 수염이 많을 새, 수염이 많다, 수염이 많은 모양.

- 奪; 빼앗을 탈, 빼앗다, 약탈하다, 빼앗기다, 잃다, 없어지다, 관직을 삭탈하다, 징수하다, 좁은 길 태, 좁은 길.

상 만 하 폭 도 사 벌 지 의
上慢下暴 盜思伐之矣

거만하게 올라타고 아랫사람에게 모질게 굴면 도적이 칠 생각을 갖지 않
겠는가.

- 上 ; 윗 상, 위, 윗, 앞, 첫째, 옛날, 이전, 임금, 군주, 사성의 하나, 높다, 올리다, 드리다, 진헌하다,
  오르다, 탈 것을 타다.
- 慢 ; 거만할 만, 거만하다(잘난 체하며 남을 업신여기는 데가 있다), 오만하다(태도나 행동이 건방
  지거나 거만하다), 게으르다, 게으름을 피우다, 거칠다, 간략하다, 방종하다, 업신여기다, 모멸하
  다, 느슨하다, 방자하다, 느리다, 더디다, 칠하다.
- 下 ; 아래 하, 아래, 밑, 뒤, 끝, 임금, 귀인의 거처, 아랫사람, 천한 사람, 하급, 열등, 조건 환경 등
  을 나타내는 말, 내리다, 낮아지다, (자기를) 낮추다, 못하다, 없애다, 제거하다, 물리치다, 손대다,
  착수하다, 떨어지다, 항복하다.
- 暴 ; 사나울 폭, 쬘 폭, 사납다, 난폭하다, 해치다, 모질다, 모질게 굴다, 세차다, 맨손으로 치다, 불
  끈 일어나다, 업신여기다, 조급하다, 갑자기, 쐬다, 따뜻하게 하다, 햇볕에 말리다, 나타내다, 드러
  나다, 알려지다, 사나울 포, 사납다, 난폭하다, 해치다, 모질다, 모질게 굴다, 세차다, 맨손으로 치
  다, 불끈 일어나다, 업신여기다, 조급하다, 갑자기, 앙상할 박, 앙상하다, 성기다(물건의 사이가 뜨
  다), 희다.
- 伐 ; 칠 벌, 치다, 정벌하다, 베다, (북을) 치다, 찌르다, 찔러 죽이다, 비평하다, 모순되다, 저촉되
  다, 무너지다, 자랑하다, 치료하다, 방패, 공로, 훈공, 간 흙.

만 장 회 도 야 용 회 음
慢藏誨盜 冶容誨淫

감추는 것을 거만하게 도적에게 보이고 용모가 예쁘고 요염하여 음란하
게 보이면,

- 藏 ; 감출 장, 감추다, 숨다, 곳집(곳간으로 지은 집), 광, 서(西)장의 약칭, 오장.
- 誨 ; 가르칠 회, 가르치다, 인도하다, 보이다, 유인하다, 회개하다, 가르침, 간언하는 말. 冶 ; 풀무
  야, 풀무(불을 피울 때에 바람을 일으키는 기구), 용광로, 대장간, 대장장이, 들, 초야, 불리다, 단련
  하다, 예쁘다, 요염하다, 꾸미다, 장식하다.
- 容 ; 얼굴 용, 얼굴, 모양, 용모, 몸가짐, 용량, 속내, 속에 든 것, 나부끼는 모양, 어찌, 혹, 혹은, 담
  다, 그릇 안에 넣다, 용납하다, 받아들이다, 용서하다, 치장하다, 몸을 꾸미다, 맵시를 내다, 조용하
  다, 느긋하다(성질이나 태도가 좀 부드럽고 순하다), 권하다, 종용하다, 쉽다, 손쉽다, 어렵지 아니

하다.

- 淫 ; 음란할 음, 장마 음, 음란하다, 탐하다, 욕심내다, 과하다, 지나치다, 간사하다, 사악하다, 도리에 어긋나다, 어지럽다, 어지럽히다, 미혹시키다, 빠지다, 깊다, 심하다(정도가 지나치다), 크다, 대단하다, 사치하다, 윤택하다, 오래다, 머무르다, 제멋대로 하다, 진실하지 못하다, 장마, 요수 요, 요수, 강 이름 염, 강 이름.

易曰 負且乘 致寇至 盗之招也

역에서 이르기를 "짐 지고 머뭇거리다 말을 탄다면 반드시 도적이 이르러 약탈하듯이" 도적을 부르는 것이다.

- 招 ; 부를 초, 부르다, 손짓하다, 묶다, 결박하다, 얽어매다, 속박하다, 구하다, 나타내다, 밝히다, 흔들리다, (몸을) 움직이다, 과녁, 별 이름, 지적할 교, 지적하다, 걸다, 게시하다, 들다, 들어 올리다, 높다, 높이 오르다, 풍류 이름 소, 풍류 이름.

천 일 지 이 천 삼 지 사 천 오 지 육 천 칠 지 팔 천
天一 地二 天三 地四 天午 地六 天七 地八 天
구 지 십 천 수 오 지 수 오 오 위 상 득 이 각 유 합
九 地十 天數五 地數五 五位相得而各有合

천일, 지이, 천삼, 지사, 천오, 지육, 천칠, 지팔, 천구, 지십하여 천의 수를 다섯으로, 지의 수를 다섯으로 하여 서로 다섯 개 씩 얻어서 이를 각각 합하면,

- 一 ; 한 일, 하나, 일, 첫째, 첫 번째, 오로지, 온, 전, 모든, 하나의, 한결같은, 다른, 또 하나의, 잠시, 한번, 좀, 약간, 만일, 혹시, 어느, 같다, 동일하다.
- 二 ; 두 이, 두, 둘째, 병이 심하다, 두 번, 버금, 두 가지 마음, 둘로 하다.
- 三 ; 석 삼, 석, 셋, 자주, 거듭, 세 번, 재삼, 여러 번, 몇 번이고.
- 四 ; 넉 사, 넉, 넷, 네 번, 사방.
- 五 ; 다섯 오, 다섯, 다섯 번, 다섯 곱절, 오행(우주 만물을 이루는 다섯 가지 원소), 제위(제왕의 자리), 별 이름, 다섯 번하다, 여러 번하다.
- 六 ; 여섯 육, 여섯, 여섯 번, 죽이다.

- 七 ; 일곱 칠, 일곱, 일곱 번, 칠재(죽은 지 49일 되는 날에 지내는 재), 문체 이름.

- 八 ; 여덟 팔, 여덟, 여덟 번, 팔자 형, 나누다.

- 九 ; 아홉 구, 아홉, 아홉 번, 많은 수, 남방, 남쪽, 양효, 주역의 양수, 오래된 것, 많다, 늙다, 모을 규, 모으다, 모이다, 합하다, 합치다.

- 十 ; 열 십, 열, 열 번, 열배, 전부, 일체, 완전, 열배하다.

- 數 ; 셈 수, 셈, 산법, 역법, 일정한 수량이나 수효, 등급, 구분, 이치, 도리, 규칙, 예법, 정세, 되어 가는 형편, 꾀, 책략, 기술, 재주, 솜씨, 운명, 운수, 수단, 방법, 몇, 두서너, 대여섯, 세다, 계산하다, 셈하다, 헤아리다, 생각하다, 조사하여 보다, 책망하다, 자주 삭, 자주, 자주하다, 여러 번 되풀이하다, 빨리하다, 빠르다, 황급하다, 바삐 서두르다, 급히 서둘러하다, 다가서다, 접근하다, 촘촘할 촉, 촘촘하다. 各 ; 각각 각, 각각, 각자, 제각기, 따로따로, 여러, 서로, 마찬가지로, 모두, 다, 전부, 다르다, 각각이다.

- 合 ; 합할 합, 쪽문 합, 합하다, 모으다, 맞다, 대답하다, 만나다, 싸우다, 적합하다, 짝, 합(그릇), 홉(양을 되는 단위), 쪽문, 협문(대문이나 정문 옆에 있는 작은 문), 마을, 대궐, 홉 홉, 홉(양을 되는 단위).

천 수 이 십 유 오   지 수 삼 십 범 천 지 지 수 오 십 유 오
天數二十有五 地數三十 凡天地之數五十有五

천의 수는 이십하고 오가 되고, 지의 수는 삼십이 되어 무릇 천지의 수는 오십하고 오가 되는데,

- 凡 ; 무릇 범, 무릇, 대체로 보아, 무두, 다, 전부, 보통, 보통의, 예사로운, 대강, 개요, 상도, 관습, 관례, 평범하다, 범상하다(중요하게 여길 만하지 아니하고 예사롭다).

차 소 이 성 변 화 이 행 귀 신 야
此所以成變化而行鬼神也

이것으로 변화를 이루고 귀신이 행하여지는 것이다.

- 此 ; 이 차, 이, 이에(발어사).

대 연 지 수 오 십   기 용 사 십 유 구
大衍之數五十 其用四十有九

변화를 주도하는 오를 제외하면 중요하게 유용되는 수는 오십이 되고 그중에서 일은 변화의 본체이기 때문에 하나를 제외하고 사십하고 구를 사용하는데,

• 衍 ; 넓을 연, 넓다, 넓히다, 확충하다, 넘치다, 흐르다, 남다, 넉넉하다, 풍부하다, 지나다, 펴다, 산개하다, 배치하다, 이끌다, 초빙하다, (널리) 퍼지다, 즐기다, 질펀하다, 크다, (미루어) 말하다, 나머지, 산비탈, 문장에 잘못 낀 자구(字句), 허물, 상자, 평지, 늪, 마하연(摩訶衍 대승불교), 제사 이름. *大衍數 ; 주역에 있어서 하늘이 생긴 수를 3으로 잡고 땅이 생긴 수를 2로 잡아 그 합한 수인 5가 각각 10까지 늘려 이루어진 수 50을 이름.

분 이 위 이 이 상 양 괘 일 이 상 삼
分而爲二以象兩 掛一以象三

이러한 원리로 시초 마흔 아홉 개를 사용하여 하늘과 땅을 상징하듯이 왼손과 오른손의 양쪽으로 나누고, 삼재(천지인)를 상징하듯이 오른손의 것 중에서 하나를 뽑아 왼손 새끼손가락과 약지 사이에 걸고,

• 分 ; 나눌 분, 나누다, 나누어 주다, 베풀어 주다, 나누어지다, 몇 개의 부분으로 갈라지다, 구별하다, 명백하게 하다, 헤어지다, 떨어져 나가다, 구별, 다름, 나누어 맡은 것, 몫, 분수, 운명, 인연, 신분, 직분, 길이, 무게, 시간, 각도, 화폐 따위의 단위, 24절기의 하나, 밤과 낮의 길이가 같을 때, 푼푼, 푼(엽전의 단위).
• 兩 ; 두 양, 두, 둘, 짝, 쌍, 두 쪽, 동등한 것, 25인, 수레, 냥 냥, 냥(화폐의 단위), 냥(중량 단위), 대(편제 단위), 필(길이의 단위).
• 掛 ; 걸 괘, 걸다, 매달다, 입다, 걸치다, 나누다, 구분하다, 도모하다, 꾀하다, 등록하다, 건너다, 통과하다, (마음이) 끌리다, 옷, 의상.

설 지 이 사 이 상 사 시 귀 기 어 륵 이 상 윤
揲之以四以象四時 歸奇於扐以象閏

사계절을 상징하듯이 왼손과 오른손에 있는 시초를 각각 네 개씩 한 묶음

370 | 周易 利貞 주역 이정

으로 세고, 윤달을 상징하듯이 네 개씩 세고 난 나머지 중에서 왼손의 것은 왼손의 약지와 중지사이에 끼우고 오른손의 것은 왼손의 중지와 검지 사이에 끼우는 것을 마치고,

- 揲; 셀 설, 세다, 맥 짚다, 가지다, 취하다, 쌓이다, 두드릴 엽, 두드리다, 접을 접, 접다.
- 歸; 돌아갈 귀, 돌아가다, 돌아오다, 돌려보내다, 따르다, 붙좇다(존경하거나 섬겨 따르다), (몸을) 의탁하다, 맡기다, 위임하다, 마치다, 끝내다, 시집가다, 편들다, 맞다, 적합하다, 모이다, 합치다, 선물하다, (음식을) 보내다, 자수하다, 죽다, 부끄러워하다, 몸을 의탁할 곳.
- 奇; 기특할 기, 기특하다, 기이하다, 괴상하다, 새롭다, 불우하다, (운수가) 사납다, 기만하다, 때를 못 만나다, 뛰어나다, 알아주다, 홀수, 기수, 여수(남은 수), 속임수, 짝, 심히, 의지할 의, 의지하다. 扐; 손가락 사이 륵, 손가락 사이, (손가락 사이에)끼우다.
- 閏; 윤달 윤, 윤달(윤년에 드는 달. 달력의 계절과 실제 계절과의 차이를 조절하기 위하여 1년 중의 달수가 어느 해보다 많은 달을 이른다. 즉, 태양력에서는 4년마다 한 번 2월을 29일로 하고 태음력에서는 19년에 일곱 번, 5년에 두 번의 비율로 한 달을 더하여 윤달을 만든다.), 잉여(쓰고 난 후 남은 것), 정통이 아닌 임금의 자리, 윤달이 들다.

오 세 재 윤 고 재 륵 이 후 괘
五歲再閏 故再扐而後掛

오 년에 윤달이 두 번 들기 때문에 왼쪽 손가락 사이에 끼웠던 시초를 구분하여 한쪽으로 빼놓은 후에 손가락 사이에 끼우는 것을 거듭하여,

건 지 책 이 백 일 십 유 육 곤 지 책 백 사 십 유 사
乾之策二百一十有六 坤之策百四十有四

열여덟 번의 변화를 거쳐 노양 건효의 바른 책 수 삼십육을 육 효의 육으로 곱한 건지 책은 이백일십하고 육이고, 마찬가지로 열여덟 번의 변화를 거쳐 노음 곤효의 바른 책 수 이십사를 육효의 육으로 곱하니 곤지 책은 일백사십하고 사인데,

- 策; 꾀 책, 채찍 책, 꾀, 계책, 제비(기호 등에 따라 승부 따위를 결정하는 방법), 대쪽, 책, 서적, 장부, 채찍, 점대(점을 치는 데 쓰는 댓가지), 산가지(수효를 셈하는 데에 쓰던 막대기), 수효, 숫자, 지팡이, (임금의) 명령서, 별 이름, 낙엽 소리, (과거를) 보이다, (상을) 주다, 포상하다, 헤아리다,

예측하다, 기록하다, 꾀하다, 기획하다, 독촉하다, 채찍질하다, (지팡이를) 짚다.

凡三百有六十 當期之日
범 삼 백 유 육 십 당 기 지 일

이를 합하면 삼백하고 육십인데 한 해의 날 수에 해당되고,

• 期 ; 기약할 기, 기약하다, 약속하다, 기다리다, 바라다, 기대하다, 모이다, 정하다, 결정하다, 적합
   하다, 알맞다, 가르치다, 더듬거리다, 기간, 기한, 기일, 예정된 날짜, 돌, 1주년, 때, 기회, 기복, 기
   년복(일 년 동안 입는 상복), 백 살, 한정(限定).

二篇之策 萬有一千五百二十
이 편 지 책 만 유 일 천 오 백 이 십

건지 책 이백십육하고 육십사괘 중에서 절반인 삼십이를 곱하면 육천구
백십이가 되고 곤지 책 백사십사에 또한 삼십이로 곱하면 사천육백팔이
되어 이 둘을 합하면 만하고 일천오백이십이 되는데,

• 篇 ; 책 편, 책, 서책, 완결된 시문, 사장(詞章, 辭章), 편(서책의 부류, 또는 시문을 세는 말), 편액
   (방안이나 문 위에 걸어 놓는 액자), 가볍게 날리는 모양.
• 萬 ; 일만 만, 일만, 성의 하나, (사천성에 있는) 현 이름, 만무(萬無, 절대로 없음), 대단히, 매우,
   매우 많은, 여럿, 절대로, 전혀, 많다.

當萬物之數也
당 만 물 지 수 야

이것이 만물의 수이다.

• 當 ; 마땅 당, 마땅, 밑바탕, 바닥, 저당, 갚음, 보수, 갑자기, 이, 그, 마땅하다, (임무, 책임을) 맡다,
   당하다, 대하다, 주관하다, 주장하다, 필적하다, 짝하다, 균형되다, 어울리다, (때를) 만나다, 당면
   하다, 저당하다, 막다, 지키다, 방어하다, 비기다, 비교하다, 벌주다, 단죄하다, 마주 보다, 곧 ~하
   려 하다.

시 고 사 영 이 성 이 십 유 팔 변 이 성 괘
是故四營而成易 十有八變而成卦

이런 까닭으로 네 번을 꾀하면 역이 이루어지고 열여덟 번을 변통하면 괘가 이루어지는 것이다.

- 營; 경영할 영, 경영하다, 짓다, 꾀하다, 계획하다, 두려워하다, 변명하다, 오락가락하다, 재다, 현혹하다, 갈다, 고을 이름, 별 이름, 진영, 주택.

팔 괘 이 소 성 인 이 신 지 촉 류 이 장 지
八卦而小成 引而伸之 觸類而長之

팔괘는 작게 이루어진 소성괘이지만 펼쳐서 늘어나는 이치에 도달을 하고 무리들이 성장하면서 잘못되는 것을 깨달아 느끼는 이치에 도달을 하여,

- 引; 끌 인, (수레를) 끌다, 당기다, 이끌다, 인도하다, 늘이다, 연장하다, 맡다, 바루다(비뚤어지거나 구부러지지 않도록 바르게 하다), 추천하다, 천거하다, 퍼지다, 만연하다, 인용하다, 넘겨주다, (그물을) 치다, 다투다, 물러나다, 자진하다, 자살하다, 부르다, 노래 곡조, 악곡, 벗, 친구, 통행증, 가슴걸이, 상여 끈, 길이, 문체 이름.
- 伸; 펼 신, 펴다, 펼치다, 늘이다, 내뻗다, 내밀다, 해명하다, 설명하다, 진술하다, (기지개를) 켜다, 자다, 눕다, 사뢰다.
- 觸; 닿을 촉, 닿다, 찌르다, 느끼다, 받다, 범하다(1. 법률, 도덕, 규칙 따위를 어기다. 2. 잘못을 저지르다. 3. 들어가서는 안 되는 경계나 지역 따위를 넘어 들어가다), 더럽히다, 물고기, 물고기 이름.
- 長; 길 장, 어른 장, 길다, 낫다, 나아가다, 자라다, 만, 어른, 길이, 우두머리, 처음, 늘, 항상.

천 하 지 능 사 필 의
天下之能事畢矣

천하에서 자기에게 알맞아 잘해 낼 수 있는 일을 마칠 수 있게 된 것은,

- 畢; 마칠 필, 마치다, 끝내다, 다하다, 완성하다, 드리다, 빠르다, 날렵하다, 그물, 간찰(글씨를 쓰는 댓조각), 슬갑(膝甲 ; 추위를 막기 위하여 바지 위에다 무릎까지 내려오게 껴입는 옷, 앞쪽에 끈

을 달아 허리띠에 걸쳐 맨다), 조복(1. 朝服 ; 관원이 조정에 나아가 하례할 때에 입던 예복으로 붉은 빛의 비단으로 만들며 소매가 넓고 깃이 곧다. 2. 粗服 ; 거칠고 값싼 의복), 달 이름, 마침내, 다, 모두. *能事 ; 자기에게 알맞아 잘해낼 수 있는 일.

顯道神德行
현 도 신 덕 행

신이 덕을 행하여서 도가 나타난 것이다.

- 顯 ; 나타날 현, 뚜렷하다, 명확하다, 분명하다, 명백하다.

是故可與酬酢 可與祐神矣
시 고 가 여 수 작 가 여 우 신 의

이런 까닭으로 나아가기 힘들 때 나갈 수 있게 베풀어 주시는 것을 진심으로 보답하는 제사로 갚으니 가히 신이 도움을 베풀어 주는 것이다.

- 酬 ; 갚을 수, 갚다, 보답하다, (잔을) 돌리다, (술을) 권하다, 응대하다, 배상하다, 변상하다, (손님을 대접하고 재화를) 보내다, 부치다, 후하다, 진심이다, 이루다, 보답, 갚음, 갚을 주, 갚다, 보답하다. 酢 ; 잔 돌릴 작, 잔을 돌리다, 응대하다, 즐기다, 좋아하다, 보답하는 제사, 신맛 나는 조미료 초, 신맛 나는 조미료, 초, 신맛, (맛이) 시다.
- 祐 ; 복 우, 도울 우, 복(福), 도움, 돕다, 도와주다, 올리다, 진헌하다.
- 與 ; 더불 여, 주다, 베풀어 주다.
- 可 ; 옳을 가, '나아가 힘 드는 것이 나갈 수 있다'의 뜻.

子曰 知變化之道者 其知神之所爲乎
자 왈 지 변 화 지 도 자 기 지 신 지 소 위 호

스승이 말하기를 변화의 도를 아는 자는 아마도 신이 행하는 바를 알 수 있겠지.

역 유 성 인 지 도 사 언
易有聖人之道四焉

역에는 성인의 네 가지 도가 있는데,

이 언 자 상 기 사
以言者尙其辭

말로 하는 사람은 오히려 괘사와 효사를 높여 숭상하는 풍습이 있고,

- 尙 ; 오히려 상, 오히려(1. 일반적인 기준이나 예상, 짐작, 기대와는 전혀 반대가 되거나 다르게, 2. 그럴 바에는 차라리), 더욱이, 또한, 아직, 풍습, 풍조, 숭상하다, 높다, 높이다, 자랑하다, 주관하다, 장가들다, 꾸미다, 더하다.

이 동 자 상 기 변
以動者尙其變

어떤 느낌을 받아 마음이 따라 움직이는 사람은 오히려 변화를 높여 숭상하는 풍습이 있고,

- 動 ; 움직일 동, 감응하다(1. 어떤 느낌을 받아 마음이 따라 움직이다, 2. 믿거나 비는 정성이 신령에게 통하다, 3. 전기장이나 자기장 속에 있는 물체가 그 전기장 즉, 전기, 방사선, 빛, 열 따위의 영향을 받아 전기나 자기를 띠다(물리).

이 제 기 자 상 기 상
以制器者尙其象

사람의 역량을 그릇으로 보고 닦을 만한 능력을 가진 사람을 날붙이(칼, 낫, 도끼 따위)로 나무를 쳐서 깨끗이 하듯이 사람을 만드는 사람은 오히려 상을 높여 숭상하는 풍습이 있고,

- 制 ; 절제할 제, 지을 제, 절제하다, 억제하다, 금하다, 마름질하다, 짓다, 만들다, 맡다, 바로잡다, 법도, 규정, 천자의 말, 날붙이로 나무를 쳐서 깨끗이 하다. *器의 뜻. (어떤 명사다음에 붙어) 1. 기계나 기구, 그릇의 뜻을 나타내는 말, 2. 생물체의 한 기관을 나타냄, 3. 성의 하나, 4. 음식의 그

룻 수를 세는 단위, 5. 근기, 기량이라는 뜻. 교법을 믿고 이를 실제로 닦을 만한 능력을 가진 사람을 그릇에 비유하여 이르는 말, 6. 기세간(器 世間).

以卜筮者尚其占
이 복 서 자 상 기 점

점치는 사람은 오히려 점을 높여 숭상하는 풍습이 있지만,

- 卜 ; 점 복, 무 복, 점, 점괘, 점쟁이, 점치다, 갖다, 주다, 상고하다, 헤아리다, 무, 짐바리 짐, 짐바리 (마소로 실어 나르는 짐).
- 筮 ; 점 서, 점(앞날의 운수, 길흉 따위를 미리 판단하는 일), 점대(점을 치는 데 쓰는 댓가지), 점치다.
- 占 ; 점령할 점, 점칠 점, 점령하다, 차지하다, 점치다, 자세히 살피다, 입으로 부르다, 묻다, 불러주다(구술하다), 엿보다, 지니다, 헤아리다, 보고하다, 점, 징조.

是以君子將有爲也 將有行也
시 이 군 자 장 유 위 야 장 유 행 야

이에 군자에게 바라건대 어떤 일을 나아가고 혹은 어떤 행동을 행할 때에,

- 將 ; 장수 장, 장차 장, 장수, 인솔자, 장차, 문득, 청컨대, 무릇, 대저(대체로 보아서), 만일, 만약, 혹은, 또한, 한편, 거의, 대부분, 그리고, 그리하여, 오히려, 원하건대, 바라건대, 어찌, 거느리다, 인솔하다, 기르다, 양육하다, 동반하다, 행하다, 행동으로 옮기다, 나아가다, 발전하다, 가지다, 취하다, 받들다, 지키다.

問焉而以言 其受命也如響
문 언 이 이 언 기 수 명 야 여 향

물어보면 말로 알리는데 마치 메아리의 울림과 같이 물어본 것에 대하여 명을 받을 수 있어,

- 問 ; 물을 문, 돌 단단한 소리, 묻다, 문초하다, 방문하다, 찾다, 알리다, 부르다, 소식, 물음.
- 受 ; 받을 수, 받다, 거두어들이다, 회수하다, 받아들이다, 받아들여 쓰다, 배우다, 얻다, (이익을)

누리다, 주다, 내려주다, 수여하다, 담보하다, 응하다, 들어주다, 이루다, 잇다, 이어받다, 등용하다, 12인연의 하나.
- 響; 울릴 향, 울리다, 메아리치다, (소리가) 마주치다, (소리가) 진동하다, 향하다, 쏠리다, 울림, 음향, 메아리, 명성, 소리, 가락, 악기, 대답, 응답, 여파, 소식, 전갈.

无有遠近幽深 遂知來物

멀고 가깝고 보이지 않고 깊은 것에 관계없이 마침내 다가오는 어떤 일체의 것을 알 수 있으니,

- 近; 가까울 근, 가깝다, 닮다, 비슷하다, 천박하다, 생각이 얕다, 가까이하다, 친하게 지내다, 사랑하다, 총애하다, 알다, 근처, 곁, 가까운 곳, 가까이 지내는 사람, 근친, 일가, 집안, 친척, 요사이, 요즘, 가까이, 가까운 데서, 어조사 기, 어조사.
- 深; 깊을 심, 깊다, 깊어지다, (색이) 짙다, 심하다, 두텁다, 후하다, 무성하다, 우거지다, 많다, 넉넉하다, (책임이) 중하다, 무겁다, 감추다, 숨기다, (도랑을) 치다, 준설하다, 통하다, 자세히 알다, 높다, 오래되다, 심오한 이치, 매우, 깊이.
- 遂; 드디어 수, 따를 수, 드디어, 마침내, 두루, 널리, 도랑(매우 좁고 작은 개울), 수로, 이루다, 생장하다, 끝나다, 가다, 떠나가다, 나아가다, 답습하다, 오래되다, 멀다, 아득하다, 망설이다, 따르다, 순응하다, 전횡하다, 마음대로 하다, 오로지하다, 천거하다, 기용하다, 편안하다, 떨어지다, 추락하다.

非天下之至精 其孰能與於此

천하에서 더할 나위 없이 정밀하지 아니하면 이에 그 누가 능히 더불어 할 수 있겠는가.

- 非; 아닐 비, 비방할 비, 아니다, 그르다, 나쁘다, 옳지 않다, 등지다, 배반하다, 어긋나다, 벌하다, 나무라다, 꾸짖다, 비방하다, 헐뜯다, 아닌가, 아니한가, 없다, 원망하다, 숨다, 거짓, 허물, 잘못, 사악.
- 孰; 누구 숙, 익을 숙, 누구, 무엇, 어느, 익다, 여물다, 무르익다, 익히다, 정통하다, 무르게 되다, 숙련하다, 익숙하다. *至精하다 ; 1. 더할 나위 없이 깨끗하다, 2. 더할 나위 없이 정밀하다.

참 오 이 변 착 종 기 수
參伍以變 錯綜其數 ·

가지런하게 세 개씩 섞어서 변화하고 여러 가지가 뒤섞여 모이는 그 수의,

- 參; 참여할 참, 참여하다, 간여하다, 관계하다, 나란하다, 가지런하다, 나란히 서다, 섞이다, 뒤섞다, 헤아리다, 비교하다, 살피다, 탄핵하다, 층나다, 뵈다, 뵙다, 빽빽이 들어서다, 높다, 가지런하지 않다, 무리(모여서 뭉친 한동아리), 삼공, 삼정승, 여러 사람이 붙좇아 따르는 모양, 가지런하지 않은 모양, 석 삼, 석, 셋, 별 이름, 인삼, 긴 모양, 길다, 섞이다, 뒤섞다.
- 伍; 다섯 사람 오, 다섯 사람, 다섯 집, 다섯, 대오, 대열, 군대, 동반자, 섞다, 섞이다.
- 錯; 어긋날 착, 어긋나다, 섞다, 섞이다, 꾸미다, 도금하다, (살결이) 트다, 거칠어지다, 번다하다 (번거롭게 많다), 어지럽히다, 잘못하다, 숫돌, 삼가는 모양, 틀린 답안, 번갈아, 교대로, 둘 조, 두다, 처리하다, 시행하다, 편안하다, 급박하다, 허둥지둥하다. 綜; 모을 종, 모으다, 통할하다(統轄, 모두 거느려 다스리다), 짜다, 잉아(베틀의 굵은 실), 바디(베틀, 가마니틀, 방직기 따위에 딸린 기구의 하나), 새(피륙의 단위), 선단(船團). *錯綜; 1. 여러 가지가 뒤섞여 모임, 2. 여러 사물 현상이 뒤섞여 있음.

통 기 변 수 성 천 지 지 문
通其變 遂成天地之文

변화에 통달을 하면 마침내 천지의 법도에 성숙해지므로,

- 文; 글월 문, 글월, 문장, 어구, 글, 글자, 문서, 서적, 책, 문체의 한 가지, 채색, 빛깔, 무늬, 학문이나 예술, 법도, 예의, 조리, 현상, 산문, 결, 나뭇결, 얼룩, 반점, 돈의 한 가지, 그 돈의 개수를 나타내는 말, 신발 치수의 단위, 아름다운 외관, 주 문왕의 약칭, 빛나다, 화려하다, 아름답다, 선미하다, 몸에 새기다, 꾸미다, 입묵하다(入墨, 먹물로 살 속에 글씨나 그림을 새겨 넣다), 자자하다(刺字, 얼굴이나 팔뚝의 살을 따고 홈을 내어 먹물로 죄명을 찍어 넣다), 어지러워지다.
- 成; 이룰 성, 성숙하다(1. 생물의 발육이 완전히 이루어지다, 2. 몸과 마음이 자라서 어른스럽게 되다, 3. 경험이나 습관을 쌓아 익숙해지다)

극 기 수 수 정 천 하 지 상
極其數 遂定天下之象

수읽기가 아주 높아져 마침내 천하의 현상에도 마음을 한곳에 집중하여 움직이지 않는 안정된 상태이니,

- 定 ; 정할 정, '마음을 한곳에 집중하여 움직이지 않는 안정된 상태, 선정(禪定)의 뜻

비 천 하 지 지 변 　 기 숙 능 여 어 차
非天下之至變　其孰能與於此

천하에서 더할 나위 없이 변통하지 아니하면 이에 그 누가 능히 더불어 할 수 있겠는가.

역 무 사 야 무 위 야 적 연 부 동
易无思也　无爲也　寂然不動

역은 작위적인 사고와 행위가 없이 아주 고요하여 움직임이 없지만,

- 寂 ; 고요할 적, 고요하다, 조용하다, 쓸쓸하다, 적막하다, 죽다, 한가롭다, 열반(涅槃).
- 然 ; 그럴 연, 불탈 연, 그러하다, 틀림이 없다, 그러하게 하다, 명백하다, 분명하다, 그러하다고 하다, ~이다, 듯하다, 허락하다, 동의하다, 불타다, 불태우다, 밝다, 그런데, 드디어, 그러하면, 그리하여, 그렇다고, 그러면, 그리고 나서, 연후에, 그러나, 그렇지만, 그런데도, 그렇기는 하지만, 상태를 나타내는 접미사, 원숭이의 일종. *寂然不動 ; 아주 고요하여 움직임이 없음.

감 이 수 통 천 하 지 고
感而遂通天下之故

감응하면 천하의 도리에 통하는데,

- 感 ; 느낄 감, 한할 감, 느끼다, 감응하다, 느낌이 통하다, 감동하다, 마음이 움직이다, 고맙게 여기다, 은혜를 새겨두다, 깨닫다, 생각하다, 한하다(몹시 억울하거나 원통하여 원망스럽게 생각하다), 원한을 품다, 움직이다, 흔들다, 닿다, 부딪치다, 감동, 감응, 느낌.

비 천 하 지 지 신 기 숙 능 여 어 차
非天下之至神 其孰能與於此

천하에서 더할 나위 없이 불가사의하지 아니하면 이에 그 누가 능히 더불어 할 수 있겠는가.

부 역 성 인 지 소 이 극 심 이 연 기 야
夫易 聖人之所以極深而研幾也

저 역은 성인이 일정한 곳이나 지역 등을 지극히 심오한 이치로 기미를 연구한 것인데,

- 研 ; 갈 연, 벼루 연, 갈다, 문지르다, 궁구하다(파고들어 깊게 연구하다), 연구하다, 탐구하다, 자세하게 밝히다, 벼루, 매끄러운 돌, 관 이름 형, 관(關)이름.
- 幾 ; 몇 기, 몇, 얼마, 어느 정도, 그, 거의, 어찌, 자주, 종종, 조용히, 조용하고 공손하게, 바라건대, 원하건대, 가, 언저리, 기미, 낌새, 조짐, 징조, 고동(기계 장치), 기틀, 요령, 때, 기회, 위태하다, 위태롭다, 가깝다, 가까워지다, 살피다, 자세히 살펴보다, 헌걸차다(매우 풍채가 좋고 의기가 당당한 듯하다), 바라다, 원하다, 시작하다, 다하다, 끝나다.
- 深 ; 깊을 심, 심오한 이치.
- 所 ; 바 소, 일정한 곳이나 지역.

유 심 야 고 능 통 천 하 지 지
唯深也 故能通天下之志

오직 심오함이 고로 천하의 뜻에 능히 통할 수 있고,

- 唯 ; 오직 유, 오직, 다만, 비록 ~하더라도, 때문에, 바라건대, 이(어조사), 예, 공손하게 대답하는 말, 생각하다, 누구 수, 누구.
- 志 ; 뜻 지, 뜻, 마음, 본심, 사사로운 생각, 감정, 기록, 표지(표시나 특징으로 다른 것과 구분함), 표기(목표로 세운 기), 문체 이름, 살촉, 뜻하다, 뜻을 두다, 알다, 기억하다, 의로움을 지키다, 절개가 있다, 적다, 기록하다, 기치 치, 기치(旗幟, 군대에서 사용하던 기).

380 | 周易 利貞 주역 이정

유 기 야 고 능 성 천 하 지 무
唯幾也 故能成天下之務

오직 기미만이 고로 천하의 일을 능히 이룰 수 있고,

* 務; 힘쓸 무, 힘쓰다, 권면하다(勸勉, 알아듣도록 권하고 격려하여 힘쓰게 하다), 구하다, 찾아 얻다, 현혹하다, 일, 업무, 공무, 정사, 직무, 직업, 직분, 반드시, 모름지기, 업신여길 모, 업신여기다, 모욕.

유 신 야 고 불 질 이 속 불 행 이 지
唯神也 故不疾而速 不行而至

오직 신통만이 고로 빠르지 않아도 빠르고 가지 않아도 이를 수 있는 것이다.

* 疾; 병 질, 병, 질병, 괴로움, 아픔, 흠, 결점, 불구자, 높은 소리, 해독을 끼치는 것, 빨리, 급히, 신속하게, (병을) 앓다, 걸리다, 괴롭다, 괴로워하다, 해치다, 해롭게 하다, 근심하다, 우려하다, 나쁘다, 불길하다, 미워하다, 증오하다, 꺼리다, 시기하다, 시샘하다, 빠르다, 신속하다, 진력하다(있는 힘을 다하다), 민첩하다.
* 速; 빠를 속, 빠르다, 빨리하다, 이루다, 되다, 도래하다, 부르다, 삼가다(몸가짐이나 언행을 조심하다), 에워싸다, 빨리, 자주.

자 왈 역 유 성 인 지 도 사 언 자 차 지 위 야
子曰 易有聖人之道四焉者 此之謂也

스승이 말하기를 역에서 성인의 네 가지 도가 있다는 것은 이를 말한 것이다.

천 일 지 이 천 삼 지 사 천 오 지 육 천 칠 지 팔 천 구 지 십
天一 地二 天三 地四 天五 地六 天七 地八 天九地十

천일, 지이, 천삼, 지사, 천오, 지육, 천칠, 지팔, 천구, 지십.

子曰 夫易何爲者也
<small>자 왈 부 역 하 위 자 야</small>

스승이 말하기를 저 역이라는 것은 어떤 것인가.

夫易 開物成務 冒天下之道
<small>부 역 개 물 성 무 모 천 하 지 도</small>

저 역이라는 것은 천하의 도는 눈가림을 하였지만 만물의 뜻을 깨우쳐서
세상의 모든 일을 이룰 수 있도록 하였는데,

- 開; 열 개, 열다, 열리다, (꽃이) 피다, 펴다, 늘어놓다, 개척하다, 시작하다, 깨우치다, 타이르다,
  헤어지다, 떨어지다, 사라지다, 소멸하다, 놓아주다, 사면하다, 끊다, 비등하다(액체가 끓어오르
  다), 말하다, 개진하다, 출발하다, 평평할 견, 평평하다, 오랑캐 이름, 산 이름.
- 冒; 무릅쓸 모, 무릅쓰다, 나아가다, 이기다, 견디다, 거짓으로 대다, 덮다, 씌우다, 쓰다, 가리다,
  시기하다, 시새우다, 번민하다, 고민하다, 번성하다, 무성하다, 쓰개, 모자, 수의(죽은 사람에게 입
  히는 옷), 옥 이름, 옥홀(제후가 조회할 때 천자가 지니던 옥으로 만든 홀), 대모(바다거북과의 하
  나), 선우 이름 묵, 선우 이름(흉노족 족장), 탐하다, 침범하다, 저촉하다, 눈을 물건으로 가림을 뜻
  함. *開物成務; 1. 만물의 뜻을 열어 천하의 사무를 성취함(만물의 뜻을 깨달아 모든 일을 이룸),
  2. 사람이 아직 모르는 곳을 개발하고 사람이 하고자 하는 바를 성취함.

如斯而已者也
<small>여 사 이 이 자 야</small>

딱 잘라서 말하면 모든 법에 통도하는 영구히 변하지 않는 이성일 뿐이다.

- 斯; 이 사, 천할 사, 이, 이것, 잠시, 잠깐, 죄다, 모두, 쪼개다, 가르다, 떠나다, 떨어지다, 희다, 하
  얗다, 다하다, 떨어지다, 천하다, 낮다.
- 已; 이미 이, 이미, 벌써, 너무, 뿐, 따름, 매우, 대단히, 너무, 반드시, 써, 써서, 이, 이것, 조금 있다
  가, 그 후 얼마 되지 아니하여, (병이) 낫다, 말다, 그치다, 그만두다, 끝나다, 용서하지 아니하다,
  불허하다, 버리다, 버려두다.
- 如; 같을 여, 법의 실상이란 뜻, 모든 법에 통도(사람이 마땅히 행해야 할 도의)하는 영구히 변하
  지 않는 이성.

시 고 성 인 이 통 천 하 지 지
是故聖人以通天下之志

이런 까닭으로 성인은 역으로써 천하의 뜻과 통할 수 있고,

이 정 천 하 지 업
以定天下之業

역으로써 천하의 모든 일을 정할 수 있고,

이 단 천 하 지 의
以斷天下之疑

역으로써 천하의 의심하는 일을 해결할 수 있는 것이다.

- 斷; 끊을 단, 일을 해결함.
- 疑; 의심할 의, 의심하다, 헛갈리다, 믿지 아니하다, 미혹되다, 미혹시키다, 두려워하다, 머뭇거리다, 주저하다, 괴이하게 여기다, 비기다, 같다, 비슷하다, 견주다, 시샘하다, 헤아리다, 짐작하다, 의문, 아마도, 안정할 응, 안정하다, 한데 뭉치다, 집결하다, 멈추다.

시 고 시 지 덕 원 이 신
是故蓍之德圓而神

이런 까닭으로 시초의 작용은 온전하여 영험이 있고,

- 蓍; 톱풀 시, 톱풀(엉거시과에 속하는 여러해살이풀, 가새풀), 시초, 서죽(점을 치는 데 쓰는 댓가지), 점대(점을 치는 데에 쓰는 댓가지).
- 圓; 둥글 원, 온전하다(穩全, 1. 본바탕 그대로 고스란하다, 2. 잘못된 것이 없이 바르거나 옳다), 원만하다(圓滿, 1. 성격이 모난 데가 없이 부드럽고 너그럽다, 2. 일의 진행이 순조롭다, 3. 서로 사이가 좋다), 둘레, 동그라미, 화폐단위 엔, 화폐단위.
- 神; 귀신 신, 영험(사람이 기원대로 되는 신기한 징험)이 있다.

卦之德方以知
괘 지 덕 방 이 지

괘의 작용으로 사방팔방의 일들을 알 수 있고,

- 方 ; 모 방, 본뜰 방, 모, 네모, 방위, 방향, 나라, 국가, 곳, 장소, 도리, 의리, 방법, 수단, 술법, 방술, 처방, 약방문, 법, 규정, 쪽, 상대방, 목판, 둘레, 바야흐로, 장차, 두루, 널리, 모두, 함께, 본뜨다, 모방하다, 바르다, 견주다, 비교하다, 대등하다, 동등하다, 나란히 하다, 떳떳하다, (이삭이) 패다, 차지하다, 헐뜯다, 거스르다, 거역하다, 괴물 망, 괴물.

六爻之義易以貢
육 효 지 의 이 이 공

육효는 올바른 도리를 쉽게 알려주므로,

- 義 ; 옳을 의, 옳다, 의롭다, 바르다, 선량하다, 착하다, 순응하다, 맺다, 해 넣다, 섞다, 혼합하다, 간사하다, 옳지 않다, 의, 정의, 올바른 도리, 의리, 우의, 뜻, 의미, 의의, 거둥(임금의 나들이), 예절, 의식, 정의에 합당한 행동, 의로운 일, 명분, 법도, 용모, 행동거지, 의로 맺은 친족 관계, 의리의 관계, 공적인 것, 공익을 위한 것, 인공적인 것, 가짜.
- 貢 ; 바칠 공, 바치다, 이바지하다, 천거하다, 고하다(1. 어떤 사실을 알리거나 말하다, 2. 중요한 일을 공식적으로 발표하여 알리다, 3. 주로 웃어른이나 신령에게, 어떤 사실을 알리다), 공물(신령이나 부처 앞에 바치는 물건), 구실(하나라 때의 세법).

聖人以此洗心 退藏於密
성 인 이 차 세 심 퇴 장 어 밀

성인은 이런 이유로 마음을 깨끗하게 하여 감추고 있었던 비밀로 숨겨 놓은 일을 떨어뜨리고,

- 洗 ; 씻을 세, (물로) 씻다, 다듬다, 갈고 닦다, 설욕하다, 조락시키다(초목의 잎 따위가 시들어 떨어지게 하다), 대야, 그릇, 깨끗할 선, (마음을) 깨끗이 하다, (발을) 씻다, 목욕하다, 경건한 모양, 편안한 모양, 추워서 떠는 모양, 큰 대추, 벼슬 이름.
- 心 ; 마음 심, 마음, 뜻, 의지, 생각, 염통, 심장, 가슴, 근본, 본성, 가운데, 중앙, 중심, 도의 본원, 꽃술, 꽃 수염, 별자리 이름, 진수(보살이 행하는 관법 수행), 고갱이, 알맹이, 생각하다.

- 退 ; 물러날 퇴, 물러나다, 물리치다, 바래다, 변하다, 겸양하다, 사양하다, 떨어뜨리다, 쇠하다, 움츠리다, 줄어들다, 닳다.
- 密 ; 빽빽할 밀, 빽빽하다, 촘촘하다, 빈틈없다, 착 붙다, 자세하다, 꼼꼼하다, 가깝다, 가까이하다, 친하게 하다, 조용하다, 깊숙하다, 가깝다, 비밀로 하다, 숨기다, 누설하지 아니하다, 은밀하다, 삼가다(몸가짐이나 언행을 조심하다), 편안하다, 비밀로 숨겨 놓은 일, 사삿일, 몰래, 편안히.
- 洗心 ; 마음을 깨끗하게 함.

길 흉 여 민 동 환
吉凶與民同患

길흉을 백성들과 함께 기뻐하고 근심하며,

- 與 ; 더 불 여, 더 불다, 기뻐하다.
- 患 ; 근심 환, 근심, 걱정, 병, 질병, 재앙, 근심하다, 걱정하다, 염려하다, 미워하다, 앓다, 병에 걸리다.

신 이 지 래 지 이 장 왕
神以知來 知以藏往

신통으로 미래를 알 수 있지만 알고도 감추고 가니,

기 숙 능 여 어 차 재
其孰能與於此哉

이에 그 누가 능히 더불어 할 수 있겠는가.

- 哉 ; 어조사 재, 어조사, 비롯하다, 처음, 재난, 재앙.

고 지 총 명 예 지 신 무 이 불 살 자 부
古之聰明叡知神武而不殺者夫

옛날에 총명하고 예지가 있으며 귀신같은 무술 솜씨가 있어도 살생을 하

지 않은 장부는,

- 聰 ; 귀 밝을 총, 귀가 밝다, 밝다, 총명하다(1. 보거나 들은 것을 오래 기억하는 힘이 있다, 2. 썩 영리하고 재주가 있다), 듣다, 살피다, 민첩하다.
- 明 ; 밝을 명, 밝다, 밝히다, 날 새다, 나타나다, 명료하게 드러나다, 똑똑하다, 깨끗하다, 결백하다, 희다, 하얗다, 질서가 서다, 갖추어지다, 높이다, 숭상하다, 존중하다, 맹세하다, 밝게, 환하게, 확실하게, 이승, 현세, 나라 이름, 왕조 이름, 낮, 주간, 빛, 광채, 밝은 곳, 양지, 밝고 환한 모양, 성한 모양, 밝음, 새벽, 해, 달, 별, 신령, 시력, 밖, 겉.
- 叡 ; 밝을 예, (사리에) 밝다, 밝게 하다, 통달하다, 슬기롭다, 임금의 언행. *叡智 ; 사물의 이치를 꿰뚫어 보는 지혜롭고 밝은 마음.
- 武 ; 호반 무, 호반(무관의 반열), 무인, 무사, 병사, 군대의 위용, 무위, 병법, 전술, 무예, 무술, 병장기, 무기, 발자취, 발자국, 반보, 석자, 무왕의 준말, 굳세다, 용맹스럽다, 맹렬하다, (군사를) 부리다, 지휘하다, 잇다, 계승하다.
- 殺 ; 죽일 살, 감할 살, 죽이다, 죽다, 없애다, 지우다, 감하다, 얻다, 어조사, 빠를 쇄, 감하다, 내리다, 덜다, 심하다(정도가 지나치다), 빠르다, 매우, 대단히, 맴도는 모양 설, 맴도는 모양, 윗사람 죽일 시, 윗사람 죽일.

시 이 명 어 천 지 도 이 찰 어 민 지 고
是以明於天之道而察於民之故

이에 하늘의 도에 의지하니 이치가 분명하여 의심할 것이 없고 백성의 연고를 따라서 사소한 부분까지 아주 구체적이고 분명하고,

- 明 ; 밝을 명, 이치가 분명하여 의심할 것이 없는 것.
- 於 ; 어조사 어, 기대다, 의지하다, 따르다.
- 察 ; 살필 찰, 자세하다(1. 사소한 부분까지 아주 구체적이고 분명하다, 2. 성질 따위가 꼼꼼하고 세심하다)

시 흥 신 물 이 전 민 용
是興神物 以前民用

바르게 기세가 크게 일어나 잘 뻗어 나가도록 신령스럽고 기묘한 물건으로써 앞서서 백성들이 이용할 수 있게 하니,

- 是 ; 이 시, 옳을 시, 옳다, 바르다.
- 興 ; 일 흥, 일다, 일으키다, 시작하다, 창성하다(昌盛, 기세가 크게 일어나 잘 뻗어 나가다), 흥겹다, 기뻐하다, 성공하다, 등용하다, 다스리다, 징발하다, 느끼다, 유행하다, 흥, 흥취, 흥미, 취미, 시의 한 체, 혹시, 어조사, 피 바를 흔, (희생의) 피를 바르다, 다툴 기미, 실마리. *神物 ; 신령스럽고 기묘한 물건.
- 前 ; 앞 전, 앞, 먼저, 미래, 앞날, 미리, 앞서서, 사전에, 거무스름한 빛깔, 가위, 앞서다, 나아가다, 인도하다, 뵙다, 찾아뵙다, 소멸하다, 자르다.

성 인 이 차 재 계 이 신 명 기 덕 부
聖人以此齋戒 以神明其德夫

성인은 이런 이유로 몸과 마음을 깨끗이 하고 몸가짐이나 언행을 조심함으로써 불가사의한 이치를 분명하게 할 수 있어 그래서 덕을 갖춘 장부인 것이다.

- 齋 ; 재계할 재, 집 재, 재계하다(齋戒, 몸과 마음을 깨끗이 하다), 정진하다(精進, 1. 힘써 나아가다, 2. 몸을 깨끗이 하고 마음을 가다듬다, 3. 고기를 삼가고 채식하다), 공경하다, 시주하다, 집, 방, 식사, 명복을 비는 불공, 상복 자, 상복(위에 입는 옷), 상 옷.
- 戒 ; 경계할 계, 경계하다, 막아 지키다, 경비하다, 조심하고 주의하다, 삼가다(몸가짐이나 언행을 조심하다), 타이르다, 알리다, 이르다, 분부하다, 재계하다, 이르다, 도달하다, 지경(땅의 가장자리), 경계(境界), 경계(警戒), 훈계, 재계, 중들이 지켜야 할 행동 규범, 문체의 이름.

시 고 합 호 위 지 곤 벽 호 위 지 건
是故闔戶謂之坤 闢戶謂之乾

오래전부터 문을 닫는 것을 곤이라 하고 문을 여는 것을 건이라 하고,

- 闔 ; 문짝 합, 문짝, 하늘 문, 뜸, 온통, 전부의, 어찌 아니하다, 닫다, 부합하다.
- 戶 ; 집 호, 지게 호, 집, 지게, 구멍, 출입구, 주량, 방, 사람, 막다, 지키다, 주관하다.
- 闢 ; 열 벽, 열다, 열리다, 개간하다, 개척하다, 일구다, 피하다, 규탄하다, 배척하다, 반박하다, 투철하다, 법률, 법.

일 합 일 벽 위 지 변
一闔一闢謂之變

한 번 닫고 한 번 여는 것을 변이라 하고,

왕 래 불 궁 위 지 통
往來不窮謂之通

끊임없이 왕래하는 것을 통이라 하고,

- 窮 ; 다할 궁, 궁할 궁, 다하다, (극에) 달하다, 마치다, 중단하다, 궁하다(가난하고 어렵다), 궁하게 하다, 가난하다, (이치에) 닿지 아니하다, 외지다, 궁벽하다, 작다, 좁다, 얕다, 궁구하다(파고들어 깊게 연구하다), 연구하다, 드러나다, 궁한 사람, 의지할 데 없는 사람, 궁려(窮廬, 허술하게 지은 집, 가난한 집), 나라 이름, 크게, 매우.

현 내 위 지 상
見乃謂之象

비로소 나타나는 것을 상이라 하고,

- 乃 ; 이에 내, 이에, 곧, 그래서, 더구나, 도리어, 비로소, 의외로, 뜻밖에, 또, 다만, 만일, 겨우, 어찌, 이전에, 너, 당신, 그대, 이와 같다, 노 젓는 소리 애, 노 젓는 소리, 노 저으며 내는 소리.

형 내 위 지 기
形乃謂之器

비로소 형체를 갖춘 것을 기라 하고,

제 이 용 지 위 지 법
制而用之謂之法

규칙을 행하는 것을 법이라 하고,

- **制** ; 절제할 제, 지을 제, 절제하다, 억제하다, 금하다, 마름질하다, 짓다, 만들다, 맡다, 바로잡다, 법도, 규정, 규칙, 천자의 말.
- **用** ; 쓸 용, 하다, 행하다.

이 용 출 입 민 함 용 지 위 지 신
利用出入 民咸用之謂之神

대상을 필요에 따라 이롭게 쓸 수 있도록 어느 곳이라도 드나들어 백성들에게 널리 미칠 수 있도록 하는 것을 신이라 하는 것이다.

- **咸** ; 다 함, 짤 함, 다, 모두, 소금기, 함 괘, 짜다, 소금기가 있다, 두루 미치다, 널리 미치다, 부드러워지다, 물다, 씹다, 차다, 충만하다, 같다, 덜 감, 덜다, 줄이다. *利用 ; 1. 대상을 필요에 따라 이롭게 씀, 2. 다른 사람이나 대상을 자신의 이익을 채우기 위한 방편으로 씀. *出入 ; 1. 어느 곳을 드나듦, 2. 잠깐 다녀오려고 집 밖으로 나감.

시 고 역 유 태 극 시 생 양 의 양 의 생 사 상 사 상 생 팔 괘
是故易有太極 是生兩儀 兩儀生四象 四象生八卦

이런 까닭으로 역에는 태극이 있고 태극은 양의를 낳고 양의는 사상을 낳고 사상은 팔괘를 낳고,

- **太** ; 클 태, 크다, 심하다(정도가 지나치다), 통하다, 처음, 최초, 첫째, 콩, 심히, 매우. *太極 ; 1. 우주 만물의 근원이 되는 실체, 2. 하늘과 땅이 분리되기 이전의 세상 만물의 원시 상태.
- **兩** ; 두 양(량), 두, 둘, 짝, 쌍, 두 쪽, 동등한 것, 25인, 수레, 냥 양(냥), 냥(화폐의 단위), 냥(중량 단위), 대(편제 단위), 필(길이의 단위).
- **儀** ; 거동 의, 거동, 법도, 법식, 본보기, 예절, 선물, 짝, 천문 기계, 본받다, 헤아리다. *兩儀 ; 양과 음, 또는 하늘과 땅. *四象 ; 1. 일월성신을 통틀어 이르는 말, 2. 음양의 네 가지 상징인 태양, 태음, 소양, 소음을 통틀어 이르는 말, 3. 땅속의 물, 불, 흙, 돌을 이르는 말. *八卦 ; 중국 상고 시대에 복희씨가 지었다는 여덟 가지의 괘, 주역에서 세상의 모든 현상을 음양을 겹치어 여덟 가지의 상으로 나타낸 건, 태, 이, 진, 손, 감, 간, 곤을 이른다.

팔 괘 정 길 흉 길 흉 생 대 업
八卦定吉凶 吉凶生大業

팔괘는 길흉을 정하고 길흉으로 많은 일이 생겨나는 것이다.

시 고 법 상 막 대 호 천 지
是故法象莫大乎天地

이런 까닭으로 만물의 현상을 본받는 것 중에서 천지보다 큰 것이 없고,

- 莫 ; 없을 막, 없다, 말다, ~하지 말라, 불가하다, 꾀하다, 편안하다, 안정되다, 조용하다, 드넓다, 아득하다, 막(膜), 장막, 저물 모, 저물다, (날이) 어둡다, 나물, 덮을 멱, 덮다, 봉하다.
- 法 ; 법 법, 본받다.

변 통 막 대 호 사 시
變通莫大乎四時

변통은 사계절보다 큰 것이 없고,

현 상 저 명 막 대 호 일 월
縣象著明莫大乎日月

매달린 상에서 밝게 나타나는 것 중에 일월보다 큰 것이 없고,

- 縣 ; 고을 현, 매달 현, 고을, 현, 성의 하나, 매달다, 걸다, 끊어지다, 떨어지다, 격하다.
- 著 ; 나타날 저, 나타나다, 나타내다, 분명하다, 드러나다, 분명해지다, 두드러지다, 그리다, 짓다, 저술하다, 쌓다, 두다, 비축하다, 세우다, 확립하다, 이루다, 이루어지다, 생각하다, 정하다, 알다, 알리다, 보충하다, 좋다, 마땅하다, 오래되다, 정성, 지위, 계급, 분명함, 뚜렷함, 뜰(집안의 앞뒤나 좌우로 가까이 딸려 있는 빈터), 자리, 오미자, 붙을 착, 붙다, (옷을) 입다, (머리에) 쓰다, (신을) 신다, 다다르다, 시작하다.

숭 고 막 대 호 부 귀
崇高莫大乎富貴

뜻이 높고 품위나 몸가짐이 속되지 아니하고 훌륭한 숭고함은 부귀보다
큰 것이 없고,

- 高 ; 높을 고, 높다, 뛰어나다, 크다, 고상하다, 존경하다, 멀다, 깊다, 비싸다, 뽐내다, 높이, 고도, 위, 높은 곳, 높은 자리, 위엄.
- 富 ; 부유할 부, 부유하다, 가멸다(재산이 넉넉하고 많다), 성하다(기운이나 세력이 한창 왕성하다), 풍성풍성하다(매우 넉넉하고 많다), 어리다, 세차다, 부자, 행복.
- 貴 ; 귀할 귀, 귀하다, (신분이) 높다, 중요하다, 귀중하다, 귀하게 여기다, 숭상하다, 공경하다, 존중하다, 비싸다, 값이 높다, 바라다, 귀한 사람, 높은 지위나 권세, 높임말, 존칭의 접두어. *崇高 ; 뜻이 높고 고상하다(품위나 몸가짐이 속되지 아니하고 훌륭하다). *富貴 ; 재산이 많고 지위가 높음.

비 물 치 용 입 성 기 이 위 천 하 리 막 대 호 성 인
備物致用 立成器以爲天下利 莫大乎聖人

어떤 종류의 물건들이 필요한지 용도에 맞게 찬찬하게 헤아려서 사람이
물건을 갖출 수 있도록 즉시 도구를 가지고 사물을 만들어 천하를 편리하
게 한 것은 성인의 위대함보다 큰 것이 없고,

- 備 ; 갖출 비, 갖추다, 준비하다, 채우다, 예방하다, 의장, 모두, 발톱, 비품, 사람이 물건을 갖추어 준비하다.
- 立 ; 설 입(립), 서다, 멈추어 서다, 똑바로 서다, 확고히 서다, 이루어지다, 정해지다, 전해지다, 임하다, 즉위하다, 존재하다, 출사하다, 나타나다, 세우다, 곧, 즉시, 낟알, 닢(납작한 물건을 세는 단위), 리터의 약호, 바로, 자리 위, 자리.
- 用 ; 쓸 용, 베풀다(일을 차리어 벌이다, 도와주어서 혜택을 받게 하다), 용도.
- 致 ; 이를 치, 찬찬하다(성질이나 솜씨, 행동 따위가 꼼꼼하고 자상하다).

탐 색 색 은 구 심 치 원 이 정 천 하 지 길 흉 성 천 하 지
探賾索隱 鉤深致遠 以定天下之吉凶 成天下之

미 미 자 막 대 호 시 귀
亹亹者 莫大乎蓍龜

숨은 이치를 찾아 심오하게 깊이 연구하고 깊은 것은 갈고리로 끌어올리고 먼 것은 이르게 함으로써 천하의 길흉을 정하고 천하의 징조와 조짐에 힘쓰는 사람이 이루어 낼 수 있었던 것은 시초와 거북껍질보다 큰 것은 없다.

- 探 ; 찾을 탐, 찾다, 더듬어 찾다, 염탐하다, 엿보다, 구명하다, 깊이 연구하다, 잡다, 가지다, 유람하다.
- 賾 ; 깊숙할 색, 깊숙하다, 심오하다(深奧, 사상이나 이론 따위가 깊이가 있고 오묘하다), 도리.
- 索 ; 찾을 색, 찾다, 더듬다, 노 삭, 동아줄, 노, 새끼, 꼬다, 헤어지다, 쓸쓸하다, 다하다.
- 隱 ; 숨을 은, 숨다, 점치다, 가엾어 하다, 근심하다, 음흉하다, 쌓다, 무게 있다, 기대다, 수수께끼.
- 鉤 ; 갈고리 구, 갈고리, 올가미, 계략, 띠쇠(띠를 매는 쇠), 갈고리로 걸다, 굽다, 꼬부장하다, (끌어)당기다, 끌어 올리다, 꾀다, 낚시로 낚다, 뜨개질하다, 분명하지 않다, 흐리멍덩하다, 흐리터분하다.
- 深 ; 깊을 심, 깊다, 깊어지다, (색이) 짙다, 심하다(정도가 지나치다), 두텁다, 후하다, 무성하다, 우거지다, 많다, 넉넉하다, (책임이) 중하다, 무겁다, 감추다, 숨기다, (도랑을) 치다, 준설하다, 통하다, 자세히 알다, 높다, 오래되다, 심오한 이치, 매우, 깊이.
- 致 ; 이를 치, 빽빽할 치, 이르다, 도달하다, 다하다, 이루다, 부르다, 보내다, 그만두다, 주다, 내주다, 깁다(떨어지거나 해어진 곳을 꿰매다), 꿰매다, 빽빽하다, 면밀하다, 촘촘하다, 찬찬하다, 곱다, 배다, 풍치, 경치, 정취, 흥미, 취미, 헌옷.
- 遠 ; 멀 원, 멀다, 심오하다, 깊다, 많다, (세월이) 오래되다, 멀리하다, 멀어지다, 소원하다, 내쫓다, 추방하다, 싫어하다, 어긋나다, 먼데, 선조.
- 亹 ; 힘쓸 미, 힘쓰다, 부지런하다, 흐르다, 달리다, 아름답다, 문체가 있는 모양, 징조, 조짐, 골 어귀 문, 골 어귀, 산 어귀.
- 蓍 ; 톱풀 시, 시초.
- 龜 ; 거북 귀, 거북(거북목의 동물 총칭), 거북 껍데기, 등골뼈, 본뜨다, 패물, 땅 이름 구, 땅 이름, 나라 이름, 터질 균, 터지다, 갈라지다.

시 고 천 생 신 물 성 인 칙 지
是故天生神物 聖人則之

이런 까닭으로 하늘이 신령스러운 만물을 낳는 이치를 본받아 성인의 경지에 이르고,

- 則 ; 법칙 칙, 법칙, 준칙, 이치, 대부의 봉지, 본보기로 삼다, 본받다, 모범으로 삼다, 곧 즉, 곧(즉), 만일 ~이라면, ~하면, ~할 때에는.
- 之 ; 갈 지, 이르다, 도달하다(到達, 목적한 곳이나 수준에 다다르다).

천 지 변 화 성 인 효 지
天地變化 聖人效之

천지의 변화를 본받아 성인의 경지에 이르고,

- 效 ; 본받을 효, 본받다, 배우다, 나타내다, 드러내다, 밝히다, 명백히 하다, 주다, 수여하다, 드리다, 바치다, 힘쓰다, 아뢰다, 세다, 공, 공로, 공효(공을 들인 보람이나 효과), 보람, 효과.

천 수 상 현 길 흉 성 인 상 지
天垂象 見吉凶 聖人象之

하늘에 드리우는 상으로 길흉이 나타나는 꼴을 본받아 성인의 경지에 이르고,

- 垂 ; 드리울 수, 드리우다, 늘어뜨리다, 기울다, 쏟다, 베풀다(일을 차리어 벌이다, 도와주어서 혜택을 받게 하다), 전하다, (후세에) 물려주다, 가, 가장자리, 변두리, 변방, 국경, 지대, 항아리, 사람 이름, 거의.

하 출 도 낙 출 서 성 인 측 지
河出圖 洛出書 聖人則之

하도와 낙서가 출현한 이치를 본보기로 삼아 성인의 경지에 이른 것이다.

*河圖 ; 중국 복희씨 때에 황허 강에서 용마가 지고 나왔다는 쉰다섯 점으로 된 그림,

동서남북 중앙으로 일정한 수로 나뉘어 배열되어 있으며 낙서와 함께 주역의 기본 이치가 되었다. *洛書 ; 중국 하나라의 우왕이 홍수를 다스릴 때에 뤄수이(洛水)강에서 나온 거북 등에 씌어 있었다는 마흔다섯 개의 점으로 된 아홉 개의 무늬, 팔괘와 홍범구주가 여기에서 비롯된 것이라고 한다.

역 유 사 상 소 이 시 야
易有四象 所以示也

역에는 사상이 있어 도리를 일러주고,

- 示 ; 보일 시, 보이다, 보다, 간주하다, 알리다, 일러주다, 지시하다, 가르치다, 교도하다, 베풀다, 고시, 지시, 명령, 땅 귀신 기, 땅 귀신, 지신, 토지 신, 둘 치, 두다.
- 所 ; 바 소, 바(일의 방법이나 방도), 것, 곳, 일정한 곳이나 지역, 처소, 관아, 어떤 일을 처리하는 곳, 지위, 자리, 위치, 장소를 세는 단위, 기초, 도리(道理), 사리(事理), 경우, 얼마, 쯤, 정도, 만일, 있다, 거처하다, ~을 당하다.

계 사 언 소 이 고 야
繫辭焉 所以告也

말씀으로 묶어서 사리를 알리니,

- 告 ; 고할 고, 고하다, 알리다, 발표하다, 여쭈다, (안부를) 묻다, 하소연하다, 고발하다, 가르치다, 깨우쳐 주다, 하소연, 뵙고 청할 곡, 뵙고 청하다, 말미, 겨를, 외양간, 마구간, 국문할 국, 국문하다, 조사하다.
- 辭 ; 말씀 사, 말씀.

정 지 이 길 흉 소 이 단 야
定之以吉凶 所以斷也

길흉이 정해지는 것에 따라 일의 방법이나 방도를 가지고 결단 할 수 있게 한 것이다.

역 왈 자 천 우 지 길 무 불 리
易曰 自天祐之 吉 无不利. 14. 화천대유 상구 효사

역에서 이르기를 "스스로 도우면 하늘이 도우니 좋아 이롭지 아니한 것이 없구나."

자 왈 우 자 조 야
子曰 祐者助也

스승이 말하기를 하늘의 도움이 있다는 것은 힘을 써서 일을 하는 사람을 여기에 힘을 더하여 돕는다는 것인데,

- 祐 ; 복 우, 도울 우, 복, 도움, 돕다, 도와주다, 올리다, 진헌하다.
- 助 ; 도울 조, 돕다, 힘을 빌리다, 거들다, 기리다, 유익하다, 이루다, 완성하다, 도움, 구조, 원조, 구실, 조세, 문체의 하나, 없앨 서, 없애다, 힘(力은 팔의 모양으로 힘써 일을 하다)을 더하여 돕다.

천 지 소 조 자 순 야
天之所助者順也

하늘이 힘을 써서 일을 하는 사람을 여기에 힘을 더하여 돕는다는 것은 도리를 따르는 사람이고,

- 順 ; 순할 순, 순하다, 유순하다, 좇다, (도리에) 따르다, 순응하다, 가르치다, 교도하다, 잇다, 이어받다, 제멋대로 하다, 편안하다, 안락하다, 화하다, 화순하다(온화하고 양순하다), 물러나다, 피하다, 바르다, 옳다, 귀여워하다, 차례, 순서, 도리, 도리에 따르는 사람, 실마리, 단서, 아름다운 눈.

인 지 소 조 자 신 야
人之所助者信也

사람이 힘을 써서 일을 하는 사람을 여기에 힘을 더하여 돕는다는 것은 사람이 말하는 것에 거짓이 없는 성실한 사람이고,

- 信 ; 믿을 신, 믿다, 신임하다, 맡기다, 신봉하다, 성실하다, ~에 맡기다, 확실하다, 마음대로 하다,

알다, 신의, 신용, 신표, 편지, 서신, 정보, 증거, 기호, 서류, 소식, 소식을 전하는 사람, 확실히, 정말로, 사람이 하는 말에 거짓이 없는 일로 성실을 말함.

이 신 사 호 순
履信思乎順

도리에 따르고 사람이 말하는 것에 거짓이 없는 성실한 생각을 가지고 이행을 하고,

• 履 ; 밟을 리, 신 리, 밟다, (신을) 신다, 행하다, 겪다, 지위에 오르다, 자리에 나아가다, 신, 신발, 괘 이름, 복, 복록, 행실, 행하는 바, 행동, 밟는 땅, 영토, 예(禮).

우 이 상 현 야
又以尙賢也

또한 어진 사람을 존경하니,

• 又 ; 또 우, 또, 다시, 또한, 동시에, 더욱, 오른손, 오른쪽, 거듭하다, 두 번 하다, 용서하다.
• 賢 ; 어질 현, 어질다, 현명하다, 좋다, 낫다, 더 많다, 넉넉하다, 가멸다, 존경하다, 두텁다, 착하다, 선량하다, 지치다, 애쓰다, 어진 사람, 어려운 사람을 구제하는 일, 남을 높여 이르는 말.

시 이 자 천 우 지 길 무 불 리 야
是以 自天祐之 吉 无不利也

이에 스스로 도우면 하늘이 도우니 좋아 이롭지 아니한 것이 없는 것이다.

자 왈 서 부 진 언 언 부 진 의
子曰 書不盡言 言不盡意

스승이 말하기를 글은 어떠한 말로도 다할 수 없고 말은 어떠한 뜻이라도 다할 수 없다고 했는데,

- 書 ; 글 서, 글, 글씨, 글자, 문장, 기록, 서류, 편지, 장부, 쓰다.
- 盡 ; 다할 진, 다하다, 완수하다, 극치에 달하다, 최고에 달하다, 다 없어지다, 사망하다, 죽다, 모든, 전부의, ~만, 다만 ~뿐. *書不盡言 ; 글로는 의사를 충분히 표현할 수 없다는 말.
- 意 ; 뜻 의, 뜻, 의미, 생각, 사사로운 마음, 사욕, 정취, 풍정, 대저(대체로 보아서), 무릇, 혹은, 생각건대, 아아, 의심하다, 헤아리다, 생각하다, 기억할 억, 기억하다.

연 즉 성 인 지 의   기 불 가 견 호
然則聖人之意 其不可見乎

그러면 성인의 뜻을 알 수 없다는 것인가.

- 然則 ; 그런즉, 그러면.

자 왈 성 인 입 상 이 진 의
子曰 聖人立象以盡意

스승이 말하기를 성인은 상을 확고하게 세울 수 있어서 어떠한 뜻이라도 다할 수 있고,

설 괘 이 진 정 위
設卦以盡情僞

괘를 갖출 수 있어서 어떠한 진정한 것과 거짓된 것이라도 다할 수 있고,

- 僞 ; 거짓 위, 거짓, 사투리, 잘못, 작위(의식적으로 꾸며서 하는 행위), 속이다, 그릇되게 바꾸다, 그런 양 나타내 보이다, 잘못될 와, 잘못되다, 틀리다, 고치다, 변화시키다. *情僞 ; 진정(眞情)과 거짓.

계 사 언 이 진 기 언
繫辭焉以盡其言

괘와 효의 아래에 설명하는 말씀을 써 놓아서 그 어떠한 말로도 다할 수
있고,

변 이 통 지 이 진 리
變而通之以盡利

변화하는 것에 통달함으로서 어떠한 이익이라도 다할 수 있고,

고 지 무 지 이 진 신
鼓之舞之以盡神

대나무가지로 북을 치고 사람이 장식이 붙은 소맷자락을 나풀거리며 추
는 춤이 극에 달했을 때보다 더 최고의 지혜가 극에 달하면 불가사의한 것
에도 다할 수 있는 것이다.

- 鼓 ; 북 고, 북, 악기의 하나, 북소리, 맥박, 심장의 고동, 시보, 경점(북이나 징을 쳐서 알려 주던 시
  간), 되(분량을 헤아리는 데 쓰는 그릇 또는 부피의 단위), 무게의 단위(480근), 치다, 두드리다, 휘
  두르다, (악기를) 타다, 연주하다, 격려하다, 북돋우다, 부추기다, 선동하다, 대나무가지로 북을 친
  다는 뜻.
- 舞 ; 춤 출 무, 춤추다, 뛰어다니다, 날아다니다, 희롱하다, 북돋다, 고무하다, 부추기다, 조롱하다,
  춤, 무용, 사람이 장식이 붙은 소맷자락을 나풀거리며 춤추고 있는 모양.

건 곤 기 역 지 온 야
乾坤其易之縕耶

건곤은 역의 깊숙한 곳에 이르게 하는 부모이므로,

- 縕 ; 헌솜 온, 헌솜, 솜옷, 삼, 모시, 주홍빛, 어지럽다, 혼란스럽다, 그윽하다, 깊숙하다, 감추다, 갈
  무리하다(물건 따위를 잘 정리하거나 간수하다), 저장하다, 넉넉하다, 풍부하다, 붉다.

- 耶 ; 어조사 야, 어조사, 그런가, 아버지(爺), 예수, 야소교(耶蘇敎, 크리스트교의 신교, 예수교), 간사할 사, 간사하다, 사특하다(요사스럽고 간특하다). *耶孃(야양) ; 부모.

건 곤 성 열 이 역 립 호 기 중 의
乾坤成列 而易立乎其中矣

건곤에 열이 이루어지면 그 다음에 역이 서는 것인데,

- 中 ; 가운데 중, 버금, 둘째, 다음.

건 곤 훼 즉 무 이 현 역 역 불 가 견
乾坤毀則无以見易 易不可見

만일 역이 드러났는데 건곤이 훼손되어 없어진다면 역을 볼 수 없으므로,

- 毀 ; 헐 훼, 헐다, 부수다, 제거하다, 철거하다, 이지러지다, 무너지다, 감손하다, 훼손하다, 손상하다, 비방하다, 헐뜯다, (몸을) 해치다, (젖니를) 갈다.

즉 건 곤 혹 기 호 식 의
則乾坤或幾乎息矣

그런즉 건곤은 어떤 경우에도 조용하고 공손하게 생존하는 것이다.

- 或 ; 혹 혹, 혹, 혹은, 혹시, 또, 어떤 경우에는, 어떤 이, 어떤 것, 있다, 존재하다, 괴이쩍어하다, 의심하다, 미혹하다, 나라 역, 나라,
- 幾 ; 몇 기, 몇, 얼마, 어느 정도, 그, 거의, 어찌, 자주, 종종, 조용히, 조용하고 공손하게, 바라건대, 원하건대, 가, 언저리, 기미, 낌새, 조짐, 징조, 고동(기계 장치), 기틀, 요령, 때, 기회, 위태하다, 위태롭다, 가깝다, 가까워지다, 살피다, 자세히 살펴보다, 헌걸차다(매우 풍채가 좋고 의기가 당당한 듯하다), 바라다, 원하다, 시작하다, 다하다, 끝나다.
- 息 ; 쉴 식, 쉬다, 숨 쉬다, 호흡하다, 생존하다, 살다, 생활하다, 번식하다, 자라다, 키우다, 그치다, 그만두다, 중지하다, 망하다, 멸하다, 호흡, 숨, 숨 한번 쉬는 동안, 아이, 자식, 여관, 휴게소, 이자, 군더더기 살, 나라 이름.

시 고 형 이 상 자 위 지 도
是故形而上者謂之道

이런 까닭으로 형체가 나타나기 이전의 상태를 가지고 도라 하고,

- 形而上 ; 형체가 없어 감각으로는 그 존재를 파악할 수 없는 것으로서 시간이나 공간을 초월한 관념적인 것을 이르는 말.

형 이 하 자 위 지 기
形而下者謂之器

형체가 나타난 이후의 상태를 기라고 하며,

- 形而下 ; 갖추어 감각으로 알 수 있는 것으로서 시간이나 공간 속에 형체를 가지고 나타나는 자연 현상이나 사회 현상을 이르는 말.

화 이 재 지 위 지 변
化而裁之謂之變

천지자연이 만물을 생육하는 작용을 분별하는 것이 변이고,

- 化 ; 될 화, 천지자연이 만물을 생육하는 작용.
- 裁 ; 마를 재, (옷이) 마르다, (치수에 맞게) 자르다, (옷을) 짓다, 만들다, (글을) 짓다, 교육하다, 결단하다, 결정하다, 분별하다(1. 서로 다른 일이나 사물을 구별하여 가르다, 2. 세상 물정에 대한 바른 생각이나 판단을 하다, 3. 어떤 일에 대하여 배려하여 마련하다), 식별하다, 헤아리다, 절제하다, 제어하다, 깎다, 삭감하다, 자살하다, 헝겊, 체재, 격식, 필(피륙을 세는 단위), 간신히, 가까스로, 겨우.

추 이 행 지 위 지 통
推而行之謂之通

미루어 헤아려서 행하는 것을 통이라 하며,

- 推 ; 밀 추, 밀다, 옮다, 변천하다, 천거하다, 추천하다, 넓히다, 확충하다, 헤아리다, 추측하다, 받

들다, 공경하여 높이 받들다, 꾸미지 아니하다, 꾸짖다, 꼬집다, 따지다, 힐난하다, 성한 모양, 밀퇴, 밀다, 밀어젖히다.

거 이 조 지 천 하 지 민 위 지 사 업
擧而措之天下之民謂之事業

모든 행위가 천하의 사람들에게 베풀어 줄 수 있는 것을 사업이라고 하는 것이다.

- 擧 ; 들 거, 들다, 일으키다, 행하다, 낱낱이 들다, 빼어 올리다, 들추어내다, 흥기하다(세력이 왕성해지다), 선거하다, 추천하다, 제시하다, 제출하다, 거동, 행위, 다, 모든, 온통.
- 措 ; 둘 조, 두다, 놓다, 처리하다, 조처하다, 베풀다(일을 차리어 벌이다, 도와주어서 혜택을 받게 하다), 그만두다, 하던 일을 버리다, 행동거지(몸을 움직여 하는 모든 짓), 가난한 선비(학식은 있으나 벼슬하지 않은 사람을 이르던 말), 섞을 착, 섞다, 섞이다, 잡을 책, 잡다, 뒤따라가서 붙잡다, 사이에 두다, 끼우다, 찌를 척, 찌르다, 해치다.

시 고 부 상 성 인 유 이 견 천 하 지 색
是故夫象 聖人有以見天下之賾

이런 까닭으로 저 상이라는 것은 성인이 존재할 때 천하를 심오하게 보고,

이 의 저 기 형 용 상 기 물 의
而擬諸其形容 象其物宜

그 생긴 꼴에서 본뜬 것을 가지고 알맞게 만물을 그린 것이므로,

시 고 위 지 상
是故謂之象

이런 까닭으로 상이라 이르고,

성인유이견천하지동
聖人有以見天下之動

성인이 존재할 때 천하의 움직임을 바라보면서,

이관기회통 이행기전례 계사언이단기길흉
而觀其會通 以行其典禮 繫辭焉以斷其吉凶

어째서 모이고 내왕하는지 본 것을 가지고 행위에 따라 그 전례가 쓰이도록 이에 말씀으로 묶어서 결단하는 것에 따라 그것을 길흉으로 나눈 것이므로,

시고위지효
是故謂之爻

이런 까닭으로 효라고 이른 것이다.

극천하지색자존호괘
極天下之賾者 存乎卦

천하에 있어서 지극하게 심오한 것이기에 괘가 존재하는 것이고,

• 之 ; 갈 지, ~에, ~에 있어서.

고천하지동자존호사
鼓天下之動者 存乎辭

천하에 움직임을 격려하기 위해 말이 존재하는 것이고,

화 이 재 지 존 호 변
化而裁之存乎變

천지자연이 만물을 생육하는 작용을 조절하기에 변이 존재하는 것이고,

추 이 행 지 존 호 통
推而行之存乎通

미루어 헤아려서 행하기에 통이 존재하는 것이고,

신 이 명 지 존 호 기 인
神而明之存乎其人

신명의 경지에 도달할 수 있기에 사람이 존재하는 것이고,

묵 이 성 지 불 언 이 신 존 호 덕 행
黙而成之不言而信 存乎德行

떠들어 대지 않아도 사람이 말하는 것에 거짓이 없이 성실하고 묵묵히 이룰 수 있기에 덕행이 존재 하는 것이다.

• **黙** ; 묵묵할 묵, 묵묵하다(말없이 잠잠하다), 고요하다, 모독하다.

繫辭下傳

팔 괘 성 열 상 재 기 중 의
八卦成列 象在其中矣

팔괘가 이루어져 늘어서면 상이 그중에 있고,

- 列 ; 벌일 렬, 늘어서다, 줄짓다, 나란히 서다.

인 이 중 지 효 재 기 중 의
因而重之 爻在其中矣

팔괘가 서로 겹치거나 합쳐지면 효가 그중에 있고,

- 因 ; 인할 인, 인하다(어떤 사실로 말미암다), 말미암다, 원인이나 계기로 되다, 의지하다, 의거하다, 겹치다, 잇닿다, 연달다, 이어받다, 따르다, 좇다, 부탁하다, 쌓이다, 친하게 하다, 친하게 지내다, 인연, 연고, 연줄, 유래, 연유, 까닭, 원인을 이루는 근본, 말미암아, 관련하여, ~의 이유로, ~에 의하여, ~에서, ~부터.
- 重 ; 무거울 중, 무엇이 겹쳤거나 둘이 합쳤음을 뜻함.

강 유 상 추 변 재 기 중 의
剛柔相推 變在其中矣

강함과 부드러움이 서로 늘리고 넓히려고 힘겨루기를 하면 변화가 그중에 있고,

- 推 ; 밀 추, 넓히다, 확충하다(늘리고 넓혀 충실하게 하다).

계 사 언 이 명 지 동 재 기 중 의
繫辭焉而命之 動在其中矣

괘와 효의 아래에 써넣은 말씀에는 운명에 영향을 끼치는 움직임에 관한 것이 그중에 있다.

- 之 ; 갈 지, (영향을) 끼치다. 계사 ; 괘와 효의 아래에 써놓은 말씀.

길 흉 회 린 자 생 호 동 자 야
吉凶悔吝者 生乎動者也

길하고 흉하며 후회스럽고 곤란스러운 것은 움직임에서 생겨나는 것이고,

강 유 자 입 본 자 야
剛柔者 立本者也

강하고 부드러운 것은 마음의 본성을 세우는 것이고,

- 立 ; 설 입(립), 서다, 멈추어 서다, 똑바로 서다, 확고히 서다, 이루어지다, 정해지다, 전해지다, 임하다, 즉위하다, 존재하다, 출사하다, 나타나다, 세우다, 곧, 즉시, 낟알, 닢(납작한 물건을 세는 단위), 리터의 약호, 바로, 자리 위, 자리.
- 本 ; 근본 본, 근본, (초목의) 뿌리, (초목의) 줄기, 원래, 본래, 본디, 근원, 원천, 본원, 시초, 마음, 본성, 주가 되는 것, 바탕, 자기 자신, 조상, 부모, 임금, 조국, 고향, 본, 관향(시조가 난 곳), 그루(초목을 세는 단위), 판본, 본(서화를 세는 단위), 책, 서책, 원금, 본전, 본가, 농업, 농사, 근거하다, 근거로 삼다.

변 통 자 취 시 자 야
變通者 趣時者也

변화에 통달하는 것은 때를 맞추어 취하는 것이다.

- 趣 ; 뜻 취, 뜻, 취지, 내용, 풍취, 멋, 자태, 달리다, 빨리 달려가다, 향하다, 미치다, 다다르다, 취하다, 재촉할 촉, 재촉하다, 빠르다, 서두르다, 빨리, 벼슬 이름 추, 벼슬 이름.
- 時 ; 때 시, 때, 철, 계절, 기한, 세대, 시대, 기회, 시세, 당시, 그때, 때마다, 늘, 때를 맞추다, 엿보다, 기회를 노리다, 좋다, 훌륭하다, 관장하다, 주관하다, 쉬다, 휴식하다.

길 흉 자 정 승 자 야
吉凶者 貞勝者也

길하고 흉한 것은 눈여겨보는 것이 바른 것이고,

• 勝 ; 이길 승, 눈여겨보다, 이기다, (눈을) 똑바로 뜨다, 뛰어나다, (눈을) 부릅뜨는 모양, 훌륭하다, 경치가 좋다, 낫다, 승리를 거두어 멸망시키다, 넘치다, 지나치다, 견디다, 바르다, 곧다, 기회를 활용하다, 뛰어난 것, 부인의 머리꾸미개, 훌륭한 것, 이김, 모두, 온통, 죄다.

천 지 지 도 정 관 자 야
天地之道 貞觀者也

천지의 도는 심안에 비추어 보는 것이 바른 것이고,

일 월 지 도 정 명 자 야
日月之道 貞明者也

일월의 도는 이치가 분명하여 의심할 것이 없는 것이 바른 것이므로,

• 明 ; 밝을 명, 이치가 분명하여 의심할 것이 없는 것.

천 하 지 동 정 부 일 자 야
天下之動 貞夫一者也

천하의 움직임은 한결같이 바른 것이다.

부 건 확 연 시 인 이 의
夫乾 確然示人易矣

저 건은 단단하고 튼튼한 것이 분명하여 사람에게 쉽게 보이고,

• 確 ; 굳을 확, 굳다, 단단하다, 견고하다, 확고하다, 확실하다, 진실하다, 튼튼하다, 대단히, 확실히, 틀림없이.
• 然 ; 그럴 연, 불탈 연, 그러하다, 틀림이 없다, 그러하게 하다, 명백하다, 분명하다, 그러하다고 하다, ~이다, 듯하다, 허락하다, 동의하다, 불타다, 불태우다, 밝다, 그런데, 드디어, 그러하면, 그리하여, 그렇다면, 그러면, 그리고 나서, 연후에, 그러나, 그렇지만, 그런데도, 그렇기는 하지만, 상태를 나타내는 접미사, 원숭이의 일종.

부 곤 퇴 연 시 인 간 의
夫坤 隤然示人簡矣

저 곤은 부드럽고 순한 것이 분명하여 사람에게 간단하게 보여서,

- 隤 ; 무너질 퇴, 무너지다, 무너뜨리다, 넘어지다, 실패하다, 떨어뜨리다, 기울다, (복을) 내리다, 순하다, 고달프다, 부드러운 모양.

효 야 자 효 차 자 야
爻也者 效此者也

효는 이것을 본받고,

- 效 ; 본받을 효.
- 此 ; 이 차.

상 야 자 상 차 자 야
象也者 像此者也

상은 이것을 본뜬 것인데,

- 像 ; 모양 상, 모양, 형상, 본뜬 형상, 본떠 그린 모양, 초상, 법식, 양식, 법, 규범, 본뜨다, 닮다, 모방하다, 닮다, 비슷하다, 따르다, 순종하다.

효 상 동 호 내 길 흉 현 호 외
爻象動乎內 吉凶見乎外

효와 상은 안에서 움직이고 길흉은 바깥으로 드러나고,

功業見乎變
공 업 현 호 변

큰 공로가 있는 사업으로 변하여 나타나지만,

- **功** ; 공 공, 공, 공로, 공적, 일, 사업, 보람, 업적, 성적, 상복, 경대부의 옷, 공부, 공, 공의, 공치사하다, 튼튼하다, 정교하다, 훌륭하게 일을 하다.
- **業** ; 업 업, 업, 일, 직업, 학업, 기업, 산업, 공, 공적, 기초, 선악의 소행, 순서, 차례, 판자, 장식 판, 두려워하는 모양, 이미, 벌써, 시작하다, 창시하다, 잇다, 계승하다, 일하다, 종사하다, 업으로 삼다, 일삼다, 위태롭다, 불안하다, 높다.
- **見** ; 볼 견, 보다, 보이다, 당하다, 견해, 뵈올 현, 뵙다, 나타나다, 드러나다, 보이다, 소개하다, 만나다, 현재, 지금.
- **乎** ; 어조사 호, 어조사, ~느냐, ~랴, ~지, ~겠지, ~도다, ~에, ~보다, 그런가, 아(감탄사).
- **變** ; 변할 변, 변하다, 변화하다, 고치다, 변경하다, 변통하다, 움직이다, (조정에) 고변하다, 놀라게 하다, 다투다, 속이다, 어그러지다, 좁다, 변화, 변고, 재앙, 재난, 상, 죽음. *功業 ; 큰 공로가 있는 사업.

聖人之情見乎辭
성 인 지 정 현 호 사

성인의 느끼어 일어나는 생각이나 마음은 말씀으로 나타나는 것이다.

- **情** ; 뜻 정, 느끼어 일어나는 생각이나 마음.

天地之大德曰生
천 지 지 대 덕 왈 생

천지의 큰 덕을 말하면 생이라 하고,

- **生** ; 날 생, 나다, 낳다, 살다, 기르다, 서투르다, 싱싱하다, 만들다, 백성, 선비(학식은 있으나 벼슬하지 않은 사람을 이르던 말), 자기의 겸칭, 사람, 날(익지 않음), 삶.

聖人之大寶曰位

성인의 큰 보물을 말하면 위라 하고,

- 寶 ; 보배 보, 보배, 보물, 옥새, 도장, 돈, 전폐, 높임말, 도, 보(특정 목적의 기금 마련을 위한 재단), 진귀한, 보배로 여기다, 귀중하게 여기다.
- 位 ; 자리 위, 자리, 곳, 위치, 지위, 직위, 제위, 왕위, 방위, 분, 명(名), 비트, 위치하다, 자리 잡다, 서다, 서 있다, 임할 리, 임하다, 닿다, 도달하다, 나아가다.

何以守位曰仁

어찌 자리에 머무느냐고 말하면 인이라 하고,

- 守 ; 지킬 수, 지키다, 다스리다, 머무르다, 기다리다, 거두다, 손에 넣다, 청하다, 요구하다, 지키는 사람, 직무, 직책, 임무, 벼슬의 지위는 낮고 관직은 높음을 나타내는 말, 지방 장관(지방에 파견되어 그곳을 지키는 일이나 사람), 정조, 지조, 절개, 임시, 가짜, 벼슬 이름.
- 仁 ; 어질 인, 어질다, 자애롭다, 인자하다, 감각이 있다, 민감하다, 사랑하다, 불쌍히 여기다, 어진 이, 현자, 인, 어진 마음, 박애, 자네, 씨, 과실 씨의 흰 알맹이, 속살.

何以聚人曰財

어찌 사람이 모이냐고 말하면 재라 하고,

- 聚 ; 모을 취, 모으다, 모이다, 거두어들이다, 갖추어지다, 저축하다, 쌓다, 함께 하다, 무리(모여서 뭉친 한동아리), 마을, 동네, 저축, 줌(한 주먹으로 쥘 만한 분량), 함께, 다같이.
- 財 ; 재물 재, 재물, 재산, 자산, 보물, 물품, 녹봉(벼슬아치에게 주던 급료), 재능, 재료, 성의 하나, 겨우, 비로소, 마르다, 재단하다, 마름질하다.

이 재 정 사 금 민 위 비 왈 의
理財正辭 禁民爲非曰義

재산을 잘 관리하고 바르게 말을 하며 사람들이 나쁜 행위를 하지 못하도록 하는 것을 말하면 의라 하는 것이다.

- 理 ; 다스릴 리, 다스리다, 다스려지다, 깁다(떨어지거나 해어진 곳을 꿰매다), 수선하다, 깨닫다, 의뢰하다, 사리, 도리, 이치, 매개, 거동, 나뭇결, 잔금, 학문, 과목의 약칭.
- 正 ; 바를 정, 정월 정, 바르다, 정당하다, 바람직하다, 올바르다, 정직하다, 바로잡다, 서로 같다, 다스리다, 결정하다, 순일하다, 순수하다, (자리에) 오르다, 말리다, 제지하다, 정벌하다, 관장(시골 백성이 고을 원을 높여 이르던 말), 정실, 본처, 맏아들, 적장자, 본, 정, 주가 되는 것, 정사, 정치, 증거, 증빙, 상례, 준칙, 표준, 처음, 정월, 과녁, 정곡(과녁의 한가운데가 되는 점), 세금, 노역, 부역, 네모, 군대 편제 단위, 바로, 막, 때마침, 가운데, 가령, 설혹, ~하더라도.
- 禁 ; 금할 금, 금하다, 견디다, 이겨내다, 누르다, 억제하다, 꺼리다, 삼가다(몸가짐이나 언행을 조심하다), 위협하다, 규칙, 계율, 금령, 비밀, 감옥, 주술, 저주, 잔대(술잔을 받치는 데 쓰는 그릇), 대궐, 궁궐, 옷고름, 짐승을 기르는 우리, 행동을 못하게 함.
- 非 ; 아닐 비, 비방할 비, 아니다, 그르다, 나쁘다, 옳지 않다, 등지다, 배반하다, 어긋나다, 벌하다, 나무라다, 꾸짖다, 비방하다, 헐뜯다, 아닌가, 아니한가, 없다, 원망하다, 숨다, 거짓, 허물, 잘못, 사악,
- 義 ; 옳을 의, 옳다, 의롭다, 바르다, 선량하다, 착하다, 순응하다, 맺다, 해 넣다, 섞다, 혼합하다, 간사하다, 옳지 않다, 의, 정의, 올바른 도리, 의리, 우의, 뜻, 의미, 의의, 거둥(임금의 나들이), 예절, 의식, 정의에 합당한 행동, 의로운 일, 명분, 법도, 용모, 행동거지(몸을 움직여 하는 모든 짓), 의로 맺은 친족 관계, 의리의 관계, 공적인 것, 공익을 위한 것, 인공적인 것, 가짜, 사람으로서 지켜야 할 떳떳하고 정당한 도리.

고 자 포 희 씨 지 왕 천 하 야
古者包犧氏之王天下也

옛사람 복희씨가 왕이 되어 천하를 다스릴 때에,

- 包 ; 쌀 포, 꾸러미 포, 싸다, 감싸다, 용납하다, 너그럽게 받아들이다, 아우르다, 함께 넣다, 아이를 배다, 더부룩하게 나다, 초목이 무성하다, 꾸러미, 보따리, 푸줏간, 포(꾸러미의 수를 세는 단위), 주머니, 봉지.
- 犧 ; 희생 희, 희생, 짐승, 술그릇 사, 술그릇. 氏 ; 각시 씨, 성씨 씨, 각시, 성씨, 씨, 사람의 존칭, 존칭, 무너지다, 산사태 나다, 나라 이름 지, 나라 이름. *포희=복희.

- 王 ; 임금 왕, 임금, 천자, 수령, 으뜸, 할아버지, 할아비, 왕 노릇하다, 통치하다, 왕업을 이루다, 왕
으로 삼다, 바로 고치다, 왕성하다, 크다, (보다) 낫다, (향하여) 가다, 옥 옥, 옥. *王天下 ; 왕이 되
어 천하를 다스림, 또는 그 천하. *伏羲氏 ; 중국 고대의 제왕, 삼황오제의 수위를 차지하며 팔괘를
처음으로 만들고 그물을 발명하여 고기잡이의 방법을 가르쳤다고 함.

仰則觀象於天
앙 칙 관 상 어 천

머리를 들어 하늘에 기상을 관측하여 본보기로 삼고,

- 觀象 ; 기상을 관측함.
- 則 ; 법칙 칙, 법칙, 준칙, 이치, 대부의 봉지, 본보기로 삼다, 본받다, 모범으로 삼다, 곧 즉, 곧, 만
일~이라면, ~하면, ~할 때에는.
- 於 ; 어조사 어, 어조사(~에, ~에서), 기대다, 의지하다, 따르다, 가다, 있다, 존재하다, 탄식할 오,
탄식하다, 아아(감탄사), 까마귀.

俯則觀法於地
부 즉 관 법 어 지

고개를 숙이어 땅에서 나타내는 도리와 이치를 본보기로 삼고,

- 觀 ; 볼 관, 나타내다.
- 法 ; 법 법, 도리와 이치.

觀鳥獸之文與地之宜
관 조 수 지 문 여 지 지 의

새와 짐승의 현상을 잘 보고 더불어 땅을 알맞게 쓸지를 기록하고,

- 鳥 ; 새 조, 새, 새의 총칭, 봉황, 나라 이름, 벼슬 이름, 별 이름, 땅 이름 작, 땅 이름, 섬 도, 섬.
- 獸 ; 짐승 수, 짐승, 가축, 야만(野蠻), 하류(下流), 포, 포육(얇게 저미어서 양념을 하여 말린 고기),
짐승 같은, 야만스러운, 사냥하다.

- 文 ; 글월 문, 글월, 문장, 어구, 글, 글자, 문서, 서적, 책, 문체의 한 가지, 채색, 빛깔, 무늬, 학문이나 예술, 법도, 예의, 조리, 현상(現狀 ; 나타나 보이는 현재의 상태), 신문, 결, 나뭇결, 얼룩, 반점, 돈의 한 가지, 그 돈의 개수를 나타내는 말, 신발의 치수의 단위, 아름다운 외관, 주 문왕의 약칭, 빛나다, 화려하다, 아름답다, 선미하다, 몸에 새기다, 꾸미다, 입묵하다(入墨 ; 먹물로 살 속에 글씨나 그림을 새겨 넣다), 자자하다(刺字 ; 얼굴이나 팔뚝의 살을 따고 홈을 내어 먹물로 죄명을 찍어 넣다), 어지러워지다.
- 與 ; 더불 여, 줄 여, 기록하다, 등재하다.
- 觀 ; 볼 관, 잘 본다.
- 之 ; 갈 지, 을, 쓰다, 사용하다.
- 宜 ; 마땅 의, 마땅하다, 알맞다.
- 地 ; 땅 지, 땅, 대지, 곳, 장소, 노정(목적지까지의 거리), 논밭, 뭍, 육지, 영토, 국토, 토지의 신, 처지, 처해 있는 형편, 바탕, 본래의 성질, 신분, 자리, 문벌, 지위, 분별, 구별, 다만, 뿐, 살다, 거주하다.

근 취 저 신 원 취 저 물
近取諸身 遠取諸物

가깝게는 몸에서 취하고 멀게는 만물에서 취하여,

- 諸 ; 모두 제, 모두, 모든, 무릇, 여러, 딴, 기타의, 만약 ~한다면, 이, 저(대명사), 지차(맏이 이외의 자식들), 말 잘하다, 김치 저, 김치, 장아찌, 절임, 두꺼비, 어조사 저, ~에, ~에서.

어 시 시 작 팔 괘
於是始作八卦

이에 처음으로 팔괘를 만들었는데,

이 통 신 명 지 덕
以通神明之德

이로써 신명의 덕에 통할 수 있게 하고,

이 유 만 물 지 정
以類萬物之情

이로써 만물의 본성을 비슷한 것끼리 나눌 수 있게 하였다.

- 類 ; 무리 류, (비슷한 것끼리) 나누다.
- 情 ; 뜻 정, 본성(本性 ; 1. 사람이 본디부터 가진 성질, 2. 사물이나 현상에 본디부터 있는 고유한 특성).

작 결 승 이 위 망 고 이 전 이 어
作結繩而爲網罟 以佃以漁

실로 꼰 끈이나 새끼 따위로 매듭지는 결승을 창작하고 망태기와 그물을 만들어서 농사짓고 사냥하고 물고기도 잡도록 하였는데,

- 作 ; 지을 작, 짓다, 만들다, 창작하다, 일하다, 노동하다, 행하다, 행동하다, 부리다, ~하게 하다, 일어나다, 일으키다, 이르다, 미치다, 비롯하다, 삼다, 임명하다, 닮다, 농사, 일, 사업, 공사, 저작, 작품, 저주 저, 저주, 저주하다, 만들 주, 만들다.
- 結 ; 맺을 결, 맺다, 모으다, 묶다, 매다, 꾸미다, 짓다, 다지다, 단단히 하다, 엇걸리게 하다, 굽다, 구부러지다, 굽히다, 구부리다, 막다, 못하게 하다, 엉기다, 늘어세우다, 마치다, 바로잡다, 책하다, 끝 구, 결구, 번뇌, 매듭, 상투 계, 상투(장가든 남자가 머리털을 끌어 올려 정수리 위에 틀어 감아 맨 것), 매다, 연결하다.
- 繩 ; 노끈 승, 노끈, 줄(무엇을 묶거나 동이는 데에 쓸 수 있는 가늘고 긴 물건), 먹줄(나무나 돌에 곧은 줄을 긋는 데 쓰는 도구), 법, 바로잡다, 통제하다, 제재하다, 잇다, 계승하다, 계속하다, 기리다, 재다, 판단하다. *結繩 ; 옛적에 글자가 없었던 시대에 노끈으로 매듭을 맺어서 기억의 편리를 꾀하고 또 서로 뜻을 통하던 것, 고대 이집트, 중국, 티베트에서 행해졌으며 하와이, 페루에서는 근대까지 남아 있었음.
- 網 ; 그물 망, 그물, 포위망, 계통, 조직, 그물질하다, 그물로 잡다, 싸다, 덮다, 가리다, 망태기. 罟 ; 그물 고, 그물, 물고기 그물, 규칙, 법망의 비유, 그물질하다.
- 佃 ; 밭 갈 전, 밭 갈다, 농사짓다, 경작하다, 사냥하다, 소작하다, 밭, 소작인.
- 漁 ; 고기 잡을 어, 고기 잡다, 빼앗다, 사냥하다, 약탈하다, 고기잡이, 어부.

개 취 저 리
蓋取諸離

대개 이런 것은 중화리괘에서 취하고,

- 蓋 ; 덮을 개, 덮다, 덮어씌우다, 숭상하다, 뛰어나다, 해치다, 뚜껑, 덮개, 하늘, 상천, 일산(日傘 ; 1. 햇볕을 가리기 위하여 한데다가 세우거나 설치하는 큰 양산, 자루가 길며 비단으로 만듦, 2. 의장의 하나, 자루가 긴 양산으로 황제는 누른빛, 왕과 황태자는 붉은빛, 왕세자는 검은빛의 비단으로 만듦, 3. 감사, 유수, 수령 등이 부임할 때 받던 양산으로 흰 포목에 푸른 선을 둘러 만듦.), 모두, 대략, 대개(대부분), 아마도, 그래서, 어찌 합, 어찌, 문짝, 땅 이름.
- 離 ; 떠날 리, 떠나다, 떼어놓다, 떨어지다, 갈라지다, 흩어지다, 분산하다, 가르다, 분할하다, 늘어놓다, 만나다, 맞부딪다, 잃다, 버리다, 지나다, 겪다, 근심, 성의 하나, 괘 이름, 붙을 려, 붙다, 달라붙다, 교룡 치, 교룡(상상 속의 동물), 맹수.

포 희 씨 몰
包犧氏沒

복희씨가 물속에 가라앉아 없어지고,

- 沒 ; 빠질 몰, (물에) 빠지다, 가라앉다, 잠수하다, 무자맥질하다(물속에서 팔다리를 놀리며 떴다 잠겼다 하다), 다하다, 바닥나다, 끝나다, 마치다, 죽다, 패망하다, 멸망시키다, 함락되다, 없다, 빼앗다, 몰수하다, 탐하다, 욕심부리다, 지나치다, 정도를 넘어서다, 숨다, 숨기다, 들어가다, 물속에 가라앉아 없어지다.

신 농 씨 작 착 목 위 사 유 목 위 뢰
神農氏作 斲木爲耜 揉木爲耒

신농씨는 나무를 깎아서 보습을 만들고 나무를 휘어서 쟁기를 만들어서,

- 農 ; 농사 농, 농사, 농부, 농가, 농사짓다, 노력하다, 힘쓰다.
- 斲 ; 깎을 착, 깎다, 쪼개다, 베다, 새기다, 아로새기다, 연장.
- 木 ; 나무 목, 나무, 목재, 널, 판, 오행의 하나, 별 이름, 목성, 목제 악기, 형구, 무명(무명실로 짠 피륙), 질박하다(꾸민 데가 없이 수수하다), 꾸밈이 없다.
- 耜 ; 보습 사, 보습(땅을 갈아 흙덩이를 일으키는데 쓰는 농기구), 쟁기 날, 따비로 갈다, 쟁기 손질을 하다.

- 揉 ; 주무를 유, 주무르다, 순하게 하다, 섞이다, 휘다, 바로잡다.
- 耒 ; 가래 뇌(뢰), 가래, 쟁기(논밭을 가는 농기구), 굽정이(극쟁이, 땅을 가는 데 쓰는 농기구), 쟁깃술(쟁기의 몸 아래로 비스듬히 뻗어 나간 나무). *神農氏 ; 중국의 옛 전설에 나오는 제왕. 삼황의 한 사람. 성은 강. 인신우수(人身牛首), 화덕(火德)으로써 임금이 된 까닭에 염제라고 일컬으며 백성에게 농사짓는 법을 가르쳤으므로 신농씨라 일컬음. 의료, 악사의 신, 또 팔괘를 겹쳐서 육십사괘를 만들어 역자의 신 주조와 양조 등의 신이 되고 교역의 법을 가르쳐 상업의 신으로도 되어 있음.

뇌 누 지 리 이 교 천 하
耒耨之利以教天下

쟁기로써 김을 매야 편리하다고 천하에 가르쳤는데,

- 耨 ; 김맬 누, 김매다, 없애다, 나쁜 일을 덜어 없애다, 호미(쇠로 만든 농기구), 괭이.
- 教 ; 가르칠 교, 가르치다, 본받다, 가르침, ~로 하여금, ~하게 하다, 교령(임금의 명령), 종교. *以는 사람이 연장을 사용하여 밭을 갈 수 있다는 데서 '~로써', '까닭'을 뜻함. 쟁기의 모양을 본뜬 상형문자.

개 취 저 익
蓋取諸益

대개 이런 것은 풍뢰익괘에서 취하고,

- 益 ; 더할 익, 더하다, 이롭다, 유익하다, 돕다, 보조하다, 많다, 넉넉해지다, 풍부해지다, 진보하다, 향상되다, (상으로) 주다, 가로막다, 이익, 괘 이름, 성의 하나, 더욱, 한결, 점점, 차츰차츰, 넘칠 일, 넘치다.

일 중 위 시
日中爲市

대낮에 시장이 열리고,

- 市 ; 저자 시, 저자, 상품을 팔고 사는 시장, 시가, 인가가 많은 번화한 곳, 장사, 거래, 매매, 값, 가

격, 벼슬 이름, 사시의 약칭, 행정 구획의 단위, 사다, 팔다, 장사하다, 거래하다, 벌다, 돈벌이를 하다, 시장.

致天下之民
치 천 하 지 민

천하의 사람들이 **빽빽**하게 몰려오고,

• 致 ; 이를 치, 빽빽할 치.

聚天下之貨
취 천 하 지 화

천하의 물건들이 모이면,

• 聚 ; 모일 취.
• 貨 ; 재물 화, 재물, 재화, 화물, 상품, 물건, 돈, 화폐, 뇌물, (재물로) 여기다, (뇌물을) 주다, 팔다, 사들이다.

交易而退 各得其所
교 역 이 퇴 각 득 기 소

서로 물건을 사고팔아 바꾸어 물러나면 모든 것이 그 있어야 할 곳에 있게 되는데,

* 交易 ; 1. 서로 물건을 사고팔아 바꿈, 2. 재화의 교환 무역.
* 各得其所 ; 모든 것이 그 있어야 할 곳에 있게 됨, 원래 사람들이 자기 분수에 맞게 하고 싶은 일을 해도 후에는 각자의 능력과 적성에 맞게 적절한 배치를 받게 되는 것을 말함.

개 취 저 서 합
蓋取諸噬嗑

대개 이런 것은 화뢰서합괘에서 취하고,

- 噬 ; 씹을 서, 씹다, 먹다, 깨물다, 삼키다, 빼앗다, 미치다, 다다르다.
- 嗑 ; 입 다물 합, 입 다물다, 웃음소리, 어찌, 말이 많을 갑, 말이 많다.

신 농 씨 몰
神農氏沒

신농씨가 물속에 가라앉아 없어지고,

황 제 요 순 씨 작 통 기 변 사 민 불 권 신 이 화 지 사 민 의 지
黃帝堯舜氏作 通其變 使民不倦 神而化之 使民宜之

황제 요순씨는 통용하던 것을 고쳐서 부리던 백성을 고달프지 않게 마음
과 정신을 교화시켜서 백성들로 하여금 신에게 기도를 드릴 수 있게 만들
었다.

- 黃 ; 누를 황, 누렇다, 노래지다, 앓다, 누런빛, 황금, 늙은이, 어린아이, 유아, 황제, 열병, 병들고
  지친 모양, 공골 말(털빛이 누런 말), 곡식, 곡류, 나라 이름, 황마.
- 帝 ; 임금 제, 임금, 천자, 하느님, 오제의 약칭, 크다.
- 堯 ; 요 임금 요, 요 임금, 높은 모양, 높다, 멀다.
- 舜 ; 순 임금 순, 순 임금(중국 태고의 천자), 무궁화, 나팔꽃, 뛰어나다.
- 使 ; 하여금 사, 부릴 사, 하여금(누구를 시키어), 가령, 만일, 설사, 심부름꾼, 하인, 벼슬 이름, 사
  신, 부리다, 시키다, 따르다, 순종하다, 방종하다, 제멋대로 하다, 쓰다, 운용하다, 보낼 시, (사신으
  로) 보내다, (사신으로) 가다.
- 倦 ; 게으를 권, 문서 권, 게으르다, 진력나다, 고달프다, 걸터앉다, 문서, 증서, 증표, 계약서, 화폐,
  엄쪽(어음을 쪼갠 한 쪽), 언약하다, 분명하다, 확실하다, 일치하다, 힘쓰다.
- 神 ; 귀신 신, 마음, 정신.
- 化 ; 될 화, 교화하다, 감화시키다.
- 宜 ; 마땅 의, 마땅하다, 알맞다, 마땅히 ~하여야 한다, 화목하다, 화순하다, 형편이 좋다, 사정이

좋다, 아름답다, 선미하다, 마땅히, 과연, 정말, 거의, 제사 이름, 사(社)의 제사, 안주, 술안주, 신에게 기도드리다가 본래의 뜻.

易 窮則變 變則通 通則久
역 궁 즉 변 변 즉 통 통 즉 구

역의 말로도 글로도 다할 수는 없는 깊이를 오랫동안 연구하고 사색을 하다 보니 사람들의 일이라는 것이 궁하면 변하고 변하면 통하고 통하면 오래가니,

- 窮 ; 다할 궁, 궁할 궁, 다하다, (극에) 달하다, 마치다, 중단하다, 궁하다(가난하고 어렵다), 궁하게 하다, 가난하다, (이치에) 닿지 아니하다, 외지다, 궁벽하다, 작다, 좁다, 얕다, 궁구하다(파고들어 깊게 연구하다), 연구하다, 드러나다, 궁한 사람, 의지할 데가 없는 사람, 궁려(허술하게 지은 집, 가난한 집), 나라 이름, 크게, 매우.
- 則 ; 법칙 칙, 법칙, 준칙, 이치, 대부의 봉지, 본보기로 삼다, 본받다, 모범으로 삼다, 곧 즉, 곧, 만일 ~이라면, ~하면, ~할 때에는.
- 變 ; 변할 변, 변하다, 변화하다, 고치다, 변경하다, 변통하다, 움직이다, (조정에) 고변하다, 놀라게 하다, 다투다, 속이다, 어그러지다, 좁다, 변화, 변고, 재앙, 재난, 상, 죽음.
- 通 ; 통할 통, 통하다, 내왕하다, 알리다, 알다, 정을 통하다, 통(편지 따위를 세는 단위).
- 久 ; 오랠 구, 오래다, 길다, 오래 기다리다, 오래 머무르다, 가리다, 막다, 변하지 아니하다, 오랫동안, 오래된, 옛날의, 시간, 기간.

是以自天祐之 吉无不利
시 이 자 천 우 지 길 무 불 리

이에 스스로 도우면 하늘이 도우니 좋고 불리할 것이 없는 것이다.

黃帝堯舜垂衣裳而天下治
황 제 요 순 수 의 상 이 천 하 치

황제 요와 순은 겉에 입는 저고리와 치마를 드리우면서 천하를 다스렸는데,

- 垂 ; 드리울 수, 드리우다, 늘어뜨리다, 기울다, 쏟다, 베풀다, 전하다, (후세에) 물려주다, 가, 가장자리, 변두리, 변방, 국경 지대, 항아리, 사람 이름, 거의.
- 衣 ; 옷 의, 옷, 웃옷, 깃털, 우모(羽毛), 옷자락, 살갗, 표피, 싸는 것, 덮는 것, 이끼, (옷) 입다, 입히다, 덮다, 행하다, 실천하다.
- 裳 ; 치마 상, 치마, 아랫도리 옷, 바지 따위, 산뜻한 모양, 보통.
- 治 ; 다스릴 치, 다스리다, (질서가) 바로 잡히다, (병을) 고치다, 익히다, 배우다, 견주다, 비교하다, 돕다, 성해지다, 왕성해지다, 도읍하다, 수양하다, 구결하다, 공, 공적, 도읍, 정사, 정치, 정도, 사람의 도리, 조서(조사한 사실을 적은 문서), 말, 언사, 감영, 강 이름, 강 이름 이, 강 이름.

개 취 저 건 곤
蓋取諸乾坤

대개 이런 것은 건과 곤괘에서 취하고,

고 목 위 주 염 목 위 즙 주 즙 지 리 이 제 불 통 치 원 이 리 천 하
刳木爲舟 剡木爲楫 舟楫之利 以濟不通 致遠以利天下

나무를 파서 배를 만들고 나무를 깎아 노를 만들어서 배와 노를 편리하게 사용하여 서로 통하지 않았던 곳을 건널 수 있게 하고 먼 곳에도 이를 수 있게 함으로써 천하를 이롭게 했는데,

- 刳 ; 가를 고, 가르다, 쪼개다, 파다, 도려내다.
- 舟 ; 배, 선박, 반(제기인 준을 받쳐놓는 그릇), 성의 하나, (몸에) 띠다, 배 타고 건너다, 싣다.
- 剡 ; 땅 이름 섬, 땅 이름, 강 이름, 날카로울 염, 날카롭다, 깎다, 삭제하다, 뾰족하다, 침범하다, 범하다, 천거하다, 추천하다, 들다, 들어 올리다, 잣다(물레 따위로 섬유에서 실을 뽑다), 빛나는 모양, 일어서는 모양, 서슬, 날카로운 기세, 화살이 나는 모양, 창끝, 칼날.
- 楫 ; 노 즙, 노(배를 젓는 막대기), 배, 노를 젓다, 모으다, 수집하다, 노 집, 노, 노를 젓다, 모으다, 수집하다.
- 濟 ; 건널 제, 건너다, 돕다, 도움이 되다, 구제하다, 이루다, 성공하다, 성취하다, 더하다, 소용이 있다, 쓸모가 있다, 유익하다, 많다, 그치다, 원조, 도움, 나루, 물 이름.

개 취 저 환
蓋取諸渙

대개 이런 것은 풍수환괘에서 취하고,

• 渙 ; 흩어질 환, 흩어지다, 풀리다, 찬란하다, 빛나다, 호령을 발포하다, 물이 많고 세찬 모양, 괘 이름, 물 이름 회, 물 이름.

복 우 승 마 인 중 치 원   이 리 천 하
服牛乘馬 引重致遠 以利天下

소를 길들이고 말을 타서 무거운 것을 이끌고 먼 곳에도 이를 수 있게 함으로써 천하를 이롭게 했는데,

• 服 ; 옷 복, 옷, 의복, 복, 일, 한 번에 마시는 약의 분량, 직책, 직업, 일용품, 전동(화살을 담아 두는 통), 수레를 끄는 말, 올빼미, 구역, (옷을) 입다, 좇다, 따르다, 차다, (몸에) 매달다, (멍에를) 메우다, 복종하다, (뜻을) 굽히다, 겸양하다, 두려워하다, 항복하다, 익숙해지다, 물러나다, 사용하다, (복을) 입다, (약) 먹다, (약) 마시다, 일하다, 행하다, 잡다, 쥐다, 다스리다, 제 것으로 하다, 들어맞다, 합당하다, 생각하다, 기다.

개 취 저 수
蓋取諸隨

대개 이런 것은 택뢰수괘에서 취하고,

• 隨 ; 따를 수, 따를 수, 추종하다, 부화하다(주견이 없이 경솔하게 남의 의견에 따르다), 좇다, 추구하다, 발, 발꿈치, 괘 이름, 따라서, 게으를 타, 게으르다, 타원형.

중 문 격 탁 이 대 포 객
重門擊柝 以待暴客

대문 안에 또 문을 세우고 딱따기를 치는 것은 사납고 난폭한 사람을 방비하기 위한 것인데,

- 重門 ; 대문 안에 또 세운 문.
- 擊 ; 칠 격, 치다, 부딪치다, 공격하다, 마주치다, 보다, 두드리다, 지탱하다, 죽이다.
- 柝 ; 딱따기 탁, 딱따기(딱딱 소리를 내게 만든 두 짝의 나무토막), 경계하다, 터지다, 갈라지다, 열다, 펼치다, 쪼갤 석, (나무를) 쪼개다, 가르다, 해부하다, 밝히다, 나누어지다, 갈라지다, 흩어지다, 분산되다, 어그러져 벗어나다, 처념 사, 처념(양 따위의 반추위의 제삼 위), 풀 이름.
- 待 ; 기다릴 대, 기다리다, 대비하다, 갖추어 놓고 기다리다, 대접하다, 대우하다, 모시다, 시중들다, 돕다, 거들다, 의지하다, 기대다, 더하다, 더해 주다, 저축하다, 비축하다, 기대를 걸다, 지속하다, 지탱하다, 임용하다, 막다, 방비하다(적의 침입이나 피해를 막기 위하여 미리 지키고 대비하다), 때, 기다리는 때.
- 暴 ; 사나울 포, 사납다, 난폭하다, 해치다, 모질다, 모질게 굴다, 세차다, 맨손으로 치다, 불끈 일어나다, 업신여기다, 조급하다, 갑자기, 사나울 폭, 사납다, 난폭하다, 해치다, 모질다, 모질게 굴다, 세차다, 맨손으로 치다, 불끈 일어나다, 업신여기다, 조급하다, 갑자기, 쬐다, 따뜻하게 하다, 햇볕에 말리다, 나타내다, 드러나다, 알려지다, 앙상할 박, 앙상하다, 성기다(물건의 사이가 뜨다), 희다.
- 客 ; 손 객, 손, 손님, 나그네, 사람, 과거, 지나간 때, 외계, 여행, 객지, 의식이나 행동의 대상, 상대, 주장이 아닌, 객쩍은, 붙이다, 의탁하다, 쓸데없다, 객쩍다.

개 취 저 예
蓋取諸豫

대개 이런 것은 뇌지예괘에서 취하고,

- 豫 ; 미리 예, 미리, 먼저, 기뻐하다, 즐기다, 놀다, 편안하다, 머뭇거리다, 싫어하다, 참여하다, 괘 이름, 땅 이름, 펼 서, 펴다.

단 목 위 저   굴 지 위 구 구 저 지 리   만 민 이 제
斷木爲杵 掘地爲臼 臼杵之利 萬民以濟

나무를 잘라 절굿공이를 만들고 땅을 파내어 절구를 만들어서 절구와 절 굿공이를 편리하게 사용하여 모든 사람들에게 도움이 되게 했는데,

- 杵 ; 공이 저, 공이(절구나 방아확에 든 물건을 찧거나 빻는 기구), 절굿공이(절구에 곡식 따위를 빻거나 찧거나 할 때에 쓰는 공이), 공이 처, 공이, 다듬잇방망이, 방패.

- 掘 ; 팔 굴, 파다, 파내다, 움푹 패다, 다하다, 우뚝 솟다, (끝이) 모지라지다, 뚫을 궐, 뚫다, 구멍, 암굴, 움직이지 않는 모양, 서투를 졸, 서투르다.
- 臼 ; 절구 구, 절구, 확(방앗공이로 곡식을 찧는 기구), 나무 이름, 별 이름, 허물, 절구질하다.
- 濟 ; 건널 제, 돕다, 도움이 되다.

개 취 저 소 과
蓋取諸小過

대개 이런 것은 뇌산소과괘에서 취하고,

- 過 ; 지날 과, 지나다, (지나는 길에) 들르다, 경과하다, 왕래하다, 교제하다, 초과하다, 지나치다, (분수에) 넘치다, 넘다, 나무라다, 보다, 돌이켜보다, 옮기다, 허물, 잘못, 괘 이름, 예전, 재앙 화, 재앙.

현 목 위 호 염 목 위 시 호 시 지 리 이 위 천 하
弦木爲弧 剡木爲矢 弧矢之利 以威天下

시위 줄로 나무를 구부려서 활을 만들고 나무를 뾰족하게 깎아서 화살을 만들어서 활과 화살을 편리하게 사용하였지만 천하를 두려움에 떨게 했는데,

- 弦 ; 시위 현, 활시위, 시위, 악기 줄, 초승달, 직각 삼각형의 사변, 시위의 울림, (현악기를) 타다, (혈관이 부어) 맥박이 빠르게 뛰다.
- 弧 ; 활 호, 활, 나무로 만든 활, 활 모양의 기구, 곡선이나 원주의 한 부분, 혼자, 외톨이, 별 이름, 어긋나다, (활처럼) 굽다, 휘다.
- 矢 ; 화살 시, 화살, 산가지(수효를 셈하는 데에 쓰던 막대기), 똥, 대변, 곧다, 똑바르다, 정직하다, 베풀다, 시행하다, 맹세하다, 서약하다, 무너뜨리다, 훼손하다, 어그러지다.
- 威 ; 위엄 위, 위엄, 권위, 세력, 힘, 권세, 두려움, 거동, 공덕, 법칙, 형벌, 시어머니, 쥐며느리(쥐며느릿과의 절지동물), 존엄하다, 진동하다, 떨치다, 두려워하다, 구박하다, 해치다, 으르다, 협박하다, 험하다, 가파르다.

蓋取諸睽
<small>개 취 저 규</small>

대개 이런 것은 화택규괘에서 취하고,

- 睽 ; 사팔눈 규, 사팔눈, 사시, (눈자위가) 움푹 들어간 모양, 괘 이름, (눈을) 부릅뜨다, 노려보다, 등지다, 반목하다, 어그러지다, 부릅뜬 모양 계, (눈을) 부릅뜬 모양.

上古穴居而野處
<small>상 고 혈 거 이 야 처</small>

아주 오랜 옛날에는 동굴 속에서도 살고 들판에서도 살았는데,

- 穴 ; 구멍 혈, 구멍, 굴, 동굴, 구덩이, 움집, 움막, 무덤, 묘혈, 광맥, 혈(용맥의 정기가 모인 자리), 곁, 옆, (구멍을) 뚫다, 혈거하다, 그릇되다, 굽다, 연구하다, 굴 휼, 굴, 동굴.
- 野 ; 들 야, 들, 들판, 민간(일반 백성들 사이), 문밖, 마을, 시골, 성 밖, 교외, 구역, 범위, 별자리, 야생의, 질박하다(꾸민 데가 없이 수수하다), 촌스럽다, 꾸밈새가 없다, 길들지 않다, 서투르다, 익숙하지 못하다, 거칠다, 등한하다(무엇에 관심이 없거나 소홀하다), (사리에) 어둡다, 비천하다, 미개하다, 방종하다, 자유분방하다, 변두리 여, 변두리, 교외, 농막 서, 농막(농사짓는 데 편리하도록 논밭 근처에 간단하게 지은 집).

後世聖人易之以宮室 上棟下宇 以待風雨
<small>후 세 성 인 역 지 이 궁 실   상 동 하 우 이 대 풍 우</small>

후세에 성인은 위는 용마루를 아래는 처마로 집과 방으로 바꿈으로써 바람과 비를 막을 수 있도록 했는데,

- 宮 ; 집 궁, 집, 가옥, 대궐, 궁전, 종묘, 사당, 절, 불사, 학교, 담, 장원, 마음, 임금의 아내나 첩, 소리 이름(오음의 하나), 궁형(생식기를 없애는 형벌), 오형중의 하나, 널(사람의 시체를 넣는 상자), 두르다, 위요하다(어떤 지역이나 현상을 둘러싸다).
- 室 ; 집 실, 집, 건물, 방, 거실, 거처, 사는 곳, 아내, 가족, 일가, 몸, 신체, 가재, 구덩이, 무덤, 굴, 별 이름, 칼집, 장가들다, 시집보내다, 교접하다, 성교하다.
- 棟 ; 마룻대 동, 마룻대(용마루 밑에 서까래가 걸리게 된 도리), 용마루(지붕 가운데 부분에 있는 가장 높은 수평 마루).

- 宇 ; 집 우, 집, 지붕, 처마, 하늘, 국토, 영토, 천하, 들판, 곳, 지역, 꾸밈새, 생김새, 도량, 천지사방, 덮어 가리다, 비호하다, 크다, 넓히다.

개 취 저 대 장
蓋取諸大壯

대개 이런 것은 뇌천대장괘에서 취하고,

- 壯 ; 장할 장, 장하다(기상이나 인품이 훌륭하다), 굳세다, 기상이 훌륭하다, 씩씩하다, 크다, 기세
  가 좋다, 젊다, 견고하다, 웅장하다, 단단하다, 성하다(기운이나 세력이 한창 왕성하다), 매우 갸륵
  하다, 찜질, 음력 8월, 성의 하나.

고 지 장 자 후 의 지 이 신 장 지 중 야 불 봉 불 수 상 기 무 수
古之葬者 厚衣之以薪 葬之中野 不封不樹 喪期无數

옛날에 장사를 지낼 때는 정성스레 대하고 옷을 입혀서 땔나무로 태우거
나 들판에 매장하면서 무덤 위에 흙을 쌓지도 않고 나무를 심지도 않으며
상을 지내는 기간도 일정하지 않아서,

- 葬 ; 장사 지낼 장, 장사지내다, 매장하다, 장사(葬事), 시체를 들에 들고 나가 풀 속에 장사지내다
  의 뜻.
- 者 ; 놈 자, 불 위에 장작을 잔뜩 쌓고 태우는 모양을 본뜬 글자.
- 厚 ; 두터울 후, 두텁다, 후하다, 두터이 하다, 두껍다, 짙다, 진하다, 맛있다, 지극하다, 정성스레
  대하다, 친하다, 친밀하다, 우대하다, 많다, 많아지다, 크다, 무겁다, 늘리다, 증가시키다, 낫다, 훌
  륭하다, 두께, 두꺼운 정도, 부(富), 두터이, 매우, 많이, 크게, 산이 두텁게 겹쳐 있다는 뜻과 또 흙
  을 쌓아 올리거나 제사 음식을 수북이 담는다는 뜻에서 융숭한 마음이라는 뜻도 나타냄.
- 衣 ; 옷 의, 옷을 입히다. • 薪 ; 섶 신, 섶, 땔감용 나무, 잡초, 풀, 봉급(俸給), (땔감으로) 만들다,
  나무를 하다.
- 封 ; 봉할 봉, 봉하다, 흙더미를 쌓다, 높이다, 북(식물의 뿌리를 싸고 있는 흙)을 돋우다, 배양하다,
  크다, 거대하다, 후하게 하다, 돈독하게 하다, 가멸다(재산이 넉넉하고 많다), 붙다, 부착하다, 봉
  제사(조상의 제사를 받들어 모심), 무덤, 뫼, 지경(땅의 가장자리), 경계, 부자, 편지, 봉한 편지, 밀
  봉하여 상주하는 편지.
- 樹 ; 나무 수, 나무, 심다, 세우다, 막다.

- 喪 ; 잃을 상, 잃다, 잃어버리다, 복 입다, 죽다, 사망하다, 상제 노릇하다, 망하다, 멸망하다, 도망하다, 달아나다, 잊어버리다, 허비하다, 복(상중에 있는 상제나 복인이 입는 예복), 초상, 시체, 재해, 사람이 죽은 뒤 그 친족이 고인에 대하여 추도 근신하는 예.
- 期 ; 기약할 기, 기약하다, 약속하다, 기다리다, 바라다, 기대하다, 모이다, 정하다, 결정하다, 적합하다, 알맞다, 가르치다, 더듬거리다, 기간, 기한, 기일, 예정된 날짜, 돌, 1주년, 때, 기회, 기복, 기년복(일 년 동안 입는 상복), 백 살, 한정.

후 세 성 인 역 지 이 관 곽
後世聖人易之以棺槨

후세에 성인은 관곽으로 바꾸었는데,

- 棺 ; 널 관, 널(사람의 시체를 넣는 상자), 입관하다.
- 槨 ; 외관 곽, 외관, 덧널(나무로 네모나게 만든 그릇).
- 棺槨 ; 시체를 넣는 속널과 겉널을 아울러 이르는 말.

개 취 저 대 과
蓋取諸大過

대개 이런 것은 택풍대과괘에서 취하고,

상 고 결 승 이 치
上古結繩而治

아주 오랜 옛날에는 글자가 없던 시대여서 끈이나 새끼 따위로 매듭을 지어서 기억을 편리하게 하거나 서로 뜻을 통하게 하여 다스릴 때에,

後世聖人易之以書契 百官以治 萬民以察
후 세 성 인 역 지 이 서 계　백 관 이 치　만 민 이 찰

후세의 성인은 글자로 바꾸어서 모든 벼슬아치를 다스리고 모든 사람들을 집에서 빠짐없이 생각하여 살필 수 있었는데,

- 契 ; 맺을 계, (연분, 인연을) 맺다, 약속하다, 언약하다, 새기다, 조각하다, 소원하다, 들어맞다, 부합하다, 맞다, 합치하다, 맞추다, (귀갑을) 지지다, 괴로워하다, 계약, 계약서, 약속, 언약, 계(전래의 협동 조직), 교분 교제, 두터운 정, 정리, 정분, 근심하는 모양, 애쓸 결, 애쓰다, 애써 노력하다, 근고하다(마음과 몸을 다하며 애쓰다), 자르다, 끊다, 가르다, 오래 헤어져 있다, 잡다, 쥐다, 부족 이름 글, 부족 이름, 사람 이름 설, 사람 이름.
- 察 ; 살필 찰, 살피다, 알다, 살펴서 알다, 제사를 지내기 위해서 집에서 빠짐없이 생각하여 살핀다는 뜻. *書契 ; 글자로 사물을 표시하는 부호.

蓋取諸夬
개 취 저 괘

대개 이런 것은 택천 쾌 괘에서 취한 것이다.

- 夬 ; 터놓을 쾌, 쾌괘 쾌, 터놓다, 정하다, 결정하다, 나누다, 가르다, 쾌 괘(육십사괘의 하나), 깍지 결, 깍지(활을 쏠 때 엄지손가락에 끼우는 기구).

是故易者 象也 象也者 像者
시 고 역 자　상 야 상 야 자　상 야

이런 까닭으로 역은 상이고 상은 모양을 본뜬 것이고,

彖者 材也
단 자 재 야

단은 재이고,

- 彖 ; 판단할 단, 판단하다, 점치다, 돼지 달아나다, 토막, 한 단락, 단(괘 이름), 돌 시, 돌.

- 材 ; 재목 재, 재목, 재료, 원료, 재능, 재주, 수완, 성질, 자질, 바탕, 도리, 길, 보물, 재화, 가, 변두리, 나무의 열매, 헤아리다, 사용하다, 쓰다. *材는 집을 짓는 바탕이 되는 나무, 곧 재목을 가리키며 그런 재목을 다루는 데는 재주가 있어야 한다는 뜻으로 여기서는 역의 바탕이 되는 것과 역을 다루는 재주를 말함.

효 야 자 효 천 하 지 동 자 야
爻也者 效天下之動者也

효라는 것은 천하의 움직임을 본받은 것이니,

- 效 ; 본받을 효, 본받다(본보기로 하여 그대로 따라하다).

시 고 길 흉 생 이 회 린 저 야
是故 吉凶生而悔吝著也

이런 까닭으로 길흉이 생기고 회린이 나타난 것이다.

- 著 ; 나타날 저, 나타나다, 나타내다, 분명하다, 드러나다, 분명해지다.

양 괘 다 음 음 괘 다 양 기 고 하 야
陽卦多陰 陰卦多陽 其故何也

양괘에는 음이 많고 음괘에는 양이 많은데 그게 어찌해서 그런가.

양 괘 기 음 괘 우 기 덕 행 하 야
陽卦奇 陰卦偶 其德行何也

양괘는 기수(홀수)이고 음괘는 우수(짝수)인데 그 덕행이 어찌해서 그런가.

- 奇 ; 기특할 기, 기특하다, 기이하다, 괴상하다, 새롭다, 불우하다, (운수가) 사납다, 기만하다, 때를 못 만나다, 뛰어나다, 알아주다, 홀수, 기수, 여수(남은 수), 속임수, 짝, 심히, 의지할 의, 의지하다.
- 偶 ; 짝 우, 짝, 배필, 허수아비, 짝수, 짝짓다, 대하다, 마침, 우연.

양 일 군 이 이 민 군 자 지 도 야
陽一君而二民 君子之道也

양은 임금이 하나이고 백성이 둘이니 군자의 도이고,

음 이 군 이 일 민 소 인 지 도 야
陰二君而一民 小人之道也

음은 임금이 둘이고 백성이 하나이니 소인의 도이다.

역 왈 동 동 왕 래 붕 종 이 사
易曰 憧憧往來 朋從爾思   31. 택산함 구사효의 효사

역에서 이르기를 "어리석게도 마음을 정하지 않고 왕래하다 벗이 다가서도 너는 생각뿐이구나."

자 왈 천 하 하 사 하 려
子曰 天下何思何慮

스승이 말하기를 어찌 생각도 많고 어찌 근심도 많은가.

• 慮 ; 생각할 려, 생각하다, 이리저리 헤아려 보다, 근심하다, 걱정하다, 어지럽게 하다, 맺다, 연결하다, 꾀하다, 흩뜨리다(흩어지게 하다), 생각, 계획, 걱정, 근심, 염려, 의심, 의혹, 대강, 대개(대부분), 대략, 꾀, 기(척후가 들고 다니는 기), 사실할 록, 사실하다(사물을 있는 그대로 그리다), 조사하다.

천 하 동 귀 이 수 도 일 치 이 백 려
天下同歸而殊塗 一致而百慮

천하의 진리가 하나이고 추구하는 방법에는 여러 가지가 있어도 귀착하
는 곳은 같듯이 많은 근심을 해봐야 하나에 이르는 것인데,

- 殊 ; 다를 수, 다르다, 뛰어나다, 거의 죽다, 결심하다, 끊어지다, 죽이다, 지나다, 특히, 유달리.
- 塗 ; 칠할 도, 길 도, 칠하다, 칠하여 없애다, 지우다, 더럽히다, 매흙질하다(벽 거죽에 매흙을 바르
  다), 두텁고 많다, 길, 도로, 진흙, 진흙탕, 진창(땅이 질어서 질퍽질퍽하게 된 것), 괴로움, 도랑(매
  우 좁고 작은 개울), 섣달(음력 12월의 딴 이름), 이슬이 많이 내리는 모양, 성의 하나. *同歸而殊塗
  ; 천하의 진리는 하나이지만 그것을 추구하는 방법에는 여러 가지가 있다는 뜻.

천 하 하 사 하 려
天下何思何慮

어찌 생각도 많고 어찌 근심도 많은가.

일 왕 즉 월 래 월 왕 즉 일 래
日往則月來 月往則日來

해가 지면 달이 뜨고 달이 지면 해가 뜨는데,

일 월 상 추 이 명 생 언
日月相推而明生焉

해와 달이 서로 밀고 움직이면서 이에 밝음이 생기는 것이고,

한 왕 즉 서 래 서 왕 즉 한 래
寒往則署來 署往則寒來

추위가 가면 더위가 오고 더위가 가면 추위가 오는데,

한 서 상 추 이 세 성 언
寒署相推而歲成焉

추위와 더위가 서로 밀고 움직이면서 이에 해가 이루어지는 것이고,

- 歲; 해 세, 해, 나이, 세월, 새해, 일생, 한평생, 결실, 수확, 목성, 제사 이름.

왕 자 굴 야 래 자 신 야
往者屈也 來者信也

가면 움츠리고 오면 펼쳐지니,

- 屈; 굽힐 굴, 굽히다, 굽다, 구부러지다, 한쪽으로 휘다, 오그라들다, 움츠리다, 쇠하다, 쇠퇴하다, 다하다, (길이가) 짧다, 꺾다, 억누르다, 베다, 자르다, 강하다, 굳세다, 물러나다, 물리치다, 거두다, 거두어 다스리다, 섞다, 뒤섞다, 솟다, 솟아나다, 지명, 이상한, 색다른, 옷 이름 궐, 옷 이름.
- 伸; 펼 신, 펴다, 펼치다, 늘이다, 내뻗다, 내밀다, 해명하다, 설명하다, 진술하다, (기지개를) 켜다, 자다, 눕다, 사뢰다(信=伸).

굴 신 상 감 이 리 생 언
屈信相感而利生焉

움츠리고 펼쳐지는 것이 서로 감응을 하여 이로움이 생겨나는 것이고,

척 확 지 굴 이 구 신 야
尺蠖之屈 以求信也

자벌레가 움츠리는 것은 펼치기 위해 힘쓰는 것이고,

- 尺; 자 척, 자, 길이, 길이의 단위, 법, 법도, 맥의 한 부위, 편지, 서간, 기술자, 증명서, (자로) 재다, 짧다, 작다, 조금.
- 蠖; 자벌레 확, 자벌레.
- 尺蠖; 자벌레, 자나방과의 곤충을 통틀어 이르는 말.
- 求; 구할 구, 구하다, 빌다, 청하다, 탐하다, (욕심을) 부리다, 취하다, 모으다, 모이다, 나무라다, 책망하다, 가리다, 선택하다, 묻다, 부르다, 불러들이다, 힘쓰다, 갖옷(짐승의 털가죽으로 안을 댄 옷), 끝, 종말.

용 사 지 칩 이 존 신 야
龍蛇之蟄 以存身也

용이나 뱀이 겨울잠을 자는 것은 몸을 보존하기 위한 것이듯이,

- 龍 ; 용 룡, 용(상상의 동물), 임금, 천자, 임금에 관한 사물의 관형사, 비범한 사람, 훌륭한 사람, 명마, 별 이름, 파충류(공룡), 언덕 롱, 언덕, 얼룩 망, 얼룩, 은총 총, 은총.
- 蛇 ; 긴 뱀 사, (긴) 뱀, 자벌레, 별 이름, 구불구불 갈 이, 구불구불 가다, 느긋하다, 자유롭다, (생각이) 천박하다, 얕다, 구불구불 가는 모양.
- 蟄 ; 숨을 칩, 숨다, 모이다, 고요하다, 겨울잠을 자다, 겨울잠, 자는 벌레.

정 의 입 신 이 치 용 야
精義入神 以致用也

뛰어나게 인공적인 기술이나 기예 따위가 매우 뛰어나 신과 같은 정도의 영묘한 경지에 이르러 용도에 따라 만들어,

- 精 ; 정할 정, 쓿을 정, 정하다(정성을 들여서 거칠지 아니하고 매우 곱다), 깨끗하다, 정성스럽다, 쓿다(쌀을 곱게 쓿다), 뛰어나다, 우수하다, 가장 좋다, 훌륭하다, 총명하다, 똑똑하다, 영리하다, 세밀하다, 정밀하다, 정교하다, 정통하다, 능통하다, 능하다, 순수한, 정제한, 정련한, 몹시, 매우, 대단히, 정기, 정신, 정력, 원기, 요정, 정령, 요괴, 도깨비, 정액.
- 義 ; 옳을 의, 인공적인 것.
- 入神 ; 1. 기술이나 기예 따위가 매우 뛰어나 신과 같은 정도의 영묘한 경지에 이름, 2. 바둑에서 기력을 나타내는 용어로 신과 같은 경지에 이르렀다는 뜻으로 9단을 이른다.
- 以 ; 써 이, ~에 따라.
- 致 ; 이를 치, 빽빽할 치, 이루다(1. 어떤 대상이 일정한 상태나 결과를 생기게 하거나 일으키거나 만들다, 2. 뜻한 대로 되게 하다, 3. 몇 가지 부분이나 요소들을 모아 일정한 성질이나 모양을 가진 존재가 되게 하다).
- 用 ; 쓸 용, 용도.

이 용 안 신　이 숭 덕 야

利用安身 以崇德也

편리하게 쓰도록 하면 몸을 편안히 할 수 있어 덕을 높일 수도 있지만,

* 崇 ; 높을 숭.

과 차 이 왕　미 지 혹 지 야

過此以往 未之或知也

이것이 지나쳤는지 아직 미치지 못했는지 혹시 알 수 있을지 모르지만,

궁 신 지 화　덕 지 성 야

窮神知化 德之盛也

최고의 지혜가 극에 달하여 불가사의한 신의 경지에서 천지자연이 만물을 생육하는 작용과 천지의 운용 및 변화의 법칙을 알아야 덕이 성한 것이다.

* 窮 ; 다할 궁, 궁할 궁, (극에) 달하다.
* 神 ; 귀신 신, 불가사의한 것.
* 化 ; 될 화, 천지자연이 만물을 생육하는 작용과 천지의 운용 및 변화의 법칙.
* 盛 ; 성할 성, 성하다(기운이나 세력이 한창 왕성하다).

역 왈 곤 우 석　거 우 질 려　입 우 기 궁　불 견 기 처 흉

易曰 困于石 據于蒺藜 入于其宮 不見其妻 凶

47. 택수곤 육삼효의 효사

역에서 이르기를 "가난하여 믿고 의지할 질려를 가지고 가니 저울에 모자라서 탄식하며 집으로 돌아왔는데 처가 보이지 아니하면 좋지 않구나."

자 왈 비 소 곤 이 곤 언 명 필 욕
子曰 非所困而困焉 名必辱

스승이 말하기를 어떤 일을 처리하는 곳에서 모자라서 비방하면 이에 곤란을 당했으니 반드시 이름이 욕될 것이고,

- 困 ; 곤할 곤, 곤하다(기운 없이 나른하다), 제사 이름, 졸리다, 천제를 지내다, 지치다, 괴로움을 겪다, 시달리다, 위태롭다, 위험하다, 막다르다, 난처하다, 괴롭다, 통하지 아니하다, 가난하다, 살기 어렵다, 부족하다, 모자라다, 흐트러지다, 어지러워지다, 겪기 어려운 일, 난처한 일, 괴로움, 메마른 땅, 척박한 땅, 괘 이름.
- 所 ; 바 소, 어떤 일을 처리하는 곳, ~을 당하다.
- 非 ; 아닐 비, 비방할 비, 아니다, 비방하다(남을 비웃고 헐뜯어서 말하다).

비 소 거 이 거 언 신 필 위
非所據而據焉 身必危

어떤 일을 처리하는 곳을 의지하지 아니해야 되는데 의지를 했으니 반드시 자신은 마음을 놓을 수 없이 불안할 것이고,

- 據 ; 근거 거, 근거, 근원, 증거, 의지할 데, 기댈 곳, 의지하다, 의탁하다, 믿고 의지하다, 의거하다, (증거로) 삼다, 웅거하다(일정한 지역을 차지하고 굳게 막아 지키다), (차지하고) 막아 지키다, 누르다, 붙잡다, 움키다, 살다, 어떤 자리에 있다, 굳게 지키다, (가랑이를 벌리고) 넘다.
- 身 ; 몸 신, 나, 자기, 자신.
- 危 ; 위태하다, 위태롭다, (마음을 놓을 수 없이) 불안하다.

기 욕 차 위 사 기 장 지
既辱且危 死期將至

이미 욕되고 또 마음을 놓을 수 없이 불안하여 활동력이 없어 장차 더듬거리는 것에 이르면,

- 死 ; 죽을 사, 귀구(매자나무 과의 여러해살이풀), 죽다, 말뱅이 나물(석죽과의 한해살이풀 또는 두해살이풀), 생기 없다, 잔대(초롱꽃과의 여러해살이풀), 활동력이 없다, 죽이다, 다하다, 목숨 걸다.

- 期 ; 기약할 기, 더듬거리다(1. 무엇을 찾거나 알아보려고 이리저리 자꾸 만지다, 2. 잘 알지 못하는 길을 이리저리 짐작하여 찾다, 3. 기억이 뚜렷하지 않은 일을 이리저리 생각해 보다).
- 將 ; 장차 장.

처 기 가 득 견 사
妻其可得見邪

어찌 제정신에 처를 볼 수 있겠는가.

역 왈 공 용 석 준 우 고 용 지 상 획 지 무 불 리
易曰 公用射隼于高墉之上 獲之 无不利   40. 뇌수해 상
육효의 효사

역에서 이르기를 "공공의 목적으로 사수가 높은 담 위에서 송골매를 쏘아 잡아도 불리할 것이 없구나."

- 隼 ; 송골매 준.
- 墉 ; 담 용.

자 왈 준 자 금 야
子曰 隼者 禽也

스승이 말하기를 송골매는 날짐승이고,

- 禽 ; 새 금, 날짐승.

궁 시 자 기 야
弓矢者 器也

활과 화살은 도구이고,

- 弓 ; 활 궁.
- 矢 ; 화살 시.
- 器 ; 그릇 기, 도구, 근기(根器), 기량(器量 ; 사람의 재능과 도량을 아울러 이르는 말).

석 지 자 인 야
射之者 人也

쏘아서 잡는 것은 사람인 것처럼,

- 射 ; 쏠 사, 맞힐 석, 쏘아 잡다.

군 자 장 기 어 신 대 시 이 동
君子藏器於身 待時而動

군자는 자기의 기량을 감추고 때를 기다려서 움직이니,

- 藏 ; 감출 장.
- 待 ; 기다릴 대.
- 時 ; 때 시.

하 불 리 지 유
何不利之有

어찌 불리할 것이 있겠는가.

동 이 불 괄
動而不括

움직임을 파고들어 깊게 연구하지 않으면,

- 括 ; 묶을 괄, 묶다, 동여매다(두르거나 감거나 하여 묶다), 담다, 담아서 싸다, 찾다, 찾아내다, 궁구하다(파고들어 깊게 연구하다), 모이다, 모여들다, 이르다, 다다르다, 받아들이다, 수용하다, 감독하다, 단속하다, 일어나다, 시작되다, 오늬, 묶음, 법도, 법규.

시 이 출 이 유 획
是以出而有獲

이것이 드러나게 되면 많이 그르칠 수 있다는 것은,

- 獲 ; 얻을 획, 그르치다, 잘못하다.
- 有 ; 있을 유, 있다, 많다.

어 성 기 이 동 자 야
語成器而動者也

사람의 덕량과 재능은 말로 이루어지기 때문이다.

- 語 ; 말씀 어, 말씀, 말, 이야기, (새, 벌레의) 소리, 논어의 약칭, 기뻐하는 모양, 말하다, 논란하다, 알리다, 고하다, 발표하다, 의논하다, 모의하다, 이야기하다, 담화하다, 대답하다, 깨우치다, 가르치다, 설명하다.
- 動 ; 움직일 동, 움직이다, 옮기다, 흔들리다, 동요하다, 떨다, 느끼다, 감응하다, 일하다, 변하다, 일어나다, 시작하다, 나오다, 나타나다, 어지럽다.
- 器 ; 그릇 기, 기량의 뜻. *器量 ; 사람의 덕량과 재능.

자 왈 소 인 불 치 불 인 불 외 불 의
子曰 小人不恥不仁 不畏不義

스승이 말하기를 소인은 부끄러움이 없으니 어진 마음도 없고 두려움이 없으니 의리도 없고,

- 恥 ; 부끄러울 치, 부끄러워하다, 부끄럽게 여기다, 욕보이다, 창피를 주다, 부끄럼, 남에게 당한 부끄러움, 욕.

- 仁 ; 어질 인, 어질다, 자애롭다, 인자하다, 감각이 있다, 민감하다, 사랑하다, 불쌍히 여기다, 어진 이, 현자, 인, 어진 마음, 박애, 자네, 씨, 과실 씨의 흰 알맹이, 속살.
- 畏 ; 두려워할 외, 두려워하다, 경외하다, 꺼리다, 심복하다, 조심하다, 으르다, 위협하다, 죽다, 두려움.
- 義 ; 옳을 의, 의리(義理 ; 1. 사람으로서 마땅히 지켜야 할 도리, 2. 사람과의 관계에 있어서 지켜야 할 바른 도리, 3. 남남끼리 혈족 관계를 맺는 일).

불 견 리 불 권　불 위 불 징
不見利不勸 不威不懲

이익을 볼 수 없으면 애써 일하지 아니하고 위엄이 없으면 혼낼 수 없어도,

- 勸 ; 권할 권, 권하다, 권장하다, 가르치다, 힘쓰다, 따르다, 인도하다, 애써 일하다, 좋아하다, 즐기다, 싫어하다, 싫증이 나다, 권고, 권면(권하고 격려하여 힘쓰게 하다).
- 威 ; 위엄 위, 위엄, 권위, 세력, 힘, 권세, 두려움, 거동, 공덕, 법칙, 형벌, 시어머니, 쥐며느리(쥐며느릿과의 절지동물), 존엄하다, 진동하다, 떨치다, 두려워하다, 구박하다, 해치다, 으르다, 협박하다, 험하다, 가파르다.
- 懲 ; 징계할 징, 징계하다, 응징하다, 벌주다, 혼내 주다, 혼나다, 그치다, 그만두다, 징계, 응징, 마음에 타격을 받다, 또는 주다.

소 징 이 대 계　차 소 인 지 복 야
小懲而大誡 此小人之福也

작게 혼냈는데 크게 경계하면 이것이 소인의 복인데,

- 誡 ; 경계할 계, 경계하다, 고하다, 분부하다, 명령하다, 훈계하다, 경고, 경계, 교령(임금의 명령), 계율(불자가 지켜야 할 규범).

역 왈 구 교 멸 지　무 구
易曰 屨校滅趾 无咎　　21. 화뢰서합 초구효의 효사

역에서 이르기를 "차꼬를 신으면 발이 없어질 수 있으니 여러 번 헤아리고 차꼬를 신겨야 허물이 없구나."라는 것은,

차 지 위 야
此之謂也

이를 두고 한 말이다.

자 왈 선 부 적 부 족 이 성 명
子曰 善不積 不足以成名

스승이 말하기를 선이 쌓이지 않으면 명성을 떨치기에는 모자라고,

- 積 ; 쌓을 적, 쌓다, 많다, 머무르다, 울적하다, 병이 들다, 심하다(정도가 지나치다), 더미, 곱하여 얻은 수, 부피, 넓이, 자취, 병 이름, 주름, 저축 자, 저축, 모으다, 저축하다, 쌓다.
- 成名 ; 명성을 떨침.

악 부 적 부 족 이 멸 신
惡不積 不足以滅身

악이 쌓이지 않으면 몸이 없어지기에는 모자라지만,

- 滅 ; 꺼질 멸, 멸할 멸, (불이) 꺼지다, 끄다, 멸하다, 멸망하다, 없어지다, 다하다, 빠지다, 빠뜨리다, 숨기다, 죽다, 잠기다, 열반.

소 인 이 소 선 위 무 익 이 불 위 야
小人以小善爲无益而弗爲也

소인은 자그마한 선은 이로울 것이 없다고 행하지를 아니하고,

- 弗 ; 아닐 불, 말 불, 아니다, 말다, 근심하다, 걱정하다, 다스리다, 어긋나다, 떨다, 떨어버리다, 빠른 모양, 세차고 성한 모양, 달러.

이 소 악 위 무 상 이 불 거 야
以小惡爲无傷而弗去也

자그마한 악은 해가 없다고 물리치지를 아니하므로,

- 去 ; 갈 거, 물리치다.

고 악 적 이 불 가 엄   죄 대 이 불 가 해
故惡積而不可掩 罪大而不可解

고로 악이 쌓이면 가릴 수 없고 죄가 커지면 풀 수가 없으니,

- 掩 ; 가릴 엄, 가리다, 숨기다, 엄습하다, 불의에 차다, 갑자기 공격하다, 비호하다, 감싸다, 바로잡다, 고치다, (문을) 닫다, 그치다, 그만두다, 엿보다, 몰래 보다, 쏟다, 물을 붇다, 합치다, 어우르다, 바람에 쏠리다, 향기가 짙은 모양, 시체의 머리를 싸는 건.
- 罪 ; 허물 죄, 허물, 죄, 잘못, 과실, 죄인, 재앙, 온갖 불행한 일, 그물, (허물을) 탓하다, 떠넘기다, 죄를 주다.
- 解 ; 풀 해, 풀다, 벗다, 깨닫다, 설명하다, 풀이하다, 통달하다, 가르다, 분할하다, 떼어내다, 느슨해지다, 떨어지다, 빠지다, 벗기다, 흩어지다, 떠나가다, 쪼개다, 분열되다, 녹이다, 화해하다, 그치다, (문서로) 보고하다, 압송하다, (신에게) 빌다, 기원하다, (세월을) 보내다, 게으르다, 게을리 하다, 마주치다, 우연히 만나다, 주해, 주석, 구실, 변명, 핑계, 관청, 관아, 향거(鄕擧), 해태(시비와 선악을 판단하여 안다고 하는 상상의 동물), 문체 이름, 괘 이름, 게(蟹), 마디.

역 왈   하 교 멸 이 흉
易曰 何校滅耳 凶   21. 화뢰서합 상구효의 효사

역에서 이르기를 "어떤 생각하는 것이 없어지면 귀에 듣는 것이 없어진 것이니 좋지 않구나."라고 한 것이다.

자 왈 위 자 안 기 위 자 야
子曰 危者 安其位者也

스승이 말하기를 위태롭다는 것은 그 자리가 편안하다는 것이고,

망 자 보 기 존 자 야
亡者 保其存者也

망한다는 것은 그 있는 것을 지키기 위해서이며,

난 자 유 기 치 자 야
亂者 有其治者也

어지러워지는 것은 그 다스림이 있을 때이다.

시 고 군 자 안 이 불 망 위
是故君子安而不忘危

이런 까닭으로 군자는 편안할 때에 위태롭다는 것을 잊지 아니하며,

- 忘 ; 잊을 망, 잊다, 기억하지 못하다, 버리다, 돌보지 않다, 끝나다, 단절되다, 소홀히 하다, 망령되다, 상실하다, 잃어버리다, 없다, 건망증.

존 이 불 망 망
存而不忘亡

있을 때에 망한다는 것을 잊지 아니하며,

치 이 불 망 란
治而不忘亂

다스려지고 있을 때에 어지럽게 된다는 것을 잊지 아니한다.

시 이 신 안 이 국 가 가 보 야
是以身安而國家可保也

이에 몸을 아무런 탈 없이 평안히 지낼 수 있는 것이고 국가를 올바르게 지킬 수 있는 것이니,

- 保 ; 지킬 보, 지키다, 보호하다, 보위하다, 유지하다, 보존하다, 보증하다, 책임지다, 보증을 서다, 돕다, 보우하다, 기르다, 양육하다, 붙다, 귀순하다, 편안하다, 안정시키다, 차지하다, 점유하다, 믿다, 의지하다, 보증인, 보증, 보험, 고용인, 심부름꾼, 조합, 보(조선시대 장정의 조직 단위), 포대기, 작은 성.

역왈 기망기망 계우포상
易曰 其亡其亡 繫于包桑　　12. 천지비 구오효의 효사

역에서 이르기를 "잃고 없어지는 것을 무성한 뽕나무에 이어 맸구나."라고 한 것이다.

자왈 덕박이위존
子曰 德薄而位尊

스승이 말하기를 덕이 적어 야박한데 지위는 높고,

- 薄 ; 엷을 박, 엷다, 얇다, 적다, 야박하다, 싱겁다, 맛없다, 깔보다, 업신여기다, 척박하다, 가까워지다, 숲, 동자기둥 벽, 동자기둥(들보 위에 세우는 짧은 기둥), 두공(기둥 위에 지붕을 받치며 차례로 짜 올린 구조), 풀 이름 보, 풀 이름, 박하(꿀풀과의 여러해살이풀).

지소이모대
知小而謀大

지혜는 작은데 꾀는 많고,

- 謀 ; 꾀 모, 꾀, 지략, 계략, 계책, 본보기, 꾀하다, 도모하다, 모색하다, 묻다, 살피다, 의논하다, 상의하다, 속이다, 모호하다, 모이다, 접촉하다.

역소이임중
力小而任重

힘은 적은데 맡은 일이 무거우면,

444 | 周易 利貞 주역 이정

- 任 ; 맡길 임, 맞을 임, 맡기다, 주다, 능하다, 잘하다, (공을) 세우다, 배다, 임신하다, 맞다, 당하다, (책임을) 맡다, (책임을) 지다, 견디다, 감내하다, 보증하다, 비뚤어지다, 굽다, 마음대로 하다, 미쁘다(믿음성이 있다), 당해내다, 맡은 일, 책무, 짐, 부담, 보따리, 재능, 재주, 협기(俠氣), 사나이의 기개, 임지(임무를 받아 근무하는 곳), 마음대로, 멋대로.

선 불 급 의
鮮不及矣

선명하게 미치지 못한다는 것은,

- 鮮 ; 고울 선, 선명하다(산뜻하고 뚜렷하여 다른 것과 혼동되지 아니하다).
- 及 ; 미칠 급, 미치다, 닿다, 미치게 하다, 끼치게 하다, 이르다, 도달하다, 함께 하다, 더불어 하다, 함께, 더불어, 및, 와, 급제의 준말.
- 不及 ; 1. 따르지 못함, 2. 미치지 못함.

역 왈 정 절 족 복 공 속   기 형 옥 흉
易曰 鼎折足 覆公餗 其形渥 凶   50. 화풍정 구사효의 효사

역에서 이르기를 "솥의 발이 부러져 엎어지면 솥 안에 든 음식물을 숨김없이 드러내 놓으면서 그 몸을 적시니 좋지 않구나."라 하며,

언 불 승 기 임 야
言不勝其任也

맡은 일을 이겨내지 못하는 것을 말하는 것이다.

자 왈 지 기 기 신 호
子曰 知幾其神乎

스승이 말하기를 기미를 안다면 신인가.

군 자 상 교 불 첨
君子上交不諂

군자는 윗사람과 사귈 때에도 알랑거리지 않으며,

- 諂 ; 아첨할 첨, 아첨하다, 아양 떨다, 비위를 맞추다, 알랑거리다, 사특하다(요사스럽고 간특하다), 아첨.

하 교 불 독
下交不瀆

아랫사람과 사귈 때에도 업신여기지 않으니,

- 瀆 ; 도랑 독, 더럽힐 독, 도랑(매우 좁고 작은 개울), 더럽히다, 업신여기다, 깔보다, 버릇없이 굴다, 구멍 두, 구멍, 땅 이름, 고랑.

기 지 기 호
其知幾乎

기미를 알아서인가.

기 자 동 지 미　길 지 선 견 자 야
幾者 動之微 吉之先見者也

기미란 작은 움직임으로도 길할 것인가를 미리 내다보는 것이므로,

- 微 ; 작을 미, 작다, 자질구레하다, 정교하다, 정묘하다, 자세하고 꼼꼼하다, 적다, 많지 않다, 없다, 어렴풋하다, 또렷하지 아니하다, 어둡다, 밝지 아니하다, 쇠하다, 쇠미하다, 아니다, 숨다, 숨기다, 엿보다, 몰래 살피다, 다치다, 상처를 입다, 천하다, 비천하다, 조금, 몰래, 은밀히, 비밀히, 없다고 하면, 처음, 시초, 발, 대발, 종기, 다리가 부어오르는 병, 소수의 이름(0.000001).

군 자 견 기 이 작 불 사 종 일
君子見幾而作 不俟終日

군자는 기미로 내다보고 일을 만드니 종일 기다리지 않는다.

- 俟 ; 기다릴 사, 기다리다, 대기하다, 떼 지어 가다, 가는 모양, 서행하는 모양, 성씨 기, 성의 하나.

역 왈 개 우 석 불 종 일 　 정 길
易曰 介于石 不終日 貞吉　16. 뇌지예 육이효의 효사

역에서 이르기를 "사람이 사이에 끼어들어 일을 처리하는 것은 쓸모없으니 영원히 마음을 바르게 하여야 좋구나."라는 것은,

개 여 석 언 영 용 종 일
介如石焉 寧用終日

사람이 사이에 끼어들어 일을 처리하다 맞서게 되면 쓸모없다는 것이니 차라리 편안하게 종일 들어주는 것이 어떨까.

- 寧 ; 편안할 영, 편안할 령, 편안하다, 편안히 하다, 문안하다, 친정가다, 편안, 차라리, 어찌.
- 如 ; 같을 여, 맞서다, 대항하다.
- 用 ; 쓸 용, 들어주다.

단 가 식 의
斷可識矣

단연코 올바르게 아는 것이다.

- 識 ; 알 식, 알다, 지식, 식견, 친분, 적을지, 적다, 기록하다, 표시하다, 표지(표시나 특징으로 다른 것과 구분함), 깃발 치, 깃발.

君子知微 知彰 知柔 知剛

군자는 작아도 자세하고 꼼꼼하게 알고, 드러나면 선명하게 알고, 부드럽게 복종할 줄도 알고, 굳세고 강직한 것도 알고 있으니,

- 彰; 드러날 창, 드러나다, 드러내다, 나타내다, 밝다, 뚜렷하다, 선명하다, 게시하다, 가로막다, 무늬, 문채(아름다운 광채).
- 柔; 부드러울 유, 부드럽다, 복종하다.
- 剛; 굳셀 강, 굳세다, 강직하다.

萬夫之望

매우 많은 장부가 바라는 것이다.

- 萬; 일만 만, 매우 많은.
- 望; 바랄 망, 보름 망, 바라다, 기다리다, 기대하다, 희망하다, 그리워하다, 바라보다, 망보다, 엿보다, 원망하다, 책망하다, 보름, 음력 매월 15일, 전망, 풍경, 풍채, 명성, 명예, 희망, 소원, 부끄러워하는 모양, 제사 이름, 천망(벼슬아치를 윗자리에 천거하던 일).

子曰 顔氏之子 其殆庶幾乎

스승이 말하기를 안씨의 아들은 아마도 거의 가깝고도 가깝겠지.

- 顔; 낯 안, 낯, 안면, 얼굴, 이마, 표정, 체면, 명예, 면목, 염치, 색채, 빛깔, 산이 높은 모양, 나타나다, 드러나다, 앞장서다.
- 殆; 거의 태, 위태할 태, 거의, 대개(대부분), 장차, 반드시, 마땅히, 위태하다, 위험하다, 위태롭게 하다, 해치다, 의심하다, 피곤하다, 지치다, 두려워하다, 게으르다, 가깝다, 비슷하다, 가까이하다, 접근하다.
- 庶; 여러 서, 여러, 거의, 바라건대, 무리(모여서 뭉친 한동아리), 서출(첩의 자식이나 자손), 벼슬이 없는 사람, 지손, 지파, 가깝다, 바라다, 많다, 수효가 넉넉하다, 살찌다, 천하다, 비천하다, 제거할 자, 제거하다, 제독하다.
- 幾; 몇 기, 가깝다, 가까워지다.

유불선미상부지
有不善未嘗不知

잘하지 못하는 것이 있고 아직 경험하지 못하여 아는 것이 부족하였지만,

- 嘗 ; 맛볼 상, 맛보다, 음식을 맛보다, 경험하다, 시험하다, 체험하다, 겪다, 가을의 제사, 일찍이, 과거에, 이전에, 시험 삼아.
- 未 ; 아닐 미, 아직 ~하지 못하다.

지지미상부행야
知之未嘗復行也

아직 경험하지 못한 것을 알게 될 때 까지 되풀이를 하였다는 것은,

- 復 ; 회복할 복, 되풀이하다.

역왈 불원복무기회 원길
易曰 不遠復 无祗悔 元吉   24. 지뢰복 초구효의 효사

역에서 이르기를 "크고 심오하게 되풀이를 하면 땅 귀신이 깔보지 아니하니 하늘의 도우심으로 크게 좋구나."라고 한 것이다.

- 不 ; 아닐 불, 크다.
- 祗 ; 땅 귀신 기.

자왈 천지인온만물화순
子曰 天地絪縕 萬物化醇

스승이 말하기를 하늘과 땅의 기운이 풍부하고 만물이 변화하여 순수하게 되면,

- 絪 ; 기운 인, 기운(눈에는 보이지 않으나 오관으로 느껴지는 현상), 기운이 성한 모양, 요, 깔개.
- 縕 ; 헌솜 온, 헌솜, 솜옷, 삼, 모시, 주홍빛, 어지럽다, 혼란스럽다, 그윽하다, 깊숙하다, 감추다, 갈

무리하다(물건 따위를 잘 정리하거나 간수하다), 저장하다, 넉넉하다, 풍부하다, 붉다.

- 醇 ; 전국술 순, 전국술(군물을 타지 아니한 진국의 술), 진한 술, 진하다, 순수하다, 도탑다(서로의 관계에 사랑이나 인정이 많고 깊다), 순박하다, 질박하다(꾸민 데가 없이 수수하다).
- 化 ; 될 화, 교역하다, 바꾸다, 변화.
- 化醇 ; 변화하여 순수하게 됨.

남 녀 구 정 만 물 화 생
男女構精 萬物化生

남녀의 정기가 서로 얽이면서 만물이 생겨나는 것인데,

- 構 ; 얽을 구, 닥나무 구, 얽다, (생각을) 얽어 짜내다, (거짓을) 꾸며대다, 음해하다, 이간하다, 맺다, 집을 짓다, 이루다, 이루어지다, 닥나무, 서까래, 기업, 경영.
- 精 ; 정할 정, 정기.
- 化生 ; 1. 생물의 몸이나 그 조직의 일부가 형상이나 기능을 바꾸어 달리 되는 일, 2. 몸이나 의탁할 곳이 없이 홀연히 생겨나는 일, 또는 그렇게 생겨난 귀신.

역 왈 삼 인 행 즉 손 일 인 일 인 행 즉 득 기 우
易曰 三人行 則損一人 一人行 則得其友 `41. 산택손 육삼`
`효의 효사`

역에서 이르기를 "세 사람이 가면 한 사람은 손해를 보고 한 사람이 가면 벗을 얻는구나."라고 한 것은,

언 치 일 야
言致一也

하나로 이루게 되는 것을 말하는 것이다.

- 一致 ; 1. 어긋남이 없이 한결같게 서로 맞음, 2. 한결같음.

자 왈 군 자 안 기 신 이 후 동
子曰 君子安其身而後動

스승이 말하기를 군자는 마땅히 아무런 탈 없이 평안히 지낸 뒤에 움직이고,

• 安 ; 편안할 안, 안존하다(아무런 탈 없이 평안히 지내다).

역 기 심 이 후 어
易其心而後語

상대의 마음이 어떠한가 바꾸어 생각한 뒤에 말하고,

• 心 ; 마음 심, 마음, 생각하다.

정 기 교 이 후 구
定其交而後求

사귀면 장차 서로의 마음을 한곳에 집중하여 움직이지 않는 안정된 상태가 된 후에 구하니,

• 定 ; 정할 정, 정하다(1. 여럿 가운데 선택하거나 판단하여 결정하다, 2. 규칙이나 법 따위의 적용 범위를 결정하다, 3. 뜻을 세워 굳히다), 마음을 한곳에 집중하여 움직이지 않는 안정된 상태.
• 求 ; 구할 구, 구하다(1. 필요한 것을 찾다 또는 그렇게 하여 얻다, 2. 상대편이 어떻게 하여 주기를 청하다).

군 자 수 차 삼 자 고 전 야
君子修此三者 故全也

군자는 이 세 가지를 닦고 익힌 뛰어난 사람이므로 완전히 갖추게 된 것인데,

• 修 ; 닦을 수, 닦다, 익히다, 연구하다, 꾸미다, 엮어 만들다, 고치다, 손질하다, 다스리다, 정리하다, 갖추다, 베풀다, (도덕, 품행을) 기르다, 길다, 높다, 뛰어나다, 행하다, 거행하다, 뛰어난 사람.

- 全 ; 온전할 전, 온전하다, 순전하다, 무사하다, 상처가 없다, 흠이 없다, 갖추다, 갖추어지다, 온전하게 하다, (병이) 낫다, 완전히, 모두, 다, 흠이 없는 옥.

위 이 동 즉 민 불 여 야
危以動則民不與也

만일 마음을 놓을 수 없이 불안하게 움직인다면 사람들과 더불어 같이 할 수 없고,

- 危 ; 위태할 위, (마음을 놓을 수 없이) 불안하다.
- 則 ; 곧 즉, 곧, 만일 ~이라면, ~하면, ~할 때에는.

구 이 어 즉 민 불 응 야
懼以語則民不應也

만일 두려워하는 마음을 갖게 하는 말을 한다면 사람들은 응하지 않고,

- 懼 ; 두려워할 구, 두려워하다, 두렵다, 걱정하다, 염려하다, 으르다, 위협하다, 경계하다, 조심하다, 두려운, 눈을 크게 뜨고 두려워한다는 뜻.
- 應 ; 응할 응, 응하다(물음이나 요구 필요에 맞추어 대답하거나 행동하다), 대답하다, 맞장구치다, 승낙하다, 화답하다, 당하다, 응당 ~하여야 한다, 받다, 아마도, 조짐이나 대답, 성의 하나, 나라 이름.

무 교 이 구 즉 민 불 여 야
无交而求則民不與也

만일 사귐도 없이 구한다면 사람들이 도와주지 않고,

- 與 ; 더불 여, 줄 여, 돕다, 협조하다.

막 지 여 즉 상 지 자 지 의
莫之與則傷之者至矣

만일 더불어 하는 사람이 없다면 힘쓰고 다녀도 애만 태우게 되니,

- 莫 ; 없을 막, 없다, 말다, ~하지 말라, 불가하다, 꾀하다, 편안하다, 안정되다, 조용하다, 드넓다, 아득하다, 막, 장막, 저물 모, 저물다, (날이) 어둡다, 나물, 덮을 멱, 덮다, 봉하다.
- 傷 ; 다칠 상, 다치다, 해치다, 애태우다, 근심하다, 불쌍히 여기다, 상하다, 상처.

역 왈 막 익 지 혹 격 지 입 심 물 항 흉
易曰 莫益之 或擊之 立心勿恒 凶 <mark>42. 풍뢰익 상구효의 효사</mark>

역에서 이르기를 "없다가 넉넉해져 편안하고 안정되면 어떤 경우에는 손으로 치려는 것은 항상 마음이 확고히 서지 아니한 것이니 좋지 않구나." 라고 한 것이다.

자 왈 건 곤 기 역 지 문 야
子曰 乾坤其易之門邪

스승이 말하기를 건곤은 역의 문이고,

- 邪 ; 간사할 사, 간사하다, 사악하다, 기울다, 비스듬하다, 바르지 아니하다, 사사롭다, 사기, 품행이 부정한 사람, 사사로운 마음, 그런가 야, 그런가, 어여차, 어조사, 땅 이름, 나머지 여, 나머지, 느릿할 서, 느릿하다.

건 양 물 야 곤 음 물 야
乾 陽物也 坤 陰物也

건은 양을 대표하는 일체의 것이고 곤은 음을 대표하는 일체의 것이다.

음 양 합 덕 이 강 유 유 체
陰陽合德 而剛柔有體

음양의 작용이 합하면 강하고 부드러운 실체가 있어,

- 有體 ; 1. 실체가 있음, 2. 형상이 있음.
- 體 ; 몸 체, 몸, 신체, 몸소, 친히, 형상, 근본, 격식, 물질, 물체, 서체, 체재, 체험하다, 체득하다, 알아주다, 생각하다.

이 체 천 지 지 찬
以體天地之撰

천지의 법칙을 만드는 근본이 되고,

- 撰 ; 지을 찬, 짓다, 시문을 짓다, 적다, 기록하다, 가지다, 품다, 만들다, 저술, 일, 법칙, 규칙, 규정, 사항, 화폐의 이름, 가릴 선, 가리다, 선택하다, 세다, 헤아리다.

이 통 신 명 지 덕
以通神明之德

신명의 덕에도 통할 수 있는 것인데,

기 칭 명 야 잡 이 불 월 어 계 기 류
其稱名也雜而不越 於稽其類

그것을 일컫는 명칭이 뒤섞여 널리 퍼뜨릴 수 없어 그 비슷한 것끼리 나누어 꼼꼼하게 따져서 검토하거나 참고를 하여 널리 퍼뜨리게 했다는 것은,

- 稱 ; 일컬을 칭, 저울 칭, 일컫다, 부르다, 칭찬하다, 저울질하다, 무게를 달다, 드러내다, 들다, 거행하다, 걸맞다, 부합하다, 알맞다, 헤아리다, 좋다, 훌륭하다, 저울, 명칭, 칭호, 명성, 무게의 단위, 벌(의복을 세는 단위).
- 名 ; 이름 명, 이름, 평판, 소문, 외관, 외형, 명분, 공적, 글자, 문자, 이름나다, 훌륭하다, 이름 하다, 지칭하다.
- 雜 ; 섞일 잡, 섞이다, 뒤섞이다, 섞다, 어수선하다, 번다하다, 낡다, 꾸미다, 같다, 만나다, 만나게

하다, 모이다, 모으다, 돌다, 뚫다, 거칠다, 천하다, 낮다, 많다, 갑자기, 졸연히, 가장, 아주, 모두, 다, 함께, 같이, 여러 가지, 한바퀴, 옆, 곁, 낭비, 장식, 단역 배우, 시의 한 체, 여러 가지가 뒤섞여 순수하지 않거나 자질구레한의 뜻, 제멋대로 막된 보잘것없는 뜻.

- 越 ; 넘을 월, 넘다, 건너가다, 넘기다, 넘어가다, 초과하다, 지나다, 경과하다, 빼앗다, 멀다, (물정에) 어둡다, 어기다, 흐트러지다, 떨어뜨리다, 떨어지다, 드날리다, 널리 퍼뜨리다, 달아나다, 다스리다, 월나라, 나라 이름, 이에, 멀리, 및, 와, 부들자리 활, 부들자리(부들의 줄기나 잎으로 엮어 만든 자리), (큰 거문고의 하면에 있는) 실 구멍.

- 稽 ; 상고할 계, 상고하다(詳考, 꼼꼼하게 따져서 검토하거나 참고하다), 조사하다, 헤아리다, 논의하다, 상의하다, 묻다, 점을 치다, 셈하다, 세다, 견주다, 맞다, 서로 같다, 머무르다, 멈추다, 막다, 저지하다, 이르다, 미치다, 조아리다, 쌓다, 저축하다, 법식, 준칙, 창(의장의 하나).

- 類 ; 무리 류, 무리, 동아리, 재사 이름, 대개(대부분), 같다, 비슷하다, (비슷한 것끼리) 나누다, 좋다, 치우칠 뢰, 치우치다, 편벽되다(생각 따위가 한쪽으로 치우쳐 있다).

기 쇠 세 지 의 야
其 衰 世 之 意 邪

도덕이 쇠퇴하여 쇠망한 세상의 모든 윤리 도덕이 규정되었다는 뜻인데 그런가.

- 衰 ; 쇠할 쇠, 쇠하다, 약하다, 상옷 최, 상옷, 줄다, 줄이다, 도롱이 사, 도롱이(짚, 띠 따위로 엮어 허리나 어깨에 걸쳐 두르는 비옷).
- 衰世 ; 도덕이 쇠퇴하여 쇠망한 세상.
- 意 ; 뜻 의, 선이라는 가치를 바라는 정신작용의 이러한 작용에서 모든 윤리 도덕이 규정된 것임.

부 역 창 왕 이 찰 래
夫 易 彰 往 而 察 來

저 역이라는 것으로 이미 지난 일을 분명하게 밝혀서 장차 올 일의 득실을 살피고,

- 彰往察來 ; 이미 지난 일을 분명하게 밝혀서 장차 올 일의 득실을 살핌.

이 미 현 천 유
而微顯闡幽

보일 듯 말 듯 또렷하지 않게 드러나면 그윽하게 분명히 밝히고,

- 微 ; 작을 미, 어렴풋하다, 또렷하지 아니하다.
- 顯 ; 나타날 현, 나타나다, 드러나다, 뚜렷하다, 명확하다, 분명하다, 명백하다, 높다, 귀하다, 명성이 있다, 지위가 높다, 밝다, 돌아가신 부모.
- 闡 ; 밝힐 천, 밝히다, 밝혀지다, 분명하다, 분명하게 하다, 열다, 넓히다, 넓어지다, 크게 하다, 느슨하게 하다, 관여하다, 들어내다.
- 幽 ; 그윽할 유, 그윽하다(1. 깊숙하여 아늑하고 고요하다, 2. 뜻이나 생각 따위가 깊거나 간절하다, 3. 느낌이 은근하다).

개 이 당 명 변 물 정 언 단 사
開而當名 辨物 正言 斷辭

두 손으로 빗장을 들어 올려 양쪽 문짝을 여느 듯이, 이 밭과 저 밭이 서로 포개어 꼭 들어맞듯이, 어떠한 존재, 어떤 대상, 어떤 판단의 주어가 되는 일체의 것들을 옳고 그름 또는 참되고 거짓됨을 가리고 도리에 어긋나지 않은 바른 말과 확실히 단정할 만한 글로 지칭하는 것을,

- 開 ; 열 개, 열다, 열리다, (꽃이) 피다, 퍼다, 늘어놓다, 개척하다, 시작하다, 깨우치다, 타이르다, 헤어지다, 떨어지다, 사라지다, 소멸하다, 놓아주다, 사면하다, 끓다, 비등하다(액체가 끓어오르다), 말하다, 개진하다, 출발하다, 두 손으로 빗장을 들어 올려 양쪽 문짝을 여는 것, 평평할 견, 평평하다, 오랑캐 이름, 산 이름.
- 當 ; 마땅 당, 마 땅, 밑바탕, 바닥, 저당, 갚음, 보수, 갑자기, 이, 그, 마땅하다, (임무, 책임을) 맡다, 당하다, 대하다, 주관하다, 주장하다, 필적하다, 짝하다, 균형되다, 어울리다, (때를) 만나다, 당면하다, 저당하다, 막다, 지키다, 방어하다, 비기다, 비교하다, 벌주다, 단죄하다, 마주 보다, 곧 ~하려 하다, 이 밭과 저 밭이 서로 포개어 맞추듯이 꼭 들어맞는 일이라는 뜻.
- 辨 ; 분별할 변, 분별하다, 구분하다, 나누다, 밝히다, 명백하다, 따지다, 쟁론하다, 변론하다, 총명하다, 지혜롭다, 다스리다, 바로잡다, 쓰다, 부리다, 근심하다, 걱정하다, 준비하다, 변하다, 바꾸다, 고깔, 구별, 분별, 변화, 옳고 그름 또는 참되고 거짓됨을 가리다, 갖출 판, 갖추다, 구비하다, 두루 편, 두루, 널리, 깎아내릴 폄, 깎아내리다, 폄하하다.
- 物 ; 물건 물, 어떠한 존재, 어떤 대상, 어떤 판단의 주어가 되는 일체의 것.

- 正言 ; 도리에 어긋나지 아니한 바른말.
- 辭 ; 말씀 사, 사상을 말이나 글로 나타낸 것.

則備矣
칙 비 의

본보기로 삼아 법칙을 갖추게 되었다.

- 則 ; 법칙 칙, 법칙, 본보기로 삼다.
- 備 ; 갖출 비.

其稱名也小
기 칭 명 야 소

작게는 글자나 문자로 일컬을 수 있었고,

- 名 ; 이름 명, 글자, 문자.

其取類也大
기 취 류 야 대

크게는 비슷한 것끼리 나누어 일정한 조건에 맞는 것을 고를 수 있었고,

- 取 ; 가질 취, 취하다(1. 일정한 조건에 맞는 것을 골라 가지다, 2. 자기 것으로 만들어 가지다, 3. 어떤 일에 대한 방책으로 어떤 행동을 하거나 일정한 태도를 가지다).

其旨遠
기 지 원

심오함을 맛볼 수 있었고,

- 旨 ; 뜻 지, 뜻, 조서(詔書), 성지(임금의 뜻), 맛, 맛있는 음식, 어조사, 맛이 있다, 아름답다.
- 遠 ; 멀 원, 심오하다, 깊다.

기 사 문
其辭文

문장이 뒤섞인 것을 정리할 수 있었고,

- 辭 ; 말씀 사, 뒤섞인 것을 정리하다.

기 언 곡 이 중
其言曲而中

곡조 중에 말을 붙일 수 있었고,

기 사 사 이 은
其事肆而隱

어려워하거나 조심스러워하는 태도가 없이 무례하고 건방진 어떤 숨겨진 역사의 기록을 일삼아 갈 수 있었고,

- 事 ; 일 사, 역사의 기록을 일삼아 간다는 뜻.
- 肆 ; 방자할 사, 방자하다(1. 어려워하거나 조심스러워하는 태도가 없이 무례하고 건방지다, 2. 제멋대로 거리낌 없이 노는 태도가 있다), 늘어놓다, 늦추다, 시험하다, 곧다, 찌르다, 마구간, 가게, 넉, 드디어.
- 隱 ; 숨길 은.

인 이 이 제 민 행
因貳以濟民行

의심하는 원인이나 계기가 되면 사람들이 굽지 않고 바로 갈 수 있도록 도움이 되게 하고,

- 因 ; 인할 인, 인하다(어떤 사실로 말미암다), 원인이나 계기가 되다.
- 貳 ; 두 이, 갖은 두 이, 둘, 버금, 두 마음, 거듭하다, 의심하다, 어기다, 변하다, 배신하다, 내통하다, 돕다.

- 濟 ; 건널 제, 쓸모가 있다, 도움이 되다.
- 行 ; 다닐 행, 굽지 않고 바로 가는 일.

이 명 실 득 지 보
以明失得之報

잃는 것과 얻는 것을 분명하게 판가름할 수 있게 된 것이다.

- 報 ; 갚을 보, 알릴 보, 갚다, 알리다, 대답하다, 여쭈다, 치붙다, 재판하다, 판가름하다, 공초를 받다(죄인이 범죄 사실을 진술하다), 간통하다, 간음하다, 나아가다, 급히 가다, 갚음, 알림, 통지, 신문, 신문지, 처형.

역 지 흥 야 기 어 중 고 호
易之興也 其於中古乎

역이 흥해 유행하는 것은 이미 사용하였거나 오래됐다는 것이겠지.

- 興 ; 일 흥, 일다, 일으키다, 일어나다, 시작하다, 창성하다, 흥겹다, 기뻐하다, 성공하다, 등용하다, 다스리다, 징발하다, 느끼다, 유행하다, 흥, 흥취, 흥미, 취미, 시의 한 체, 혹시, 어조사, 피 바를 흔, (희생의) 피를 바르다, 다툴 기미, 살마리.
- 中古 ; 이미 사용하였거나 오래됨.

작 역 자 기 유 우 환 호
作易者 其有憂患乎

역경을 만든 사람은 근심이나 걱정되는 일을 가지고 있었겠지.

- 憂患 ; 근심이나 걱정되는 일.

시 고 리 덕 지 기 야
是故 履 德之基也

이런 까닭으로 천택리괘는 덕의 토대이고,

- 基 ; 터 기, 터, 기초, 토대, 근본, 사업, 꾀, 일주년, 쟁기, 기(탑, 무덤 등을 세는 단위), 자리를 잡다, 비롯하다, 기인하다, 근거하다, 꾀하다.

겸 덕 지 병 야
謙 德之柄也

지산겸괘는 덕의 손잡이이고,

- 柄 ; 자루 병, 자루(끝에 달린 손잡이), 나무로 된 기물의 손잡이, 근본, 권세, 권력, 재료.

복 덕 지 본 야
復 德之本也

지뢰복괘는 덕의 근본이고,

- 本 ; 근본 본.

항 덕 지 고 야
恒 德之固也

뇌풍항괘는 덕의 견고함이고,

- 固 ; 굳을 고, 굳다, 단단하다, 굳어지다, 굳히다, 완고하다, 고루하다, 우기다, 독점하다, 가두다, 감금하다, 진압하다, 안정시키다, 평온하다, 편안하다, 스러지다, 쇠퇴하다, 버려지다, 경비, 방비, 수비, 고질병, 거듭, 여러 번, 굳이, 굳게, 단단히, 확고히, 반드시, 틀림없이, 진실로, 참으로, 항상, 오로지, 한결같이, 처음부터, 원래, 본디, 이미, 이에, 도리어, 완고하여 융통성이 없다.

손 덕 지 수 야
損 德之修也

산택손괘는 덕의 수련이고,

- 修 ; 닦을 수, 닦다, 익히다, 연구하다, 꾸미다, 엮어 만들다, 고치다, 손질하다, 다스리다, 정리하
  다, 갖추다, 베풀다, (도덕, 품행을) 기르다, 길다, 높다, 뛰어나다, 행하다, 거행하다, 뛰어난 사람.

益 德之裕也
익 덕 지 유 야

풍뢰익괘는 덕의 여유로움이고,

- 裕 ; 넉넉할 유, 넉넉하다, 넉넉하게 하다, 너그럽다, 관대하다, 느긋하다, 받아들이다, 용납하다,
  늘어지다, (옷이) 헐렁하다, 열다, 여유, 마음에 여유가 있는 것을 뜻함.

困 德之辨也
곤 덕 지 변 야

택수곤괘는 덕의 분별이고,

- 辨 ; 분별할 변, 옳고 그름 또는 참되고 거짓됨을 가리기 위함.

井 德之地也
정 덕 지 지 야

수풍 정괘는 덕의 처지이고,

- 地 ; 땅 지, 땅, 대지, 곳, 장소, 노정(목적지까지의 거리), 논밭, 뭍, 육지, 영토, 국토, 토지의 신, 처
  지(處地), 처해 있는 형편, 바탕, 본래의 성질, 신분, 자리, 문벌, 지위, 분별, 구별, 다만, 뿐, 살다,
  거주하다.

巽 德之制也
손 덕 지 제 야

중풍 손괘는 덕의 법도이다.

- 制 ; 절제할 제, 지을 제, 절제하다, 억제하다, 금하다, 마름질하다, 짓다, 만들다, 맡다, 바로잡다, 법도(法度), 규정, 천자의 말.

리 화 이 지
履 和而至

천택 리괘는 화목하게 이르는 것이고,

- 和 ; 화할 화, 화하다(서로 뜻이 맞아 사이좋은 상태가 되다), 화목하다, 온화하다, 순하다, 화해하다, 같다, 서로 응하다, 합치다, 허가하다, 모이다, 화답하다, 양념하다, 나라 이름, 합계, 악기의 한 가지.

겸 존 이 광
謙 尊而光

지산겸괘는 존경하니 빛이 나는 것이고,

- 尊 ; 높을 존, 존경함을 나타냄.

복 소 이 변 어 물
復 小而辨於物

지뢰복괘는 작은 것이라도 어떤 일체의 것들에 대해 옳고 그름 또는 참되고 거짓됨을 가려서 따르는 것이고,

- 於 ; 어조사 어, 따르다.

항 잡 이 불 염
恒 雜而不厭

뇌풍항괘는 제 멋 대로고 막되고 보잘 것이 없이 뒤섞여 있더라도 싫어하지 않는 것이고,

- 厭 ; 싫어할 염, 싫어하다, 물리다, 조용하다, 가리다, 막다, 가위눌리다(움직이지 못하고 답답함을 느끼다), 누를 엽, 누르다, 따르다, 마음에 들다, 젖다, 빠질 암, 빠지다.

손 선 난 이 후 이
損 先難而后易

산택손괘는 먼저는 어렵지만 뒤에는 쉬워진다는 것이고,

- 后 ; 뒤 후, 임금 후, 뒤, 곁, 딸림, 아랫사람, 뒤떨어지다, 능력 따위가 뒤떨어지다, 뒤지다, 뒤서다, 늦다, 뒤로 미루다, 뒤로 돌리다, 뒤로 하다, 임금, 왕후, 후비, 신령.

익 장 유 이 불 설
益 長裕而不設

풍뢰익괘는 긴 여유로움은 미리 준비하지 않으면 안 된다는 것이고,

- 設 ; 베풀 설, 미리 준비하다의 뜻.

곤 궁 이 통
困 窮而通

택수곤괘는 가난하고 어렵다가도 쉽게 빠져 나간다는 것이고,

- 窮 ; 다할 궁, 궁할 궁, 궁하다(가난하고 어렵다).
- 通 ; 통할 통, 쉽게 빠져 나가는 것.

정 거 기 소 이 천
井 居其所而遷

수풍정괘는 사는 곳을 일정한 곳이나 지역으로 옮긴다는 것이고,

- 所 ; 바 소, 일정한 곳이나 지역.

- 遷 ; 옮길 천, 옮기다, 옮겨 가다, 떠나가다, 내쫓다, 추방하다, 벼슬이 바뀌다, 달라지다, 바꾸다, 변경하다, 오르다, 올라가다, 붙좇다, 따르다, 천도, 벼랑, 낭떠러지.

손 칭 이 은
巽 稱而隱

중풍손괘는 일컬어진다는 것을 숨기는 것이다.

- 稱 ; 일컬을 칭.
- 隱 ; 숨길 은.

리 이 화 행
履以和行

천택리괘로는 화목하게 어울려 가는 것을 배우고,

겸 이 제 례
謙以制禮

지산겸괘로는 절제하여 예를 실천하는 것을 배우고,

복 이 자 지
復以自知

지뢰복괘로는 자기 스스로 알아 가는 것을 배우고,

항 이 일 덕
恒以一德

뇌풍항괘로는 꾸준히 한마음으로 가는 것을 배우고,

^{손 이 원 해}
損以遠害

산택손괘로는 해로움으로 멀리하는 것을 배우고,

^{익 이 흥 리}
益以興利

풍뢰익괘로는 즐거운 마음으로 유익하게 쓰는 것을 배우고,

^{곤 이 과 원}
困以寡怨

택수곤괘로는 집안에 의지할 사람이 적다고 원망하지 말라는 것을 배우고,

- 寡 ; 적을 과, 적다, 수량이 적다, 작다, 약하다, 돌보다, 돌아보다, 홀어머니, 과부, 늙은 과부, 주상, 자기가 섬기는 임금을 다른 나라에 대하여 일컫는 겸칭, 왕후의 자칭, 집안에 의지할 사람이 적은 사람.
- 怨 ; 원망할 원, 원망하다, 고깝게 여기다, 책망하다, 나무라다, 미워하다, 슬퍼하다, 위배되다, 어긋나다, 헤어지다, 풍자하다, 원수, 원한, 원망, 쌓을 온, 쌓다, 축적하다.

^{정 이 변 의}
井以辨義

수풍정괘로는 옳고 그름 또는 참되고 거짓됨을 가려서 바르게 사는 것을 배우고,

^{손 이 행 권}
巽以行權

중풍손괘로는 실천 행위 인간적인 행동에도 권리나 자격이 있다는 것을 배우는 것이다.

- 行 ; 다닐 행, 실천, 행위, 인간적인 행동.
- 權 ; 권세 권, 권세, 풀 이름, 권력, 흰 차조(찰기가 있는 조), 권한, 권리, 유리한 형세, 저울, 저울추, 방편, 계량하다, 저울질하다, 꾀하다, 잠시, 당분간, 임기응변의, 임시로, 임시의, (어떤 명사 아래에 붙이어) 그 명사에 따르는 권리나 자격을 나타내는 말.

역 지 위 서 야
易之爲書也

역이라는 것은 행위에 대한 성인의 말씀을 붓으로 적은 것으로,

- 書 ; 글 서, 성인의 말씀을 붓으로 적은 것이라는 뜻.

불 가 원
不可遠

멀리할 수 없다는 것은,

위 도 야 누 천
爲道也 屢遷

행위에 대한 도리라는 것은 자주 바뀌고,

- 屢 ; 여러 누(루), 여러, 자주, 수효가 많은, 언제나, 여러 번 되풀이하여, 빨리, (빛이 들어오는) 창, 번거롭다, 번잡하다, 빠르다.

변 동 불 거 주 류 육 허
變動不居 周流六虛

변동하니 자리하지 못하고 두루 흘러 천지 사방을 떠돌아다니고,

- 變動 ; 바뀌어 달라짐.
- 周流 ; 1. 물 따위가 돌면서 흐름, 2. 두루 돌아다님.

- 六虛 ; 천지와 사방.
- 虛 ; 빌 허, 비다, 없다, 비워 두다, 헛되다, 공허하다, 약하다, 앓다, 살다, 거주하다, 구멍, 틈, 빈틈, 공허, 무념무상, 마음, 하늘, 폐허, 위치, 방위, 큰 언덕, 별 이름.

<ruby>上<rt>상</rt></ruby> <ruby>下<rt>하</rt></ruby> <ruby>无<rt>무</rt></ruby> <ruby>常<rt>상</rt></ruby> <ruby>剛<rt>강</rt></ruby> <ruby>柔<rt>유</rt></ruby> <ruby>相<rt>상</rt></ruby> <ruby>易<rt>역</rt></ruby>

上下无常 剛柔相易

위와 아래는 일정하지 않고 늘 변하고, 강하고 부드러운 것은 서로 바뀌므로,

- 无常 ; 1. 모든 것이 덧없음, 2. 일정하지 않고 늘 변함, 3. 상주하는 것이 없다는 뜻으로 나고 죽고 흥하고 망하는 것이 덧없음을 이르는 말(불교).

<ruby>不<rt>불</rt></ruby> <ruby>可<rt>가</rt></ruby> <ruby>爲<rt>위</rt></ruby> <ruby>典<rt>전</rt></ruby> <ruby>要<rt>요</rt></ruby> <ruby>唯<rt>유</rt></ruby> <ruby>變<rt>변</rt></ruby> <ruby>所<rt>소</rt></ruby> <ruby>適<rt>적</rt></ruby>

不可爲典要 唯變所適

행위에 대한 것을 요긴하게 규정할 수는 없지만 비록 변하더라도 일의 방법이나 방도에는 맞는 것이 있듯이,

- 典 ; 법 전, 법, 법전, 경전, 책, 서적, 벼슬, 예, 의식, 고사, 저당 잡히다, 맡다, 단아하다, 종사하다, 규정, 기록한 책을 제사상에 바쳐 놓은 모양을 본뜬 글자.
- 要 ; 요긴할 요, 요긴하다(꼭 필요하고 중요하다), 중요하다, 요약하다, 모으다, 합치다, 원하다, 바라다, 요구하다, 맞히다, 적중하다, 바루다, 얻다, 취득하다, 이루다, 성취하다, 기다리다, 잠복하여 노리다, 규찰하다, 조사하다, 언약하다, 맹세하다, 책망하다, (허리에) 감다, 통괄하다, 으르다, 협박하다, 막다, 금하다, 말리다, 누르다, 굽히다, 잡다, 근본, 생략, 간략, 회계, 장부, 증권, 허리, 허리띠, 반드시, 꼭, 요컨대, 사물의 중요하다고 생각되는 골자와 요점이나 요지.
- 適 ; 맞을 적, 맞다, 마땅하다, 가다, 시집가다, 즐기다, 꾸짖다, 전일하다(마음과 힘을 모아 오직 한 곳에만 쓰다), 마침, 맏아들, 큰마누라, 적중하다, 적당.
- 唯 ; 오직 유, 비록 ~하더라도.
- 所 ; 바 소, 바(일의 방법이나 방도).

기 출 입 이 도
其出入以度

역을 드나들 때에도 법도가 있으니,

- 度 ; 법도 도, 법도, 법제, 법, 자, 도구, 도수(거듭하는 횟수), 횟수, 번, 도(온도 등의 단위), 기량, 국량(남의 잘못을 이해하고 감싸주며 일을 능히 처리하는 힘), 가락, 율려(律呂), 모양, 모습, 풍채, 정도, 태양, 하루의 해, 천체의 속도, 때, 기회, 바루다, 바로잡다, 가다, 떠나다, 통과하다, 건너다, 건네다, 나르다, 운반하다, 넘다, 넘어서다, 기준으로 삼아 따르다, 깨닫다, 번뇌에서 해탈하다, 승려가 되다, 헤아릴 탁, 헤아리다, 추측하다(미루어 생각하여 헤아리다), 꾀하다, 생각하다, 던지다, 세다, 재다, 베다, 살 택, 살다, 자리 잡고 살다, 묻다.

외 내 사 지 구 우 명 어 우 환 여 고
外內使知 懼又明於憂患與故

밖과 안의 사자에게 눈을 크게 뜨고 두려워 한다는 뜻을 거듭하고 분명하게 우환과 더불어 연고까지 알리고,

- 使 ; 하여금 사, 부릴 사, 하여금, 가령, 만일, 설사(設使), 심부름꾼, 하인, 벼슬 이름, 사신, 부리다, 시키다, 따르다, 순종하다, 쓰다, 운용하다, 보낼 시, (사신으로) 보내다, (사신으로) 가다.
- 使者 ; 1. 어떤 사명을 맡아서 심부름하는 사람, 2. 죽은 사람의 혼을 저승으로 잡아가는 일을 맡았다는 저승의 귀신, 3. 완성된 타인의 의사 표시를 전하는 사람, 4. 결정된 타인의 의사 표시를 완성하는 사람.
- 懼 ; 두려워할 구, 두려워하다, 두렵다, 걱정하다, 염려하다, 으르다, 위협하다, 경계하다, 조심하다, 두려움, 눈을 크게 뜨고 두려워한다는 뜻이 있음.
- 又 ; 또 우, 또, 다시, 또한, 동시에, 더욱, 오른손, 오른쪽, 거듭하다, 두 번 하다, 용서하다.
- 憂患 ; 1. 집안에 복잡한 일이나 환자가 생겨서 나는 걱정이나 근심, 2. 질병(몸의 온갖 병).

무 유 사 보 여 임 부 모
无有師保 如臨父母

가르치고 돌보는 스승은 있다가도 없는 것이니 당연히 부모를 대하는 듯이 하여,

- 師保 ; 남의 스승이 되어 가르치며 돌보아 기르는 일, 또는 사람.

- 保 ; 지킬 보, 지키다, 보호하다, 보위하다, 유지하다, 보존하다, 보증하다, 책임지다, 보증을 서다, 돕다, 보우하다, 기르다, 양육하다, 붙다, 귀순하다, 편안하다, 안정시키다, 차지하다, 점유하다, 믿다, 의지하다, 보증인, 보증, 보험, 고용인, 심부름꾼, 조합, 보(조선시대 장정의 조직 단위), 포대기, 작은 성.
- 臨 ; 임할 림(임), 둘러가다, 임하다(어떤 사태나 일에 직면하다), 걸음걸이가 바르지 아니하다, 내려다 보다, 다스리다, 통치하다, 에도는 모양, 대하다, 뵙다, 비추다, 비추어 밝히다, 본떠 그리다, 접근하다, 지키다, 치다, 공격하다, 곡하다, 장차, 임시, 병거(전쟁할 때에 쓰는 수레), 군의 편제 단위, 괘 이름.
- 如 ; 같을 여, 당연히 ~하여야 한다.

初率其辭而揆其方
초 솔 기 사 이 규 기 방

처음에는 말씀에 따르고 방법이 들어맞는지 들어맞지 않은지를 헤아려 생각해 보면,

- 率 ; 거느릴 솔, 거느리다, 좇다, 따르다, 소탈하다, 꾸밈없다, 경솔하다, 가볍다, 거칠다, 대강, 대략, 비율 률(율), 비율, 제한, 우두머리 수, 우두머리, 장수.
- 揆 ; 헤아릴 규, 헤아리다, 가늠하다, 관장하다, 관리하다, 멸망시키다, 법도, 도리, 꾀, 계략, 벼슬, 벼슬아치, 재상, 대신, '들어맞는지 안 맞는지를 헤아려 생각해 보다'의 뜻.

旣有典常
기 유 전 상

이미 일반적인 규칙이나 규범이 있어도,

- 典常 ; 일반적인 규칙이나 규범.

苟非其人
구 비 기 인

일의 빈 구석이나 잘못된 것을 임시변통으로 이리저리 주선하여 꾸며대는 옳지 않은 그런 사람이라면,

- 苟 ; 진실로 구, 구차할 구, 진실로, 참으로, 다만, 단지, 겨우, 간신히, 만약, 구차하게, 바라건대, 잠시, 구차하다, 구차하게 굴다, 미봉하다(일의 빈 구석이나 잘못된 것을 임시변통으로 이리저리 주선하여 꾸며 대다), 낮다, 탐하다, 탐내다.
- 非 ; 아닐 비, 나쁘다, 옳지 않다.

도 불 허 행
道不虛行

도가 헛되어 행하여질 수가 없는 것이다.

역 지 위 서 야
易之爲書也

역이라는 것은 행위에 대한 성인의 말씀을 붓으로 적은 것으로,

원 시 요 종
原始要終

처음에는 근본을 추구하여 근원과 근본에 의거한 기초를 두었고 마지막에는 요긴하게 맞혀서 원하고 바라던 것을 이루어지게 하였다는 것은,

- 原 ; 언덕 원, 근원 원, 언덕, 근원, 근본, 저승, 들, 벌판, 문체의 한 가지, 원래, 거듭, 재차, 근본을 추구하다, 캐묻다, 찾다, 의거하다, 기초를 두다, 기인하다, 용서하다, 놓아주다, 삼가다(몸가짐이나 언행을 조심하다), 정성스럽다, 거듭하다.
- 要 ; 요긴할 요, 요긴하다, 중요하다, 요약하다, 모으다, 합치다, 원하다, 바라다, 요구하다, 맞히다, 적중하다, 바루다, 얻다, 취득하다, 이루다, 성취하다, 기다리다, 잠복하여 노리다, 규찰하다, 조사하다, 언약하다, 맹세하다, 책망하다, (허리에) 감다, 통괄하다, 으르다, 협박하다, 막다, 금하다, 말리다, 누르다, 굽히다, 잡다, 근본, 생략, 간략, 회계, 장부, 증권, 허리, 허리띠, 반드시, 꼭, 요컨대.
- 終 ; 마칠 종, 끝, 마지막, 이루어지다, 완성되다.

이 위 질 야
以爲質也

행위에 따라 타고난 성질, 됨됨이의 바탕인 천성, 어떤 사물의 유용성, 내용의 좋고 나쁨, 가치 등급과 어떤 사물의 속성과 특성, 그 속성과 특성을 구별하는 특색, 판단을 잘할 수 있는 어떤 것들이 망라 되어 있기 때문이다.

육 효 상 잡
六爻相雜

육효는 서로 뒤섞여 있지만,

유 기 시 물 야
唯其時物也

오직 태양이 일정한 규칙에 의해 돌아가듯이 만물은 일정한 일이나 현상이 일어나는 때가 있어,

• 時 ; 때 시, 태양이 일정한 규칙에 의해 돌아간다는 뜻, 일정한 일이나 현상이 일어나는 시간 및 때.

기 초 난 지   기 상 역 지   본 말 야
其初難知 其上易知 本末也

아마도 초효로는 뜻을 알기 어렵지만 바야흐로 역이 이루어져 상효를 알게 되면 사물이나 일의 처음과 끝, 중요한 부분과 중요하지 않은 부분의 본말이 있으니,

• 末 ; 1. 사물이나 일의 처음과 끝, 2. 사물이나 일의 중요한 부분과 중요하지 않은 부분.

초 사 의 지　졸 성 지 종
初辭擬之 卒成之終

조용하게 끼치는 영향을 말씀에서 헤아리면 마침내 정하여지고 결국에는
이루게 되는 것인데,

- 初 ; 처음 초, 처음, 시초, 시작, 시종(처음과 끝), 초승, 초순, 근본, 근원, 본래, 옛일, 이전, 종전,
  옛날, 첫, 첫째, 처음으로, 비로소, 느릿하다, 조용하다.
- 擬 ; 비길 의, 비기다, 비교하다, 헤아리다, 견주다, 본뜨다, 흉내 내다, 모방하다, 의심하다, 의심스
  럽다, 향하다.
- 之 ; 갈 지, (영향을) 끼치다, 이르다, 도달하다.
- 卒 ; 마칠 졸, 마치다, 죽다, 끝내다, 모두, 죄다, 갑자기, 별안간, 돌연히, 마침내, 드디어, 기어이,
  무리, 집단, 백 사람, 군사, 병졸, 하인, 심부름꾼, 나라, 마을, 버금 쉬, 버금.
- 成 ; 이룰 성, 정하여지다.

약 부 잡 물 선 덕　변 시 여 비
若夫雜物撰德 辨是與非

이와 같이 뒤섞어 있는 효를 선택하는 능력은 옳은 것과 더불어 옳지 않은
것을 구분하는 것이지만,

- 撰 ; 지을 찬, 짓다, 시문을 짓다, 적다, 기록하다, 가지다, 품다, 만들다, 저술, 일, 법칙, 규칙, 규정,
  사항, 화폐의 이름, 가릴 선, 가리다, 선택하다, 세다, 헤아리다.

즉 비 기 중 효 불 비
則非其中爻不備

만일 초효와 상효 사이의 중간에 효가 갖추어지지 않았다면 역은 아니 되
는 것이다.

희
噫

아아.

- 噫 ; 한숨 쉴 희, 한숨을 쉬다, 탄식하다, 느끼다, 아아, 트림할 애, 트림하다, 하품, 탄식할 억, 탄식
  하다, 아아.

역 요 존 망 길 흉 칙 거 가 지 의
亦要存亡吉凶 則居可知矣

가령 삶과 죽음, 길과 흉에 대해 맞히기를 바란다면 사는 것과 어떤 처지
에 놓여 있는지, 거처하는 곳 등에 관한 이치를 올바르게 알면 가히 알 수
는 있겠지만,

- 居 ; 살 거, 살다, 거주하다, 있다, 차지하다, (처지에) 놓여 있다, (벼슬을) 하지 않다, 자리 잡다,
  앉다, 쌓다, 저축하다, 곳, 자리, 거처하는 곳, 집, 무덤, 법, 법도, 저축, 까닭, 이유, 평상시, 보통
  때, 살아 있는 사람, 어조사 기, 어조사.
- 則 ; 법칙 칙, 이치.

지 자 관 기 단 사 칙 사 과 반 의
知者觀其彖辭 則思過半矣

지혜로운 사람은 역의 단사를 보기만 해도 옛날 사람들이 머리나 가슴으
로 사물을 생각한 이치를 절반은 넘게 알게 되는 것이다.

- 思 ; 생각 사. *옛날 사람은 머리나 가슴으로 사물을 생각한다고 여겼음.

이 여 사 동 공 이 이 위 기 선 부 동
二與四同功而異位 其善不同

이효와 사효는 힘써 일하는 것은 같고 위치가 달라서 착하고 정당하여 도
덕적 기준이 같지는 않지만,

- 善 ; 착할 선, 착하다, 좋다, 훌륭하다, 잘하다, 옳게 여기다, 아끼다, 친하다, 사이좋다, 착하고 정
  당하여 도덕적 기준에 맞는 것.

<small>이 다 예 사 다 구 근 야</small>
二多譽 四多懼 近也

이효는 명예가 많고 사효는 오효와 가까워 두려움이 많으므로,

<small>유 지 위 도 불 리 원 자</small>
柔之爲道 不利遠者

부드러움이라는 행위에 대한 도를 멀리하면 불리하고,

<small>기 요 무 구</small>
其要无咎

이효와 사효는 허물이 없는 것이 중요하므로,

<small>기 용 유 중 야</small>
其用柔中也

그것의 효용은 부드러움이 가운데에 있어야 하고,

- 用 ; 쓸 용, 효용.

<small>삼 여 오 동 공 이 이 위</small>
三與五同功而異位

삼효와 오효는 힘써 일하는 것은 같고 위치가 다르지만,

^{삼 다 흉 오 다 공 귀 천 지 등 야}

三多凶 五多功 貴賤之等也

삼효는 흉이 많고 오효는 공이 많다는 것은 귀천에도 구별된 부류가 있기에,

- 等 ; 무리 등, 무리, 부류, 등급, 계급, 순위, 계단, 저울, 분기, 따위, 같은 또래, 통틀어, 같다, 차이가 없다, 가다리다, 가지런하다, 견주다, 비교하다, 달다, 저울질하다, 구별하다, 나누다.

^{기 유 위 기 강 승 야}

其柔危 其剛勝邪

그것이 부드러운 음효일 때에는 위태롭지만 강한 양효일 때에는 이겨낼 수 있는 것이다.

^{역 지 위 서 야}

易之爲書也

역이라는 것은 행위에 대한 성인의 말씀을 붓으로 적은 것으로,

^{광 대 실 비}

廣大悉備

넓고 크게 다 갖추고 있다는 것은,

- 悉 ; 다 실, 다, 모두, 남김없이, 다하다, 궁구하다, 깨닫다, 다 알다, 갖추다, (뜻을) 펴다.
- 備 ; 갖출 비, 갖추다, 준비하다, 채우다, 예방하다, 의장, 모두, 발톱, 비품.

^{유 천 도 언 유 인 도 언 유 지 도 언}

有天道焉 有人道焉 有地道焉

천도가 있고, 인도가 있고, 지도가 있기 때문인데,

겸 삼 재 이 양 지
兼三才而兩之

이 삼재(천지인)를 둘씩 겹치면,

고 육 육 자 비 타 야
故六 六者非他也

고로 육이 되는데 육이라는 것은 다른 것이 아니라,

삼 재 지 도 야
三才之道也

바로 삼재의 도인 것이다.

도 유 변 동 고 왈 효
道有變動 故曰爻

도의 변화와 움직임이 있는 것이 효이고,

효 유 등 고 왈 물
爻有等 故曰物

효의 구별된 부류가 있는 것이 만물이고,

물 상 잡 고 왈 문
物相雜 故曰文

만물이 서로 뒤섞여 있는 것이 글인데,

문 부 당 고 길 흉 생 언
文不當 故吉凶生焉

글이 정당하지 않거나 이치에 맞지 않으므로 길흉은 생겨나는 것이다.

역 지 흥 야   기 당 은 지 말 세   주 지 성 덕 야
易之興也 其當殷之末世 周之盛德邪

역이 유행하니 마땅히 막으려고 은나라의 말세에도 주나라의 덕이 성할 때도 그렇지 않았던가.

- 當 ; 마땅 당, 마땅, 밑바탕, 바닥, 저당, 갚음, 보수, 갑자기, 이, 그, 마땅하다, (임무, 책임을) 맡다, 당하다, 대하다, 주관하다, 주장하다, 필적하다, 짝하다, 균형되다, 어울리다, (때를) 만나다, 당면하다, 저당하다, 막다, 지키다, 방어하다, 비기다, 비교하다, 벌주다, 단죄하다, 마주보다, 곧 ~하려 하다.
- 邪 ; 간사할 사, 간사하다, 사악하다, 기울다, 비스듬하다, 바르지 아니하다, 사사롭다, 사기, 품행이 부정한 사람, 사사로운 마음, 그런가 야, 그런가, 어여차, 어조사, 땅 이름, 나머지 여, 나머지, 느릿할 서, 느릿하다. 之 ; 갈 지, 가, ~의, 쓰다, 사용하다.
- 世 ; 쇠퇴하여 끝판이 다 된 세상.

당 문 왕 여 주 지 사 야
當文王與紂之事邪

문왕과 더불어 주나라 임금이 국가대사를 주관하던 때에 품행이 부정한 사람이 사사로운 마음으로 바르지 않게 일삼는 것을 막고 벌을 주려 하지 않았던가.

- 紂 ; 껑거리끈 주, 주 임금 주, 껑거리끈(껑거리막대의 양 끝에 매어 길마의 뒷가지와 연결하는 줄), 말고삐, 창, 창문, 주 임금.
- 事 ; 일 사, 국가대사, 일삼다.

시 고 기 사 위
是故其辭危

이런 까닭으로 마음을 놓을 수 없이 불안하기 그지없는 위태로운 세상의 뒤섞인 것을 정리하고,

- 辭 ; 말씀 사, 말씀, 문체 이름, 핑계, 사퇴하다, 알리다, 청하다, 타이르다, 사양하다, 뒤섞인 것을 정리하다.

- 危 ; 위태할 위, 위태하다, 위태롭다, (마음을 놓을 수 없이) 불안하다, 두려워하다, 불안해하다, 위태롭게 하다, 해치다, 높다, 아슬아슬하게 높다, 엄하다(매우 철저하고 바르다), 엄정하다(엄격하고 바르다), 엄하게 하다, 발돋움하다, 병이 무겁다, 위독하다, 바르다, 똑바르다, 빠르다, 마룻대, 용마루, 별 이름, 거의, 높고 험한 경사진 땅.

위 자 사 평
危者使平

위태로운 사람은 사사로움이 없이 따르게 하고,

- 使 ; 하여금 사, 부릴 사, 하여금, 가령, 만일, 설사, 심부름꾼, 하인, 벼슬 이름, 사신, 부리다, 시키다, 따르다, 순종하다, 방종하다, 제멋대로 하다, 쓰다, 운용하다, 보낼 시, (사신으로) 보내다, (사신으로) 가다.
- 平 ; 평평할 평, 평평하다, (바닥이 고르고) 판판하다, 고르다, 고르게 하다, 정리되다, 가지런하게 되다, 편안하다, 무사하다, 평정하다, 정하다, 제정하다, 이루어지다, 바르다, 갖추어지다, 사사로움이 없다, 화목하다, 화친하다, 쉽다, 손쉽다, 표준, 들판, 평원, 산제(산에서 지내는 제사), 보통 때, 평상시, 보통, 보통의 수준, 평성, 사성의 하나, 다스릴 편, 다스리다, 관리하다, 나누다, 골고루 다스려지다.

역 자 사 경
易者使傾

점치는 일을 업으로 삼는 사람도 마음을 기울여 따르게 한 것이다.

- 傾 ; 기울 경, 기울다, 기울어지다, (마음을) 기울이다, 비스듬하다, 바르지 않다, 다투다, 다치다, 잠깐.
- 易者 ; 점치는 일을 업을 삼는 사람.

기 도 심 대
其道甚大

역의 도가 매우 크다는 것은,

- 甚 ; 심할 심, 심하다(정도가 지나치다), 지나치다, 깊고 두텁다, 초과하다, 사납다, 많다, 탓하다, 꾸짖다, 심히, 매우, 몹시, 대단히, 참으로, 무엇, 어느, 어떤
- 甚大 ; 매우 큼.

백 물 불 폐
百物不廢

모든 만물은 쓸모없는 것이 없고,

- 廢 ; 폐할 폐, 버릴 폐, 폐하다, 못 쓰게 되다, 버리다, 그치다, 부서지다, 떨어지다, 무너지다, 쇠퇴하다, 고질병, 크게, 매우, 쓸모없게 되다.

구 이 종 시 기 요 무 구
懼以終始 其要无咎

시작하고 마칠 때까지 두려워해야 허물이 없이 요긴하게 맞혀서 원하고 바라던 것을 얻을 수 있으므로,

차 지 위 역 지 도 야
此之謂易之道也

이것을 일러 역의 도라 하는 것이다.

부 건
夫乾

저 건은,

천 하 지 지 건 야
天下之至健也

천하에서 지극히 강건한 것이지만,

덕 행 항 역 이 지 험
德行恒易以知險

덕행은 항상 변하지 않고 늘 그렇게 하는 것이 쉽기 때문에 바뀌면 위험에 처하게 되어 몹시 힘들고 고생스럽다는 것을 알아야 하고,

- 恒 ; 항상 항, 항상, 육십사괘의 하나, 변하지 않고 늘 그렇게 하다, 항구히, 반달 긍, 반달, 두루 미치다, 뻗치다, 걸치다.
- 險 ; 험할 험, 험하다, 높다, 험준하다, 음흉하다, 음험하다, 간악하다, 멀다, 위태롭다, 간난하다(몹시 힘들고 고생스럽다), 넓다, 평평하다, 고민, 고통, 위험, 요해지, 요해처, 자칫하면, 하마터면, 거의 대부분, 아슬아슬하게, 괴로워할 삼, 괴로워하다, 낭떠러지 암, 낭떠러지, 험하다.

부 곤
夫坤

저 곤은,

천 하 지 지 순 야
天下之至順也

천하에서 지극히 유순한 것이지만,

덕 행 항 간 이 지 조
德行恒簡以知阻

덕행은 항상 변하지 않고 늘 그렇게 정성을 다하고 꾸민 데 없이 수수하다가도 깔보면 막힌다는 것을 알아야 하는 것이다.

- 簡 ; 대쪽 간, 간략할 간, 대쪽, 편지, 문서, 정성, 성의, 홀, 전동, 무기 이름, 간략하다, 질박하다(꾸민 데가 없이 수수하다), 적다, 드물다, 분별하다, 구분하다, 대범하다, 가리다, 분간하다, 간하다(웃어른이나 임금에게 옳지 못하거나 잘못된 일을 고치도록 말하다), 검열하다, 깔보다, 오만하게 만들다, 방탕하다, 소홀히 하다, 버리다.
- 阻 ; 막힐 조, 막히다, 험하다, 떨어지다, 허덕거리다, 저상하다(머물러 서서 생각하다, 기운을 잃다), 의심하다, 의거하다, 믿다, 고난(괴로움과 어려움을 아울러 이르는 말).

能說諸心
<small>능 열 저 심</small>

마음에서 즐거워하면 능히 할 수 있어,

- 能 ; 능할 능, 능히 할 수 있다.
- 諸 ; 어조사 저.
- 說 ; 기뻐할 열, 헤아리다.

能研諸候之慮
<small>능 연 제 후 지 려</small>

모든 기후, 상태, 조짐, 증상, 징후를 이리저리 헤아려 보고 파고들어 깊게
연구하여 능히 할 수 있었기에,

- 候 ; 기후 후, 기후, 계절, 철, 때, 5일, 닷새, 상황, 상태, 조짐, 증상, 징후, 염탐꾼, 망꾼, 살피다, 망
  보다, 염탐하다, 방문하다, (안부를) 묻다, 관측하다, 탐색하다, 돈을 치르다, 지불하다, 기다리다.
- 慮 ; 생각할 려, 생각하다, 이리저리 헤아려 보다, 근심하다, 걱정하다, 어지럽게 하다, 맺다, 연결
  하다, 꾀하다, 흩트리다, 생각, 계획, 걱정, 근심, 염려, 의심, 의혹, 대강, 대개(대부분), 대략, 꾀,
  기(척후가 들고 다니는 기), 사실할 록, 사실하다(사물을 있는 그대로 그리다), 조사하다, 마음으로
  두루 생각한다는 뜻.
- 諸 ; 모두 제, 모두, 모든.
- 研 ; 갈 연, 궁구하다(파고들어 깊게 연구하다).

定天下之吉凶
<small>정 천 하 지 길 흉</small>

천하의 길흉을 정할 수 있었고,

成天下之亹亹者
<small>성 천 하 지 미 미 자</small>

천하는 부지런히 힘쓰는 사람이 이루게 된 것이다.

是故變化云爲
시 고 변 화 운 위

이런 까닭으로 변화는 말과 행동, 세태와 인정 등을 말하는 것인데,

- 云 ; 이를 운, 구름 운, 이르다, 일컫다, 말하다, 이와 같다, 다다르다, 도착하다, 돌아가다, 운행하다, 있다, 어조사, 운운(등등), 구름, 하늘, 은하수.
- 云爲 ; 1. 말과 행동, 2. 세태와 인정.

吉事有祥
길 사 유 상

훌륭한 사람이 하는 말을 배우면 신이 내려주는 좋은 일이 있고,

- 吉 ; 길할 길, 훌륭한 사람이 하는 말은 모두가 훌륭하다.
- 事 ; 일 사, 배우다.
- 祥 ; 상서 상, 신이 내려 주는 좋은 일.

象事知器
상 사 지 기

꼴을 배우면 실제로 닦을 만한 능력을 가진 사람을 그릇에 비유하여 알 수 있고,

- 象 ; 코끼리 상, 꼴 모양, 형상.
- 器 ; 그릇 기, 실제로 닦을 만한 능력을 가진 사람을 그릇에 비유.

占事知來
점 사 지 래

점을 배우면 하늘로부터 전하여 오는 앞으로의 일들을 알 수 있는 것이다.

482 | 周易 利貞 주역 이정

^{천 지 설 위 성 인 성 능}
天地設位 聖人成能

천지의 자리를 세운 것은 성인의 능력으로 이루어진 것이므로,

^{인 모 귀 모}
人謀鬼謀

사람과 귀신이 사람들이 없는 곳에서 몰래 꾀한다 해도,

• 謀 ; 꾀 모, 꾀, 지략, 계략, 계책, 본보기, 꾀하다, 도모하다, 모색하다, 묻다, 살피다, 의논하다, 상
  의하다, 속이다, 모호하다, 모이다, 접촉하다, 사람이 없는 곳에서 몰래 의논함.

^{백 성 여 능}
百姓與能

모든 백성들이 미리 앞서서 능히 할 수 있도록,

• 與 ; 더불 여, 미리, 앞서.

^{팔 괘 이 상 고}
八卦以象告

팔괘로써 상을 알려주고,

^{효 단 이 정 언}
爻彖以情言

효사와 단사로써 이치와 진리를 말하고,

• 情 ; 뜻 정, 뜻, 마음의 작용, 사랑, 인정, 본성, 정성, 사정, 실상, 사실, 진상, 이치, 진리, 사정, 형
  편, 상태, 멋, 정취, 욕망, 진심, 성심, 참마음, 참으로, 진실로, 순수하게 타고난 성질대로의 사람의
  마음.

강유잡거이길흉가견의
剛柔雜居而吉凶可見矣

강함과 부드러움이 뒤섞여 놓여 있어도 길흉을 가히 볼 수 있어,

변동이리언
變動以利言

변하여 움직이는 것이 이롭다고 말을 해도,

길흉이정천
吉凶以情遷

길흉은 순수하게 타고난 성질대로의 사람의 마음으로 옮겨 가는 것이다.

• 遷 ; 옮길 천, 옮겨 가다.

시고애오상공이길흉생
是故愛惡相攻而吉凶生

이런 까닭으로 사랑과 미움은 서로의 공로를 가리는 것에 따라 길흉으로
생겨나고,

• 相 ; 서로 상, 서로, 가리다, 고르다.
• 而 ; 말이을 이, ~에, 따름.

원근상취이회린생
遠近相取而悔吝生

멀고 가까움은 서로가 취한 것을 가리는 것에 따라 깔보거나 소중히 여기
는 것으로 생겨나고,

• 取 ; 가질 취, 취하다.

- **悔** ; 뉘우칠 회, 뉘우치다, 스스로 꾸짖다, 한이 맺히다, 분하게 여기다, 뉘우침, 후회, 과오, 깔봄, 알봄, 아깝게도, 유감스럽게도.
- **吝** ; 아낄 린, 아끼다, 인색하다, 소중히 여기다, 주저하다.

정 위 상 감 이 리 해 생
情僞相感而利害生

진정한 것과 거짓된 것은 서로가 느끼는 것을 가리는 것에 따라 이로움과 해로움으로 생겨나는 것이다.

범 역 지 정 근 이 불 상 득 즉 흉
凡易之情 近而不相得則凶

보통 역의 진리는 가까워지면서 서로에게 소득이나 이득이 있지 않으면 흉하고,

- **凡** ; 무릇 범, 무릇, 대체로 보아, 모두, 다, 전부, 보통, 보통의, 예사로운, 대강, 개요, 상도, 관습, 관례, 평범하다, 범상하다.

혹 해 지 회 차 린
或害之 悔且吝

혹시 집안에 들어 앉아 사람을 헐뜯고 어지럽히는 말을 하여 해한다면 뉘우치거나 구차하거나 주저하게 되고,

- **害** ; 해할 해, 해하다, 해치다, 집안에 들어앉아 사람을 헐뜯고 어지럽히는 말을 하다.
- **且** ; 또 차, 구차하다.

將叛者其辭慙
장 반 자 기 사 참

장차 배반하는 사람의 그 말은 부끄럽고,

- 叛 ; 배반할 반, 배반하다, 떨어지다, 둘이 되다, 달아나다, 어긋나다, 상도를 어지럽히다, 빛나다, 배반, 배반자, 휘황하게 빛나는 모양.
- 慙 ; 부끄러울 참, 부끄럽다, 부끄러워하다, 부끄럽게 여기다, 부끄러움, 수치.

中心疑者其辭枝
중 심 의 자 기 사 지

마음속이 의심스러운 사람의 그 말은 나무줄기에서 갈려 나온 가지처럼 핑계를 둘러대고,

- 枝 ; 가지 지, (초목의) 가지, 팔다리, 사지, 버팀목, 분가(分家), 지지(地支), (가지를) 치다, 흩어지다, 분산하다, 분기하다, 나누어지다, 짚다, 세우다, 버티다, 지지하다, 육손이 기, 육손이, 나무줄기에서 갈려 나온 가지의 뜻.

吉人之辭寡
길 인 지 사 과

성정이 바르고 복스럽게 생겨 팔자가 좋은 사람은 말이 적고,

- 吉人 ; 성정이 바르고 복스럽게 생겨 팔자가 좋은 사람.
- 寡 ; 적을 과.

躁人之辭多
조 인 지 사 다

성급하고 침착하지 못하고 떠드는 사람은 말이 많고,

- 躁人 ; 성급하고 침착하지 못하고 떠드는 사람.
- 躁 ; 조급할 조, 조급하다, 떠들다, 성급하다, 시끄럽다.

무 선 지 인 기 사 유
誣善之人其辭游

착한 사람을 속이는 사람의 그 말은 허황되고,

- **誣** ; 속일 무, 속이다, 꾸미다, 더럽히다, 강제로 하다, 과장하다, 남용하다, 비방하다, 왜곡하다.
- **游** ; 헤엄칠 유, 헤엄치다, 유동하다, 뜨다, 떠내려가다, 어슬렁거리다, 놀다, 걷다, 여행하다, 사신으로 가다, 사귀다, 교제하다, 허황되다(헛되고 황당하며 미덥지 못하다), 경작하다, 헤엄, 물줄기, 강물, 놀이, 별장, 행궁, 하루살이, 깃발 류, 깃발, 흐름.

실 기 수 자 기 사 굴
失其守者其辭屈

절개를 잃어버린 사람의 그 말은 비굴한 것이다.

- **失** ; 잃을 실, 잃다, 잃어버리다, 달아나다, 도망치다, 남기다, 빠뜨리다, 잘못보다, 오인하다, 틀어지다, 가다, 떠나다, 잘못하다, 그르치다, 어긋나다, (마음을) 상하다, 바꾸다, 잘못, 허물, 지나침, 놓을 일, 놓아주다, 풀어놓다, 달아나다, 벗어나다, 즐기다, 좋아하다, 노름판에서 잃은 돈, 손에서 물건이 떨어져 나가다, 손발을 움직여 춤을 추다가 감각을 잃어버린 멍한 상태를 본뜬 글자.
- **守** ; 지킬 수, 지키다, 다스리다, 머무르다, 기다리다, 거두다, 손에 넣다, 청하다, 요구하다, 지키는 사람, 직무, 직책, 임무, 벼슬의 지위는 낮고 관직은 높음을 나타내는 말, 지방 장관(지방에 파견되어 그곳을 지키는 일이나 사람), 정조, 지조, 절개, 임시, 가짜, 벼슬 이름.
- **屈** ; 굽힐 굴, 굽히다(뜻, 주장, 지조 따위를 꺾고 남을 따르다), 굽다, 구부러지다, 한쪽으로 휘다, 오그라들다, 움츠리다, 쇠하다, 쇠퇴하다(기세나 상태가 쇠하여 전보다 못하여 가다), 다하다, (길이가) 짧다, 꺾다, 억누르다, 베다, 자르다, 강하다, 굳세다, 물러나다, 물리치다, 거두다, 거두어 다스리다, 섞다, 뒤섞다, 솟다, 솟아나다, 지명, 이상한, 색다른, 옷 이름 궐, 옷 이름.
- **辭** ; 말씀 사, 말씀, 문체 이름, 핑계, 사퇴하다, 알리다, 청하다, 타이르다, 사양하다, 그만두다.

한글

계사상전

제1장

하늘을 높이고 땅을 겸손하게 대하려고 건곤이라 정한 것이다.

낮고 높음에 따라 늘어서면 귀하고 천하게 자리를 잡고, 어떤 행동이나 현상이 벌어지고 있는 낌새에도 일정한 법도가 있어 강한 것과 부드러운 것으로 나누고, 장소에 따라 비슷하게 모이고 물건에 따라 무리가 나누어지면서 길흉이 생겨나는 것이다.

하늘에는 현상을 이루고 땅에는 모양을 이루므로 변화가 나타나는 것이다.

이런 까닭으로 강한 것과 부드러운 것이 가까이 가다 서로를 문지르면 번개와 천둥이 치듯이, 비바람으로 인하여 물이 불어나듯이, 해와 달의 운행으로 한번은 춥고 한번은 덥듯이 팔괘는 서로가 움직이는 것이다.

건의 도는 남자를 이루고 곤의 도는 여자를 이루며, 건은 모든 시작을 알리고 곤은 만물을 이루어지게 만들고, 건은 알기 쉽고 곤은 능히 간편하고, 쉬우면 쉽게 알고 간편하면 쉽게 따르고, 알기 쉬우면 가까이하고 따르기 쉬우면 보람이 있고, 가까이하면 가히 오래 머무르고 보람이 있으면 가히 중히 여기고, 가히 오래 머무르면 현인의 덕을 이루고, 가히 중히 여기면 현인의 업을 이루고, 쉽고 간략하면 천하의 이치를 알고, 천하의 이치를 알고 성숙하는 그 사이에 도달하는 것이다.

제2장

성인이 괘를 세우고 관찰한 현상을 말씀으로 묶어서 길흉을 밝힌 것이다.

강함과 부드러움이 서로 밀면서 변화가 생겨나는 것이다. 이런 까닭으로 길흉은 득실의 상이고, 회린은 근심하고 염려하는 상이고, 변화는 나아가고 물러서는 상이고, 강유는 낮과 밤의 상이고, 육효의 움직임은 삼극(천지인)의 도(원리)이다. 이런 까닭으로 군자가 평상시에 편안한 것은 역이 쉽게 서술되어 즐기면서 가벼운 마음으로 말씀을 본받으니 이런 까닭으로 군자는 그가 처한 상황을 살펴 효사로서 가지고 놀고, 움직일 때에는 그 변화를 관찰하면서 점으로서 가지고 노니 이에 스스로 도우면 하늘이 도우니 좋고 불리할 것이 없는 것이다.

제3장

　단은 상을 말하고, 효는 변화를 말하고, 길흉은 득실을 말하고, 회린은 작은 허물을 말하며, 허물이 없다는 것은 돌이켜 보고 좋게 개선하는 것이다. 이런 까닭으로 귀천이 나누어지는 것은 자리에 있고, 작고 큰 것이 가지런한 것은 괘에 있고, 길흉을 분별하는 것은 효사에 있고, 회린을 걱정하는 것은 사이에 끼어들어 돕는 사람에게 있고, 허물이 없다는 것은 마음을 움직이는 뉘우침에 있는 것이다. 이런 까닭으로 괘에는 크고 작은 것이 있고, 효사에는 위태로운 것과 편안한 것이 있지만 말이라고 하는 것은 각자가 어떠한 경지에 이른 것인지 가리키는 것이다.

제4장

　역은 하늘과 땅을 본보기로 삼아 따른 것이기에 고로 천지의 도를 두루 포함하려고 머리를 들어 천문을 관찰하고 고개를 숙이어 지리를 살핀 것이다. 이런 까닭으로 눈에 보이지 않는 것과 눈에 보이는 것의 도리를 알고, 처음부터 근본을 추구하고 끝까지 되풀이하면 고로 사는지 죽는지 헤아려 알고, 정기로 이루어진 만물은 유혼으로 변화하므로 이런 까닭으로 귀신의 사정과 형편을 알 수 있는 것이다.

　더불어 하늘과 땅의 형상을 닮아서 고로 어긋나지 아니하고, 만물에 두루 가까이하여 천하를 구제할 방법을 알아도 고로 분수에 넘치지 아니하고, 널리 유행하여 퍼지지 아니해도 하늘의 명을 알고 즐거워하니 고로 근심하지 아니하고, 서로의 관계에 사랑이나 인정이 많아 깊고 편안한 땅처럼 어지니 고로 사랑할 수 있고, 천지가 변화하는 범위 안에 있어 지나치지 아니하고, 만물이 공정하지 않게 이루어져도 빠뜨리지 아니한다는 것을 주야의 도를 통하여 알게 되면 고로 귀신을 본뜰 수 없듯이 역은 형상이 없는 것이다.

제5장

어진 이에는 드러나고 작용에는 감추어져 만물을 북돋우고 더불어 성인과 같은 근심을 하지 아니하니 성덕과 대업은 지극한 것이다.

부유하게 가지는 것을 대업이라 이르고, 날마다 새로워지는 것을 성덕이라 이르고, 낳고 낳는 것을 역이라 이르고, 현상을 이루는 것을 건이라 이르고, 법을 본받는 것을 곤이라 이르고, 미래를 아는 수에 지극한 것을 점이라 이르고, 변화에 통하는 것을 일이라 이르고, 음양으로 헤아릴 수 없는 것을 신이라 이르는 것이다.

제6장

역은 넓고도 큰 것이다.

말로 하면 심오하기에 필적할 수 없고, 말로 하면 가깝기에 고요하고 바르고, 말로 하면 하늘과 땅 사이를 갖추었다고 하는 것이다.

건은 섞이지 아니하고 깨끗하게 가득 차서 움직이면 곧게 나오므로 이 때문에 크게 생하고, 곤은 고요하게 한꺼번에 일어나서 움직이면 열고 나오므로 이 때문에 넓게 생하므로 광대함은 천지에 걸맞고, 변통은 사계절에 걸맞고, 음양의 정의는 해와 달에 걸맞고, 쉽고 간편해서 잘 사용하면 지극한 덕에 걸맞은 것이다.

제7장

존중하는 것을 알아 낮추어 절하는 것은 높은 하늘을 본받고 낮은 땅을 본받은 것이고, 천지의 자리를 세우면 그 사이로 역은 행하여지는 것이지만 성이 이루어지면 살아서 존재하는 것이 올바른 도의 문인 것이다.

제8장

  성인이 천하를 심오하게 보고 그 생긴 꼴에서 본뜬 것을 가지고 만물을 알맞게 그린 것을 이런 까닭으로 상이라 이르고, 성인이 천하의 움직임을 보고 어째서 모이고 내왕하는지 본 것을 가지고 행위에 따라 그 전례가 쓰이도록 이에 말씀으로 묶어서 결단하는 것에 따라 그것을 길흉으로 나눈 것이므로 이런 까닭으로 효라 이른 것이다.

  천하의 지극히 심오한 것은 아무렇게나 말할 수 없고, 천하의 지극한 움직임은 어지럽게 말할 수 없으니 헤아린 후에 말하고 의논한 후에 움직이는 것을 여러모로 헤아려 그 가부를 결정함으로써 그 변화가 이루어지는 것이다.

  "그늘에서 학이 울면 그 새끼가 서로 응하듯이 나에게 좋은 술이 있으면 나와 더불어 너를 쓰러뜨리는구나." (61. 풍택중부 구이효의 효사)

  스승이 말하기를 군자가 집에 있을 때 말을 잘하면 천리 밖에서도 응하는데 하물며 가까운 곳에서는 오죽하고, 집에 있을 때 말을 잘하지 못하면 천리 밖에서도 원망하는데 하물며 가까운 곳에서는 오죽하겠느냐. 몸에서 말이 나가면 사람에게 미쳐 가까이 하다가도 행실을 들추고 소원하게 보이므로 언행이란 '군자의 추기이니 추기를 드러내든지에 따라 영욕이 달려 있고' 언행이란 '군자가 천지를 움직일 수 있는 것이니 어찌 삼가지 않을 수 있겠는가.'

  "앞에는 울부짖는 사람이 그리고 뒤에는 웃는 사람이 있구나." (13. 천화동인 구오효의 효사)

  스승이 말하기를 군자의 도라는 것은 나서야 할지, 나서지 말아야 할지, 말을 하지 말아야 할지, 말을 해야 할지 때를 아는 것이지만 두 사람의 마음이 같다면 그 날카로움은 쇠를 절단하고 같은 마음에서 말하면 그 냄새는 난초와 같은 것이다.

  초육은 "자리를 까는 데 백모를 써도 허물은 없구나." (28. 택풍대과 초육효의 효사)

  스승이 말하기를 단지 땅에 두어도 되는데 띠를 써서 깔았으니 어찌 결함이 있겠는가. 참으로 지극한 것이다. 저 띠는 하잘것없지만 쓰임에 따라 가히 소중하듯이 술수를 떠나서 진실로 하면 언제나 잃을 것이 없는 것이다.

  "힘들고 애쓰며 일하니 지치고 고달프지만 겸손해 하는 군자더라도 생을 마칠 때까지 어느 정도의 상당한 수준이나 실력을 꽤 높게 가지고 있어야 좋구나." (15. 지산겸

구삼효의 효사)

스승이 말하기를 '노'라는 것은 살생을 하지 아니하며 업적이 있어도 덕이 없거나 부족하다고 여기며 후덕함이 지극한 것인데 그러한 업적이 있는 자를 그 보다 못한 사람들이 이른 것이다.

덕이라는 것은 공정하고 포용성 있는 마음이나 품성을 가지고 도덕적으로 행실이 바른 일을 행할 수 있는 인격적이고 윤리적인 능력으로 어떤 유리한 결과를 낳게 하는 원인을 가지고 있으면서 남이 보나 스스로 생각하나 바람직한 상태에 잘 부합하며 내색하지 않고 그릇에 쌓아 올리듯이 풍성하다는 것을 말하고, 예라는 것은 신에게 바치기 위해 그릇 위에 제사 음식을 가득 차려 놓고 공손한 마음가짐으로 두 손을 마주 잡고 받들어 섬기듯이 공손해야 한다는 것을 말하고, 겸이라는 것은 자기를 미흡한 사람이라고 나이 드신 어른이 아랫사람에게 낮출 수 있는 공손한 마음가짐에 도달한 사람이기에 그 자리에 존재하는 것이다.

"높이 오른 용도 뉘우침이 있구나." (1. 중천건 상구효의 효사) *계사전에서 요구하는 해석임.

스승이 말하기를 귀하니 앉을 자리가 없고 높으니 사람들이 없고 어진 사람이 밑의 자리에 있어도 도움이 못되니 그러므로 하는 일마다 뉘우침이 있는 것이다.

"집안을 지키려면 밖으로 나가지 아니해야 허물이 없구나." (60. 수택절 초구효의 효사)

스승이 말하기를 난이 생기는 것은 서로 말을 주고받고 하는 말이 실마리가 되어 군주가 비밀을 지키지 못하면 신하를 잃고, 신하가 비밀을 지키지 못하면 몸을 잃고, 어떤 일의 비밀이 새어 나가면 집 안에 들어 앉아 사람을 헐뜯고 어지럽히는 말들을 해대니 이루어질 수가 있겠는가. 그러므로 군자는 몸가짐이나 언행을 조심하고 조심하여 말이나 감정 등이 나타나지 않게 속마음을 잘 감추어야 하는 것이다.

스승이 말하기를 역을 지은 사람은 도적의 심보를 어찌 알고 있었지.

역에서 이르기를 "짐 지고 머뭇거리다 말을 타면 반드시 도적이 이르러 약탈하는구나." (40. 뇌수해 육삼효의 효사)

짐 지는 것은 소인의 일이고 올라타는 것은 군자의 이동 수단인데 소인이 군자의 이동 수단을 올라탄다면 도적이 약탈할 생각을 갖지 않겠는가. 거만하게 올라타고 아랫사람에게 모질게 굴면 도적이 칠 생각을 갖지 않겠는가. 감추는 것을 거만하게 도적에게 보이고 용모가 예쁘고 요염하여 음란하게 보이면 역에서 이르기를 "짐 지고 머뭇거리다 말을 탄다면 반드시 도적이 이르러 약탈하듯이" 도적을 부르는 것이다.

제9장

천일 지이 천삼 지사 천오 지육 천칠 지팔 천구 지십하여 천의 수를 다섯으로 지의 수를 다섯으로 하여 서로 다섯 개 씩 얻어서 이를 각각 합하면 천의 수는 이십오가 되고 지의 수는 삼십이 되어 무릇 천지의 수는 오십오가 되는데 이것으로 변화를 이루고 귀신이 행하여지는 것이다.

변화를 주도하는 오를 제외하면 중요하게 유용되는 수는 오십이 되고 그중에서 일은 변화의 본체이기 때문에 하나를 제외하고 사십하고 구를 사용하는데 이러한 원리로 시초 마흔 아홉 개를 사용하여 하늘과 땅을 상징하듯이 왼손과 오른손의 양쪽으로 나누고, 삼재를 상징하듯이 오른손의 것 중에서 하나를 뽑아 왼손 새끼손가락과 약지 사이에 걸고, 사계절을 상징하듯이 왼손과 오른손에 있는 시초를 각각 네 개씩 한 묶음으로 세고, 윤달을 상징하듯이 네 개씩 세고 난 나머지 중에서 왼손의 것은 왼손의 약지와 중지사이에 끼우고, 오른손의 것은 왼손의 중지와 검지사이에 끼우는 것을 마치고, 오년에 윤달이 두 번 들기 때문에 왼쪽 손가락 사이에 끼웠던 시초를 구분하여 한쪽으로 빼놓은 후에 손가락 사이에 끼우는 것을 거듭하여 열여덟 번의 변화를 거쳐 노양 건효의 바른 책 수 삼십육을 육효의 육으로 곱한 건지 책은 이 백 일십하고 육이고 마찬가지로 열여덟 번의 변화를 거쳐 노음 곤 효의 바른 책 수 이십사를 육효의 육으로 곱하니 곤지 책은 일 백 사십하고 사인데 이를 합하면 삼백하고 육십인데 한 해의 날 수에 해당되고, 건지 책 이백십육하고 육십사괘 중에서 절반인 삼십이를 곱하면 육천구백십이가 되고, 곤지 책 백사십사를 또한 삼십이로 곱하면 사천육백팔이 되어 이 둘을 합하면 만하고 일천오백이십이 되는데 이것이 만물의 수이다. 이런 까닭으로 네 번을 꾀하면 역이 이루어지고 열여덟 번을 변통하면 괘가 이루어지는 것이다.

팔괘는 작게 이루어진 소성괘이지만 펼쳐서 늘어나는 이치에 도달하고, 무리들이 성장하면서 잘못되는 것을 깨달아 느끼는 이치에 도달하여 천하에서 자기에게 알맞아 잘 해 낼 수 있는 일을 마칠 수 있게 된 것은 신이 덕을 행하여서 도가 나타난 것이다. 이런 까닭으로 나아가기 힘들 때 나갈 수 있게 베풀어 주시는 것을 진심으로 보답하는 제사로 갚으니 가히 신이 도움을 베풀어 주는 것이다.

스승이 말하기를 변화의 도를 아는 자는 아마도 신이 행하는 바를 알 수 있겠지.

제10장

역에는 성인의 네 가지 도가 있는데, 말로 하는 사람은 오히려 괘사와 효사를 높여 숭상하는 풍습이 있고, 어떤 느낌을 받아 마음이 따라 움직이는 사람은 오히려 변화를 높여 숭상하는 풍습이 있고, 사람의 역량을 그릇으로 보고 닦을 만한 능력을 가진 사람을 날붙이(칼, 낫, 도끼 따위)로 나무를 쳐서 깨끗이 하듯이 사람을 만드는 사람은 오히려 상을 높여 숭상하는 풍습이 있고, 점치는 사람은 오히려 점을 높여 숭상하는 풍습이 있지만, 이에 군자에게 바라건대 어떤 일을 나아가고 혹은 어떤 행동을 행할 때에 물어보면 말로 알리는데 마치 메아리의 울림과 같이 물어본 것에 대하여 명을 받을 수 있어 멀고 가깝고 보이지 않고 깊은 것에 관계없이 마침내 다가오는 어떤 일체의 것을 알 수 있으니 천하에서 더할 나위 없이 정밀하지 아니하면 이에 그 누가 능히 더불어 할 수 있겠는가.

가지런하게 세 개씩 섞여서 변화하고 여러 가지가 뒤섞여 모이는 그 수의 변화에 통달을 하면 마침내 천지의 법도에 성숙해지므로 수읽기가 아주 높아져 마침내 천하의 현상에도 마음을 한곳에 집중하여 움직이지 않는 안정된 상태가 되니 천하에서 더할 나위 없이 변화에 통달하지 아니하면 이에 그 누가 능히 더불어 할 수 있겠는가.

역은 작위적인 사고와 행위가 없이 아주 고요하여 움직임이 없지만 감응하면 천하의 도리에 통하는데 천하에서 더할 나위 없이 불가사의하지 아니하면 이에 그 누가 능히 더불어 할 수 있겠는가.

역은 성인이 일정한 곳이나 지역 등을 지극히 심오한 이치로 기미를 연구한 것인데 오직 심오함이 고로 천하의 뜻에 능히 통할 수 있고 오직 기미만이 고로 천하의 일을 능히 이룰 수 있고 오직 신통만이 고로 빠르지 않아도 빠르고 가지 않아도 이를 수 있는 것이다.

스승이 말하기를 역에서 성인의 네 가지 도가 있다는 것은 이를 말한 것이다.

제11장

천일 지이 천삼 지사 천오 지육 천칠 지팔 천구 지십.

스승이 말하기를 역이라는 것은 어떤 것인가.

역이라는 것은 천하의 도는 눈가림을 하였지만 만물의 뜻을 깨우쳐서 세상의 모든 일을 이룰 수 있도록 하였는데 딱 잘라서 말하면 모든 법에 통도하는 영구히 변하지 않는 이성일 뿐이다.

이런 까닭으로 성인은 역으로써 천하의 뜻과 통할 수 있고, 역으로써 천하의 모든 일을 정할 수 있고, 역으로써 천하의 의심하는 일을 해결할 수 있는 것이다.

이런 까닭으로 시초의 작용은 온전하여 영험이 있고, 괘의 작용으로 사방팔방의 일들을 알 수 있고, 육효는 올바른 도리를 쉽게 알려주므로 성인은 이런 이유로 마음을 깨끗하게 하여 감추고 있었던 비밀로 숨겨 놓은 일을 떨어뜨리고 길흉을 백성들과 함께 기뻐하고 근심하며 신통으로 미래를 알 수 있지만 알고도 감추고 가니 이에 그 누가 능히 더불어 할 수 있겠는가.

옛날에 총명하고 예지가 있으며 귀신같은 무술 솜씨가 있어도 살생을 하지 않은 장부는 이에 하늘의 도에 의지하니 이치가 분명하여 의심할 것이 없고 백성의 연고에 따라 사소한 부분까지 아주 구체적이고 분명하고 바르게 기세가 크게 일어나 잘 뻗어 나가도록 신령스럽고 기묘한 물건으로써 앞서서 백성들이 이용할 수 있게 하니 성인은 이런 이유로 몸과 마음을 깨끗이 하고 몸가짐이나 언행을 조심함으로써 불가사의한 이치를 분명하게 할 수 있어 그래서 덕을 갖춘 장부인 것이다.

오래전부터 문을 닫는 것을 곤이라 하고 문을 여는 것을 건이라 하고, 한 번 닫고 한 번 여는 것을 변이라 하고, 끊임없이 왕래하는 것을 통이라 하고, 비로소 나타나는 것을 상이라 하고, 비로소 형체를 갖춘 것을 기라 하고, 규칙을 행하는 것을 법이라 하고, 대상을 필요에 따라 이롭게 쓸 수 있도록 어느 곳이라도 드나들어 백성들에게 널리 미칠 수 있도록 하는 것을 신이라 하는 것이다.

이런 까닭으로 역에는 태극이 있고, 태극은 양의를 낳고, 양의는 사상을 낳고, 사상은 팔괘를 낳고, 팔괘는 길흉을 정하고, 길흉으로 많은 일이 생겨나는 것이다.

이런 까닭으로 만물의 현상을 본받는 것 중에서 천지보다 큰 것이 없고, 변통은 사계절보다 큰 것이 없고, 매달린 상에서 밝게 나타나는 것 중에 일월보다 큰 것이 없고, 뜻이 높고 품위나 몸가짐이 속되지 아니하고 훌륭한 숭고함은 부귀보다 큰 것이 없고, 어떤 종류의 물건들이 필요한지 용도에 맞게 찬찬하게 헤아려서 사람이 물건을 갖출 수 있도록 즉시 도구를 가지고 사물을 만들어 천하를 편리하게 한 것은 성인의 위대함보다 큰 것이 없고, 숨은 이치를 찾아 심오하게 깊이 연구하고 깊은 것은 갈고리로 끌어올리고 먼 것은 이르게 함으로써 천하의 길흉을 정하고 천하의 징조와 조짐에 힘쓰는 사람이 이루어 낼 수 있었던 것은 시초와 거북껍질보다 큰 것은 없다.

이런 까닭으로 하늘이 신령스러운 만물을 낳는 이치를 본받아 성인의 경지에 이르고, 천지의 변화를 배우고 본받아 성인의 경지에 이르고, 하늘에 드리우는 상으로 길흉이 나타나는 꼴을 본받아 성인의 경지에 이르고, 하도와 낙서가 출현한 이치를 본보기로 삼아 성인의 경지에 이른 것이다.

역에는 사상이 있어 도리를 일러주고, 말씀으로 묶어서 사리를 알리니, 길흉이 정해지는 것에 따라 일의 방법이나 방도를 가지고 결단 할 수 있게 한 것이다.

제12장

역에서 이르기를 "스스로 도우면 하늘이 도우니 좋아 이롭지 아니한 것이 없구나." (14. 화천대유 상구효의 효사)

스승이 말하기를 하늘의 도움이 있다는 것은 힘을 써서 일을 하는 사람을 여기에 힘을 더하여 돕는다는 것인데 하늘이 힘을 써서 일을 하는 사람을 여기에 힘을 더하여 돕는다는 것은 도리를 따르는 사람이고, 사람이 힘을 써서 일을 하는 사람을 여기에 힘을 더하여 돕는다는 것은 사람이 말하는 것에 거짓이 없는 성실한 사람이고, 도리에 따르고 사람이 말하는 것에 거짓이 없는 성실한 생각을 가지고 이행을 하고 또한 어진 사람을 존경하니 이에 스스로 도우면 하늘이 도우니 좋아 이롭지 아니한 것이 없는 것이다.

스승이 말하기를 글은 어떠한 말로도 다할 수 없고 말은 어떠한 뜻이라도 다할 수 없다고 했는데 그러면 성인의 뜻을 알 수 없다는 것인가.

스승이 말하기를 성인은 상을 확고하게 세울 수 있어서 어떠한 뜻이라도 다할 수 있고, 괘를 갖출 수 있어서 어떠한 진정한 것과 거짓된 것이라도 다할 수 있고, 괘와 효의 아래에 설명하는 말씀을 써 놓아서 그 어떠한 말로도 다할 수 있고, 변화하는 것에 통달함으로서 어떠한 이익이라도 다할 수 있고, 대나무가지로 북을 치고 사람이 장식이 붙은 소맷자락을 나풀거리며 추는 춤이 극에 달했을 때보다 더 최고의 지혜가 극에 달하면 불가사의한 것에도 다할 수 있는 것이다.

건곤은 역의 깊숙한 곳에 이르게 하는 부모이므로 건곤에 열이 이루어지면 그 다음에 역이 서는 것인데 만일 역이 드러났는데 건곤이 훼손되어 없어진다면 역을 볼 수 없으므로 그런즉 건곤은 어떤 경우에도 조용하고 공손하게 생존하는 것이다.

이런 까닭으로 형체가 나타나기 이전의 상태를 가지고 도라 하고, 형체가 나타난 이후의 상태를 기라고 하며, 천지자연이 만물을 생육하는 작용을 분별하는 것이 변이고, 미루어 헤아려서 행하는 것을 통이라 하며, 모든 행위가 천하의 사람들에게 베풀어 줄 수 있는 것을 사업이라고 하는 것이다.

이런 까닭으로 상이라는 것은 성인이 존재할 때 천하를 심오하게 보고 그 생긴 꼴에서 본뜬 것을 가지고 알맞게 그린 것이므로 이런 까닭으로 상이라 이르고, 성인이 존재할 때 천하의 움직임을 바라보면서 어째서 모이고 내왕하는지 본 것을 가지고 행위에 따라 그 전례가 쓰이도록 이에 말씀으로 묶어서 결단하는 것에 따라 그것을 길흉으로 나눈 것이므로 이런 까닭으로 효라고 이른 것이다.

천하에 있어서 지극하게 심오한 것이기에 괘가 존재하는 것이고, 천하에 움직임을 격려하기 위해 말이 존재하는 것이고, 천지자연이 만물을 생육하는 작용을 조절하기에 변이 존재하는 것이고, 미루어 헤아려서 행하기에 통이 존재하는 것이고, 신명의 경지에 도달할 수 있기에 사람이 존재하는 것이고, 떠들어 대지 않아도 사람이 말하는 것에 거짓이 없이 성실하고 묵묵히 이룰 수 있기에 덕행이 존재하는 것이다.

한글

계사하전

제1장

팔괘가 이루어져 늘어서면 상이 그중에 있고, 팔괘가 서로 겹치거나 합쳐지면 효가 그중에 있고, 강함과 부드러움이 서로 늘리고 넓히려고 힘겨루기를 하면 변화가 그중에 있고, 괘와 효의 아래에 써넣은 말씀에는 운명에 영향을 끼치는 움직임에 관한 것이 그중에 있다.

길하고 흉하며 후회스럽고 곤란스러운 것은 움직임에서 생겨나는 것이고, 강하고 부드러운 것은 마음의 본성을 세우는 것이고, 변화에 통달하는 것은 때를 맞추어 취하는 것이다.

길하고 흉한 것은 눈여겨보는 것이 바른 것이고, 천지의 도는 심안에 비추어 보는 것이 바른 것이고, 일월의 도는 이치가 분명하여 의심할 것이 없는 바른 것이므로 천하의 움직임은 한결같이 바른 것이다.

건은 단단하고 튼튼한 것이 분명하여 사람에게 쉽게 보이고, 곤은 부드럽고 순한 것이 분명하여 사람에게 간단하게 보여서 효는 이것을 본받고 상은 이것을 본뜬 것인데 효와 상은 안에서 움직이고 길흉은 바깥으로 드러나고, 큰 공로가 있는 사업으로 변하여 나타나지만 성인의 느끼어 일어나는 생각이나 마음은 말씀으로 나타나는 것이다.

천지의 큰 덕을 말하면 생이라 하고, 성인의 큰 보물을 말하면 위라 하고, 어찌 자리에 머무느냐고 말하면 인이라 하고, 어찌 사람이 모이냐고 말하면 재라 하고, 재산을 잘 관리하고 바르게 말을 하며 사람들이 나쁜 행위를 하지 못하도록 하는 것을 말하면 의라 하는 것이다.

제2장

옛사람 복희씨가 왕이 되어 천하를 다스릴 때에 머리를 들어 하늘에 기상을 관측하여 본보기로 삼고, 고개를 숙이어 땅에서 나타내는 도리와 이치를 본보기로 삼고, 새와 짐승의 현상을 잘 보고 더불어 땅을 알맞게 쓸지를 기록하고, 가깝게는 몸에서 취하고 멀게는 만물에서 취하여 이에 처음으로 팔괘를 만들었는데 이로써 신명의 덕에 통할 수 있게 하고, 이로써 만물의 본성을 비슷한 것끼리 나눌 수 있게 하였다.

실로 꼰 끈이나 새끼 따위로 매듭 지는 결승을 창작하고 망태기와 그물을 만들어서 농사짓고 사냥하고 물고기도 잡도록 하였는데 대개 이런 것은 중화리괘에서 취하고, 복희씨가 물속에 가라앉아 없어지고 신농씨는 나무를 깎아서 보습을 만들고 나무를 휘어서 쟁기를 만들어서 쟁기로써 김을 매야 편리하다고 천하에 가르쳤는데 대개 이런 것은 풍뢰익괘에서 취하고, 대낮에 시장이 열리고 천하의 사람들이 빽빽하게 몰려오고 천하의 물건들이 모이면 서로 물건을 사고팔아 바꾸어 물러나면 모든 것이 그 있어야 할 곳에 있게 되는데 대개 이런 것은 화뢰서합괘에서 취하고, 신농씨가 물속에 가라앉아 없어지고 황제 요순씨는 통용하던 것을 고쳐서 부리던 백성을 고달프지 않게 마음과 정신을 교화시켜서 백성들로 하여금 신에게 기도를 드릴 수 있게 만들었다.

역의 말로도 글로도 다할 수는 없는 깊이를 오랫동안 연구하고 사색을 하다 보니 사람들의 일이라는 것이 궁하면 변하고 변하면 통하고 통하면 오래가니 이에 스스로 도우면 하늘이 도우니 좋고 불리할 것이 없는 것이다.

황제 요와 순은 겉에 입는 저고리와 치마를 드리우면서 천하를 다스렸는데 대개 이런 것은 건과 곤괘에서 취하고, 나무를 파서 배를 만들고 나무를 깎아 노를 만들어서 배와 노를 편리하게 사용하여 서로 통하지 않았던 곳을 건널 수 있게 하고 먼 곳에도 이를 수 있게 함으로써 천하를 이롭게 했는데 대개 이런 것은 풍수환괘에서 취하고, 소를 길들이고 말을 타서 무거운 것을 이끌고 먼 곳에도 이를 수 있게 함으로써 천하를 이롭게 했는데 대개 이런 것은 택뢰수괘에서 취하고, 대문 안에 또 문을 세우고 딱따기를 치는 것은 사납고 난폭한 사람을 방비하기 위한 것인데 대개 이런 것은 뇌지예괘에서 취하고, 나무를 잘라 절굿공이를 만들고 땅을 파내어 절구를 만들어서 절구와 절굿공이를 편리하게 사용하여 모든 사람에게 도움이 되게 했는데 대개 이런 것은 뇌산소과괘에서 취하고, 시위 줄로 나무를 구부려서 활을 만들고 나무를 뾰족하게 깎아서 화살을 만들어서 활과 화살을 편리하게 사용하였지만 천하를 두려움에 떨게 했는데 대개 이런 것은 화택규괘에서 취하고, 아주 오랜 옛날에는 동굴 속에서도 살고 들판에서도 살았는데 후세에 성인은 위는 용마루를 아래는 처마로 집과 방으로 바꿈으로써 바람과 비를 막을 수 있도록 했는데 대개 이런 것은 뇌천대장괘에서 취하고, 옛날에 장사를 지낼 때는 정성스레 대하고 옷을 입혀서 땔나무로 태우거나 들판에 매장하면서 무덤위에 흙을 쌓지도 않고 나무를 심지도 않으며 상을 지내는 기간도 일정하지 않아서 후세에 성인은 관곽으로 바꾸었는데 대개 이런 것은 택풍대과괘에서 취하고, 아주 오랜 옛날에는 글자가 없던 시대여서 끈이나 새끼 따위로 매듭을 지어서 기억을 편리하게 하거나 서로 뜻을 통하게 하여 다스릴 때에 후세의 성인은 글자로 바꾸어서 모든 벼슬아치를 다스리고 모든 사람들을 집에서 빠짐없이 생각하여 살필 수 있었는데 대개 이런 것은 택천 쾌 괘에서 취한 것이다.

제3장

이런 까닭으로 역은 상이고, 상은 모양을 본뜬 것이고, 단은 재이고, 효라는 것은 천하의 움직임을 본받은 것이니 이런 까닭으로 길흉이 생기고 회린이 나타난 것이다.

제4장

양괘에는 음이 많고 음괘에는 양이 많은데 그게 어찌해서 그런가.

양괘는 홀수이고 음괘는 짝수인데 그 덕행이 어찌해서 그런가.

양은 임금이 하나이고 백성이 둘이니 군자의 도이고 음은 임금이 둘이고 백성이 하나이니 소인의 도이다.

제5장

역에서 이르기를 "어리석게도 마음을 정하지 않고 왕래하다 벗이 다가서도 너는 생각뿐이구나."

스승이 말하기를 어찌 생각도 많고 어찌 근심도 많은가.

천하의 진리가 하나이고 추구하는 방법에는 여러 가지가 있어도 귀착하는 곳은 같듯이 많은 근심을 해봐야 하나에 이르는 것인데 어찌 생각도 많고 어찌 근심도 많은가.

해가 지면 달이 뜨고 달이 지면 해가 뜨는데 해와 달이 서로 밀고 움직이면서 이에 밝음이 생기는 것이고, 추위가 가면 더위가 오고 더위가 가면 추위가 오는데 추위와 더위가 서로 밀고 움직이면서 이에 해가 이루어지는 것이고, 가면 움츠리고 오면 펼쳐지니 움츠리고 펼쳐지는 것이 서로 감응하여 이로움이 생겨나는 것이고, 자벌레가 움츠리는 것은 펼치기 위해 힘쓰는 것이고, 용이나 뱀이 겨울잠을 자는 것은 몸을 보존하기 위한 것이듯이 뛰어나게 인공적인 기술이나 기예 따위가 매우 뛰어나 신과 같은 정도의 영묘한 경지에 이르러 용도에 따라 만들어 편리하게 쓰도록 하면 몸을 편안히 할 수 있어 덕을 높일 수도 있지만 이것이 지나쳤는지 아직 미치지 못했는지 혹시 알 수 있을지 모르지만 최고의 지혜가 극에 달하여 불가사의한 신의 경지에서 천지자연이 만물을 생육하는 작용과 천지의 운용 및 변화의 법칙을 알아야 덕이 성한 것이다.

역에서 이르기를 "가난하여 믿고 의지할 질려를 가지고 가니 저울에 모자라서 탄식하며 집으로 돌아왔는데 처가 보이지 아니하면 좋지 않구나."

스승이 말하기를 어떤 일을 처리하는 곳에서 모자라서 비방하면 이에 곤란을 당했으니 반드시 이름이 욕될 것이고, 어떤 일을 처리하는 곳을 의지하지 아니해야 하는데 의지를 했으니 반드시 자신은 마음을 놓을 수 없이 불안할 것이고, 이미 욕되고 또 마음을 놓을 수 없이 불안하여 활동력이 없어 장차 더듬거리는 것에 이르면 어찌 제정신에 처를 볼 수 있겠는가.

역에서 이르기를 "공공의 목적으로 사수가 높은 담 위에서 송골매를 쏘아 잡아도 불리할 것이 없구나."

스승이 말하기를 송골매는 날짐승이고, 활과 화살은 도구이고, 쏘아서 잡는 것은 사람인 것처럼 군자는 자기의 기량을 감추고 때를 기다려서 움직이니 어찌 불리할 것이 있겠는가.

움직임을 파고들어 깊게 연구하지 않으면 이것이 드러날 때 많이 그르칠 수 있다는 것은 사람의 덕량과 재능은 말로 이루어지기 때문이다.

스승이 말하기를 소인은 부끄러움이 없으니 어진 마음도 없고, 두려움이 없으니 의리도 없고, 이익을 볼 수 없으면 애써 일하지 아니하고, 위엄이 없으면 혼낼 수 없어도 작게 혼냈는데 크게 경계하면 이것이 소인의 복인데,

역에서 이르기를 "차꼬를 신으면 발이 없어질 수 있으니 여러 번 헤아리고 차꼬를 신겨야 허물이 없구나."라는 것은 이를 두고 한 말이다.

스승이 말하기를 선이 쌓이지 않으면 명성을 떨치기에는 모자라고, 악이 쌓이지 않으면 몸이 없어지기에는 모자라지만, 소인은 자그마한 선은 이로울 것이 없다고 행하지를 아니하고, 자그마한 악은 해가 없다고 물리치지를 아니하므로 고로, 악이 쌓이면 가릴 수 없고 죄가 커지면 풀 수가 없으니,

역에서 이르기를 "어떤 생각하는 것이 없어지면 귀에 듣는 것이 없어진 것이니 좋지 않구나."라고 한 것이다.

스승이 말하기를 위태롭다는 것은 그 자리가 편안하다는 것이고, 망한다는 것은 그 있는 것을 지키기 위해서이며, 어지러워지는 것은 그 다스림이 있을 때이다. 이런 까닭으로 군자는 편안할 때에 위태롭다는 것을 잊지 아니하며, 있을 때에 망한다는 것을 잊지 아니하며, 다스려지고 있을 때에 어지럽게 된다는 것을 잊지 아니한다. 이에 몸을 아무런 탈 없이 평안히 지낼 수 있는 것이고 국가를 올바르게 지킬 수 있는 것이니,

역에서 이르기를 "잃고 없어지는 것을 무성한 뽕나무에 이어 맸구나."라고 한 것이다.

스승이 말하기를 덕이 적어 야박한데 지위는 높고, 지혜는 작은데 꾀는 많고, 힘은 적은데 맡은 일이 무거우면 선명하게 미치지 못한다는 것은,

역에서 이르기를 "솥의 발이 부러져 엎어지면 솥 안에 든 음식물을 숨김없이 드러내 놓으면서 그 몸을 적시니 좋지 않구나."라 하며 맡은 일을 이겨내지 못하는 것을 말하는 것이다.

스승이 말하기를 기미를 안다면 신인가.

군자는 윗사람과 사귈 때에도 알랑거리지 않으며 아랫사람과 사귈 때에도 업신여기지 않으니 기미를 알아서인가.

기미란 작은 움직임으로도 길할 것인가를 미리 내다보는 것이므로 군자는 기미로 내다보고 일을 만드니 종일 기다리지 않는다.

역에서 이르기를 "사람이 사이에 끼어들어 일을 처리하는 것은 쓸모없으니 영원히 마음을 바르게 하여야 좋구나."라는 것은 사람이 사이에 끼어들어 일을 처리하다 맞서게 되면 쓸모없다는 것이니 차라리 편안하게 종일 들어주는 것이 어떨까. 단연코 올바르게 아는 것이다.

군자는 작아도 자세하고 꼼꼼하게 알고, 드러나면 선명하게 알고, 부드럽게 복종할 줄도 알고, 굳세고 강직한 것도 알고 있으니 매우 많은 장부가 바라는 것이다.

스승이 말하기를 안씨의 아들은 아마도 거의 가깝고도 가깝겠지.

잘하지 못하는 것이 있고 아직 경험하지 못하여 아는 것이 부족하였지만 아직 경험하지 못한 것을 알게 될 때 까지 되풀이를 하였다는 것은,

역에서 이르기를 "크고 심오하게 되풀이를 하면 땅 귀신이 깔보지 아니하니 하늘의 도우심으로 크게 좋구나."라고 한 것이다.

스승이 말하기를 하늘과 땅이 기운이 풍부하고 만물이 변화하여 순수하게 되면 남녀의 정기가 서로 얽이면서 만물이 생겨나는 것인데,

역에서 이르기를 "세 사람이 가면 한 사람은 손해를 보고 한 사람이 가면 벗을 얻는구나."라고 한 것은 하나로 이루게 되는 것을 말하는 것이다.

스승이 말하기를 군자는 마땅히 아무런 탈 없이 평안히 지낸 뒤에 움직이고, 상대의 마음이 어떠한가 바꾸어 생각한 뒤에 말하고, 사귀면 장차 서로의 마음을 한곳에 집중하여 움직이지 않는 안정된 상태가 된 후에 구하니 군자는 이 세 가지를 닦고 익힌 뛰어난 사람이므로 완전히 갖추게 된 것인데 만일 마음을 놓을 수 없이 불안하게 움직인다면 사람들과 더불어 같이 할 수 없고, 만일 두려워하는 마음을 갖게 하는 말을 한다면 사람들은 응하지 않고, 만일 사귐도 없이 구한다면 사람들이 도와주지 않고, 만일 더불어 하는 사람이 없다면 힘쓰고 다녀도 애만 태우게 되니,

역에서 이르기를 "없다가 넉넉해져 편안하고 안정되면 어떤 경우에는 손으로 치려는 것은 항상 마음이 확고히 서지 아니한 것이니 좋지 않구나."라고 한 것이다.

제6장

스승이 말하기를 건곤은 역의 문이고 건은 양을 대표하는 일체의 것이고 곤은 음을 대표하는 일체의 것이다.

음양의 작용이 합하면 강하고 부드러운 실체가 있어 천지의 법칙을 만드는 근본이 되고 신명의 덕에도 통할 수 있는 것인데 그것을 일컫는 명칭이 뒤섞여 널리 퍼뜨릴 수 없어 그 비슷한 것끼리 나누어 꼼꼼하게 따져서 검토하거나 참고를 하여 널리 퍼뜨리게 했다는 것은 도덕이 쇠퇴하여 쇠망한 세상의 모든 윤리 도덕이 규정되었다는 뜻인데 그런가.

저 역이라는 것으로 이미 지난 일을 분명하게 밝혀서 장차 올 일의 득실을 살피고 보일 듯 말 듯 또렷하지 않게 드러나면 그윽하게 분명히 밝히고 두 손으로 빗장을 들어올려 양쪽 문짝을 여는 듯이, 이 밭과 저 밭이 서로 포개어 꼭 들어맞듯이, 어떠한 존재, 어떤 대상, 어떤 판단의 주어가 되는 일체의 것들을 옳고 그름 또는 참되고 거짓됨을 가리고 도리에 어긋나지 않은 바른 말과 확실히 단정할 만한 글로 지칭하는 것을 본보기로 삼아 법칙을 갖추게 되었다. 작게는 글자나 문자로 일컬을 수 있었고, 크게는 비슷한 것끼리 나누어 일정한 조건에 맞는 것을 고를 수 있었고, 심오함을 맛볼 수 있었고, 문장이 뒤섞인 것을 정리할 수 있었고, 곡조 중에 말을 붙일 수 있었고, 어려워하거나 조심스러워하는 태도가 없이 무례하고 건방진 어떤 숨겨진 역사의 기록을 일삼아 갈 수 있었고, 의심하는 원인이나 계기가 되면 사람들이 굽지 않고 바로 갈 수 있도록 도움이 되게 하고, 잃는 것과 얻는 것을 분명하게 판가름할 수 있게 된 것이다.

제7장

역이 흥해 유행하는 것은 이미 사용하였거나 오래됐다는 것이겠지.
역경을 만든 사람은 근심이나 걱정되는 일을 가지고 있었겠지.
이런 까닭으로 천택 리 괘는 덕의 토대이고
지산겸괘는 덕의 손잡이이고
지뢰복괘는 덕의 근본이고
뇌풍항괘는 덕의 견고함이고
산택손괘는 덕의 수련이고
풍뇌익괘는 덕의 여유로움이고
택수곤괘는 덕의 분별이고
수풍정괘는 덕의 처지이고
중풍손괘는 덕의 법도이다.
천택리괘는 화목하게 이르는 것이고
지산겸괘는 존경하니 빛이 나는 것이고
지뢰복괘는 작은 것이라도 어떤 일체의 것들에 대해 옳고 그름 또는 참되고 거짓됨

을 가려서 따르는 것이고

　뇌풍항괘는 제멋대로고 막되고 보잘것없이 뒤섞여 있더라도 싫어하지 않는 것이고

　산택손괘는 먼저는 어렵지만 뒤에는 쉬워진다는 것이고

　풍뢰익괘는 긴 여유로움은 미리 준비하지 않으면 안 된다는 것이고

　택수곤괘는 가난하고 어렵다가도 쉽게 빠져 나간다는 것이고

　수풍정괘는 사는 곳을 일정한 곳이나 지역으로 옮긴다는 것이고

　중풍손괘는 일컬어지는 것을 숨기는 것이다.

　천택리괘로는 화목하게 어울려 가는 것을 배우고

　지산겸괘로는 절제하여 예를 실천하는 것을 배우고

　지뢰복괘로는 자기 스스로 알아 가는 것을 배우고

　뇌풍항괘로는 꾸준히 한마음으로 가는 것을 배우고

　산택손괘로는 해로움으로 멀리하는 것을 배우고

　풍뢰익괘로는 즐거운 마음으로 유익하게 쓰는 것을 배우고

　택수곤괘로는 집안에 의지할 사람이 적다고 원망하지 말라는 것을 배우고

　수풍정괘로는 옳고 그름 또는 참되고 거짓됨을 가려서 바르게 사는 것을 배우고

　중풍손괘로는 실천 행위 인간적인 행동에도 권리나 자격이 있다는 것을 배우는 것이다.

제8장

　역이라는 것은 행위에 대한 성인의 말씀을 붓으로 적은 것으로 멀리할 수 없다는 것은 행위에 대한 도리라는 것은 자주 바뀌고 변동하니 자리하지 못하고 두루 흘러 천지 사방을 떠돌아다니고 위와 아래는 일정하지 않고 늘 변하고, 강하고 부드러운 것은 서로 바뀌므로 행위에 대한 것을 요긴하게 규정할 수는 없지만 비록 변하더라도 일의 방법이나 방도에는 맞는 것이 있듯이 역을 드나들 때에도 법도가 있으니 밖과 안의 사자에게 눈을 크게 뜨고 두려워한다는 뜻을 거듭하고 분명하게 우환과 더불어 연고까지 알리고 가르치고 돌보는 스승은 있다가도 없는 것이니 당연히 부모를 대하는 듯이 하여 처음에는 말씀에 따르고 방법이 들어맞는지 들어맞지 않은지를 헤아려 생각해 보면

이미 일반적인 규칙이나 규범이 있어도 일의 빈 구석이나 잘못된 것을 임시변통으로 이리저리 주선하여 꾸며대는 옳지 않은 그런 사람이라면 도가 헛되어 행하여질 수가 없는 것이다.

제9장

역이라는 것은 행위에 대한 성인의 말씀을 붓으로 적은 것으로 처음에는 근본을 추구하여 근원과 근본에 의거한 기초를 두었고 마지막에는 요긴하게 맞혀서 원하고 바라던 것을 이루어지게 하였다는 것은 행위에 따라 타고난 성질, 됨됨이의 바탕인 천성, 어떤 사물의 유용성, 내용의 좋고 나쁨, 가치 등급과 어떤 사물의 속성과 특성, 그 속성과 특성을 구별하는 특색, 판단을 잘할 수 있는 어떤 것들이 망라 되어 있기 때문이다.

육효는 서로 뒤섞여 있지만 오직 태양이 일정한 규칙에 의해 돌아가듯이 만물은 일정한 일이나 현상이 일어나는 때가 있어 아마도 초 효로는 뜻을 알기 어렵지만 바야흐로 역이 이루어져 상효를 알게 되면 사물이나 일의 처음과 끝, 중요한 부분과 중요하지 않은 부분의 본말이 있으니 조용하게 끼치는 영향을 말씀에서 헤아리면 마침내 정하여지고 결국에는 이르는 것인데 이와 같이 뒤섞여 있는 효를 선택하는 능력은 옳은 것과 더불어 옳지 않은 것을 구분하는 것이지만 만일, 초 효와 상효 사이의 중간에 효가 갖추어지지 않았다면 역은 아니 되는 것이다.

아아.

가령 삶과 죽음, 길과 흉에 대해 맞히기를 바란다면 사는 것과 어떤 처지에 놓여 있는지, 거처하는 곳 등에 관한 이치를 올바르게 알면 가히 알 수는 있겠지만 지혜로운 사람은 역의 단사를 보기만 해도 옛날 사람들이 머리나 가슴으로 사물을 생각한 이치를 절반은 넘게 알게 되는 것이다.

이효와 사효는 힘써 일하는 것은 같고 위치가 달라서 착하고 정당하여 도덕적 기준이 같지는 않지만 이효는 명예가 많고 사효는 오효와 가까워 두려움이 많으므로 부드러움이라는 행위에 대한 도를 멀리하면 불리하고 이효와 사효는 허물이 없는 것이 중요하므로 그것의 효용은 부드러움이 가운데에 있어야 하고 삼효와 오효는 힘써 일하는 것은 같고 위치가 다르지만 삼효는 흉이 많고 오효는 공이 많다는 것은 귀천에도 구별된 부류가 있기에 그것이 부드러운 음효일 때에는 위태롭지만 강한 양효일 때에는 이겨낼 수 있는 것이다.

제10장

역이라는 것은 행위에 대한 성인의 말씀을 붓으로 적은 것으로 넓고 크게 다 갖추고 있다는 것은 천도가 있고, 인도가 있고, 지도가 있기 때문인데 이 삼재를 둘씩 겹치면 고로 육이 되는데 육이라는 것은 다른 것이 아니라 바로 삼재의 도이다.

도의 변화와 움직임이 있는 것이 효이고, 효의 구별된 부류가 있는 것이 만물이고, 만물이 서로 뒤섞여 있는 것이 글인데, 글이 정당하지 않거나 이치에 맞지 않으므로 길흉이 생겨나는 것이다.

제11장

역이 유행하니 마땅히 막으려고 은나라의 말세에도 주나라의 덕이 성할 때에도 그렇지 않았던가.

문왕과 더불어 주나라 임금이 국가대사를 주관하던 때에 품행이 부정한 사람이 사사로운 마음으로 바르지 않게 일삼는 것을 막고 벌을 주려 하지 않았던가.

이런 까닭으로 마음을 놓을 수 없이 불안하기 그지없는 위태로운 세상의 뒤섞인 것을 정리하고, 위태로운 사람은 사사로움이 없이 따르게 하고, 점치는 일을 업으로 삼는 사람도 마음을 기울여 따르게 한 것이다.

역의 도가 매우 크다는 것은 모든 만물은 쓸모없는 것이 없고, 시작하고 마칠 때까지 두려워해야 허물이 없이 요긴하게 맞혀서 원하고 바라던 것을 얻을 수 있으므로 이것을 일러 역의 도라 하는 것이다.

제12장

저 건은 천하에서 지극히 강건한 것이지만 덕행은 항상 변하지 않고 늘 그렇게 하는 것이 쉽기 때문에 바뀌면 위험에 처하게 되어 몹시 힘들고 고생스럽다는 것을 알아야 하고, 저 곤은 천하에서 지극히 유순한 것이지만 덕행은 항상 변하지 않고 늘 그렇게 정성을 다하고 꾸민 데 없이 수수하다가도 깔보면 막힌다는 것을 알아야 하는 것이다.

마음에서 즐거워하면 능히 할 수 있어 모든 기후, 상태, 조짐, 증상, 징후를 이리저리 헤아려 보고 파고들어 깊게 연구하여 능히 할 수 있었기에 천하의 길흉을 정할 수 있었고 천하는 부지런히 힘쓰는 사람이 이루게 된 것이다.

이런 까닭으로 변화는 말과 행동, 세태와 인정 등을 말하는 것인데 훌륭한 사람이 하는 말을 배우면 신이 내려주는 좋은 일이 있고, 꼴을 배우면 실제로 닭을 만한 능력을 가진 사람을 그릇에 비유하여 알 수 있고, 점을 배우면 하늘로부터 전하여 오는 앞으로의 일들을 알 수 있는 것이다.

천지의 자리를 세운 것은 성인의 능력으로 이루어진 것이므로 사람과 귀신이 사람들이 없는 곳에서 몰래 꾀한다 해도 모든 백성들이 미리 앞서서 능히 할 수 있도록 팔괘로써 상을 알려주고, 효사와 단사로써 이치와 진리를 말하고, 강함과 부드러움이 뒤섞여 놓여 있어도 길흉을 가히 볼 수 있어 변하고 움직이는 것이 이롭다고 말을 해도 길흉은 순수하게 타고난 성질대로의 사람의 마음으로 옮겨 가는 것이다.

이런 까닭으로 사랑과 미움은 서로의 공로를 가리는 것에 따라 길흉으로 생겨나고, 멀고 가까움은 서로가 취한 것을 가리는 것에 따라 깔보거나 소중히 여기는 것으로 생겨나고, 진정한 것과 거짓된 것은 서로가 느끼는 것을 가리는 것에 따라 이로움과 해로움으로 생겨나는 것이다.

보통 역의 진리는 가까워지면서 서로에게 소득이나 이득이 있지 않으면 흉하고, 혹시 집안에 들어 앉아 사람을 헐뜯고 어지럽히는 말을 하여 해한다면 뉘우치거나 구차하거나 주저하게 되고, 장차 배반하는 사람의 그 말은 부끄럽고, 마음속이 의심스러운 사람의 그 말은 나무줄기에서 갈려 나온 가지처럼 핑계를 둘러대고, 성정이 바르고 복스럽게 생겨 팔자가 좋은 사람은 말이 적고, 성급하고 침착하지 못하고 떠드는 사람은 말이 많고, 착한 사람을 속이는 사람의 그 말은 허황되고, 절개를 잃어버린 사람의 그 말은 비굴한 것이다.